权威・前沿・原创

皮书系列为
"十二五""十三五"国家重点图书出版规划项目

河南省社会科学院哲学社会科学创新工程试点项目

河南蓝皮书
BLUE BOOK OF HENAN

河南能源发展报告（2021）
ANNUAL REPORT ON HENAN'S ENERGY DEVELOPMENT (2021)

"十四五"与现代能源体系

主　编／魏澄宙　谷建全
副主编／刘湘苾　王玲杰　白宏坤　杨　萌

社会科学文献出版社
SOCIAL SCIENCES ACADEMIC PRESS (CHINA)

图书在版编目(CIP)数据

河南能源发展报告.2021:"十四五"与现代能源体系/魏澄宙,谷建全主编.--北京:社会科学文献出版社,2020.12
（河南蓝皮书）
ISBN 978-7-5201-7130-4

Ⅰ.①河… Ⅱ.①魏… ②谷… Ⅲ.①能源发展-研究报告-河南-2021 Ⅳ.①F426.2

中国版本图书馆CIP数据核字（2020）第255521号

河南蓝皮书
河南能源发展报告（2021）
——"十四五"与现代能源体系

主　　编／魏澄宙　谷建全
副 主 编／刘湘莅　王玲杰　白宏坤　杨　萌

出 版 人／王利民
组稿编辑／任文武
责任编辑／李　淼　杜文婕
文稿编辑／杨鑫磊

出　　版／社会科学文献出版社·城市和绿色发展分社（010）59367143
　　　　　地址：北京市北三环中路甲29号院华龙大厦　邮编：100029
　　　　　网址：www.ssap.com.cn
发　　行／市场营销中心（010）59367081　59367083
印　　装／天津千鹤文化传播有限公司
规　　格／开　本：787mm×1092mm　1/16
　　　　　印　张：23　字　数：344千字
版　　次／2020年12月第1版　2020年12月第1次印刷
书　　号／ISBN 978-7-5201-7130-4
定　　价／128.00元

本书如有印装质量问题，请与读者服务中心（010-59367028）联系

▲ 版权所有 翻印必究

《河南能源发展报告(2021)》
编委会

主　编　魏澄宙　谷建全

副主编　刘湘苾　王玲杰　白宏坤　杨　萌

委　员　(以姓氏笔画为序)

丁志强　卜飞飞　于开坤　王　艳　王　略
王元亮　王世谦　王佳佳　王信增　王圆圆
王攀科　牛　鑫　牛亚南　牛晨巍　邓方钊
卢　玮　付　涵　田春筝　匡振山　华远鹏
刘　航　刘可非　刘军会　孙月月　孙金龙
苏东奇　李　娴　李　斌　李　鹏　李　鑫
李大鹏　李文峰　李宏伟　李虎军　李浩然
李慧璇　杨钦臣　时开盈　邱国卓　余　滨
宋　冰　宋宁希　张　申　张艺涵　张同磊
张晓东　陈　莹　陈　静　陈大红　陈鹏浩
武玉丰　范　磊　尚　谨　郑永乐　赵　执
赵文杰　赵稳勇　郝元钊　秦开明　柴　喆
郭　颖　郭晓昱　郭晓菡　郭培源　黄　勤
康艳芳　彭俊杰　韩　丁　程　宇

主要编撰者简介

魏澄宙 女,河南漯河人,高级会计师,国网河南省电力公司经济技术研究院院长。长期从事大数据分析、财务审计、经营管理等领域研究工作,全面负责河南省能源大数据应用中心建设和兰考能源互联网平台建设,先后荣获多项省部级管理创新成果奖。

谷建全 男,河南唐河人,河南省社会科学院院长,研究员,经济学博士,博士生导师。国家"万人计划"首批人选、国家哲学社会科学领军人才、享受国务院政府特殊津贴、文化名家暨全国宣传文化系统"四个一批"优秀人才、河南省优秀专家。中国劳动经济学会副会长、河南省信息化专家委员会副主任委员。主要从事产业经济、科技经济、区域经济研究。近年来,公开发表学术论文200余篇,出版学术论著15部,主持国家级、省级重大研究课题30余项。

摘 要

本书由国网河南省电力公司经济技术研究院与河南省社会科学院共同编撰，全书搜集整理了能源行业相关数据，从研究角度出发，以"'十四五'与现代能源体系"为主题，深入系统分析了2020年在新冠肺炎疫情防控背景下河南能源发展态势，并对2021年发展形势进行了研判。全方位、多角度总结了"十三五"以来河南以新发展理念为引领，以能源供给侧结构性改革为主线，推动能源高质量发展的成效，提出了"十四五"及未来构建现代能源体系的对策建议，对于政府部门施政决策，能源企业、广大研究机构和社会公众研究、了解河南能源发展具有较高的参考价值。全书内容包括五部分：总报告、行业发展篇、"十四五"展望篇、能源体系篇、专题研究篇。

本书的总报告阐明了对2020~2021年河南能源发展形势分析与预测的基本观点，并对"十三五"期间河南能源发展成效进行了总结。2020年，面对突如其来的新冠肺炎疫情和复杂多变的国内外环境，河南省在以习近平同志为核心的党中央坚强领导下，充分发挥能源行业在"六稳""六保"工作中的基础作用，全省能源供应保障安全可靠、发展质效稳步提升、基础设施不断完善、新动能持续积聚，为河南经济社会运行持续回稳向好提供了坚强有力支撑，能源发展呈现以保促稳、稳中有进、进中蓄势的特征。"十三五"以来，河南能源行业坚持创新、协调、绿色、开放、共享的新发展理念，初步构建了能源高质量发展的新格局。2021年，河南能源发展面临的积极因素与不利影响并存，宏观环境总体向好。初步预计，随着以国内大循

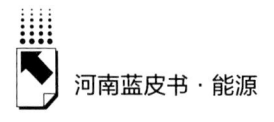

环为主体、国内国际双循环相互促进的新发展格局加快形成,经济社会运行稳步向好,2021年全省能源消费总量将有所增长,约为2.3亿吨标准煤,能源消费结构进一步优化,低碳高效的能源支撑体系持续巩固。

本书的行业发展篇,分别对河南省煤炭、石油、天然气、电力、可再生能源等各能源行业2020年发展态势进行了分析,并对各行业"十三五"期间发展成效进行了总结,对各行业2021年发展形势进行了展望,提出了现代能源体系下推动各能源行业高质量发展的对策建议。

本书的"十四五"展望篇,重点对"十四五"期间河南省煤炭供应保障、电力供需、地热能发展、煤电高质量发展、电力需求响应、工业污染物排放等进行形势分析与展望,提出推动构建清洁、低碳、安全、高效的现代能源体系的建议。

本书的能源体系篇,聚焦天然气储运设施运营模式、地热能清洁供暖规模化利用、氢能源产业发展、煤电结构调整及布局优化、能源大数据标准体系构建与实施路径设计等新问题开展基于河南的探索性研究,可为能源行业创新发展提供思路和路径建议。

本书的专题研究篇,分别对"农村能源互联网建设的兰考实践""省级能源大数据中心运营模式""标杆引领活动对河南省煤电发展影响""基于大数据的2020年河南省电力消费情况""河南省输变电工程造价水平及变动因素"等进行了专题研究,可为相关政策制定、策略研究提供借鉴参考。

关键词: 河南省 能源发展 现代能源体系

目 录

Ⅰ 总报告

B.1 育先机开新局　加快构建现代能源体系
　　——2020年河南省能源发展分析与2021年展望
　　………………………………… 河南能源蓝皮书课题组 / 001

Ⅱ 行业发展篇

B.2 2020~2021年河南省煤炭行业发展形势分析与展望
　　……………………………………… 杨钦臣　李慧璇 / 026

B.3 2020~2021年河南省石油行业发展形势分析与展望
　　……………………………… 刘军会　王世谦　刘可非 / 039

B.4 2020~2021年河南省天然气行业发展形势分析与展望
　　……………………………………… 刘军会　李虎军 / 052

B.5 2020~2021年河南省电力行业发展形势分析与展望
　　……………………………………… 赵文杰　杨　萌 / 066

001

B.6 2020~2021年河南省可再生能源发展形势分析与展望
　　　　　　　　　　　　　　　　　　　　　　杨钦臣　王世谦 / 082

Ⅲ "十四五"展望篇

B.7 河南省"十四五"煤炭供应保障形势分析与建议
　　　　　　　　　　　　　　　　　　　　煤炭供应保障项目课题组 / 094

B.8 河南省"十四五"电力供需形势分析与展望
　　　　　　　　　　　　　　　　　　　　　　　杨　萌　赵文杰 / 107

B.9 河南省"十四五"地热能行业发展展望
　　　　　　　　　　　　　　陈　莹　王攀科　程　宇　卢　玮 / 124

B.10 河南省"十四五"煤电高质量发展思考与建议
　　　　　　　　　　　　　　　　　　　　　　　邓方钊　李虎军 / 135

B.11 河南省"十四五"电力需求响应评估与展望
　　　　　　　　　　　　　　　　　　武玉丰　刘军会　付　涵 / 150

B.12 河南省"十四五"工业污染物排放形势分析与建议
　　　　　　　　　　　　　　　　　　　　　　　陈　静　王信增 / 162

Ⅳ 能源体系篇

B.13 河南省天然气储运设施运营模式研究
　　　　　　　　　　　　　　　　天然气储运设施运营项目课题组 / 179

B.14 河南省地热能清洁供暖规模化利用路径建议
　　　　　　　　　　　　　　　　　　地热能清洁供暖项目课题组 / 194

B.15 河南省氢能源产业发展现状与展望
　　　　　　　　　　　　　　赵稳勇　李　鑫　匡振山　宋　冰 / 207

B.16 河南省煤电结构调整及布局优化研究
　　　　　　　　　　　　　　　　　　李　娴　于开坤　苏东奇 / 221

B.17 能源大数据标准体系构建与实施路径设计
　　　　　　　　　　　　　　　　　　卜飞飞　王圆圆　李文峰 / 231

Ⅴ 专题研究篇

B.18 农村能源互联网建设的兰考实践与发展建议
　　　　　…………………… 郑永乐　宋宁希　李　鹏　张艺涵 / 244

B.19 省级能源大数据中心运营模式研究与设计
　　　　　…………………………… 白宏坤　华远鹏　王圆圆 / 257

B.20 标杆引领活动对河南省煤电发展影响研究
　　　　　…………………………… 于开坤　牛晨巍　郭　颖 / 269

B.21 基于大数据的2020年河南省电力消费情况分析
　　　　　…………………………… 韩　丁　柴　喆　邓方钊 / 291

B.22 河南省输变电工程造价水平及变动因素分析
　　　　　…………………… 李大鹏　康艳芳　郭晓菡　牛　鑫 / 309

Abstract ………………………………………………………… / 329
Contents ………………………………………………………… / 332

总 报 告
General Report

B.1
育先机开新局　加快构建现代能源体系
——2020年河南省能源发展分析与2021年展望

河南能源蓝皮书课题组*

摘　要： 2020年，面对突如其来的新冠肺炎疫情和复杂多变的国内外环境，河南省在以习近平同志为核心的党中央坚强领导下，统筹推进疫情防控和经济社会发展，充分发挥能源行业在"六稳""六保"工作中的基础作用，全省能源供应保障安全可靠、发展质效稳步提升、基础设施不断完善、新动能持续积聚，为河南经济社会运行持续回稳向好提供了坚强有力支撑。2021年，河南能源发展面临的积极因素与不利影响并存，宏观环境总体向好。初步预计，在经济社会运行稳步向好带动下，2021年全省能源消费总量将有所增长，约为2.3亿

---

* 课题组组长：魏澄宙、谷建全。课题组副组长：刘湘苾、王玲杰、白宏坤、杨萌。课题组成员：王世谦、邓方钊、刘军会、李虎军、赵文杰、杨钦臣。执笔：邓方钊，国网河南省电力公司经济技术研究院工程师。

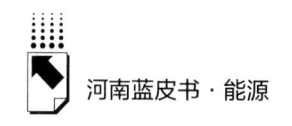

吨标准煤，能源消费结构进一步优化，低碳高效的能源支撑体系持续巩固。面对能源经济发展新特点，河南应统筹能源供给、消费、产业、治理等方面，加快构建现代能源体系，推动形成能源新发展格局。

关键词： 河南省　现代能源体系　新冠肺炎疫情　新型能源基础设施建设　能源数字经济

2020年是全面建成小康社会和"十三五"规划收官之年，突如其来的新冠肺炎疫情，给我国经济社会发展带来了前所未有的冲击。面对严峻形势，河南省以习近平新时代中国特色社会主义思想为指导，以习近平总书记重要讲话和指示批示精神为根本遵循，深入贯彻落实党中央决策部署，统筹推进疫情防控和经济社会发展，扎实做好"六稳"工作，全面落实"六保"任务，保障了全省能源的安全可靠供应，实现了能源发展质效的稳步提升。2021年，面对依然复杂严峻的内外部形势和一系列不确定性因素，河南应贯彻党的十九届五中全会精神，把握能源经济运行新特点，在危机中育先机、于变局中开新局，以新型能源基础设施建设和能源数字经济发展为引领，统筹能源供给、消费、产业、治理等方面，加快构建现代能源体系，推动形成更高质量、更有效率、更加公平、更可持续、更为安全的能源新发展格局，为河南"十四五"开好局、起好步，为开启全面建设社会主义现代化国家新征程提供坚实的能源基础保障。

一　保稳进蓄筑牢安全线：2020年河南能源发展态势分析

2020年，面对突如其来的新冠肺炎疫情和复杂多变的内外部环境的严峻挑战，河南能源行业全面贯彻落实党中央、省委省政府决策部署，迎难而上、众志成城，筑牢了抗击疫情的"能源防线"，保障了能源供应的安全可靠，实现了能源结构的持续优化，推动了基础设施的不断完善，促进了能源数字经济的蓬勃发展，为河南"六稳""六保"工作提供了坚实的基础支撑，全省能源呈现以保促稳、稳中有进、进中蓄势的发展特征。

（一）2020年河南能源发展总体情况

1. 筑牢"保"的基础，实现了能源安全可靠供应

2020年新冠肺炎疫情发生以来，河南牢固树立底线思维，及时建立能源保供、能源企业复工复产、重大问题协调三项工作机制，跟踪研判煤电油气供需形势和安全运行状况，扎实做好疫情防控常态化下的能源安全保障工作，为打赢疫情防控阻击战、全面恢复生产生活秩序提供了坚强能源保障。在煤炭方面，积极平稳释放先进产能，加强生产、调运、存储等环节统筹衔接，全力保障了省内和支援湖北疫情较为严重地区的煤炭供应；在油气方面，积极应对国际油价下跌对油气行业造成的外部冲击，研究制定多元化保障供应策略，全省加油站、油库生产经营平稳有序，管网运行安全稳定；在电力方面，畅通电煤运输供应，切实增强风电、光伏等新能源产业健康持续发展能力，电源电网保持了安全稳定运行。

随着河南复工复产、复商复市的全面推进，经济持续回稳向好，全省能源生产逐步回归常态化，增速明显回升。1~9月全省煤炭（原煤）生产增速为-2.3%，较1~2月提升5个百分点（见图1），预计2020年全省能源生产总量约为0.95亿吨标准煤，与上年基本持平。能源需求逐步回暖，但累计仍低于上年水平。1~9月全省统调电厂耗煤、成品油销售增速分别为-5.6%、-4.2%，较1~2月分别提升9.6个百分点、25.2个百分点（见图2），预计2020年全省能源消费总量约为2.2亿吨标准煤，与上年基本持平。

2. 夯实"稳"的基调，发挥了能源投资带动作用

2020年，河南围绕"六稳"要求，充分发挥能源产业对经济运行的基

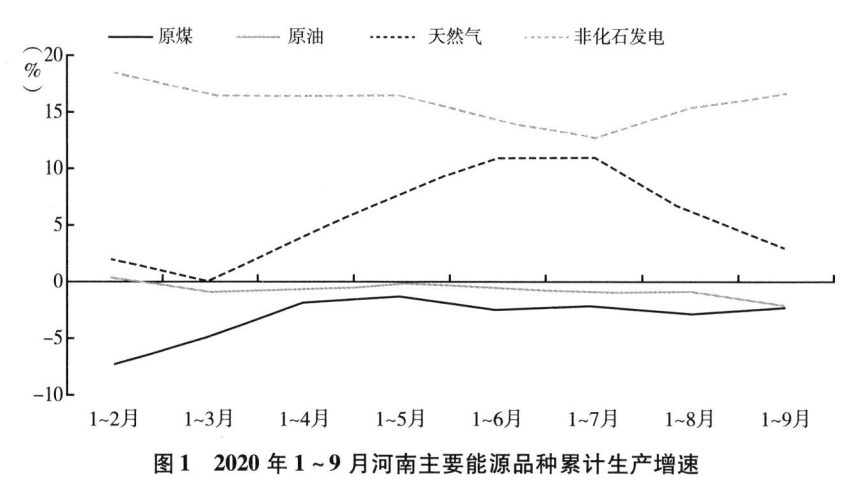

图1 2020年1~9月河南主要能源品种累计生产增速

资料来源：原煤、原油、天然气数据来自行业初步统计；非化石发电数据来自国网河南省电力公司，主要包括水电、风电、太阳能发电、生物质发电。

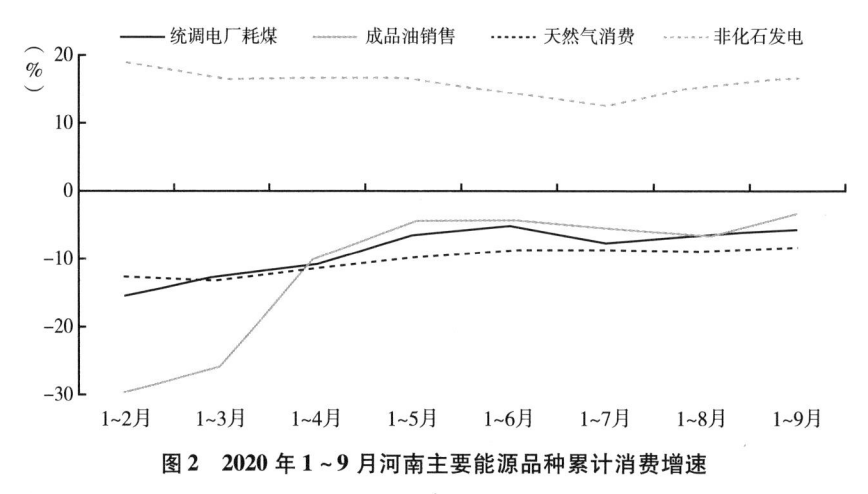

图2 2020年1~9月河南主要能源品种累计消费增速

资料来源：统调电厂耗煤数据来自国家能源局河南监管办公室；成品油销售、天然气消费数据来自行业初步统计；非化石发电数据来自国网河南省电力公司，主要包括水电、风电、太阳能发电、生物质发电。

础性托底作用，加快推动能源领域重大工程建设，有效发挥了能源投资对经济社会发展的拉动效应。一是科学推进存量项目建设，推动重大能源项目率先复工，世界首条清洁能源外送的特高压工程——青海—河南±800千伏特高压直流工程正式启动送电，"青海的光"跨越三千里点亮了"河南的灯"；

电源调整优化、电网提档升级、煤炭储备设施、油气输配管网等项目建设有序推进，全省能源清洁保障能力稳步增强。二是积极挖掘增量项目，持续提升煤电油气产供储销体系规划建设水平，着力推进电力设施与交通设施、通信设施融合协同发展，新型能源基础设施建设快速发力，充电设施、储能设施、氢能利用等一批打基础、利长远的能源新基建取得新突破。

整体上看，2020年河南充分发挥了能源行业产业链条长、投资乘数效应大、基础能力补强见效快的优势，加快推进电网、新能源、节能改造、分布式能源站、电动汽车充电站、清洁取暖等项目工程，有力促进全省经济社会运行回稳向好。初步预计，全年累计可完成能源重大项目投资800亿元左右。

3. 保持"进"的态势，推动了能源结构优化升级

2020年，河南坚持稳中求进工作总基调，强化"绿水青山就是金山银山"的发展理念，不断推动能源生产消费的结构更优、底色更绿，能源发展的质量和效益持续提升。一是在能源供给侧，生产供给结构不断优化。持续调整煤电生产结构，全年淘汰落后煤电机组209万千瓦，占全国近三分之一；大力发展可再生能源发电，可再生能源发电装机占比、发电量占比预计分别达到28%、15%，省内第二大电源地位持续巩固；吸纳区外电力规模再创历史新高，全年吸纳外电规模将达到580亿千瓦时，占全省用电量比重突破17%。二是在能源需求侧，消费清洁化水平持续提升。强化散煤治理，持续开展煤炭消费减量替代，积极发展"电代煤""气代煤""电代油"，全年完成"双替代"清洁供暖约100万户，截至2020年上半年累计建成充电桩超过3.5万个。通过全力提升能源供给侧、需求侧绿色清洁化水平，全省大气环境持续改善，上半年全省PM2.5、PM10平均浓度同比分别下降22.5%、20%，空气优良天数为116天，同比增加30天。

初步预计，2020年河南能源结构将持续升级优化，清洁能源消费比重持续提升。其中，煤炭消费比重预计降为约69.5%，较上年下降约0.5个百分点，天然气、非化石能源消费比重合计预计较上年提高约0.5个百分点。

4. 积聚"蓄"的势能，促进了能源数字经济发展

2020年，河南主动把握能源数字经济发展新机遇，借力数据新型生产

要素作用，突出现代能源网、信息网、交通网等新型基础设施融合，促进能源发展模式转变为数据驱动、创新驱动的内涵型增长。在能源大数据应用方面，河南能源大数据中心成为全国首家由省发改委委托建设的省级能源大数据中心，实现了"全省域、全品类、全链条"能源数据的统一归集和管理。疫情发生以来，河南运用能源大数据及时分析掌握全省能源供需变化状况和工业、服务业复工复产状况，助力疫情防控和复工复产取得显著成效。年内将建成决战决胜脱贫攻坚等9项能源大数据中心应用场景，覆盖全省各类公共充电桩的充电智能服务平台及"中原智充"手机App上线运行，实现"一个App走河南"的充电便民服务。在农村能源互联网综合示范方面，兰考农村能源革命"1+5"建设方案加快推进，建成兰考能源互联网平台一期工程，实现了兰考资源能源化用足"本地电"、用能低碳化用上"清洁电"、能源智慧化用好"舒心电"、发展普惠化用起"经济电"的转型，提供了农村能源转型的电力解决方案。

初步预计，2020年河南能源数字经济将保持蓬勃发展态势。其中，在煤炭方面，煤矿智能化建设全方位开展，煤矿少人化、无人化生产促进全省煤炭行业安全、高效、绿色和高质量发展；在油气方面，天然气管网安全大数据中心建设加快推进，管网的安全管控、资源利用、应急决策水平进一步提升；在可再生能源方面，建立新能源消纳预测预警体系，建立覆盖全省的地热能供暖监测平台，可再生能源利用水平持续提升。总体来看，2020年河南各能源行业数字经济蓬勃发展、初具规模，成为支撑能源转型发展的新动能。

（二）2020年河南能源行业发展情况

1. 煤炭价格平稳运行，产业发展质效显著提升

煤炭供需平稳宽松，煤炭价格基本处于绿色区间。在煤炭生产供应方面，有力有序推进煤矿复工复产，煤炭产量迅速企稳回升、煤炭供应充足稳定。1~9月省内原煤产量为7673万吨，同比下降2.3%，增速较1~2月提升了5个百分点，预计全年煤炭产量为1.03亿吨，同比下降约2%。在煤炭消费方面，发电用煤量受疫情、凉夏等因素影响同比下降，钢铁、建材等非电行业

用煤持续削减，预计全年煤炭消费总量约为2亿吨。总体来看，2020年河南煤炭供需较为宽松，反映在价格方面，河南煤炭价格在"中长协合同制度"以及"基准价+浮动价"定价机制保障下，整体上运行在绿色区间，截至2020年9月底河南电煤价格为484元/吨，较上年同期下降16.7%。

煤炭产供储配体系优化完善，产业智能化水平显著提升。在煤炭生产方面，产业结构持续优化，预计全年关闭退出煤矿6家、化解过剩产能255万吨。在煤炭储配方面，现代煤炭储配体系加快完善，鹤壁、义马、内乡煤炭储配基地的3个煤炭物流园区项目建设进展顺利。在产业智能化方面，煤矿智能化建设迈出关键步伐，大力推动"智慧矿山"建设，打造了一批示范性智能化煤矿，"常态化无人作业、大数据动态分析巡检、远程智能操作"生产模式加快形成。

2. 油气供需总体宽松，基础设施建设持续完善

油气供应保障有力，供需整体保持宽松。在生产方面，全省油气行业克服疫情、国际油价大幅波动等不利因素的影响，保持了油气产量的基本稳定。其中，预计原油产量约为190万吨，与上年基本持平，天然气产量为2.03亿立方米，同比下降1.4%左右。在供应方面，合理调度、积极争取、提前锁定各类油气资源，供应保障充足有力。在消费方面，油气消费逐步回暖趋稳，呈现"前低后高"的特点，整体仍低于上年水平。其中，预计成品油销售量约为1840万吨，同比下降5.7%左右，天然气消费量约为110亿立方米，同比下降9.1%左右。在价格方面，受国际油价大幅下降等剧烈波动影响，河南成品油价格自年初大幅走低，汽油、柴油价格最大降幅分别累计达到1850元/吨、1780元/吨；天然气行业落实国家降本政策，阶段性降低非居民用气成本，用气价格有所下降。总体来看，2020年河南油气消费整体偏弱，供需保持宽松态势。

成品油加工能力大幅提升，原油供应储备能力实现新突破。在成品油加工方面，洛炼集团1800万吨/年炼油扩能改造（一期）项目建成投产，成品油加工能力大幅提升。在原油供应储备方面，与洛炼集团配套的日照—濮阳—洛阳原油管道工程河南段建成，洛阳原油商业储备库建成投运，一期总

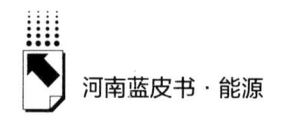

容量达到80万立方米，全省原油供应储备能力实现新突破。

天然气管网互联互通不断完善，储气能力迈上新台阶。在管网建设方面，濮阳—范县—台前输气管道全线贯通，西峡—镇平、周口—漯河等输气管道和豫中、豫东、豫北、豫西南区域性LNG应急储备中心对外供气管道建设加快推进，天然气互联互通和重点地区输送能力得到补强。在储气设施建设及运营方面，"引海气入豫"实现破冰，首船海外液化天然气到岸交付，保障全省用气再添新动力；"租地下库容"愈加牢固，濮阳文23储气库建成投运，完成垫底气注入工作；"建区域中心"进展顺利，省内六座LNG应急储备中心储罐主体工程均已完工。

3. 电力需求回稳向好，服务"六稳""六保"成效突出

电力需求回稳向好，供需呈现宽平衡。截至2020年9月底，全省全社会用电量为2527.7亿千瓦时，同比下降2.2%，全社会最大负荷为6545万千瓦，同比下降5.2%。疫情和凉夏两大因素拉低了电力消费增长，经测算，1~3月疫情因素拉低全省用电量90亿千瓦时，7月份河南十年来最为凉爽多雨的气候拉低全省用电量约47亿千瓦时，两者合计拉低用电量增速4.1个百分点。初步预计，随着经济社会发展回稳向好，第四季度全省用电量将保持较快增长，全年河南全社会用电量将约为3400亿千瓦时，同比增长1%左右，煤电机组利用小时数在3370小时左右，供需呈现宽平衡状态。

先行打响全面复工攻坚战，有效拉动经济社会发展。充分发挥电力建设投资规模大、产业链条长、带动力强的优势，带动上下游产业链复工复产，3月中旬，全省总投资268亿元的3100余项电网建设工程全部复工。有序推进电网提档升级工程，加快推进城乡配网建设，扎实做好老旧小区配套电网改造、"煤改电"配网建设，大力实施"三山一滩"深度贫困地区电网攻坚，完成贫困县1500个配电台区的改造升级。据统计，全省电网工程复工建设累计拉动上下游1200余家企业复工复产，带动就业超过5万人。

电力体制改革扎实推进，政策红利持续释放。电力市场化交易规模持续扩大，1~9月累计交易电量为1291亿千瓦时，预计全年达到1320亿千瓦时。圆满完成第二监管周期（2020~2022年）输配电价核定工作，全省平

均输配电价进一步降低。电力交易中心股份制改造取得积极进展，电网企业持股比例降至70%。第五批9个增量配电改革试点项目获得国家批复，投运试点累计达到10个。全面贯彻执行降低工商业电价5%政策，全年预计减免用户电费超50亿元，在全国首创采取"专项交易"方式实现省内386家疫情防控重点企业用电成本再降5%，以实实在在的降费行动助力行业共克时艰。

4. 新能源保持较快增长，行业发展环境持续优化

风电、光伏发电装机预计双双突破千万千瓦，可再生能源利用规模持续扩大。截至2020年9月，河南风电、光伏发电装机分别达到861万、1121万千瓦，同比分别增长35.3%、8.3%，可再生能源发电总装机达到2518.3万千瓦，同比增长16.9%，占全口径发电装机比重达到26.2%，同比提高2.9个百分点；可再生能源发电量达到327.2亿千瓦时，同比增长16.7%，占全口径发电量比重达到15.8%，同比提高2.9个百分点。新能源供应能力实现新突破，4月12日风电和光伏日最大发电出力首次突破千万千瓦级别，达到1048万千瓦，占全网用电负荷的30%。预计2020年河南风电、光伏发电装机将双双突破千万千瓦，可再生能源发电量将突破400亿千瓦时，可再生能源利用量将达到约2100万吨标准煤，继续保持快速增长态势。

行业支持政策持续完善，积极引导可再生能源平价上网与消纳。在平价上网方面，河南省发改委印发《关于组织开展2020年风电、光伏发电项目建设的通知》，明确优先支持已列入以前年度开发方案的存量风电项目自愿转为平价项目，优先支持配置储能的新增风电平价项目，优先支持已建成并网、未取得国家建设规模的存量光伏发电项目自愿转为平价上网项目。经筛选，2020年全省共有15个风电项目（34万千瓦）、54个光伏发电项目（71.01万千瓦）获得国家批复。在消纳保障方面，河南省发改委印发《河南省可再生能源电力消纳保障机制实施方案》，促使市场主体公平承担消纳可再生能源电力责任，提高了市场主体消纳可再生能源的积极性。国家发改委印发《关于开展"风光水火储一体化""源网荷储一体化"的指导意见（征求意见稿）》，从系统优化、市场体系角度提升清洁能源消纳水平。河南

省规划在可再生资源集中的豫西、安鹤濮等地开展"可再生能源+储能""可再生能源+制氢"示范建设，其中河南首个风电储能项目三门峡狮子坪储能电站建成；依托鹤壁、兰考、禹州组织开展分布式发电市场化交易试点建设，探索可再生能源消纳新模式。

（三）"十三五"河南能源发展成效分析

"十三五"期间，河南深入贯彻落实习近平总书记"四个革命、一个合作"能源安全新战略，坚持创新、协调、绿色、开放、共享的新发展理念，以供给侧结构性改革为主线，以"节能优先、内源优化、外引多元、创新引领"为方向，加快构建清洁低碳、安全高效的现代能源体系，抓住了发展新机遇，拓展了发展新空间，蓄积了发展新动力，全省能源发展实现了量的合理增长和质的稳步提升，初步形成了能源高质量发展的新格局。

1. 推进动力转换，实现了能源行业创新发展

深化能源体制机制创新，市场配置资源的决定性作用进一步发挥。一是新一轮电力体制改革有效推进。顶层设计不断完善，出台了电力体制改革综合试点方案和4个专项方案；科学的输配电价形成机制初步建立，合理核定了第一、第二监管周期输配电价水平；交易规则等配套制度不断完善，完成了交易公司组建，推动电力市场管理委员会组建并规范运行，进一步放开用户准入，直接交易电量连续三年达千亿千瓦时；增量配电改革试点总数位居全国第一，累计39个项目列入国家试点，覆盖全省18个地级市。二是油气体制改革扎实推进。原油、成品油管网设施向第三方进一步开放，天然气管网实现"输销"分离，成立了河南省天然气管网公司，集约输送和公平服务能力显著提升；完善居民用气定价机制，由最高门站价格管理改为基准门站价格管理，实现了与非居民用气基准门站价格机制相衔接；积极探索储气调峰辅助服务市场机制，储气设施"两部制"气价的运营模式基本确定。三是可再生能源发展的市场环境持续改善。平价上网项目试点范围持续扩大，市场竞争配置推动补贴持续退坡；建立健全可再生能源电力消纳责任权重考核机制，配套完善绿色证书市场交易机制，逐步满足了持续稳定的可再

生能源市场需求，保障了可再生能源发电量的合理消纳。

大力推动能源科技创新，能源行业技术水平与竞争力明显提升。一是能源装备行业水平持续提升。开发了一批具有自主知识产权的新型能源装备，建设了中原电气谷，南阳、濮阳石油装备制造基地，许昌、洛阳等风电装备产业集群，洛阳、安阳等光伏产业集群，南阳、濮阳、新乡等生物质能产业集群等特色鲜明的能源装备特色产业集群，提升了优势产品的竞争力。二是能源智慧化水平显著提升。创新开展省级能源大数据中心建设特色实践，实现了能源、经济、政务等领域数据的统一归集和管理，建成了能源监测预警和规划管理、重点用能单位能耗在线监测、充电智能服务等多项应用场景，并创新构建了以基础标准、数据标准、技术标准、管理标准、安全标准为核心的能源大数据标准体系，助力数据驱动能源智慧运行。圆满建成兰考能源互联网平台一期工程，实现"全品类、全链条、全县域"能源运行可观可测，面向政府、企业、居民提供服务，建设了"能源互联网+"农村特色用能场景，促进用能效率提升、降低用能成本、提升便民服务水平。

2. 加强供需优化，促进了能源系统协调发展

加强能源需求综合管理，以合理需求保证了经济社会平稳发展。一是能源消费总量和能耗"双控"取得显著成效。初步预计2020年河南能源消费总量约为2.2亿吨标准煤，与2015年相比实现下降，以合理能源需求支撑了"十三五"河南经济社会发展。单位国内生产总值能耗预计下降27%，超额完成国家下达的指标；持续调整煤电生产结构，"十三五"期间累计淘汰落后煤电机组600万千瓦左右，全省煤电机组平均供电煤耗降至300克/千瓦时，较2015年下降11克/千瓦时。二是能源需求侧管理能力不断提升。创新开展了用能权有偿使用和交易试点工作，持续开展能耗"领跑者"行动，在重点行业及园区开展综合能源管理和服务，推进多能互补集成优化示范工程建设，采取市场化措施推进节能降耗。创新开展了电力需求侧响应工作，提高了供需双向互动响应能力，有效转移了高峰时段用电需求。

优化能源生产供应体系，以多元供给满足了能源需求。一是化石能源生产体系显著优化。"十三五"期间累计化解煤炭过剩产能6334万吨，超额

完成煤炭去产能总量任务，省内骨干煤企煤炭生产集中度达到94%，原煤入洗率达到70%。加快中原炼化基地建设，洛炼集团1800万吨/年扩能改造（一期）项目建成投产，石化产品结构不断优化，全省成品油销售量突破1900万吨。二是非化石能源生产能力明显提升。可再生能源发电、生物制气、地热能等非化石能源供应量达到2100万吨标准煤，是2015年的1.6倍。三是省内能源供给网络更加坚强协调。推动煤电运输"公转铁"运输模式，有效打通电煤绿色运输"最后一公里"；天然气长输管道里程突破6400公里，地方支线网络基本成型；保持了电网高强度投资水平，年均总投入在350亿元以上，位居中部六省第一，从根本上扭转了电网薄弱的局面。构建了"两交两直"特高压电网供电格局，形成了覆盖全省的500千伏"鼎"字形骨干网架，实现了500千伏变电站覆盖所有地市、220千伏变电站覆盖所有县域，主网架连续5年无供电"卡口"，城乡配电网薄弱局面基本扭转。

3. 坚持清洁低碳，推动了能源产业绿色发展

积极推进能源结构调整，行业低碳发展水平明显提升。一是煤炭消费减量替代取得历史性成就。2020年全省煤炭消费总量预计降为约2亿吨，较2015年下降约15%，超额完成国家下达的煤炭消费总量下降10%的目标任务。煤炭占一次能源消费比重降至约69.5%，"十三五"期间累计下降约7个百分点，超过规划目标0.5个百分点。电煤占煤炭消费比重升至约52%，较2015年提高约2.5个百分点。二是清洁能源消费占比大幅提升。新能源发电实现跨越式发展，2020年全省风电、光伏发电装机规模预计分别达到2015年的11.3倍、27.7倍，占全口径装机比重分别提升9.6个、11.3个百分点，占全口径发电量比重分别提升4.0个、4.1个百分点。天然气、非化石等清洁能源消费量分别达到2015年的1.4倍、1.6倍，两者占一次能源消费比重合计约为16%。

大力实施污染物深度治理，主要污染物排放总量大幅下降。一是固定污染源排放改造取得重大突破。全面实施煤电机组超低排放改造，比国家要求提前两年完成，率先在全国实现在运煤电机组全部超低排放，改造后的机组

主要大气污染物排放浓度优于燃气发电机组排放标准。煤电行业主要大气污染物排放量占全社会总排放量的比重降至5％，较改造前降低了40个百分点以上，钢铁、水泥、焦化等非电行业超低排放改造也全面完成。二是移动污染源治理取得显著成效。油品质量实现全面升级，全省全面实现供应国六标准车用乙醇汽油、柴油，车用柴油、普通柴油、部分船舶用油实现"三油并轨"。大力推进"电代油"，截至2020年上半年全省累计建成充电站765座、换电站10座、充电桩超过3.5万个，新能源汽车保有量达到26万辆。

4.加强多元合作，深化了能源网络开放发展

开放互动、外引多元，实现了深度开放条件下的能源安全。在煤炭方面，积极利用国家多条运煤通道途经河南的区位优势，不断提高煤炭调入的运力，"十三五"期间浩吉铁路开通运营，河南煤炭外引比例达到49％。在石油方面，日照—濮阳—洛阳原油管道项目河南段建成，原油供应能力将提升至1800万吨，河南原油外引比例达到80％。在天然气方面，鄂—安—沧线（河南段）建成投运，首船"河南专供"海外LNG实现到岸交付，河南天然气外引比例达到98％。在电力方面，青海—河南±800千伏特高压直流工程投产送电，2020年全省吸纳外电规模预计为580亿千瓦时左右，占全社会用电量的17％。

内外并举、多层互补，构建了多元保障的能源应急储备体系。在煤炭方面，持续优化布局煤炭储配基地建设，建成鹤壁、义马煤炭物流园区一期工程，静态储备能力均为50万吨、动态储配能力均为1000万吨/年，南阳（内乡）煤炭储配基地正在加紧建设，煤炭储运保供新模式逐渐形成。在油气方面，洛阳原油商业储备库建成投运，"引海气入豫、租地下库容、建区域中心"的储气设施建设初见成效，油气应急保障能力不断提升。在电力方面，天池、洛宁、五岳抽水蓄能项目破土动工，国内首个电网侧100兆瓦分布式电池储能示范工程建成投运，河南首套、国内容量最大的邵陵调相机工程成功并网，电力系统应急能力与稳定性明显增强。

5.夯实普遍服务，保障了能源发展成果共享

助力打赢脱贫攻坚战，能源普遍服务水平显著提高。坚持能源发展和精

准扶贫有机结合,全面完成了新一轮农网改造升级任务,确保了贫困县、贫困村电网脱贫"两提前",实现了村村通动力电、平原地区机井通电全覆盖,基本消除了全省低电压、卡脖子问题。光伏扶贫圆满收官,全省共有267.6万千瓦光伏扶贫项目纳入国家补贴目录,扶贫电站总规模全国第一、帮扶人口总数全国第一。

着力办好民生实事,持续改善人民群众用能条件。强化散煤治理,实现了北方平原地区散煤取暖基本"清零"。在集中供热管网覆盖区域外,"宜煤则煤、宜气则气、宜电则电"协调推进清洁取暖,预计"十三五"期间累计完成双替代清洁取暖约544万户,其中"电代煤"509万户。更加注重城乡配电网协调发展,"十三五"期间河南配电网投资占电网发展总投入的比重在60%以上,配电网发展总体达到中部地区领先水平。

二 观大势、育先机、开新局：2021年河南能源发展形势与展望

2020年,河南省能源行业呈现以保促稳、稳中有进、进中蓄势的特征,为统筹推进疫情防控和经济社会发展提供了有力支撑。党的十九届五中全会擘画了发展蓝图、明确了阶段目标、规划了实施路径,为我国经济社会发展指明了方向。2021年是全面建成小康社会、实现第一个百年奋斗目标后,乘势而上开启全面建设社会主义现代化国家新征程、向第二个百年奋斗目标进军的第一年,宏观环境总体向好,有利条件和制约因素并存。河南将积极应对错综复杂的国内外环境带来的新矛盾、新挑战,进一步把握能源发展的新特征、新要求,育先机、开新局,加快构建现代能源体系,预计全省能源行业将继续保持总体平稳、稳中有进的良好态势。

(一)有利条件

1. 河南经济发展长期向好,为构建现代能源体系创造良好条件

当前,世界范围内新冠肺炎疫情持续蔓延,孤立主义、保护主义肆虐,

国内经济受到较大冲击，河南经济也遇到前所未有的挑战。通过疫情可以看到，河南经济社会发展蕴含巨大的优势和潜力，全省经济发展仍将保持良好韧性。一是两大国家战略叠加效应显著增强，中部地区崛起、黄河流域生态保护和高质量发展两大国家战略提升了河南在全国发展大局中的地位，有利于更多国家重大项目、重大工程在河南布局，为转换发展动能、强化发展支撑提供了难得的历史机遇。二是经济长期向好的基本面具有坚实支撑，河南经济体量大、工业门类齐全、区位交通优越、人力资源丰富的基本格局没有改变，2020年河南经济经受住了疫情带来的空前考验，新基建、数字经济等新经济加快成长，充分显示了韧性强的特点。三是市场需求潜力巨大，河南新型城镇化快速推进，乡村振兴战略深入实施，中等收入群体初具规模，逐步形成以国内大循环为主体、国内国际双循环相互促进的新发展格局，为战胜重大风险提供了坚强保障。整体来看，作为传统农业大省、新兴工业大省和内陆开放大省，河南综合实力逐步增强，发展韧性强大，这将为河南构建现代能源体系创造良好条件。

2. 能源数字经济蓬勃兴起，为构建现代能源体系催生强劲新动能

当前，以数字化为核心的能源数字经济蓬勃兴起，为推动能源生产、消费、科技、体制革命，构建现代能源体系提供了强劲动力。在生产方面，基于数据驱动的新能源发电预测、多能协同生产，可有效提高波动性清洁能源利用水平，推动能源供应模式多元化，助力能源生产革命；在消费方面，基于用户画像精准服务，灵活汇聚需求侧资源，支撑综合能源服务等新业态、新模式，提升用户能效水平，实现精益管理，助力能源消费革命；在技术方面，基于"大云物移智链"创新应用，推动工业互联网与能源电力系统融合，实现智能化、精确化和标准化转变，助力能源技术革命；在体制方面，基于区块链点对点能量交易、绿证交易，实现电力市场交易模式创新，打造互惠共赢的能源互联网生态圈，助力能源体制革命。整体来看，先进数字技术将加速对能源产业的渗透和融合，实现能源供需的协同优化和动态响应，加快在能源生产、运输、加工、储存和消费等环节形成新业态、新模式，催生能源数字新经济，推动河南能源新发展。

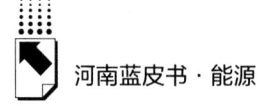

3. 良好的能源产业基础和区位优势，为构建现代能源体系奠定坚实基础

河南省作为能源生产和消费大省，能源品种齐全，历史上作为国家能源基地，煤炭、油气、煤电、水电等传统一次、二次能源开发起步较早，能源产业基础较为雄厚。近年来，以风电、光伏、生物质能为代表的新能源保持了较快发展势头。截至2019年末，全省风电、光伏装机规模已分别突破794万、1054万千瓦，分别位列全国第11位、第10位，河南已形成了较为完善的能源体系，具有进一步创新发展的较强产业基础。同时，河南位于中原腹地，承东启西、连贯南北，具有独特的区位优势，是全国重要的煤炭储配中心、区域性油气输配中心和华北、华中、西北电力联网枢纽。截至2019年末，省内陇海、宁西、侯月、瓦日、京广、京九、太焦、焦枝、浩吉等输煤铁路干线纵横交错，高速公路通车里程达6967公里，油气管道总里程突破8000公里，接纳外来电力能力突破1300万千瓦，独特的区位优势有利于河南充分利用省内省外"两个市场、两个资源"，持续推动全省能源高质量发展。

4. 生态文明理念深入人心，为构建现代能源体系凝聚社会共识

党的十八大以来，以习近平同志为核心的党中央高度重视生态文明建设，党的十九大更是首次把"美丽中国"作为建设社会主义现代化国家的重要目标。2019年9月，习近平总书记在郑州主持召开黄河流域生态保护和高质量发展座谈会时强调，河南"在全国生态格局中具有重要地位"，必须"高度重视生态保护工作"。2020年8月中共中央政治局会议审议《黄河流域生态保护和高质量发展规划纲要》时指出，要"改善黄河流域生态环境"，"促进全流域高质量发展"。2020年9月习近平总书记在联合国大会上表示中国"争取2060年前实现碳中和"，对推动能源清洁低碳发展提出了更高要求。2020年10月《中共中央关于制定国民经济和社会发展第十四个五年规划和二〇三五年远景目标的建议》提出要推动绿色发展，促进人与自然和谐共生。河南省认真贯彻落实党中央、国务院决策部署，把生态文明建设落实到黄河流域生态保护，推动产业结构升级，加快能源结构优化以及打赢蓝天、碧水、净土三大保卫战等重点工作中，美丽河南建设取得积极成效，人民群众对优美生态环境的获得感明显提升，顺应自然、尊重自然、保护自然、走可持续发展道路的生态文明理念逐步深入人心，为今后推动河南能源绿色低碳转型营造了良好的氛围。

（二）制约因素

1. 内外部环境复杂性增加，实现能源新发展面临一定挑战

从外部看，当今世界正经历百年未有之大变局，新冠肺炎疫情全球蔓延使这个大变局加速变化，保护主义、单边主义抬头，世界经济低迷，全球产业链、供应链因非经济因素面临冲击，国际经济、科技、文化、安全、政治等格局都在发生深刻调整，世界进入动荡变革期，我国发展将面对更复杂的外部环境，这些变化可能通过贸易链、产业链、就业链传导至河南经济进而影响能源行业发展，必须做好应对一系列新风险、新挑战的准备。从内部看，新一轮以高质量发展为导向的区域竞争更加激烈，技术、数据等生产要素的创新引领作用越发彰显，总体来看河南能源行业处于产业链上游和价值链低端的特征明显，数字经济发展刚刚起步，产业竞争力较弱、结构调整优化相对较慢、创新资源匮乏等问题依然突出。2019年全省能源原材料行业占规模以上工业增加值比重超过40%，数字经济占GDP的比重低于30%，与广东、浙江、江苏等省份数字经济占比40%以上的水平相比还有一定的差距，能源行业在智慧能源、智慧园区、城市能源互联网等方面仍需加强探索实践，加强河南能源数字经济竞争力、实现创新发展面临一定挑战。

2. 区外能源资源竞争加剧，全省能源供应保障压力不断加大

河南是能源消费大省，能源总消费量居全国第5位，受资源禀赋限制，全省约50%的煤炭、70%的成品油、80%的原油、98%的天然气依靠省外调入。同时，全省人均能源消费水平偏低，2019年全省人均能源消费量、用电量分别为2.5吨标准煤、3597千瓦时，分别仅为全国平均水平的87%、74%，未来一段时间，河南将处于工业化发展的中期向后期过渡的重要战略机遇期，全省能源消费总量还将保持刚性增长。从资源供应来看，河南省内煤炭生产支撑能力不够、油气资源趋于枯竭、可再生能源开发条件一般；浩

吉铁路虽已开通，但是主供"两湖一江"地区，分配给河南的煤炭资源量非常有限；公路运输受环保治理、"公转铁"、成本等因素影响，通过公路进入河南的外省煤炭量呈逐步下降态势，全省新增能源需求需通过规划建设新的外引通道来解决。然而从国内能源格局看，中东部省份普遍属于能源供应缺额地区，当前中东部省份都在积极和新疆、甘肃、内蒙古、陕西等西部资源外送地区对接，"十四五"期间跨区跨省能源和电力输送通道资源的竞争越发激烈，河南省能源供应保障压力不断加大。

3. 能源能耗水平相对偏高，节能降耗难度提升

河南产业结构偏"重"，工业尤其是高载能行业占比较高，且多处于产业链的前端和价值链的低端，单位GDP能耗仍然较高。"十三五"以来，河南省积极推动产业结构升级，大力淘汰电解铝、水泥、钢铁等行业落后产能，推动焦化、有色金属、化工行业用煤下降，推广电能替代、综合能源服务模式，河南省万元GDP能耗、电耗分别已由2015年的0.6吨标准煤/万元、776.6千瓦时/万元降至2019年的0.45吨标准煤/万元、673.6千瓦时/万元，预计"十三五"期间全省万元GDP能耗累计下降27%，将超额完成16%的规划目标，但是和江苏、浙江、广东等先进地区比，能耗水平依然较高。经历"十二五""十三五"的发展，一些常规减煤控煤政策和节能降耗的技术措施已广泛应用，考虑河南省传统产业发展惯性，在较长时期内产业结构仍将以传统产业为主导，未来全省节能降耗难度将加大。

4. 市场配置资源作用未充分发挥，能源体制机制有待进一步完善

"十三五"以来，河南省能源体制机制创新取得了积极进展，但市场配置资源的作用尚不能充分发挥，能源体制机制深层次问题还有待进一步解决。在电力体改方面，输配电价第二轮电价核定工作、电力交易机构股份制改造初步完成，市场交易规模和增量配电改革试点范围不断扩大，但电力现货市场、需求侧响应、调峰等辅助服务市场建设、可再生能源消纳责任权重考核等工作尚处于起步阶段，未来与之相配套的运行机制和价格机制亟须进一步研究。在油气体制改革方面，省级油气管网公司的成立有助于推动行业市场化运行，但如何实现行业向社会资本开放、带动油气行业上下游真正走

向市场，还需要配套强有力的政策；调峰气价机制尚未建立，合理的峰谷、季节、气量差价体系设计仍需研究。在新能源消纳方面，行业发展前期主要依靠政策补贴，随着平价上网的来临，与之相适应的市场化机制仍需探索。在清洁替代方面，河南省散烧煤治理已基本完成，但"煤改气"、"煤改电"等清洁采暖替代成本明显高于燃煤，可持续的清洁替代长效机制仍需研究和完善。

（三）2021年河南能源发展预判

1. 能源需求反弹恢复，能源数字经济蓬勃发展

2020年，河南新冠肺炎疫情防控有效，经济持续恢复增长，能源需求逐步回暖，经济社会发展体现出巨大的韧性。2021年是我国全面建设社会主义现代化国家新征程的开启之年，河南将乘势而上，抢抓两大国家战略机遇，以供给侧结构性改革为战略方向、以扩大内需为战略基点，加快形成以国内大循环为主体、国内国际双循环相互促进的新发展格局，能源需求依然有强劲的支撑。具体来看，农业坚持"三链同构"加快推进粮食产业高质量发展；工业实施"六个提升专项"做强五大优势产业、做优五大传统产业、做大六大新兴产业；服务业突出融合化、数字化、专业化、品牌化构建现代产业体系；投资领域突出"两新一重"、产业、能源等重大工程建设；消费领域不断拓展，行业加速"上线""上云"，推动生产组织模式重构；进出口领域发挥"循环泵"作用畅通国际大通道，连接国内大动脉。这些不仅为能源需求尤其是天然气、电力等清洁能源需求的增长提供强劲引擎，更为能源行业"数字产业化，产业数字化"提供难得发展机遇。初步预计，2021年河南能源消费总量约为2.3亿吨标准煤，实现反弹恢复；能源生产总量约为0.96亿吨标准煤，基本保持稳定；能源大数据中心、农村能源互联网综合示范、电动汽车充电基础设施、新型智慧城市等能源新基建加速推进，能源数字经济将保持蓬勃发展。

2. 煤炭消费持续减量替代，煤矿智能化建设成效显现

在煤炭消费方面，随着有色金属、化工、建材、钢铁等传统产业加快

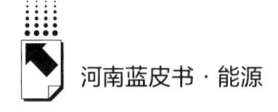

"绿色、减量、提质、增效"转型，清洁能源替代规模因可再生能源发电项目、青豫特高压直流工程逐步达产而不断扩大，全省煤炭消费量将继续削减，预计2021年煤炭消费总量约为2.0亿吨。

在煤炭生产方面，根据《河南省煤矿智能化建设实施方案》，预计到2021年底，全省生产能力60万吨/年及以上的煤矿基本完成智能化建设，采煤工作面回采工效在70吨/工以上，煤矿井下作业人数大幅减少，生产工效大幅提升。统筹考虑省内煤炭资源、矿井生产能力、煤矿智能化建设情况，预计2021年全省煤炭产量约为1.03亿吨，与上年基本持平。

3. 油气消费恢复增长，供需保持宽松态势

在油气消费方面，随着河南着力畅通经济循环，预计2021年油气消费将实现恢复性增长，其中，成品油销售量约为1930万吨，同比增长约5%，天然气消费量约为125亿立方米，同比增长约13.6%。

在生产供应方面，预计2021年省内原油产量约为190万吨，与上年持平，天然气产量约为2亿立方米，基本维持稳定。考虑到洛炼集团扩能改造工程投产进一步增强了省内成品油供应能力，省内天然气管网互联互通步伐加快、储气库调峰能力逐步形成，海外LNG运输新通道形成，预计全年成品油、天然气供需总体保持宽松态势。

4. 电力需求大幅回升，供需整体保持平稳

在电力需求方面，在两大国家战略支撑、"两新一重"及扩大内需等政策持续拉动下，全省电力需求快速增长，考虑到2020年疫情及凉夏导致的低基数影响，2021年全省电力消费增速将同比实现大幅回升，预计全省全社会用电量约为3570亿千瓦时，同比增长约5%。

在电力供应方面，预计2021年全省电源总装机将达到1亿千瓦，其中新增煤电装机95万千瓦，青豫特高压直流运行功率达到400万千瓦，预计2021年全省电力供需基本平衡。

5. 可再生发电装机有序增长，非化石能源利用规模持续扩大

在可再生发电装机方面，2021年河南将积极发展平价风电、光伏发电项目，优先发展具有消纳优势的分散式风电、分布式光伏发电项目和农林生物质热电

联产项目，预计 2021 年全省分别新增风电、光伏发电、生物质发电装机 170 万、80 万、50 万千瓦，可再生发电装机总规模约为 3000 万千瓦，同比增长 11%。

在利用规模方面，预计 2021 年河南可再生能源发电量将达到约 420 亿千瓦时，同比增长 8.2%，计及燃料乙醇、生物制气、地热供暖等非电类可再生能源利用和天中、青豫直流等输送的区外清洁电力，预计 2021 年全省可再生能源利用总量将达到 2300 万吨标准煤，同比增长 9.5%。

综合前述预测分析，随着以国内大循环为主体、国内国际双循环相互促进的新发展格局加快形成，2021 年河南省能源发展将继续保持量的合理增长和质的稳步提升，能源消费总量约为 2.3 亿吨标准煤，清洁能源利用量将实现大幅增长，替代化石能源作用进一步增强，能源数字经济将继续保持蓬勃发展态势（见表 1）。

表 1　2020～2021 年河南省能源发展预测

总量与增速	能源总量（亿吨标准煤） 生产	能源总量（亿吨标准煤） 消费	煤炭（亿吨） 生产	煤炭（亿吨） 消费	原油、成品油（万吨） 生产	原油、成品油（万吨） 消费	天然气（亿立方米） 生产	天然气（亿立方米） 消费	非化石能源（万吨标准煤） 利用量
2020 年总量	0.95	2.2	1.03	2.0	190	1840	2.03	110	2100
2020 年增速(%)	—	—	-2	—	-1	-5.7	-1.4	-9.1	—
2021 年总量	0.96	2.3	1.03	2.0	190	1930	2.0	125	2300
2021 年增速(%)	—	—	0	—	0	5	-1.4	13.6	9.5

三　蓄势强基赋能新发展：加快构建现代能源体系的对策建议

当前，河南能源行业已进入新发展阶段，面对国内外环境深刻变化带来的一系列新机遇、新挑战，河南应增强机遇意识与风险意识，全面落实"四个革命、一个合作"能源安全新战略，科学谋划能源行业"十四五"及 2035 年远景目标发展蓝图，着力转变能源生产消费模式，提升产业链供应链现代化水平，不断增强能源领域科技创新能力，积极促进能源数字经济发展，健全规划制定

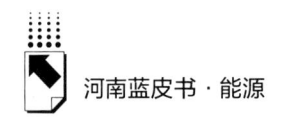

和落实机制，育先机、开新局，加快构建清洁低碳、安全高效的现代能源体系，努力实现更高质量、更有效率、更加公平、更可持续、更为安全的发展。

（一）内外并举，构建多元安全的能源供应保障体系

立足河南"多煤、少油、乏气、可再生开发条件一般"的实际，充分利用河南良好的能源产业基础和独特的区位优势，着力提升省内资源的高效开发水平，着力提升省外资源的引入能力，着力提升能源供应和储备能力，构建多元安全的能源供应保障体系。

推动化石能源高效开发，提升行业经济效益。在煤炭方面，优化煤炭产能结构，推动煤炭行业"上大压小、增优减劣"，持续化解落后无效产能，适度发展优势煤种先进产能，有序建设大型现代化煤矿，提高煤炭入洗率。在油气方面，加快中原油田、南阳油田开发方式转换，延长稳产时间。加强对常规油气的替代能力，推进页岩油、页岩气勘探开发，充分利用河南煤化工产业规模大的优势，增强煤制气生产能力，形成对天然气供给的有效补充。

创新可再生能源开发方式，扩大清洁能源规模。积极推进分散式风电、平价风电项目建设，探索多能互补、风电+储能等智慧能源新模式。支持屋顶分布式光伏项目，依托储能技术探索建立一批光储一体的智能微电网系统，为分布式光伏大量接入电网提供解决方案。有序发展生物质热电联产、生物天然气、固体成型燃料，推进生物质能的多元化利用、产业化发展，提高生物质能利用效率和效益。因地制宜开发利用地热能，积极发展中深层水热型地热能供暖，不断提升浅层地热能开发利用水平，探索地热能供暖市场化运营模式。

加强能源对外合作，提升能源外引能力。在油气方面，构建多元引气网络格局，加快建设西气东输三线中段、苏皖豫、日照—濮阳输气管道等国家主干线。在电力方面，加快华中"日"字形特高压环网建设步伐，切实提高天中、青豫直流送电功率。谋划推进外电入豫新通道，通过长南线第二回加强积极引入山西煤电，加快推动入豫第三直流工程纳入国家电力规划，明确来电方向及落点，尽早开工建设。

建设坚强能源供应网络，提升应急储备水平。在煤炭方面，优化煤炭运

输方式，加快铁路专用线和多式联运枢纽建设，在煤炭生产地、消费地、铁路水路交通枢纽等地合理布局煤炭储备基地。在油气方面，完善油品输送网络，加快建设洛阳—新郑国际机场航煤管道项目，打造以郑州为枢纽、辐射整个中原城市群的油品输送网络，推进天然气主干管网建设，增强管网互联互通；加大油气储备基础设施建设投入，减少局时局地可能出现的供应紧张问题。在电力方面，促进骨干网架升级，建设现代化城市配电网，提升农网发展水平，打造坚强智能电网；在豫南、豫中东等电力缺额较大地区有序建设大容量高效清洁煤电、民生热电项目，扩大需求侧响应实施规模及范围，加快储能规划布点及建设，提升电力保障能力。

（二）节能优先，构建清洁高效的能源消费体系

全面落实节能优先战略，推动用能方式变革，坚决抑制不合理能源消费，促进重点用能领域能效水平、清洁水平持续提升，大力培育能源新产业、新业态、新模式，构建清洁高效的能源消费体系。

抑制不合理能源消费，提升能源利用效率。持续完善能源消费总量和强度管理政策制度体系，深化用能权有偿使用和交易试点，在重点园区、企业开展综合能源管理和服务，采取市场化措施推进节能降耗。持续推动重点区域、重点行业煤炭消费减量，强化燃煤设施整治，压减焦炭、钢铁、水泥等行业低效产能。继续做好煤电淘汰落后产能工作，关停淘汰服役期满的煤电机组，积极推进煤电节能减排综合升级改造。

大力实施污染物排放治理，提升清洁能源利用水平。推进煤基燃料全面发展，利用高效清洁煤气化技术、高效污染物脱除技术、多污染物协同控制技术、废水零排放技术以及"三废"资源化利用技术，构建绿色化现代煤化工产业体系，实现煤炭清洁利用。在居民采暖、生产制造、交通运输等领域因地制宜推进经济性好、节能减排效益佳的"气代煤""电代煤""电代油"清洁能源替代，重点推进天然气入村进户、城乡现代配电网建设、智能充电网络建设，推动城乡用能方式变革。

积极培育能源"三新"经济，打造能源消费领域新产业、新业态、新

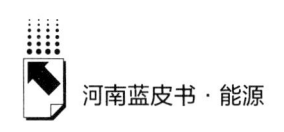

模式。在工业园区建设分布式能源中心，鼓励企业开发利用可再生能源。鼓励在郑州大都市区开展"零碳"产业园示范，发展能源数字化系统、共享高效智能交通系统、绿色数据中心等能源互联网和智慧用能新模式，打造主体多元化、领域多样化、服务专业化综合能源服务新业态。

（三）增势赋能，构建创新引领的能源产业体系

抢抓能源科技革命和产业革命机遇，围绕能源生产消费领域科技短板，提升关键技术自主创新能力、应用能力，构建创新引领的能源科技体系，以技术创新驱动能源革命。

加大能源新型基础设施建设，提升能源产业水平。在煤炭方面，推动数字化矿山、智能化矿山和智慧化矿山建设，加大云计算、大数据、物联网在煤炭企业的应用，实现机械化减人、自动化换人，提高煤矿生产力。在油气方面，实施"互联网+石化产业"融合，实现产炼运销储贸全产业链协同优化，提升流通效率，及时应对市场需求。在电力方面，深化能源大数据应用，服务政府科学决策、服务企业精益管理、服务公众智慧用能；推广兰考能源互联网建设经验，助力乡村振兴战略落地实施；大力推进充电基础设施建设，满足日益增长的电动汽车充电需求；探索风电+储能、光伏+储能、多能互补等智慧能源新模式，提升新能源消纳水平。

打造具有竞争力的能源装备制造体系，延伸化石能源产业链。建设风电、光伏、生物质能等新能源装备产业集群，打造新能源汽车、智能电气、高效节能装备生产基地，持续提升省内能源装备制造企业国际竞争力。加快河南能源集团煤化工高端化发展，建成全国最大的乙二醇制造及深加工基地，推进平煤神马集团千亿级尼龙城建设，优化布局汽车氢能燃料电池产业链。推进炼能优化，引导省内炼厂进一步优化产品结构，加快谋划洛阳石化百万吨乙烯项目，延伸石化产业链。

（四）深化改革，构建现代化能源治理体系

深化能源体制改革，发挥市场在能源资源配置中的决定性作用，深入推

进"放管服"改革,优化营商环境,切实提升能源行业治理能力。

加快推进能源行业市场化改革,增强能源行业发展活力。稳步推进原油、成品油市场化改革,深化天然气体制机制改革,更好发挥省天然气管网公司、省天然气储运公司作用,增强天然气资源统筹调配能力,推动储气设施可持续运营。深入推进电力体制改革,深化输配电价改革,逐步全面放开公益性和调节性外的发用电计划,加快构建以现货市场交易为核心的现代电力市场体系。不断完善支持可再生能源发展的政策环境,围绕可再生能源电力消纳责任权重机制运行,建立完善河南年度消纳责任权重分配、实施、履行、监测、考核工作机制,提升消费侧使用可再生能源的积极性。

提升能源行业治理能力,健全能源行业治理体系。突出规划引领,强化政策协同,更好地发挥发展规划和产业政策、区域政策的导向作用。强化能源行业法治体系建设,深入推进放管服改革,进一步加强能源行业监管。健全能源安全风险管控体系,提升能源行业应对突发状况的能力。建立能源市场主体信用评级制度,健全守信激励和失信惩戒机制。

参考文献

习近平:《在中央政治局常委会会议研究应对新型冠状病毒肺炎疫情工作时的讲话》,《求是》2020年第4期。

李克强:《政府工作报告——2020年5月22日在第十三届全国人民代表大会第三次会议上》,《人民日报》2020年5月30日,第1版。

习近平:《在经济社会领域专家座谈会上的讲话（2020年8月24日）》,《人民日报》2020年8月25日,第2版。

《中国共产党河南省第十届委员会第十一次全体会议决议》,《河南日报》2020年7月13日,第1版。

《中共中央关于制定国民经济和社会发展第十四个五年规划和二〇三五年远景目标的建议》,《人民日报》2020年11月4日,第1版。

行业发展篇
Industry Development

B.2
2020~2021年河南省煤炭行业发展形势分析与展望

杨钦臣 李慧璇[*]

摘 要： 2020年，河南省积极应对新冠肺炎疫情影响，煤炭生产总体平稳，产能结构持续优化，骨干煤企集中度进一步提高；煤炭消费总量延续下降态势，超额完成国家下达的煤炭消费总量削减10%的任务。初步预计，2021年全省煤炭生产总量稳定在1.03亿吨左右，消费总量约为2.0亿吨。为推动全省煤炭行业高质量发展，应坚持把煤炭保供任务放在首位，释放省内优质先进产能、完善煤炭应急保障体系、加强煤炭清洁高效利用、探索煤炭工业互联网新模式，推动煤炭行业绿色转型，保障全省煤炭行业安全稳定运行。

---

[*] 杨钦臣，工学硕士，国网河南省电力公司经济技术研究院工程师，研究方向为能源电力供需及电网规划；李慧璇，工学硕士，国网河南省电力公司经济技术研究院工程师，研究方向为能源电力经济及农村能源互联网。

关键词： 河南省　煤炭行业　"十三五"　应急保障

2020年，河南省统筹推进疫情防控和经济社会发展，全省煤炭生产迅速恢复、供应保障平稳有序、价格运行在合理区间，切实发挥了煤炭作为基础性能源的兜底保障作用。2021年，面对诸多不确定性因素，煤炭行业"减量提质"任务依然艰巨，河南应坚持把供应保障摆在首要位置，做好煤炭行业安全生产和转型发展工作，提高优质供给能力，稳定煤炭市场运行，为全省"十四五"开好局、起好步，为奋力谱写新时代中原出彩篇章提供能源保障。

一　2020年河南煤炭行业发展情况分析

（一）2020年煤炭行业发展情况

2020年，河南煤炭行业积极应对新冠肺炎疫情，强力推进煤炭领域"六稳""六保"，坚持供需两端发力，着力强基础、优产能、减用量、稳市场，全省煤炭供应保障有力、产业集中度持续提高、消费减量步伐进一步加快，煤炭企业生产经营状况有所好转，行业发展质效稳步提升。

1. 煤炭生产总量略有下降

2020年，受新冠肺炎疫情、资源可采情况及行业去产能等因素影响，全省煤炭生产总量略有下降，截至9月全省累计生产原煤7673万吨，同比下降2.3%。分阶段看，2020年1~2月，受疫情防控期间企业停工减产影响，全省煤炭生产总量同比下降7.3%；3月以来，河南在役矿井全面复产，且在工业企业复工复产、生产秩序全面恢复等因素带动下，煤炭市场需求旺盛，全省煤炭生产总量大幅回升，3~5月连续三个月实现了同比正增长；6月份以后，随着煤炭市场供需关系改善，全省煤炭生产总量呈现平稳态势（见图1）。初步预计，2020年河南原煤产量约为1.03亿吨，同比下降2%左右。

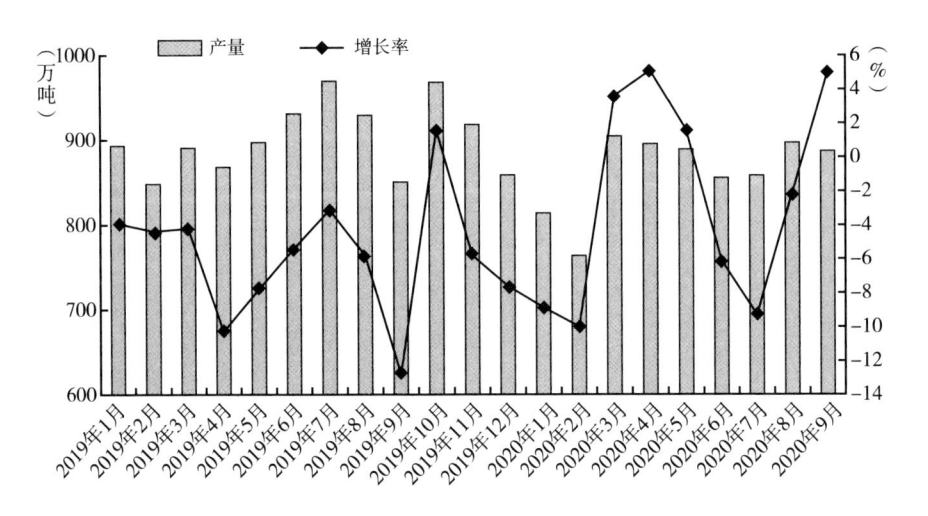

图1　2019～2020年河南省逐月煤炭生产情况

资料来源：国家统计局。

2. 煤炭生产集中度持续提升

2020年，河南煤炭行业持续推进淘汰落后产能、化解过剩产能工作，在2016～2019年累计关闭退出煤炭产能6000万吨以上的基础上，预计将进一步关闭矿井6对、退出产能255万吨。落后和过剩产能的退出，有效腾出了市场空间，改善了供需关系，释放了优质产能，促进了省内煤炭生产向骨干煤企集中，提高了煤炭行业整体开发效率。2020年1～9月，省内骨干煤企生产原煤占全省原煤生产总量的95.1%，较上年同期提高了1.7个百分点，初步估计，全年骨干煤企产量占比将在94%以上（见图2）。

3. 煤炭消费总量稳步削减

2020年，河南以习近平生态文明思想为指引，坚持削减存量与严控增量并举，能效提升与结构优化并重，以更高的标准、更严的要求推进煤炭消费减量替代。全年围绕全省电力、焦化、钢铁、有色金属、化工、建材、煤炭洗选七大高耗煤行业，推动企业淘汰落后产能、削减低效产能、深化节能改造，稳步削减煤炭消费量。2020年初，突如其来的新冠肺炎疫情对全省

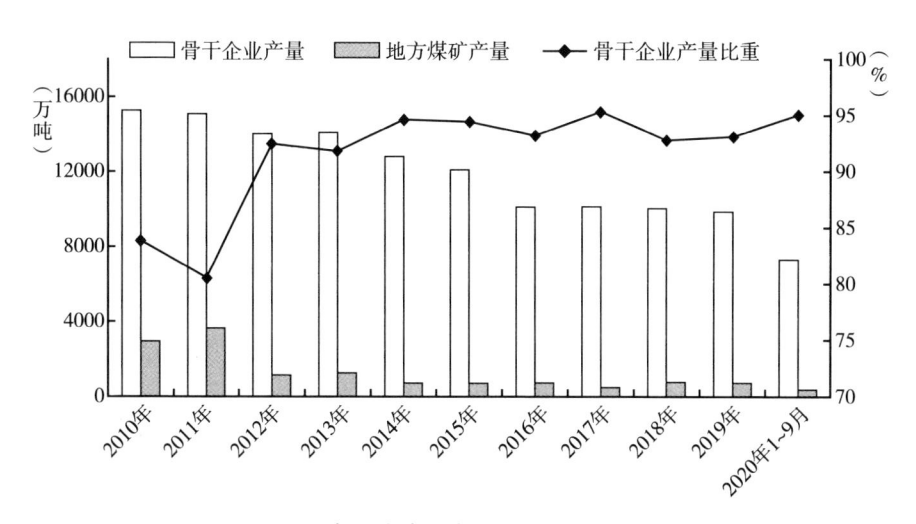

图2 2010～2020年河南省煤炭骨干企业、地方煤矿生产情况

资料来源：河南煤矿安全监察局。

经济社会活动造成较大影响，也在一定程度上造成了煤炭消费量的下降。初步预计，全省全年煤炭消费量降至2亿吨，实现连续9年下降，"十三五"以来累计下降15%以上，超额完成国家下达的煤炭消费量削减10%的任务（见图3）。

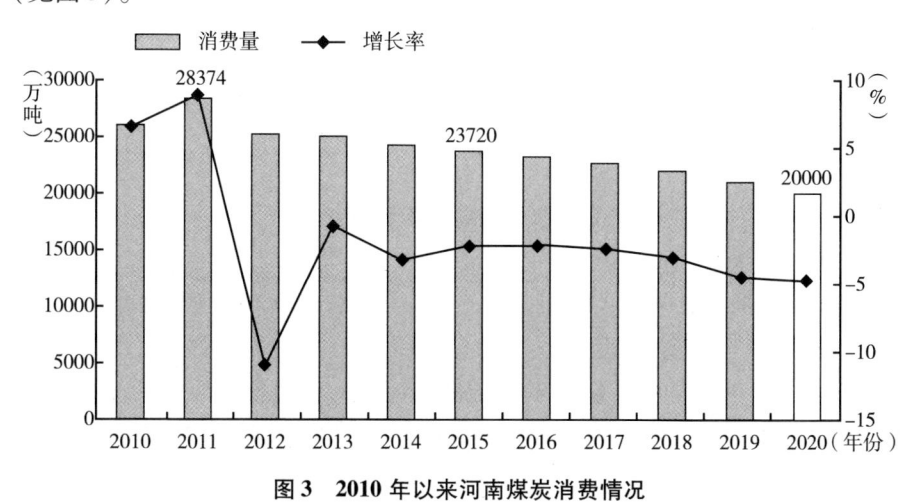

图3 2010年以来河南煤炭消费情况

资料来源：《河南统计年鉴》。

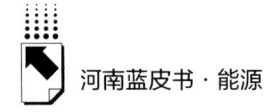

4.煤炭市场保持平稳运行

2020年,河南贯彻落实国家关于推进煤电联营的有关部署,克服新冠肺炎疫情对煤炭行业供需的影响,煤电上网电价实行"基础价+浮动价"的准市场化机制,组织煤炭、电力企业签订中长期合同,有力促进了煤炭、电力产业协同发展,保障了煤炭市场相对平稳有序运行。从年内煤炭价格变化态势看,2020年初,受新冠肺炎疫情影响,煤炭短期生产供应受阻,煤炭供应偏紧,煤炭价格略有上涨,2月底电煤价格达到年内高点(571元/吨);2月下旬,随着全省加快推进煤炭生产企业复工复产,畅通煤炭物流,全省煤炭供需逐步趋于宽松,电煤价格逐步下行回归到450~500元/吨的合理区间,煤炭价格波动幅度收窄(见图4)。

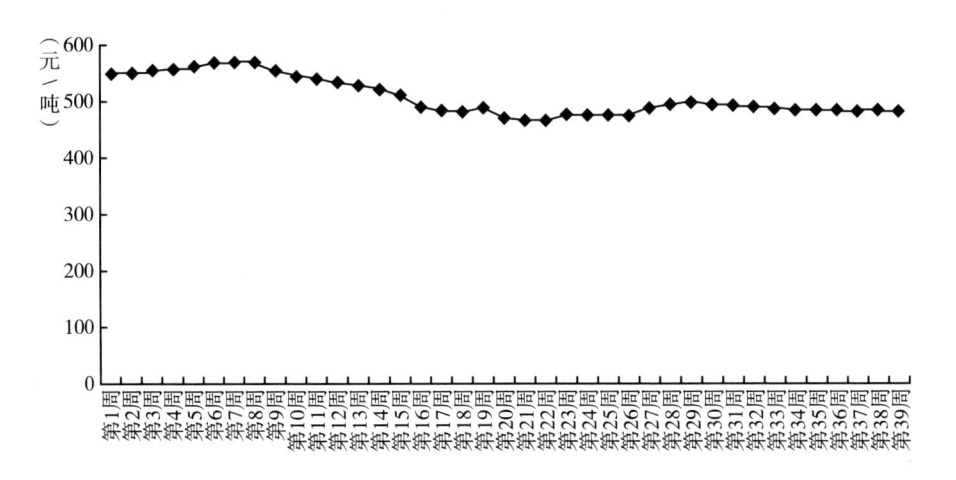

图4 2020年河南省电煤价格运行情况

资料来源:河南省能源局。

5.安全保障基础更加牢固

2020年,河南加快构建煤炭产供储销体系,大力推进煤炭安全生产工作,全省煤炭安全稳定供应保障能力持续提升。在煤炭储备体系建设方面,鹤壁、义马、南阳3个煤炭物流园区项目有序推进,全省煤炭静态储备、动态周转能力稳步提升。在煤炭安全生产方面,河南全年投资20.3亿元,实施煤矿安全改造项目35个,其中河南能化集团18个、平煤神马集团8个、郑煤集团5个、神火集团4个。通过安全改造，增强了煤矿防灾抗灾能力，提升了省内骨干煤企煤矿安全生产水平。同时，在疫情防控常态化下，河南省进一步建立健全煤炭供给保障体系，加强煤炭监测预警，完善煤炭生产消费统计和信息共享，保障全省煤炭安全稳定供应。

6. 煤炭利用更加清洁高效

2020年，河南立足于能源结构偏煤、煤电主力格局短期内无法改变的实际，以电力行业为抓手，着力推进煤电结构优化升级，预计全年将关停淘汰落后煤电机组209万千瓦。持续推动煤电机组节能提效，全年预计可完成600万千瓦煤电机组节能改造升级。继续开展煤电机组节能标杆引领活动，在全省范围内评选能效、水效、环保标杆煤电机组，激励引导煤电企业增加节能环保改造投入，持续优化煤电机组能效、环保性能，有效推动了全省煤电企业节能减排整体水平持续提升。初步判断，2020年全省煤电机组平均供电煤耗将降至300克标准煤/千瓦时，整体达到国内领先水平。

（二）"十三五"煤炭行业发展成效分析

"十三五"时期，是河南煤炭行业发展很不平凡的五年。煤炭行业作为全省能源供给侧结构性改革的主战场，其大力化解过剩产能，深入开展煤炭消费减量替代，积极推动产业结构调整与转型升级，为服务全省生态文明建设和能源绿色转型做出了突出贡献。

1. 供给侧结构性改革成效显著

"十三五"以来，河南深入推进能源供给侧结构性改革，以煤炭行业为主战场，大力淘汰煤炭落后产能、压减化解过剩产能，取得了显著成效，全省煤炭市场供求关系持续改善，行业优质产能得到有效释放，企业经济运行状况明显好转。"十三五"期间，河南累计化解煤炭过剩产能6334万吨，超额完成"十三五"去产能总量任务。同时，河南着眼做好全省煤炭产能接续，持续推动煤矿安全生产改造以及"上大压小、增优减劣"，全省煤炭生产集中度和煤矿单井平均产能明显提高，煤炭产业结构更加优化。总体上看，"十三五"期间河南通过深入实施煤炭行业供给侧结构性改革，有力提升了煤炭行业供给质量,为全省能源安全稳定供应提供了可靠的基础保障(见图5)。

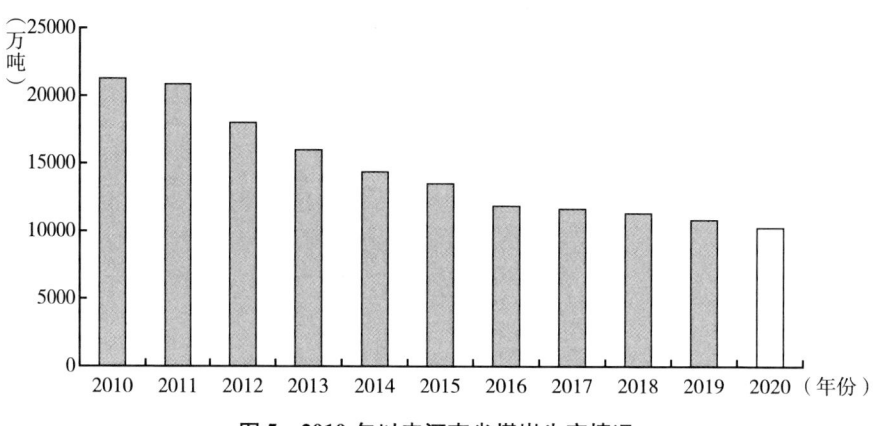

图5 2010年以来河南省煤炭生产情况

资料来源:国家统计局。

2.煤炭消费减量替代实现突破

"十三五"以来,面对生态环境约束日益趋紧、能源结构调整任务艰巨的严峻形势,河南以前所未有的工作力度和严格标准,控制煤炭消费总量,推进消费减量替代,取得了突破性进展。"十三五"期间,河南聚焦全省能源结构偏煤、煤电主力格局短期内无法改变、煤炭消耗高度集中、散烧煤污染严重等突出问题,先后印发了《河南省"十三五"煤炭消费总量控制工作方案》《河南省煤炭消费减量行动计划(2018—2020年)》等一系列政策文件,大力削减钢铁、有色金属、建材等非电行业用煤,持续推动煤电结构优化及行业节能提效,开展散烧煤治理和居民清洁取暖"双替代"("电代煤""气代煤"),实施燃煤设施整治和改造。全省煤炭消费总量持续回落,由2015年的2.37亿吨降至2020年的2亿吨,累计下降超过15%(见图6),超额完成国家下达的煤炭消费总量下降10%的任务;全省能源消费结构持续优化,煤炭占一次能源消费比重由76.5%降到70%以下,助力了全省大气环境质量改善。

3.煤炭产供储销体系加快完善

"十三五"以来,河南省大力推进煤炭产供储销体系建设,全省煤炭保

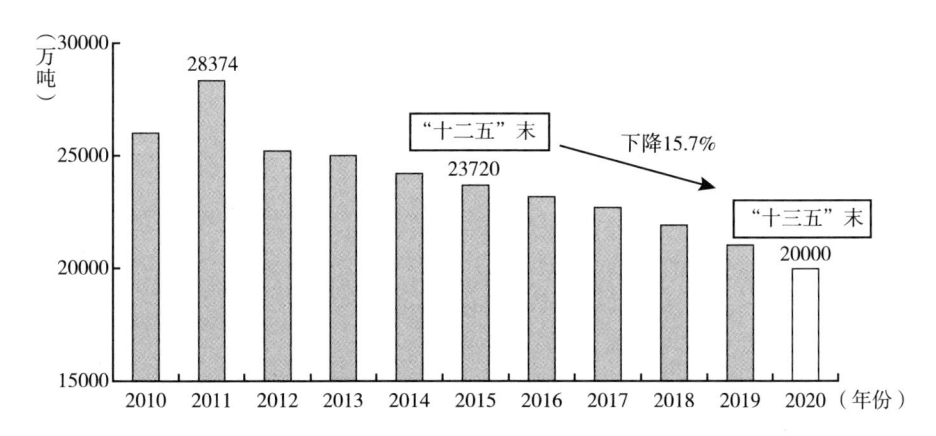

图6 2010年以来河南煤炭消费情况

资料来源：《河南统计年鉴》。

障能力不断提升。全省逐渐建立了区外调入和自建大型储配基地相结合的储备体系，增强了极端条件供应保障能力，实现了全省煤炭市场总体平稳、供需整体平衡的良好态势，增强了有效应对外部环境变化能力。河南省积极利用国家多条运煤通道途经省内的区位优势，不断提高煤炭调入的运力，布局全省煤炭储配基地建设。目前，全省已建成鹤壁及义马煤炭物流园区一期工程，静态储备能力均为50万吨，动态储配能力均为1000万吨/年。南阳（内乡）煤炭储配基地正在加紧建设，静态储配能力为50万吨，动态储配能力为1000万吨/年；永煤集团正计划建设豫东储配煤基地，初步形成豫北、豫南、豫东、豫西四个大型煤炭储配基地格局。随着浩吉铁路开通运营以及省内配送网络的逐步建成，煤炭储运供应链的保供新模式逐渐形成。

4. 煤矿智能化建设全面启动

"十三五"以来，随着国家大数据战略的不断推进，5G、人工智能、工业互联网等新技术已开始应用于煤炭行业，河南省高度重视煤炭煤矿智能化工作，在用智能化提升煤矿安全方面进行了有益的尝试。河南省先后发布了《河南省煤矿智能化建设实施方案》《关于加快河南省煤矿智能化建设的指导意见》，提出以推动煤炭产业转型升级为主线，应用先进装备和技术，加快煤炭生产技术变革，全面提升煤矿智能化水平，实现生产过程少人化、无

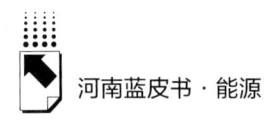

人化，促进全省煤炭行业安全、高效、绿色和高质量发展。2019年，全省建成了7个智能化采煤工作面、3个实现远程控制截割的智能化掘进工作面。2020年，全省共有26处煤矿的25个智能化采煤工作面和17个智能化掘进工作面项目符合申报条件，煤矿智能化建设已全方位开展。

二 2021年河南煤炭行业发展形势展望

2021年是"十四五"规划开局之年，也是开启全面建设社会主义现代化国家新征程、向第二个百年奋斗目标进军的第一个五年的起始年。河南省将深入贯彻落实《中共中央关于制定国民经济和社会发展第十四个五年规划和二〇三五年远景目标的建议》及习近平总书记关于"持续推进产业结构和能源结构升级优化"和"构建低碳高效能源支撑体系"等要求，着重推动煤炭清洁高效低碳利用，保障全省能源安全稳定供应。

（一）行业发展形势分析

1. 煤炭高质量发展动力充足

随着新冠肺炎疫情在全球蔓延，全球经济遭遇剧烈震荡，能源行业也面临前所未有的挑战。作为河南省基础能源的煤炭行业在能源结构的深度调整中，必将顺应形势、开辟煤炭行业高质量发展的新局面。一是煤炭在全省能源中的基础地位不会改变，"多煤、少油、乏气"的资源禀赋特点决定了煤炭在河南能源供应中的基础地位和安全保障定位。二是河南省经济稳中向好、长期向好发展的基本趋势没有改变，全省经济增长的韧劲、动力依然充足，依然有较大规模的市场空间、刚性的内需支撑。三是新技术推广应用助推煤炭行业转型升级，随着煤矿智能化建设的深入实施以及煤炭工业互联网的全面应用，煤炭行业将迎来产业升级的战略机遇期。

2. 煤炭清洁高效利用为减排主力

2020年，国家先后发布《中华人民共和国煤炭法（修订草案）》和《煤炭工业"十四五"高质量发展指导意见》公开征求意见稿，指出"煤炭清洁高效利用与生态环境保护协调发展任务艰巨","推动煤炭产业清洁绿色发展就是保护'绿水青山'"。目前，河南省正处于能源转型的关键时期，作为能源消费大省，即使煤炭在能源结构中的占比缓慢下行，但仍将在较长时间作为主体能源，煤炭清洁高效利用已成为能源转型背景下的减排主力。2021年，全省将着力推动煤炭清洁高效利用，加快发展新能源和可再生能源，预计全省煤炭消费比重将进一步下降。

3.煤炭利用将向原料型和灵活型转变

近年来，河南省持续推动绿色发展和生态文明建设，全省能源清洁利用水平不断提高，能源消费结构逐步向非化石能源优化，煤炭在能源消费结构中的占比不断下降，但煤炭作为河南基础能源的"压舱石"地位不会改变。一是当前现代煤化工业已经取得长足发展，技术发展水平呈现良好局面，示范项目及生产装置的运行水平不断提高，在"多煤、少油、乏气"的能源资源禀赋约束下，实现能源品种之间的替代转化就显得极为重要，煤炭将由主要燃料向原料和燃料并重转变。二是非化石能源间歇性、随机性特点，要求煤电向"灵活型"转变，消纳风电、光伏、水电等可再生能源，需要煤电更加灵活可调，更经济地提供容量备用服务和快速爬坡服务。

（二）2021年煤炭行业发展展望

2021年，河南煤炭行业将继续严控煤炭消费总量；有序引导退出落后产能，推进重点煤矿改扩建，增强优质高效产能保障能力；持续推动储配产销体系建设，充分利用浩吉、瓦日等晋陕蒙煤炭入豫通道和省内大型煤炭储配基地储配能力，增强全省煤炭保障能力。

在供应方面，全省将继续推进"结构性去产能、系统性优产能"，进一步增强煤炭优质供给能力，预计2021年，全省煤炭产量将维持在1.03亿吨左右，与上年基本持平。

在需求方面，全省将继续推进产业结构和能源结构优化升级，进一步降低煤炭占一次能源消费比重。在煤炭减量控制约束下，预计2021年，

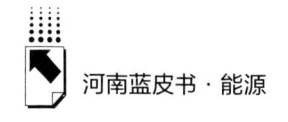

河南煤炭消费需求约为2.0亿吨，其中电煤约为1亿吨，电煤消费量趋稳。

在供需方面，经平衡，2021年全省省内煤炭供需缺口约为1亿吨，省内煤炭产量难以保证全省煤炭供应。随着全省煤炭储备体系进一步完善，煤炭运输"公转铁"及矿区铁路专用线建设，省内、省外两种煤炭资源共同调度将更及时、库存将更合理、应急体制将更完善，可实现全省煤炭供需平衡。

三 河南省煤炭行业发展对策建议

2021年是"十四五"的开局之年，河南省应坚持把煤炭保供任务放在首位，释放省内优质先进产能，推进煤炭生产增优减劣；完善煤炭应急保障体系，增强全省煤炭储备调节能力；加强煤炭清洁高效利用，促进煤炭行业绿色转型；探索煤炭工业互联网新模式，保障全省煤炭行业安全稳定运行。

（一）释放优质先进产能，推进煤炭生产增优减劣

近年来，国家持续优化煤炭开发布局和生产结构，扩大优质增量供给，促进供需动态平衡。河南应持续优化煤炭产能结构，推动煤炭行业"上大压小、增优减劣"，加快淘汰落后产能，有序建设大型现代化煤矿，推动释放煤炭先进产能，促进煤炭产能结构优化升级。

（二）完善应急保障体系，增强煤炭储备调节能力

河南省作为煤炭净调入省份，近年来煤炭调入量逐年上升，对外依存度较高，建立健全煤炭应急保障体系和储备制度，是一种保供应、稳价格的有效手段。2020年初，突如其来的新冠肺炎疫情对煤炭企业煤炭产量及运输造成了一定影响，煤炭市场出现阶段性供给紧张；煤炭需求在短期内受到电耗下降、建筑施工减少和制造业开工不足的影响，受到了不小的冲击。煤炭应急储备是根据市场需求而动态调整的，是库存的"蓄水池"和"调节

器",应持续完善应急保障体系,加强煤炭库存、增进省内调配能力,以减少可能出现的供应紧张问题。

(三)加强清洁高效利用,促进煤炭行业绿色转型

推动煤炭清洁高效利用是能源转型的主要任务,也是构建清洁低碳、安全高效的煤炭工业体系的有效方式。应推进煤基燃料全面发展,发展高效清洁煤气化技术、高效污染物脱除技术、多污染物协同控制技术、废水零排放技术以及"三废"资源化利用技术,实现煤炭清洁利用,构建绿色现代煤化工产业体系。提高原煤入洗率,鼓励发展矿区循环经济,促进资源开发与生态环境保护协调发展。

(四)探索服务新模式,打造5G+煤炭工业互联网

工业互联网是制造业数字化、网络化、智能化的重要载体,河南应充分利用5G技术将现代化生产设备与自动化网络进行融合,积极探索构建煤炭工业互联网新模式、新业态。一是在矿井层面,可利用煤炭工业互联网对矿山地质情况进行分析,获取煤炭资源分布情况,提高开采质量并减少矿山资源的浪费;二是将智能化采掘工作面、智能机器人通过多种形式融入生产系统,保障煤炭生产安全,大幅度提高煤炭系统的安全预警能力;三是煤炭工业互联网将提供远程监督、智能供销、设备故障预测、通风保障等智能化服务,进一步推动煤矿数字化转型和信息化水平提升。

参考文献

《河南省人民政府关于印发河南省煤炭消费减量行动计划(2018—2020年)的通知》(豫政〔2018〕37号),2018年12月9日。

《国家发展改革委办公厅关于推进2020年煤炭中长期合同签订履行有关工作的通知》(发改办运行〔2019〕1098号),2019年11月28日。

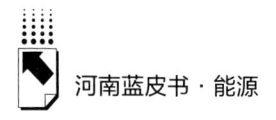

吕涛、聂锐：《煤炭应急供应的储备机制研究》，《中国安全科学学报》2008年第12期。

刘满芝、杨继贤、周梅华：《煤炭储备研究现状综述及研究方向建议》，《中国矿业》2010年第11期。

袁永波、苏继俊：《河南省煤炭产业转型升级发展研究》，《工业经济论坛》2017年第1期。

B.3
2020～2021年河南省石油行业发展形势分析与展望

刘军会 王世谦 刘可非*

摘 要： 2020年，面对突如其来的新冠肺炎疫情和复杂多变的内外部环境，河南全力保障油品生产供应，原油产量与上年基本持平，成品油消费受疫情影响有所下降，全年油品供需总体宽松。2021年，预计在全省经济持续回稳向好的带动下，成品油消费将实现恢复性增长，同时随着新建炼化产能的投产以及储运体系的不断完善，全省油品供需将保持宽松态势。建议河南以企业数字化转型带动行业竞争力提升，加快推动石油行业转型升级，营造良好的市场和监管环境，实现石油化工产业高质量发展。

关键词： 河南省 石油行业 原油生产 成品油消费 油品供需

一 2020年河南省石油行业发展情况

（一）2020年河南省石油行业发展情况分析

2020年，省内原油生产企业坚决落实"六保"和"六稳"工作要求，在

---

* 刘军会，工学硕士，国网河南省电力公司经济技术研究院工程师，研究方向为能源经济及电力市场；王世谦，工学硕士，国网河南省电力公司经济技术研究院高级工程师，研究方向为能源经济及电网规划；刘可非，中国石化洛阳分公司教授级高级工程师，研究方向为石油化工技术管理和发展规划。

疫情防控的同时紧抓生产经营，全年原油产量保持平稳。受新冠肺炎疫情影响，全年成品油消费较上年小幅下降。为提高油品供应能力，中石化炼油扩能改造和洛阳航煤基地等炼油结构调整项目积极推进，全年油品供需保持平稳。

1. 积极应对疫情防控，全年油品供需整体平稳

（1）原油生产量与上年基本持平

2020年面对新冠肺炎疫情防控和严峻的经营压力，中原、河南两大油田以增加经济可采储量为中心，扎实推进生产组织、滚动增储和常采稳产等工作，多措并举保障原油生产供应，全年产量与上年基本持平。

第一季度，中原、河南油田积极推动复工复产，生产施工平稳运行，全省原油产量为47.9万吨，与上年同期基本持平；第二季度，河南进入疫情常态化防控和经济快速恢复发展阶段，原油生产逐步恢复到正常水平，上半年全省原油产量为95.5万吨，稳定在上年同期水平。前三季度，河南原油产量为141.5万吨，同比下降1.95%。预计全年原油产量将达到190万吨，与上年基本持平（见图1）。

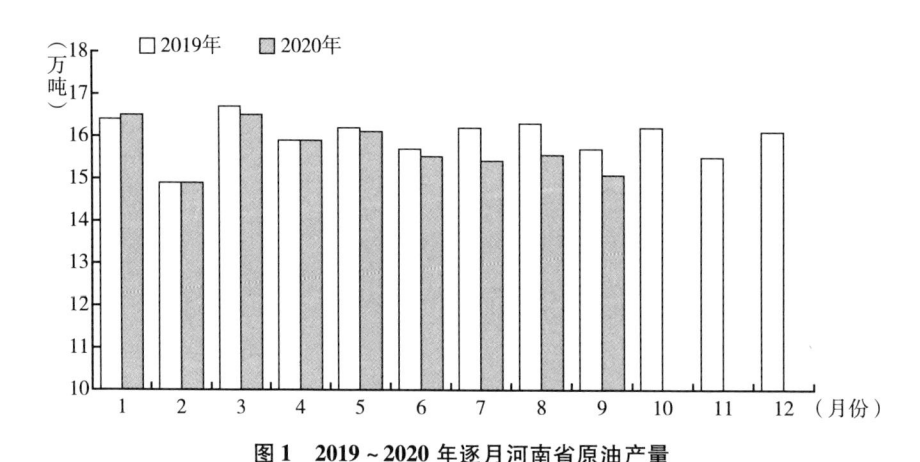

图1 2019~2020年逐月河南省原油产量

资料来源：行业初步统计。

（2）成品油消费有所回落

2020年初，为有效防控新冠肺炎疫情蔓延，全省各地普遍采取延迟复工、交通管制、小区封闭管理等措施，交通运输以及劳动密集型制造业油品消费量

大幅下滑。第二季度复工复产以来，居民为有效防控疫情，出行避免公共交通而采取自驾方式，同时，交通运输和快递物流快速恢复，新型基础设施建设稳步推进，汽柴油消费量较年初快速回升。全年成品油消费量较上年小幅回落。

第一季度，河南成品油消费量为372万吨，同比下降25.4%，较上年同期明显回落。上半年，随着疫情防控形势持续向好，全省经济大局保持稳定，基本生活秩序恢复正常，河南成品油消费量为924万吨，同比下降4.2%，增速较第一季度回升21.2个百分点，1~9月河南省成品油消费量为1412万吨，同比下降4.2%（见图2）。从全年看，河南省经济长期向好的基本面和内在向上的趋势没有改变，省内供应链稳定，成品油消费恢复正常水平。考虑到第一季度疫情对消费的抑制作用以及交通领域电能替代加快发展，预计2020年河南省成品油消费量将为1840万吨，同比下降5.7%，较上年有所回落。

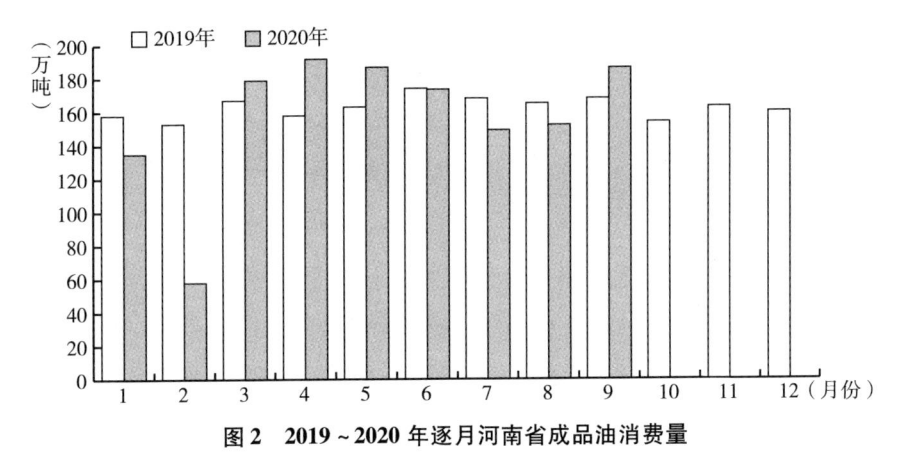

图2　2019~2020年逐月河南省成品油消费量

资料来源：行业初步统计。

（3）油品供需保持平稳运行

省内原油产量有限，石油加工业聚集的濮阳、洛阳和南阳地区所需原油主要依托省外调入，对外依存度已接近80%。作为不沿边、不沿海、不沿江的内陆省份，原油调入主要依靠石油管道、铁路和公路，国内可从新疆、甘肃、陕西等地调入，国外可从中亚、西亚等地区调入，日照—濮阳—洛阳原油管道河南段已建成，原油供应保障能力进一步提升。全省原油加工能力为1240万吨/年，在国内排名第22位，与沿海地区单系列千万吨级的装置相比，炼化能力仍有较大的差距。河南成品油对外依存度已超过70%，成品油主要依托兰州—郑州—长沙成品油管道以及山东地炼从公路调入，洛炼集团产能进一步提升将增强省内成品油供应能力。综合来看，2020年全省原油和成品油供应总体平稳。

2. 加快推进炼油结构调整，蓄势布局氢能项目

为进一步优化炼油产品结构，扩大成品油、石化基础产品尤其是高附加值航空煤油的供应，河南加快推进炼油结构调整项目建设。2020年，中石化洛阳分公司炼油扩能改造工程一期建成投产，洛阳石化原油加工能力大幅提升，为新建乙烯项目、扩建对二甲苯项目夯实基础，满足了全省对成品油以及石化基础原料的消费需求。洛阳石化通过对现有装置的改造，提升了高附加值航空煤油产量，在提升企业盈利能力的同时，有效满足河南地区航空煤油消费需求。

为抢抓产业新机遇，河南积极布局燃料电池产业链及氢能经济生态圈。2020年5月，中石化河南石油分公司与新乡市政府签约，共同推进氢能基础设施建设。中石化是全球最大的氢气生产商和用户，氢气来源包括制氢装置产氢、炼油重整副产氢和乙烯生产副产氢，每年生产和使用的氢气超过220万吨，占中国氢气总产量的20%以上。新乡电池产业发展历史久、产业基础好、产业链完整，在人才及研发等方面具有一定的优势，具备发展氢燃料电池的基础与环境。政企合作共同推进"中原氢能产业基地"建设，推动河南氢能与燃料电池产业发展。

3. 国际油价大幅下降，国内油价低位徘徊

(1) 国际原油期货价格大幅下降

2020年以来，受新冠肺炎疫情全球蔓延影响，整体原油需求大幅萎缩，沙特阿拉伯、俄罗斯等产油国围绕减产展开激烈博弈，原油期货价格在剧烈波动中下跌，甚至出现4月20日的WTI[①]负油价的个例。之后原油价格缓慢回升，全年呈现大幅下降后缓慢回升的态势，价格水平低于上年同期。

---

① 美国西得克萨斯轻质中间基原油。

1~4月原油期货价格暴跌的根本原因是供需关系失衡。近年来美国对页岩油、页岩气的开采大幅提升了全球原油的生产能力。而受新冠肺炎疫情影响，全球经济活动大幅收缩，消费、出游、跨国商品、服务和人员流通几乎停滞，原油的市场需求大量减少，石油库存已几近饱和，为避免在没有库容和运输条件的情况下购入实物原油，原油期货价格大幅跳空。5月以来，原油市场开始实施最大规模减产协议，减少原油供应，同时，全球产业复工和经济重启的诉求有望提振石油需求，国际原油期货价格震荡小幅回升。全年综合来看，2020年国际油价整体低位徘徊，短期可降低我国石油进口和供应成本（见图3）。

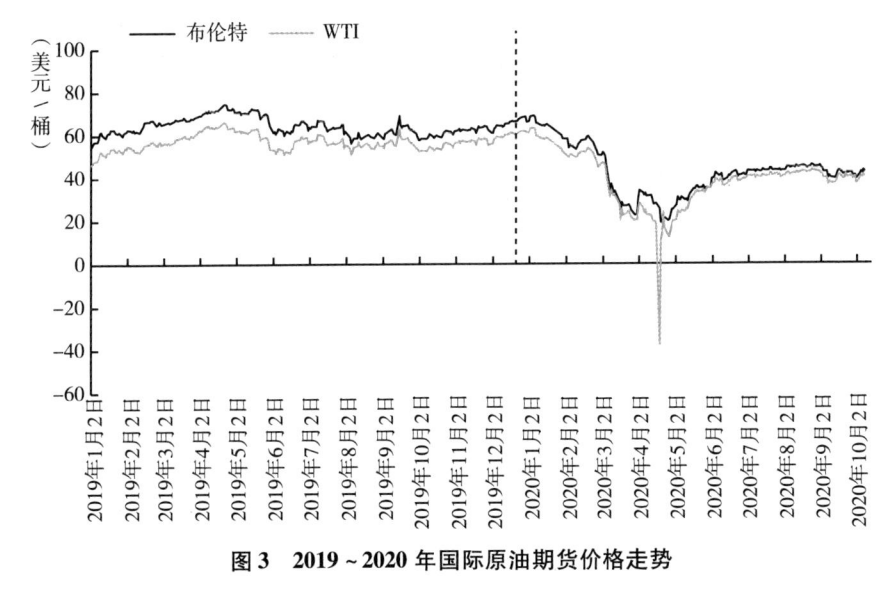

图3　2019~2020年国际原油期货价格走势

资料来源：行业初步统计。

（2）国内成品油价格低位徘徊

国内成品油价格与国际油价走势息息相关。我国的成品油价格形成机制为根据新加坡、纽约和鹿特丹三地以10个工作日为周期的价格变动对国际油价自动对应调整价格。由于国内原油开采成本偏高，为保证石油的安全持续供应，国内的成品油价格存在"地板价"①，调控下限为每桶40美元，当

---

① 也存在"天花板价"，当国际油价高于130美元时，国内汽柴油最高零售价格不提或少提。

国际油价低于每桶40美元时，国内汽柴油最高零售价格不降低。由于此种定价机制，在国际原油期货价格出现"负油价"的极端情况下，国内成品油价格并未受到太大影响，整体呈低位徘徊态势。

受国际油价走势影响，1~2月，河南成品油价格自年初大幅走低，汽油、柴油最大降幅分别累计达到1850元/吨、1780元/吨。3~6月，根据《石油价格管理办法》和《油价调控风险准备金征收管理办法》有关规定，成品油价格不做调整，维持低位运行。7月以来，成品油价格仅小幅回升。由于新冠肺炎疫情全球大流行拖累世界经济以及原油需求前景，预计全年省内成品油价格呈现低位徘徊走势（见图4）。

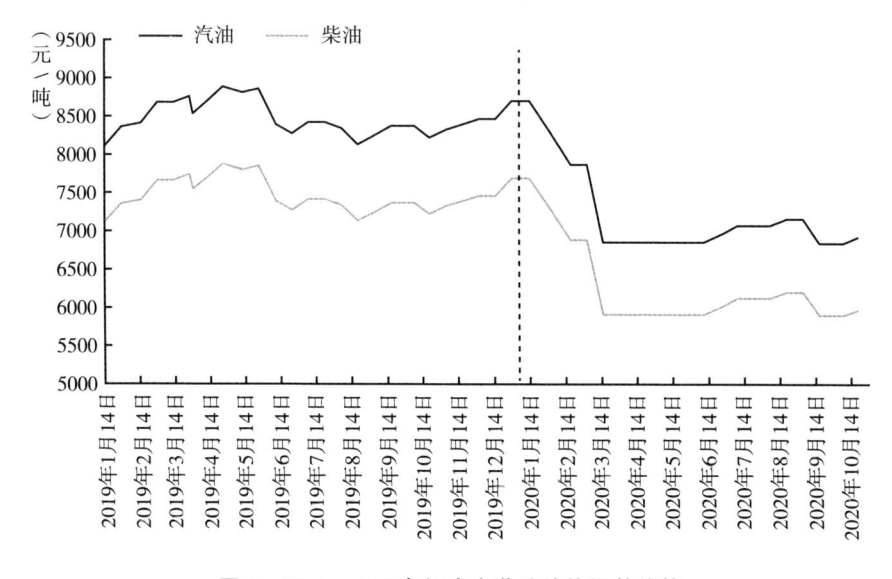

图4 2019~2020年河南汽柴油价格调整趋势

资料来源：2020年国内成品油价格调整日历，中国金融信息网。

（二）"十三五"期间河南省石油行业发展成效

石油保障能力提升。"十三五"期间，日照—濮阳—洛阳原油管道项目河南段建成。洛阳原油商业储备库建成投运，一期总容量达到80万立方米，地区市场保供能力进一步增强。洛炼集团1800万吨/年扩能改造（一期）

项目建成投产，省内石化产品结构进一步优化，生产能力得到提升，全省成品油销售量突破1900万吨。

石化产品结构不断优化。濮阳新型石油化工基地建设进展顺利，中原乙烯、丰利石化等企业发展步伐加快，工程塑料、特种橡胶、电子化学品、新型涂料等高附加值产品生产规模不断扩大。南阳特种蜡生产基地建设稳步推进，改性蜡、合成蜡、乳化蜡、微粉蜡等精加工项目进展顺利，防护、食品、铸造、储能等领域高附加值产品加快发展。

油品清洁利用水平进一步提升。京津冀"2+26"通道城市提前供应国六标准油品。2018年7月以来，通过组织油品置换、保障市场供应、加强市场监管等举措，全省全面供应国六标准车用乙醇汽油、柴油，同时禁止销售低于国五标准的车用汽柴油。2019年1月以来，车用柴油、普通柴油、部分船舶用油实现"三油并轨"。油品质量实现全面升级，减少了机动车污染物排放，有效推动全省大气环境质量持续改善。

石油领域改革扎实推进。落实国家《关于深化石油天然气体制改革的若干意见》《油气管网设施公平开放监管办法》等一系列政策文件要求，原油、成品油管网设施向第三方进一步开放，油品接续保障能力和集约输送能力有所提升，管网设施利用率和运营成本实现"一升一降"。下游销售领域进一步放开，除中石油、中石化两大集团外，河南民营、集体等所有制社会加油站占比已接近六成，多元竞争的市场格局已初步形成。

二 2021年河南省石油行业形势展望

在能源转型和全球经济出现衰退的大背景下，全球石油消费增速放缓，市场供大于求，油价处于低位运行，为河南石化产业发展提供了较好的外部环境。国内油气领域的改革进一步放开了市场准入，市场活力和竞争态势更趋明显。河南是化工基础产品的消费大省，洛阳石化炼油结构调整项目的投产为转型发展夯实了基础，石油化工产业转型升级前景广阔。但同时也应加快提升石油储备能力，加强成品油市场监管。随

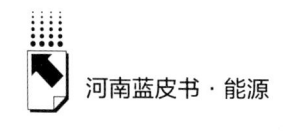

着国内经济加快恢复，预计2021年成品油消费将实现恢复性增长，全年供需保持宽松。

（一）有利条件

1. 国际油价保持低位运行

从供给侧看，当前全球常规石油资源有较强增产能力，非常规石油资源潜力巨大，生产能力持续增加。从需求侧看，主要发达国家石油消费基本保持平稳，新兴市场国家石油消费总体上稳步增长，随着非化石能源技术进步、规模化效应提高、成本逐年下降，石油替代规模逐步扩大，全球石油消费峰值临近。总体来看，石油市场大概率呈现供大于求的趋势，进一步压缩油价上涨空间，国际油价缺乏高位运行的基础，总体变化仍是周期性波动，低油价有利于河南加大原油储备力度，提高企业抗风险能力。

2. 国内石油产储实现"双增长"

国内石油企业积极推动落实油气勘探"七年行动"计划，勘探开采投资大幅增长，常规油气勘查不断在新领域、新层系取得新突破。2019年国内累计新增探明地质储量11.24亿吨，新增探明地质储量大于1亿吨的油田有3个，分别是鄂尔多斯盆地、准噶尔盆地和渤海湾盆地，新增探明地质储量大于10亿吨的油田有2个，分别是庆城油田和玛湖油田。同时，油气开采理论创新和技术进步也促进石油储量和产量的双增长，比如高含水后期油田持续稳产技术，裸眼井区剩余油挖潜技术在老油田稳产中起到良好效果。国内石油供应能力的提升为河南油品供应和石化产业转型创造了较好的外部环境。

3. 原油和成品油流通市场进一步开放

2020年7月，商务部废止《成品油市场管理办法》以及《原油市场管理办法》，通过简政放权不断扩充油品流通市场容量，进一步提升市场主体丰富性。一是降低行业准入门槛，企业只要具有相应的危险化学品证等合规资质就可以开展正常的经营活动，促进原油、成品油批发仓储及零售环节市场化，继续提升市场竞争力。二是申请手续从简、审批权限下放。原油、成品油批发、仓储经营资格审批取消，成品油零售经营资格审批下放至地市级政府。通过市场手段推动企业和行业优胜劣汰，市场竞争将更加激烈。市场准入的放开有助于石油行业加强竞争，不断提升企业服务水平和市场竞争力。

4.产业链延伸推动产业转型前景广阔

河南较强的化工产品消费能力为炼油向化工转型、产业链延伸提供了市场支撑。河南是建材、食品包装材料、农用地膜等化工产品的消费大省，对基础原料乙烯及其下游产品需求量巨大，涤纶纤维年需求量在250万吨以上，聚乙烯年外购需求在200万吨以上。新基建项目将进一步拉动能源、化工新材料、基本化工原料、涂料、橡胶产品的市场需求。洛阳石化炼油项目的投产为转型发展夯实了基础，在提升炼油能力的同时，可逐步形成乙烯、乙二醇、丁二烯、环氧乙烷等门类齐全的化工产品序列，扩大二甲苯、PTA－聚酯－纤维产业链加工规模，实现"燃料型"炼厂向"化工型"炼厂转型。同时，中石化具备发展氢能的产业基础和技术优势，近年来的氢能布局明显提速，对于构建和完善河南省燃料电池汽车上游基础设施意义重大。

（二）制约因素

1.石油储备能力仍需提升

近年来，河南石油消费量不断增长，全省原油对外依存度接近80%，成品油对外依存度已超过70%，河南对油品外引高度依赖的格局在短期内难以改变，油品供应存在一定的压力。目前，全省已开展原油商业储备和成品油储备设施建设，取得了一定成效，但储备规模偏小，相比储备需求仍存在较大差距，油品储备能力仍需继续提升。

2.成品油市场仍需加强监管

目前，全省成品油市场存在的部分不合规行为，对全省成品油市场安全稳定运行有一定的影响。部分在营加油站（点）仍存在危险化学品经营许可证、营业执照等手续不全或证照不全，存在销售假冒伪劣油品、违规销售散装汽油、单品点超范围超规模经营等违法违规的现象。部分物流基地、施工工地、货运和油品运输车辆停车集中区，存在利用车辆无证经营、非法改

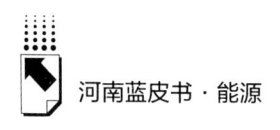

装并流动销售车用汽油、柴油等违法行为。部分调配中心、油库、加油站（点）存在油品质量不达标，生产销售劣质油品的违法行为。

3. 石化产业数字化转型刚刚起步

经过多年的发展，河南石化行业拥有庞大的市场规模，但面临创新能力较弱、安全环保压力加大、行业要素成本推高等多重挑战，进入新增长动力孕育和传统增长动力减弱并存的转型阶段。在疫情防控期间，还面临成品油和化工品需求降低、产品库存上涨、装置开工率下降、物流运输受限等问题。"互联网＋石化产业"可以有效协同上下游客户和合作伙伴，打通仓储、运输等环节，提升流通效率和变现效率，及时应对市场需求。目前河南石化行业数字化水平相较于其他行业尚处于初级阶段，石化行业的数字化、智能化转型有待加速。

（三）2021年河南省石油供需形势预测

1. 原油生产与上年持平

南阳和濮阳短期内未有新增探明地质储量，随着增储上产相关举措成效进一步显现，油田稳产基础不断稳固，原油产量将保持平稳。预计2021年河南原油产量约为190万吨，与上年持平。

2. 成品油供需保持宽松

随着中部地区崛起、黄河流域生态保护和高质量发展两大战略的实施以及国家一系列稳市场、促消费政策措施的落地，河南经济稳中向好、长期向好的趋势将长期存在，相关行业用油需求将刚性增长；同时，受气、电、氢等多元化清洁能源车加快替代，高铁和公共交通等新型出行方式的推广，老旧柴油货车加快淘汰，车辆能效持续提升等因素影响，2021年全省成品油消费净增量较小，基于2020年受疫情防控影响的成品油消费低基数影响，2021年全省成品油消费预计约为1930万吨，同比增长5%左右，维持在中低速增长水平。在汽油消费方面，近两年车市低迷、汽油乘用车销量增速回落，新能源汽车对汽油替代效应不断扩大，城市轨道交通及高铁等绿色出行人数增长较快，乙醇、甲醇等多种车用替代能源推广，燃油效率不断提升，预计2021年河南省汽油消费将维持低速增长。在柴油消费方面，工业、房地产和基建等领域的发展拉动物流公路货运增长，同时环保政策推动下天然气、电力等清洁能源加速替代以及公路转铁路、公路转水路等运输结构不断优化，预计2021年河南省的柴油消费需求进一步放缓。在供给方面，中石化洛阳分公司炼油扩能改造工程建成投产进一步增强了省内成品油供应能力，预计全年成品油供需保持宽松。

3.成品油价格仍将震荡波动

成品油价格与国际油价保持联动。新冠肺炎疫情未来趋势如何、蔓延范围和持续时间长短，主要经济体的经济表现，产油国的联合减产力度，地缘政治因素等都将对油价走势产生重要影响。近期来看，由于疫情造成的不确定性以及较大范围内的石油产能过剩，国际油价很可能震荡下行；中远期来看，随着世界各地逐步解除行动限制，全球经济会逐步复苏，拉动油品需求小幅提升，国际油价预计小幅上涨。受国际油价变动影响，河南成品油价格将呈现震荡波动低位徘徊态势。

三 河南省石油行业发展对策建议

当前，国际经济、政治、贸易进入动荡变革期，不确定性因素显著增多。为推动石油化工行业高质量发展，应加大科学监管力度，着力提升石油炼化行业竞争力，加快石化产业转型升级，提高行业应对风险的能力。

（一）积极应对低油价效应

在需求放缓、油价低行的周期内，全省石油化工企业应积极做好应对工作。一是加大油品储备基础设施建设投入，在低价周期增加资源储备，并从能源安全的角度，量化确定与需求相匹配的储备规模，将储备扩展到现货储备和期货储备层面。二是通过税费政策调节石油需求，适当降低消费税，利用低价周期红利充分刺激石油消费，引导消费消解库存并释放炼油产能。三是积极引导炼化结构高效调整和整合，探索石油经济、高效、清洁利用的新

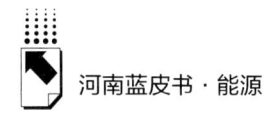

途径，破解石化行业大宗产品产能过剩、附加值低与高端、产异化产品短缺的矛盾。

（二）着力提升石油炼化行业竞争力

在供需趋松、油价走低的大背景下，全省石油化工企业应着力提升效益，坚持高质量发展。一是继续做优存量，向老油田发力，通过加快开发方式转换，盘活低效资产，深挖存量资产创效潜力。二是继续做强增量，优化储备模式，提升储备能力，确保增储上产，保障省内能源安全。三是加大科技攻关力度，加快数字化转型，探索开展工业物联网建设，实现产炼运销储贸全产业链协同优化，进一步降低成本、扩大产业优势和增强合作能力，增强市场竞争力。

（三）加快推动石化行业转型升级

以供给侧结构性改革为主线，延伸石油化工产业链，满足全省对多元石化产品的需求，积极布局新兴产业，推动行业绿色发展。一是在洛阳石化稳固炼油增量的基础上，加快推进百万吨大乙烯项目、积极谋划对二甲苯扩能改造项目。二是跟踪氢能"十四五"产业发展规划，优化布局汽车氢能燃料电池产业链，推动全省氢能产业发展和交通领域转型升级。三是着力推进绿色制造体系建设，坚决打赢大气污染防治攻坚战，强化环保技术支撑，发展绿色化工产品，加快推进行业绿色发展。

（四）进一步加大监管力度

随着国内原油、成品油市场化改革的稳步推进，政府监管工作也由过去的"重审批""设门槛、管准入资质"向"重市场""放门槛、加强事中事后监督"转变。建议进一步健全相关地方法律法规体系，制定严格的质量、安全、环保和能耗等技术标准，持续开展成品油市场专项整治行动，规范全省成品油市场经营秩序，为确保市场公开、公平、公正提供重要的政策保障。

（五）加强企业管理应对经营风险

复杂多变的国际油价震荡使石化企业经营面对更多挑战，企业应加强资金成本管理，并增强避险和保值意识。一是全方位对标"世界一流企业"，从严、从细、从实加强资金成本管理，降低经营成本，破解效益下降困局。二是积极探索通过期货、衍生品进行价值管理，用套期保值等交易策略进行风险对冲。

参考文献

《国家发展改革委国家能源局关于做好2020年能源安全保障工作的指导意见》（发改运行〔2020〕900号）。

河南省发展和改革委员会：《关于印发2020年河南省重点建设项目名单的通知》（豫发改重点〔2020〕76号）。

商务部：《商务部关于废止部分规章的决定》（商务部令2020年第1号）。

《国务院办公厅关于加快发展流通促进商业消费的意见》（国办发〔2019〕42号）。

《商务部关于做好石油成品油流通管理"放管服"改革工作的通知》（商运函〔2019〕659号）。

商务部：《关于促进石油成品油流通高质量发展的意见（征求意见稿）》。

《河南省商务厅等八部门关于开展河南省2020年成品油市场专项整治行动的通知》（豫商运行〔2020〕40号）。

自然资源部：《全国石油天然气资源勘查开采通报（2019年度）》。

B.4
2020～2021年河南省天然气行业发展形势分析与展望

刘军会 李虎军*

摘 要： 2020年，河南积极应对新冠肺炎疫情冲击，着力保障天然气安全稳定供应，全省天然气产量基本稳定，天然气消费量受疫情影响有所下降，省内天然气管网互联互通及储气设施建设加快推进，天然气供应保障能力稳步提升。2021年，预计在全省经济发展稳步向好带动下，天然气消费将呈现恢复性增长，全年达到125亿立方米，同比增长13.6%左右。面对国内外环境复杂多变和天然气市场化改革等新形势，建议继续加强全省天然气基础设施建设、增强天然气补充及替代能力、建立储运设施第三方准入机制、探索完善价格机制，持续提升天然气供应保障能力，推动行业健康可持续发展。

关键词： 河南省 天然气行业 供需情况 替代能力 储气设施

一 2020年河南省天然气行业发展情况分析

（一）2020年天然气行业发展情况

2020年，河南经济社会经受住了新冠肺炎疫情的冲击，发展态势逐步

---

* 刘军会，工学硕士，国网河南省电力公司经济技术研究院工程师，研究方向为能源经济及电力市场；李虎军，工学硕士，国网河南省电力公司经济技术研究院高级工程师，研究方向为能源电力供需及电网规划。

向好,全省天然气消费呈现"前低后高"特征,总体来看天然气消费总量较上年略有下降。在生产供应方面,省内天然气产量小幅微增,天然气基础设施持续补短板、强弱项,全年天然气供需保持平稳有序。

1. 积极克服疫情影响,天然气供需平稳有序

(1) 天然气消费量有所下降

2020年初,受突如其来的新冠肺炎疫情影响,全省各地普遍采取延迟复工、交通管制、小区封闭管理等措施进行防控,导致工商业、公共服务业和交通业天然气消费量大幅减少。随着疫情防控形势的好转,经济生活秩序逐渐恢复正常,"双替代"工程持续推进,天然气消费量逐步回升,预计全年天然气消费将比上年有所下降。

分阶段看,第一季度,河南省天然气消费量为29.6亿立方米,同比下降12.9%。复工复产以来,市场对能源及原材料需求在逐渐恢复,天然气消费增速有所回升,随着疫情防控形势持续向好,上半年河南省天然气消费量为55.5亿立方米,同比下降8%,增速较第一季度回升4.9个百分点。受天然气价格下降影响,尿素、甲醇企业的化工用气增加,1~9月河南省天然气消费量为80.5亿立方米,同比下降8.2%。目前国内疫情防控形势较好,经济回升势头稳定,北方地区"煤改气"和清洁取暖工作稳步推进,冬季天然气增量消费需求空间较大,加之上半年受抑制的生产活动和生活消费在下半年集中释放,全年预计将呈现"前低后高"的特点,预计全年天然气消费量为110亿立方米,较上年下降约9.1%(见图1)。

(2) 天然气生产量基本稳定

2020年省内天然气生产企业积极开展疫情防控、勇担保供职责,全年天然气产量预计实现微增。第一季度,省内天然气企业积极推动复工复产,天然气产量为0.5亿立方米,与上年持平。第二季度,省内天然气企业持续做好"六稳"工作、落实"六保"任务,建立能源保供、能源企业复工复产、重大问题协调三项工作机制,确保省内天然气产量平稳,上半年河南省天然气产量为1亿立方米,同比增长11%。当前河南已进入疫情防控常态化阶段,省内天然气企业履行职责、持续攻坚,省内天然气生产保持稳定,

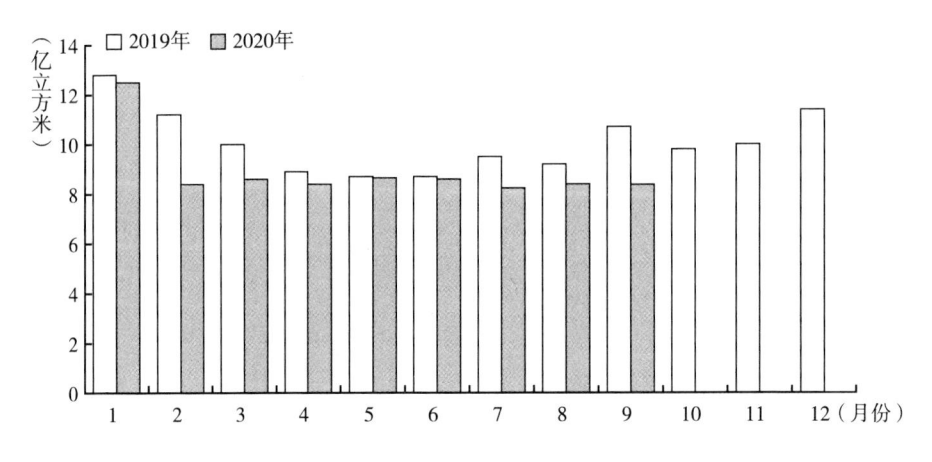

图1 2019～2020年逐月河南省天然气消费量

资料来源：行业初步统计，本文余图同。

1～9月全省天然气累计产量为1.51亿立方米，同比增长2.9%（见图2）。全年来看，由于全省天然气产能已降至2亿立方米/年左右，预计全年天然气产量为2.03亿立方米。

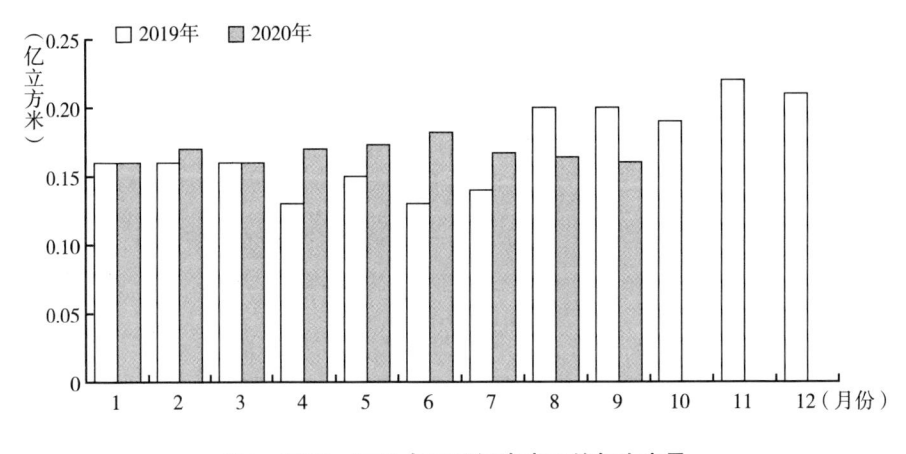

图2 2019～2020年逐月河南省天然气生产量

（3）全年供需总体平稳有序

河南本省天然气产量远不能满足省内需求，对外依存度高达98%。供应主要依托长输管道由省外调入，主要来自西气东输与榆济线，供应占比接近90%（见图3）。为确保省内天然气供应，河南持续推进长输管道建设，完善省内管网互联互通，引入海外LNG，加强储气调峰能力建设，天然气产供储销体系不断完善，安全底线保障能力进一步提升，2020年天然气供需全年保持平稳有序。

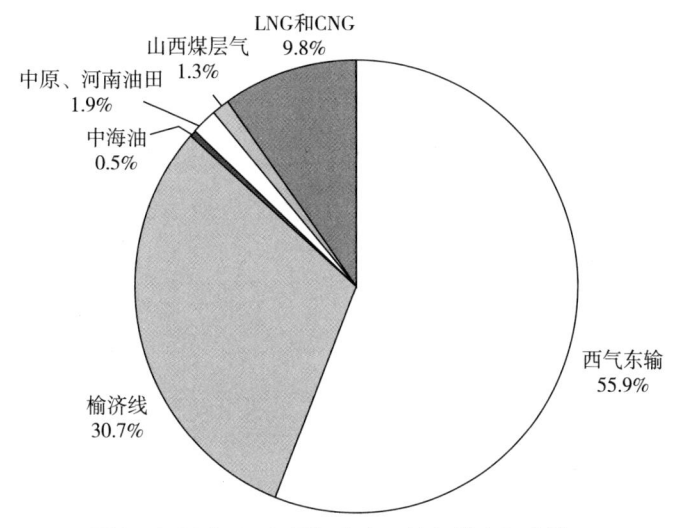

图3　2020年1~9月河南省天然气供应组成情况

2. 加强产供储销体系建设，基础保供能力稳步提升

2020年，河南省聚焦省内管网互联互通和储气调峰能力建设，不断提升天然气基础保障能力。一是"引海气入豫"为河南增添新气源。2020年8月，首船"河南专供"液化天然气（LNG）实现到岸交付。首船LNG气化后可满足96万户居民整个采暖季的用气量，从源头缓解了可能出现的局部气源供应不足压力，保障全省冬季高峰期间民生用气需求。二是豫东LNG储备库项目顺利投产。2020年9月，河南天然气豫东LNG储备库率先完成储罐进液预冷及中压外输系统投产，可大幅提高豫东地区气源应急调峰能力，为民生用气应急保供提供有力保障。三是省内管网互联互通进程加快。作为连接上游资源和下游市场的桥梁，管网建设直接决定着天然气市场利用的规模。2020年濮阳—范县—台前输气管道已建成，西峡—镇平、周口—漯河等输气管道建设正在加快推进。开封—周口、博爱—获嘉—长垣、

镇平—邓州等7项输气管道工程已完成前期工作。四是储气设施配送管道建设持续推进。2020年，河南重点推进豫中、豫东、豫北、豫西南区域性LNG应急储备中心对外供气管道建设，储气设施互联互通有利于省内应急调峰能力的形成，缓解高峰期供气压力。

3. 建设管网安全大数据中心，提升数字化管理水平

截至2020年8月底，河南已建成天然气长输管道76条，总里程6474公里，预计到2030年将完成建设10000公里以上，管道安全保障压力不断加大。为提升天然气管网安全管理水平，2020年河南推进天然气管网安全大数据中心建设，运用数字化、信息化和人工智能等技术，加快构建天然气调度和安全监管平台。借助天然气管网安全大数据中心，可以实时掌握管道、场站、阀室的运行压力、温度、流量等数据，监控全省管网运行状态，还可通过三维建模预测管线剩余、评价管道安全风险、优化配置应急资源、提前预判事故影响，管网的安全管控、资源利用以及应急决策水平进一步提升。

4. 落实国家降本政策，下调非居民用气价格

2020年2月，国家发展和改革委员会印发《关于阶段性降低非居民用气成本支持企业复工复产的通知》（发改价格〔2020〕257号），要求自2020年2月22日起至6月30日止，提前执行淡季气价；鼓励天然气生产经营企业对化肥等涉农生产且受疫情影响大的行业给予更加优惠的供气价格。2020年7月，国家发改委发布关于做好2020年降成本重点工作的通知，要求各地清理规范天然气管道收费，严格成本监审，采取上下游联动方式降低非居民用气成本，通过巩固和拓展降费成效，助力市场主体纾困发展，河南认真落实国家降低气价相关政策，切实维护天然气市场稳定。

5. 持续推进"气代煤"供暖，助力大气污染防治

2020年，为保障群众温暖过冬、减少大气污染，在集中供热规划范围外持续推进"气代煤"供暖。在供暖季前，全省北方地区完成"气代煤"供暖1.78万户，其中京津冀大气污染传输通道和汾渭平原等重点区域城市"气代煤"0.68万户，非重点区域城市"气代煤"1.1万户。坚持方向不

变、力度不减,平稳有序完成"气代煤"收尾工作,查漏补缺实现清洁取暖全覆盖,实现新旧供暖方式稳妥接续,全力减少散煤取暖污染,推进当地大气环境质量持续改善,坚决打赢蓝天保卫战。

(二)"十三五"天然气行业发展成效分析

"十三五"时期,河南省天然气行业快速发展,全省天然气安全保障能力稳步提升,产供储销体系加快完善,消费量迅猛增长,市场化改革深入推进,天然气行业快速发展有力带动了全省能源清洁绿色转型。

天然气安全保障能力持续提升。"十三五"期间,河南持续加大天然气外引通道建设,2019年鄂安沧线(河南段)建成投运,2020年首船"河南专供"LNG(液化天然气)实现到岸交付,天然气外引保障能力进一步提升。气源外引通道逐步完善,地方支线网络基本成型,全省天然气长输管道里程突破6400公里,形成了以西气东输系统、榆济线、山西煤层气、义马煤制天然气、中原油田天然气等管输天然气为主和压缩天然气、液化天然气等为辅的多元化供气格局。2020年天然气年供应能力达到110亿立方米,全省天然气利用规模持续扩大。

天然气储备调峰体系初步建立。"十三五"期间,河南省按照"租地下库容、引海气入豫、建区域中心"的思路进行储气设施建设,总储气能力约为10亿立方米。其中,租赁中石化濮阳文23储气库(4亿立方米)、租赁中石油平顶山叶县盐穴储气库(3亿立方米),参股中海油江苏滨海LNG接收站储罐(2.18亿立方米),建设豫北、豫中、豫南、豫西、豫西南、豫东6座省级LNG储备中心(共0.72亿立方米)。"以大型地下储气库、沿海大型LNG储罐为基础,以省内区域性LNG应急储备中心为依托,以城镇燃气企业和不可中断大用户现有应急储备调峰设施为有效补充"的三级天然气储备调峰体系初步建立,天然气应急保障能力不断提升。

天然气终端消费结构不断优化。"十三五"以来,河南省天然气消费总量逐年增长,消费规模从2015年的78亿立方米扩大至2019年的121亿立方米,年均增速超过10%。天然气终端消费结构通过不断优化日趋合理,其中工业燃料消费量增幅明显，占比从2015年的38.1%增加至2019年的53.6%；城市燃气消费量稳步增加，但因增速不及工业燃料消费造成占比有所下降，从2015年的53.4%降至2019年的39.7%；发电天然气消费量受价格上涨和气量供应等多种因素影响，消费占比从2015年的5.3%降至2019年的3.8%；化工天然气消费量总体较为平稳，占比保持在3%左右。

体制机制改革深入推进。落实国家《关于深化石油天然气体制改革的若干意见》，推动天然气上中下游、全产业链市场化改革。一是完善居民用气定价机制，由最高门站价格管理改为基准门站价格管理，实现与非居民用气基准门站价格机制衔接。二是天然气管网实现"输销"分离。河南省天然气管网公司的成立为推动管道公平开放奠定了良好的物理基础，天然气集约输送和公平服务能力实现提升。三是积极探索完善储气调峰辅助服务市场机制。储气设施"两部制"气价的运营模式基本确定，天然气输配价格体系不断完善，基础设施市场化运营和公平开放加快推动。

天然气清洁取暖实现有效替代。"十三五"期间，河南大力推进双替代清洁取暖工作。在集中供热管网覆盖区域外落实气源合同的前提下，根据"宜气则气，宜电则电"的原则有序开展"气代煤"供暖。2017～2020年，累计完成"气代煤"约35万户。天然气作为优质、高效、清洁的低碳能源，"气代煤"清洁取暖的实施减少了散煤取暖污染，保障了群众温暖过冬，并促进了全省大气环境质量持续改善。

二 2021年河南省天然气行业发展形势展望

2021年，在能源转型和经济加快复苏的背景下，全省天然气消费将呈恢复性较快增长。考虑到河南逐步建设储气调峰系统，不断完善产供储销体系，有序推进天然气替代能力建设，天然气供应保障能力将持续提升。同时，随着天然气市场化改革持续深化，各类市场主体竞争加剧，相关市场机制和价格机制有待进一步完善。整体来看，2021年全省天然气发展面临的有利条件和制约因素并存，天然气供需总体宽松。

（一）有利条件

1. 天然气"桥梁型能源"地位更加突出

从能源转型的角度看，天然气作为传统化石能源和可再生能源之间的"桥梁"，未来在促进能源清洁化发展方面的作用还将进一步发挥。与传统的煤、油等化石能源相比，天然气更加清洁，没有脱硫脱硝、洗化或者炼化提纯等环节，运输、转化、使用相对便捷。目前可靠的能源供给尚不能完全通过可再生能源实现，天然气以其可靠、灵活、清洁的特点，可促进清洁能源更大规模的消费。在能源低碳化趋势下，天然气作为能源转型的"桥梁型能源"，是化石能源中最具有增长潜力的品种，河南未来天然气消费具有广阔的发展空间。

2. 天然气供需仍将保持总体宽松

在需求方面，根据国家发改委印发的《加快推进天然气利用的意见》，天然气将逐步成为我国现代清洁能源体系的主体能源之一，到2030年，天然气在一次能源消费中的占比提高到15%左右。2019年，河南天然气消费量占一次能源消费量的比重只有7%。随着生态文明建设工作不断深入和经济社会的发展，全省天然气消费仍有较大增长空间。在供给方面，中国常规天然气资源探明率约为16%，探明未开发储量超过5.0万亿立方米。根据《2019～2025年国内勘探与生产加快发展规划方案》，中石油、中石化、中海油以及延长石油四家企业继续执行油气勘探"七年行动"计划，进一步增加勘探开发投资，加大重点含油气盆地勘探力度，并利用技术进步深挖老油田长期稳产潜力，国内天然气行业有望继续巩固增储上产良好态势。同时，以地下储气库和沿海LNG接收站为主、重点地区内陆集约化规模化LNG储罐为辅、管网互联互通为支撑的多层次储气系统正在加紧建设，国内天然气整体供应保障水平持续提升，也为河南天然气供应创造了较为宽松的外部环境，未来一段时期，河南天然气供需格局总体宽松，具备扩大规模利用的基础。

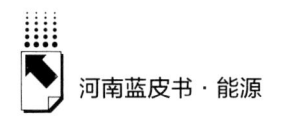

3. 推广天然气替代有较好的基础

为保障油气供应安全，国家能源局《2020年能源工作指导意见》特别提到要增强油气替代能力，要求有序推进煤制气示范项目建设，开展生物天然气项目建设，推动生物天然气产业化发展。河南在推广天然气替代方面有较好的基础。一是在煤制天然气方面，早在2012年三门峡义马气化厂就积极响应国家"西气东输"和"气化河南"战略，全力实施产品结构调整，具备年产2.33亿标方天然气的产能。二是在生物天然气方面，河南是典型的农业大省，生物质资源极为丰富，在生物质能利用技术及规模水平方面基本走在全国前列。天冠企业集团于2019年建成全国首批规模化生物天然气（秸秆沼气）综合利用项目，年产890万立方米沼气，转化生产生物天然气535万立方米。三是在兰考县作为农村能源革命试点方面，兰考大力发展生物天然气，增加清洁能源供给，预计到2021年生物天然气年产量超过6000万立方米。义马煤制气、天冠集团农林废弃物综合利用项目以及兰考生物质资源利用为全省推广天然气替代提供了有价值的借鉴经验，将推动全省增强常规天然气的替代能力。

4. 天然气体制机制改革继续深化

近年来，按照"管住中间、放开两头"的总体思路，天然气体制机制改革持续深化。一是天然气体制改革方向更加清晰，2020年3月，国家发改委发布最新的《中央定价目录》，将天然气定价从目录中移除，保留了油气管道运输定价，并将"跨省长输管道价格"独立成一大项目类别。二是进一步加强天然气价格监管的信号更加明确，2020年7月，国家发改委印发《关于加强天然气输配价格监管的通知》，要求减少供气层级、严格开展成本监审、合理制定省内管输价格和城镇燃气配气价格，通过规范收费行为避免中间环节加价过高，降低终端用户用气价格。三是加快推进基础设施互联互通和公平开放的任务更加具体，2020年4月，国家发改委印发《关于加快推进天然气储备能力建设的实施意见》，文件再次强调推进基础设施互联互通，对于储气设施连接干线管网和地方管网，管道运输企业应优先接入并保障运输。管道运输企业的配套储气库，原则上应公平开放，为所有符合条件的用户提供服务，有助于储气设施利用率的提高和调峰能力建设。四是油气勘查开采市场进一步放开，2020年5月，《自然资源部关于推进矿产资源管理改革若干事项的意见（试行）》正式实施，矿业权采取竞争性出让，符合条件的民企、外资企业均有资格按规定取得油气矿业权，油气勘探开发领域由国有石油公司专营的历史正式落幕，此举有助于进一步提高油气开采效率，提升国内天然气供应保障能力。天然气体制机制改革继续深化，有利于提高河南天然气保供能力，推进天然气市场持续健康发展。

（二）制约因素

1. 天然气市场的不确定性增加

国际能源署（IEA）预计，2021年全球天然气需求将逐步复苏，但受新冠肺炎疫情的影响，天然气消费的增长速度将受到抑制，并通过需求侧传导至供给侧，进而影响整个行业的投资和生产经营，市场的不确定性增加。供给侧市场竞争日益加剧，随着LNG储备和供应能力的提升，LNG和管道天然气之间的竞争也将更加激烈，市场或将从卖方市场转向买方市场，天然气贸易规则将变得更加灵活。河南亟须探索规避市场风险的手段，维持天然气市场的稳定。

2. 天然气市场化机制需建立

目前天然气市场处于市场化改革推进阶段，按照国家油气体制改革进程，2025年之前逐步构建上下游市场参与、主体多元开放、管道独立运营、法律法规完善、政府监管有效、市场竞争有序、公平开放的天然气供应格局。"十三五"以来，河南省天然气市场机制改革取得积极进展，但竞争有序的能源市场体系尚未建立，市场配置资源的决定性作用没有得到充分发挥，需结合天然气基础设施建设进程、市场供需情况，研究构建适合天然气市场化改革的资源配置、投资建设等机制，推动天然气上下游产业链改革，促进天然气利用。

3. 天然气价格机制有待进一步完善

目前国内天然气价格存在门站价格和市场价格两种定价机制，其中，国产陆上管道天然气（放开气源的除外）和2014年底前投产的进口管道天然

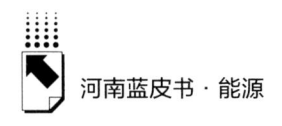

气执行门站价格，其他类型的天然气[①]价格由市场形成。门站价格能够执行的根本原因在于此前天然气工业产运销"一体化"体系，以"市场净回值"法为定价依据，可以综合考虑出厂价与管输价格、进口气价与国产价格，有效解决不同气源、不同流向的问题。伴随着国家油气管网公司的成立，国内天然气"一体化"的格局被打破，门站价格执行的基础发生了根本变化，新增了管输价格的结算，改变了原先上游天然气供应商仅需与下游用户之间就气价进行结算的模式，市场规则变化增加了交易的复杂性，计价模式也相应匹配变化，现行价格机制有待进一步完善。为发挥价格指导资源配置的信号作用，河南需加强价格机制研究，积极做好应对准备。

（三）2021年河南省天然气供需形势预测

1. 天然气消费恢复性增长

天然气利用在能效、环保、碳排放方面具有多重优势，2021年随着河南经济的全面恢复，城镇化建设持续推进、环境污染治理力度持续加大，全省天然气消费预计将呈现恢复性增长。分领域看，城市用气人口继续增长，"煤改气"和汽车用气量较快增长，拉动城市燃气用气量增长。在工业用气方面，受到工业"煤改气"工程稳步推进影响，陶瓷、玻璃、钢铁等领域用气潜力进一步释放，工业用气保持增长。在发电用气方面，主要由于天然气价格偏高，发电成本偏高以及没有新增装机等影响，天然气发电用气基本稳定。在化工用气方面，尿素、甲醇产能过剩，用气需求增量较小。总体来看，城市燃气、工业用气是拉动天然气消费增长的主要驱动力，预计2021年全省全年天然气消费量约为125亿立方米，同比增长13.6%左右。

2. 天然气供需总体宽松

省内天然气产量维持稳定，预计2021年产量约为2亿立方米。天然气供应主要依靠西气东输、榆济线等管输天然气，山西煤层气、液化天然气、压缩天

---

① 指海上气、页岩气、煤层气、煤制气、液化天然气、直供用户用气、储气设施购销气、交易平台公开交易气，以及2015年以后投产的进口管道天然气。

然气为补充气源。随着省内管网互联互通建设的加快以及储气库调峰能力的形成，省内天然气供应保障能力将进一步提升。同时在全球新冠肺炎疫情的影响下，LNG现货价格低迷态势将会延续，预计2021年河南天然气供需总体保持宽松。

三 河南省天然气行业发展对策建议

随着河南省天然气对外依存度的不断攀升，河南省天然气保供压力持续加大，在加强基础设施建设的同时，应充分利用河南煤制气先行优势以及农林生物质资源优势，增强天然气替代能力建设，提升省内天然气供应保障能力。同时随着天然气市场化规模扩大和体制机制改革持续深化，相关市场机制和价格机制有待进一步完善，建议建立天然气储运设施第三方准入机制，并进一步完善价格机制。

（一）增强天然气替代能力建设

大国博弈、地缘政治冲突、主要生产国政策转向都可能影响国际天然气市场的正常供应秩序，危及国内天然气供应安全。河南作为内陆典型天然气资源匮乏省份，在完善省内天然气产供储销体系的同时，应积极加强补充气源、增强天然气替代能力。一是在煤制气方面，依托濮阳、鹤壁、永城和义马4个现代精细煤化工基地，大力推动资源优化整合和产业链延伸，形成以煤气化为龙头的煤基联产系统。二是在生物天然气方面，利用河南农林生物质资源丰富的资源优势以及沼气和秸秆成型燃料技术优势，发挥天冠集团综合利用项目以及兰考农村能源革命试点示范效应，推动生物天然气规模化应用和产业发展，增强全省天然气替代，形成对天然气供给的有效补充。

（二）建立天然气储运设施第三方准入机制

为更好推进天然气储运设施公平开放运行，应尽快建立第三方[①]准入机

[①] 一般情况下资产的投资方属于"第一方"，运营管理方属于"第二方"，其他经营者属于"第三方"。

制。一是以法律手段要求管网公司以平等和非歧视的方式向第三方提供管道运输服务，以合同约定的方式规范服务模式，包括服务种类、服务质量、时间跨度、路径约束等，以先到先得或者招标拍卖的方式进行容量分配，并适时建立容量交易市场，允许富余输送量在二级市场交易，提高储运设施使用效率。二是以"非使即失"原则建立拥塞管理机制，防止第三方囤积管输能力，遏制拥塞问题发生，通过"平衡气价"建立管网系统平衡机制，明确第三方必须确保向管网系统输入和输出天然气之间的平衡，并为超过允许误差的天然气付费，避免气量不平衡导致的管网超压或负压运行，确保系统的运行效率和安全。

（三）进一步完善价格机制

国内天然气市场尚未成熟，上游市场集中度高，不同气源的成本差异大，尚不具备形成"气气竞争"格局的条件。一是可充分借鉴美国HenryHub（亨利枢纽）和英国NBP（国家平衡点）等国外天然气市场化改革的经验，逐步形成有效的市场价格信号。二是管输费定价方法既要有"价值性"即能充分反映管网公司的运营成本，还要有"灵活性"即需要简单、灵活、高效的计价方式，与多元化、竞争性的市场相适应。三是要考虑设置合理的管输容量费和使用费，分别以预定的管输能力和实际天然气输气量为收费依据，对应弥补管道运营的固定成本和可变成本。

参考文献

《国家发展改革委关于阶段性降低非居民用气成本支持企业复工复产的通知》（发改价格〔2020〕257号）。

国际能源署：《天然气市场化改革——国际经验要点及对中国的启示》。

郭海涛、赵忠德、周淑慧、王勐、刘勇、谢青青：《天然气储运设施第三方准入机制及其关键技术要素》，《国际石油经济》2016年第6期。

河南省工信厅：《河南省传统煤化工行业转型发展行动方案（2018—2020年）》。

国家能源局:《2020年能源工作指导意见》。

《国家能源局关于兰考县农村能源革命试点建设总体方案(2017—2021)的复函》(国能函新能〔2018〕90号)。

《关于印发〈加快推进天然气利用的意见〉的通知》(发改能源〔2017〕1217号)。

国家发展和改革委员会:《中央定价目录》。

国家发展和改革委员会:《关于加快推进天然气储备能力建设的实施意见》(发改价格〔2020〕567号)。

《自然资源部关于推进矿产资源管理改革若干事项的意见(试行)》(自然资规〔2019〕7号)。

国家发展和改革委员会:《关于促进生物天然气产业化发展的指导意见》(发改能源规〔2019〕1895号)。

国家发展和改革委员会:《关于做好2020年降成本重点工作的通知》(发改运行〔2020〕1183号)。

B.5
2020~2021年河南省电力行业发展形势分析与展望

赵文杰 杨萌*

摘　要： 2020年，河南电力行业全力抗击新冠肺炎疫情，保障了电力安全平稳运行，实现了清洁高效供给，发挥了电力投资拉动作用，有力支撑了全省复工复产复商和经济运行持续回稳向好。2021年，在国家"以国内大循环为主、国内国际双循环"的新发展格局带动下，预计河南经济稳中向好的态势将进一步巩固，全省电力消费规模和增速快速恢复，全社会用电量同比增长约5%，电力供需形势趋紧。河南应着力推动源网荷储协调发展，保障电网高峰时段的电力供应以及低谷时段可再生能源消纳，为全省经济快速发展提供清洁低碳、安全可靠的电力保障。

关键词： 河南省　电力行业　新冠肺炎疫情

2020年，面对突如其来的新冠肺炎疫情和复杂多变的内外部环境，河南电力行业深入贯彻落实党中央、省委省政府决策部署，全力服务于"六稳""六保"，保障了全省电力安全稳定供应，带动了省内相关产业复工复

---

* 赵文杰，工学硕士，国网河南省电力公司经济技术研究院工程师，研究方向为能源电力供需及电网规划；杨萌，工学硕士，国网河南省电力公司经济技术研究院高级工程师，研究方向为能源电力供需及电网规划。

产,为全省新冠肺炎疫情防控和经济社会发展提供了坚强有力支撑。2021年,河南电力行业发展内外部环境依然复杂,既有难得的历史机遇又面临诸多困难挑战。河南应以新发展理念为指引,育先机、开新局,围绕服务全省经济社会发展和能源转型大局,坚决做好电力领域"保""稳""进""蓄"工作,为河南在中部崛起中奋勇争先、谱写新时代中原更加出彩绚丽篇章提供清洁低碳、安全可靠的电力保障。

一 2020年河南省电力行业发展情况分析

2020年,河南电力行业深入贯彻落实党中央、省委省政府决策部署,迎难而上、众志成城,保障了电力安全稳定供应,服务"六稳""六保"成效明显,为全省统筹推进新冠肺炎疫情防控和经济社会发展提供了坚强有力支撑。

(一)疫情防控彰显电力担当

作为关系国计民生和能源安全的重要基础产业和公用事业,在党和人民最需要的危急时刻,河南电力行业上下一心、勇挑重担,迅速筑起了抗击疫情的电力防线,用坚决的行动、贴心的服务守护了中原万家灯火。2020年春节及疫情期间,全省电力工作者坚守工作岗位,加大设备巡视监测力度,精心安排电力运行方式,实行居民用户"欠费不停电",确保了全省电力安全可靠供应。围绕疫情防控重点用户用电需求,紧急采购67部应急保电车辆,日均投入近万人、车辆2700台,保障了中国"医疗耗材之都"新乡长垣市医疗卫材产业群等645家防疫重要用户用电的万无一失,开辟了"火速办电绿色通道",最短时间满足了郑州版"小汤山"医院——郑州岐伯山医院等270户疫情防控新增用户的用电需要,为打赢抗疫保卫战做出了积极贡献。

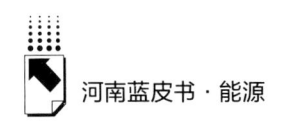

（二）服务"六稳""六保"成效突出

2020年，河南电力行业先行一步打响全面恢复建设攻坚战，充分发挥了电力建设投资规模大、产业链条长、带动力强的优势，有效带动了省内相关产业加速恢复生产，稳定了社会预期、提振了企业信心。3月中旬，全省总投资268亿元的3100余项电网建设工程全部复工，3月底河南首套、国内容量最大的漯河邵陵调相机工程如期并网投产。据统计，全省电网工程建设累计拉动上下游1200余家企业复工复产，带动就业超过5万人。

为服务河南经济社会发展，电力行业打出了助力复工复产"组合拳"。不折不扣地贯彻执行国家"降低工商业电价5%"政策，切实降低企业生产经营成本，预计全年可为全省343万户企业减免电量超过50亿元。在全国首创采取"专项交易"方式，实现省内386家疫情防控重点企业用电成本再降5%。主动告知、上门服务符合电价优惠政策的8.5万户工业企业，确保国家政策红利及时、足额传导至终端用户。创新开展电力大数据企业复工达产指数分析，为政府精准判断、科学把控、出台政策提供了有力支撑。

（三）电力供应更加清洁高效

2020年，河南电源装机结构进一步优化。煤电机组质效全面提升，预计全年关停淘汰煤电机组落后产能209万千瓦，实现全省30万千瓦以下煤电机组应关尽关，全省煤电装机占比降至70%；年内新增大容量、高效率清洁煤电机组100万千瓦（内乡电厂），60万千瓦及以上机组占煤电总装机比重在65%以上，全省煤电机组平均供电煤耗降至300克/千瓦时。可再生能源发电装机保持较快增长，截至2020年9月底，全省风电和光伏装机容量分别达到861万千瓦、1121万千瓦，预计全年新增可再生能源发电装机约370万千瓦，全省可再生能源发电装机占比将提升至25%以上，其中风电、光伏装机容量将双双突破千万千瓦（见图1）。

吸纳区外电力规模再创新高。2020年7月，世界首条专为清洁能源外送建设的特高压工程——青海—河南±800千伏特高压直流工程正式启动送

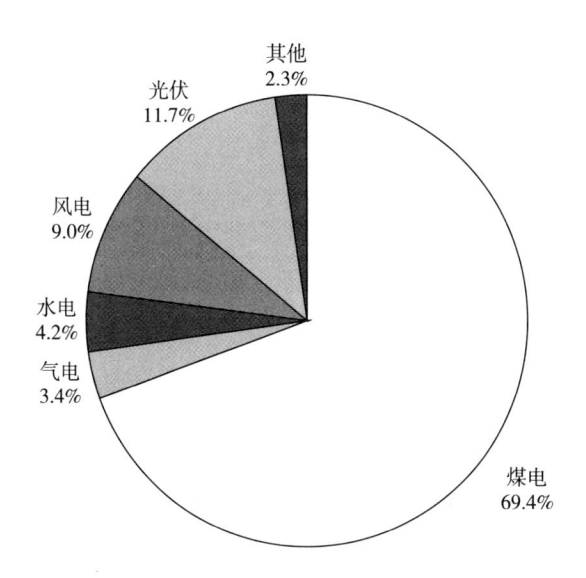

2020~2021年河南省电力行业发展形势分析与展望

图1　河南省电源装机结构（截至2020年9月）

电,"青海的光"跨越三千里点亮了"河南的灯",有效提升了河南电力清洁保障能力。青豫直流工程全面投运后,每年可向河南省输送清洁电量400亿千瓦时,替代原煤1800万吨,减排二氧化碳2960万吨,将显著提高全省能源消费清洁水平。截至2020年9月底,河南净吸纳区外电量达到456亿千瓦时,预计全年吸纳区外电量将达到580亿千瓦时,占全省全社会用电量的比重超过17%,双双再创历史新高。

（四）电力需求回稳向好

2020年,新冠肺炎疫情及夏季反常气候,对河南电力需求造成了较大影响。1~9月,河南省全社会用电量累计为2527.7亿千瓦时,同比下降2.2%。随着全省经济持续稳定恢复,预计电力需求回稳向好,增速将明显回升。初步判断,2020年全社会用电量为3400亿千瓦时,同比增长1%左右。

新冠肺炎疫情对全省用电量造成较大影响。2020年春节过后,受疫情影响,全省用电量持续走低,往年春节假期前后用电量"V"形曲线没有出现（见图2）。2月9日（元宵节）后，随着工业企业复工复产有序推进，全省用电量稳步回升，至4月初基本恢复至上年同期水平。总体上看，新冠肺炎疫情对电力需求影响主要集中在第一季度，初步测算，新冠肺炎疫情使得全省全社会用电量减少约90亿千瓦时，拉低全年用电量增长约2.7个百分点。

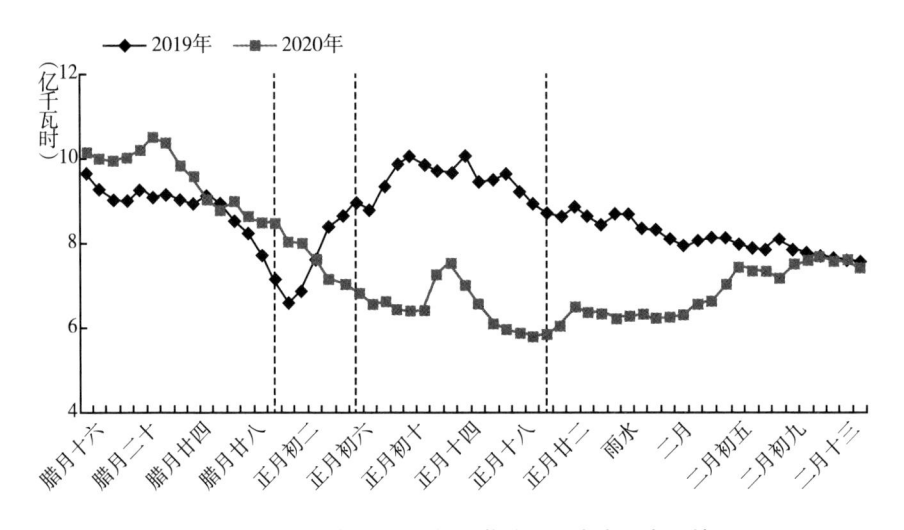

图2　2019年、2020年春节前后河南省用电量情况

夏季反常气候进一步拉低用电量增长。2020年，河南经历近10年来最凉爽的7月。7月全省仅有1天平均气温超过30℃（7月7日30.5℃），平均气温为25.9℃，较上年同期低2.8℃，为2010年以来最低，且首次出现7月平均气温低于6月的情况（见图3）。特别是7月11日以后，全省11天有雨、9天多云，连续阴雨天气创历年同期之最（见图4）。

凉夏天气拉低用电量约47亿千瓦时。根据河南省近年来用电情况，省网日用电量与全省日平均气温变化趋势高度一致。全年最大负荷一般出现在7月，降温电量占全月用电量比重在20%以上。分阶段看，7月1~10日，全省平均气温为27.3℃，与上年基本持平，同期省网用电量同比增长5.8%；7月11~31日，全省平均气温为25.2℃，较上年（29.3℃）低4.1℃，同期省网用电量同比下降20.6%。经测算，7月凉爽多雨天气因素

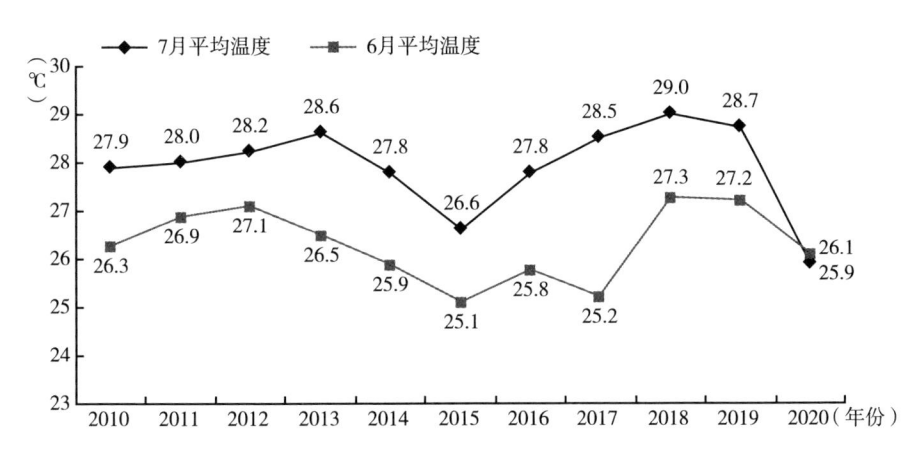

图3　2010~2020年河南6、7月份平均温度

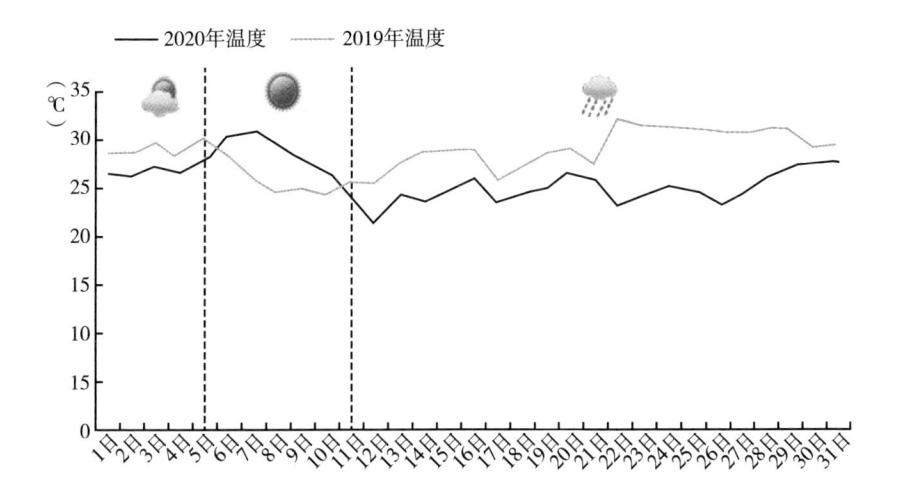

图4　2019年、2020年河南7月逐日平均温度

使得全省降温电量较上年减少47亿千瓦时，拉低全年用电量增长约1.4个百分点（见图5、图6）。

（五）电力改革创新成果丰硕

电力体制改革扎实有序推进。圆满完成第二监管周期（2020~2022年）输配电价核定工作，初步核定河南省平均输配电价为0.1768元/千瓦时，预计较第一监管周期（2017~2019年）降低7.2厘/千瓦时，改革红利进一步

071

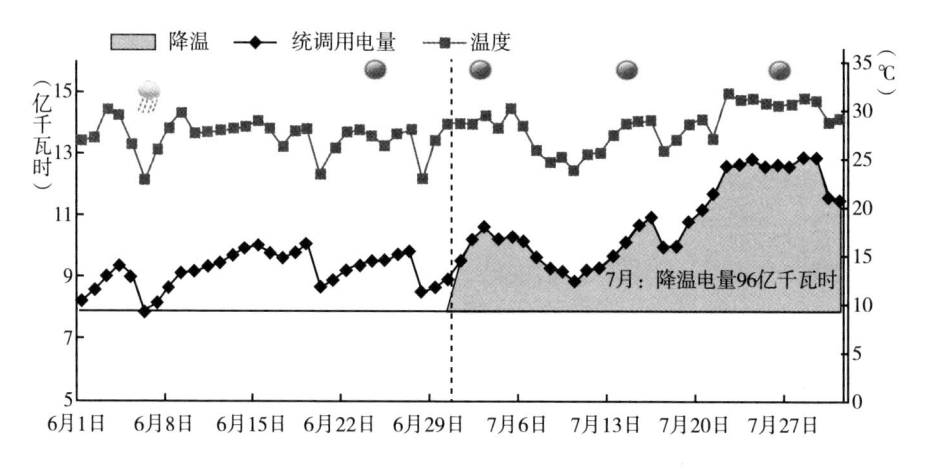

图5 河南省2019年6～7月平均温度和7月降温电量测算

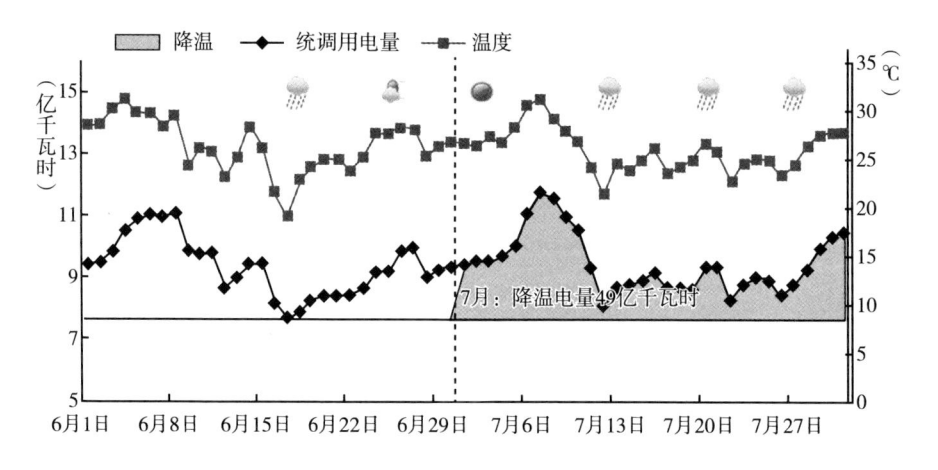

图6 河南省2020年6～7月平均温度和7月降温电量测算

释放。有序竞争的电力市场加快完善。河南省电力交易机构股权改造进一步深化，电网公司持股比例降至70%；电力直接交易规模进一步扩大，预计全年将达到1320亿千瓦时，实现连续三年超过千亿千瓦时。增量配电改革试点持续推进，第五批9个增量配电改革试点项目获得国家批复，全省累计39个试点项目列入国家试点；洛阳洛龙工业园区、三门峡城乡一体化示范区增量配电改革试点项目2台110千伏电站并网运行。

电力数字产业蓬勃发展。2020年，河南电力行业深入贯彻落实中央关于加快建设新型基础设施建设的决策部署,大力推进新型数字基础设施和电力数字经济发展。省发改委与省电力公司正式签署《河南省能源大数据中心建设委托协议》,推动能源大数据中心发展进入快车道,年内建成能源监测预警和规划管理等9项应用场景,正式上线河南省充电智能服务平台、中原智充App,推动全省构建统一的"车—桩—网"生态,带动充电桩及新能源汽车上下游产业的蓬勃发展。兰考农村能源互联网建设智慧升级,着力打造智慧供电服务示范区,在示范区内率先开展智能电表非计量功能应用,通过设备功能重组和业务流程优化,实现故障信息精准判别,30秒内主动将停电信息告知客户,同时开发"便民服务"App,实现了停电抢修进度的客户侧可视化,有效改善了客户用能体验,初步实现了便捷、高效、智慧能源服务。

(六)电力助推民生福祉改善

全力服务决战决胜脱贫攻坚。深入推进"三山一滩"等贫困地区电网攻坚,2020年10月底前完成贫困县1500个配电台区改造升级;加大定点帮扶力度,助推辉县北岸泉村及剩余1074户贫困群众年底前全部脱贫摘帽;持续推进光伏扶贫项目,完成全省19座集中式光伏扶贫电站验收评估整改,进一步完善了光伏扶贫项目管理体系,新增180.9万千瓦光伏扶贫项目纳入国家补助目录,累计达到267.6万千瓦,扶贫电站总规模、村级光伏扶贫电站规模及帮扶人口总数均为全国第一,光伏扶贫项目圆满收官。

全力服务大气污染防治攻坚。积极推动煤电结构优化,配合政府完成全年209万千瓦落后煤电机组关停任务;制定促进新能源消纳工作方案,力争全年省内新能源并网装机增加300万千瓦;依托新能源云平台,在线办理新能源接入申请和开展可再生能源发电项目补贴审核工作,提高服务质效;全力推进清洁取暖,精准开展"双替代"供暖"确村确户"工作,纳入供暖大数据平台管理,全年完成"双替代"100万户,实现全省北方地区(不含南阳市、信阳市)散煤取暖基本"清零"。

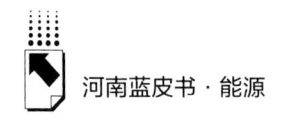

全力服务农业生产和粮食安全。完善农灌用电设施建设标准，理顺农电设施管理体制，严格执行农业灌溉用电设施建设标准，对于不符合建设标准的存量设施实施升级改造，并由电网公司负责农灌用电设施的管理及维护，2020年底前完成年度新增660万亩高标准农田配套的10千伏高压设施电网建设任务，增强全省农业生产用电的保障能力，服务河南农业、农村、农民和高标准农田建设，扛稳扛牢粮食安全责任。

全力服务电力营商环境优化。河南省电力行业以数字化手段持续提升服务能力，不断优化电力营商环境，全面推广线上办电和网上评价，2020年底24项常办办电业务具备一次都不跑的条件；深入推进"阳光业扩"，建立信息公开机制，实现办电进程主动推送、电网资源信息共享，推动业扩报装"就近接入"；全力做好"网上国网"推广优化，深化"网上国网"便民服务抢修可视化微应用，完成全省57万台采集终端升级，年底基本实现停电信息通知台区全覆盖。

二 2021年河南电力行业发展形势展望

2021年是河南省"十四五"开局之年，全省经济发展内外部环境依然复杂，既有难得的历史机遇，又面临诸多困难挑战。全省继续深入贯彻落实党中央、省委省政府决策部署，经济持续回稳向好的态势将更加稳固，预计全省电力需求将呈现快速增长，2021年河南省全社会用电量将达到3570亿千瓦时，同比增长约5%。

（一）2021年河南省电力行业发展形势

1. 经济基本盘回稳向好，新机遇新挑战并存

河南省经济体量大、经济韧性强，在黄河流域生态保护和高质量发展等重大国家战略加快实施、"两新一重"基建引领、扩大内需战略拉动、新经济发展模式带动下，全省经济回稳向好的态势将更加稳固。重大国家战略加快实施。中部地区崛起、黄河流域生态保护和高质量发展重大国家战略提升

了河南省在全国发展大局中的地位，有利于争取国家重大项目、重大工程在河南布局，为全省转换发展动能、强化发展支持提供了难得的历史机遇。"两新一重"基建引领。河南省抢抓"两新一重"发展机遇，大力推动全省新型基础设施、新型城镇化，交通、水利等重大工程建设，发布《2020年河南省重点建设项目名单》，总投资3.3万亿元，涵盖产业转型发展、创新驱动、基础设施、新型城镇化、生态环保、民生和社会事业六大领域，共计980个项目，新一轮基础设施建设将成为河南省经济发展的新引擎，支撑全省经济稳定增长。扩大内需战略拉动。中央提出扩大内需战略，着力"形成以国内大循环为主、国内国际双循环相互促进的新发展格局"，提升了河南省在全国大局中的位势。河南省内需潜力巨大，新型城镇化快速推进、乡村振兴、农业基础设施改善、农村公共服务短板补齐，都将带来庞大的投资消费增量，特别是河南省作为全国重要的交通物流枢纽，将在扩大内需中发挥战略节点作用。新经济发展模式带动。人工智能、大数据等新技术快速发展应用，为新业态、新模式增势赋能，生产销售各行各业加速"上线""上云"，推动传统生产组织模式重构，焕发新的生机活力。

同时，河南省外部发展环境存在较大的不稳定、不确定性，面临的挑战前所未有。从国际国内看，全球疫情仍在蔓延，世界经济衰退程度存在较大变数，逆全球化思潮和贸易保护主义抬头，这些影响将通过贸易链、产业链、就业链传导至河南经济；从省内看，全省产业竞争力不强、产业集群程度不高、结构调整优化相对较慢、科技支撑引领能力不足、创新资源匮乏等问题依然突出。

2. 市场化进程加快，对各市场主体均提出更高要求

能源领域改革创新深入推进，电力市场化进程加快。经营性电力用户发用电计划进一步放开，多元化市场主体不断培育，交易用户数量将呈现指数级增长，电网和用户之间的交易模式由大用户直接交易加速走向更多用户的市场双向选择，"多买—多卖"市场竞争格局的形成对售电方差异化、个性化的服务提出更多要求。结合河南电网运行特点和实际需求，电力现货市场加紧筹备。电能量现货交易、调峰辅助服务、市场结算、信息披露等实施细

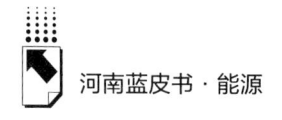

则有望出台，相关表计与技术支持系统不断完善，"中长期交易规避风险，现货市场发现价格，源荷储多主体协同互动"的省级电力市场体系将逐步建立，有助于发挥市场对电力资源配置的决定性作用，有利于系统整体电力成本的降低，也对用户增强市场化、信用意识，增强抗风险意识提出要求。

3. 常规电源建设趋缓，电力供需形势趋紧

在能源电力清洁绿色转型发展的背景下，河南省煤电项目受环保空间约束建设趋缓，水电资源开发殆尽，新增电源主要为风电、光伏等新能源机组。整体来看，随着全省电力需求快速增长，全省常规电源接续项目不足，同时各级电网仍存在一些薄弱环节，全省电力供需形势将趋紧。

常规电源接续项目不足。在国家化解煤电过剩产能的背景下，河南省已核准的煤电项目基本建成投产，煤电受大气污染治理和煤炭消费总量控制等因素制约，燃气发电项目受天然气价格和上网电价疏导难等因素影响，纳入国家抽水蓄能电站选点规划的项目已基本开工，新的选点规划尚未批复，目前均无新核准、新开工项目，常规电源接续项目不足与全省电力需求较快增长之间的矛盾逐渐凸显。

电网仍存在薄弱环节。在特高压方面，河南省在全国率先建成的特高压交直流混联运行省级电网长期存在"强直弱交"的问题，受特高压交直流相互耦合影响，区外直流输电能力受到制约，难以满功率运行；在主网架方面，河南省豫西电网外送断面、豫北—豫中输电断面存在潮流较重问题，郑州、洛阳等区域存在 500 千伏短路电流过高等问题，严重限制了区域的供电能力；在配电网方面，河南省配电网整体依然薄弱，亟须加强电网"最后一公里"建设。

4. 新能源及外电规模增大，系统运行及调节难度加大

新能源快速发展、电源结构深度调整、叠加电力电子技术装备的广泛应用，对电力系统运行提出更高的要求，系统调峰和电力电量平衡保障难度显著加大，系统频率稳定及电压稳定问题逐渐凸显。

电网调峰保障难度加大。2020 年，春秋季小负荷期间全省新能源出力已突破千万千瓦，占全网总发电出力的近 40%，系统调节能力已达极限，

部分时段已出现煤电机组深度调峰运行和压减外电出力的情况。河南省调峰辅助服务市场初步建立，调峰电源的调峰电价暂未完全疏导，随着全省新能源装机占比的持续提高，系统调峰及电力电量平衡保障的难度加大，新能源消纳压力逐渐加大，弃风弃光风险严峻。

系统频率及电压稳定问题凸显。2020年，全省新能源装机和馈入直流容量占最大负荷在45%以上，随着全省新能源的大量接入以及直流输电规模的扩大，系统转动惯量降低、有功波动冲击增大，频率稳定问题凸显，同时新能源和直流不具备常规电源的动态无功支撑能力，系统整体电压支撑能力降低。

（二）2021年河南省电力行业发展预测

2021年，在河南省经济基本盘持续回稳向好形势下，电力行业将持续以新发展理念为引领，着力推进安全、绿色、可靠供应，推进电力行业高质量发展。

全社会用电量将企稳回升。2021年，在重大国家战略加快实施、"两新一重"及扩大内需等积极因素拉动下，河南经济稳中向好发展态势将更加稳固。全省正着力加快传统产业升级、推动产业链再造和价值链提升，加快新一代信息技术和制造业融合发展，抢抓产业数字化机遇，培育新业态、新模式。产业升级、新旧动能的协同驱动将为电力需求增长带来源源不断的动力，全省用电量将呈现恢复性增长，考虑到2020年用电量基数较低，预计用电量增速将大幅回升，2021年全省全社会用电量将达到3570亿千瓦时，增长5%左右。

电力供应将更加清洁高效。2021年，全省电力供应将持续清洁低碳发展，预计全省电力总装机在1亿千瓦左右，其中新增风电、光伏发电装机约300万千瓦，全省电源结构进一步优化。

电力供需形势整体趋紧。2021年，考虑全省常规电源接续项目不足、新能源机组电力保障能力有限，预计全省电力供需形势将趋紧。在电力平衡方面，预计2021年夏季大负荷时刻，全省电力供需基本平衡。在电量平衡方面，预计全省电源发电量约为2790亿千瓦时，其中煤电机组发电量为

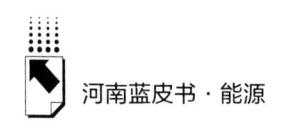

2310亿千瓦时，全省煤电机组平均利用小时约为3440小时。

新能源消纳压力增大。2021年全省新能源装机预计将在约2700万千瓦，新能源出力将突破1200万千瓦，在春秋季小负荷时刻，新能源出力占全网用电负荷的比重将超过40%，系统消纳压力明显增大，部分时段面临弃风弃光风险。

三 河南省电力行业发展对策建议

2021年，河南省电力行业应继续深入贯彻习总书记"四个革命、一个合作"能源安全新战略，以新发展理念为引领，围绕服务全省经济社会发展和能源转型大局，坚决做好电力领域"保""稳""进""蓄"工作，筑牢安全可靠生命线、擦亮服务民生底色、推进电力改革、蓄足发展势能，为全省"十四五"良好开局、中原更加出彩提供坚强可靠、清洁低碳、安全高效的电力保障。

（一）保障电力供应，筑牢安全可靠生命线

电力安全可靠供应是电力行业的最基本要求，全省应统筹协调电源、电网及负荷侧资源，着力提升系统供应能力，保障全省高峰时段的电力供应以及低谷时段可再生能源消纳。一是提升系统供应能力，保障电力可靠供应。在电源侧方面，加快洛阳新安电厂60万千瓦机组建设步伐，确保大负荷前投运；在电网侧方面，持续补强主网架，加快华中"日"字形特高压环网建设步伐，通过长南线第二回加强，提高天中及青豫直流送电功率，积极引入山西煤电，加快推动入豫第三直流工程纳入国家电力规划，尽早开工建设；在负荷侧方面，持续扩大需求侧响应实施范围及规模，2021年全省力争具备200万千瓦响应能力。二是提升系统调节能力，保障可再生能源消纳。在电源侧方面，加大调峰电源建设力度，加快建成南阳天池抽蓄120万千瓦，加快洛宁大鱼沟、光山五岳、鲁山花园沟等抽蓄建设；在电网侧方面，加强负荷预测、新能源功率预测管理，优化电网运行方式，提升电网调

节能力；在负荷侧方面，研究优化峰谷电价政策，通过价格引导电力消费者用电方式，优化电力资源配置，提高电力系统调峰能力。

（二）扛稳社会责任，擦亮服务民生底色

河南省电力行业需继续聚焦民生领域，积极推进清洁取暖、城乡配电网建设和充电基础设施，全力做好民生用电、用热保障。持续推进清洁取暖工作，重点在集中供热和地热供暖领域推进清洁取暖工作，进一步提升现有燃煤、燃气等大型热电联产机组供热能力，扩大集中供热管网覆盖区域，增加省辖市区和具备集中供热条件的县城城区的集中供热面积。加快补齐城乡配电网短板，重点做好城镇现代化配电网、乡村电气化提升工程等工作。一是加快城镇现代配电网建设，服务城镇老旧小区配套改造，提高城镇配电网供电能力、完善网架结构、升级智能化水平；二是全面实施乡村电气化提升工程，做好高标准农田生产设施电气化配套，加强农业生产服务能力，做好现代农业生产园区、农业品加工产业聚集区电网设施配套，加快解决农村电网低电压和频繁停电问题，逐步实现城乡电力服务均等化，助力"农业强、农村美、农民富"。大力推进充电基础设施建设，一是重点推进居民区、公路沿线以及公共服务领域的充电设施建设，满足全省电动汽车城际出行和省外过境的电动汽车充电需求；二是持续加大政策支持力度，在财政奖补、项目审批、土地保障、金融支持、电价优惠、配套电网建设等方面给予支持，优化项目建设环境；三是进一步加强充电服务监督管理，依托全省统一充电智能服务平台，完善公共充电设施建设和运营标准规范，开展运营企业达标创建活动，树立运营服务管理导向，提升群众充电服务体验。

（三）推进电力改革，开创行业发展新局面

当前，电力行业改革步入深水区，随着各项改革任务的深入推进，必须发挥改革的突破和先导作用，依靠改革应对变局、开拓新局，突出抓好市场化、透明度、高效率三个关键点，纵深推进改革，以改革"一落子"推动发展"满盘活"。一是坚持市场化方向，通过建立和完善与市场经济相适应

的体制机制，更好地发挥市场在资源配置中的决定性作用。一方面，继续完善电力市场体系，积极开展增量配电改革，持续优化交易机构股权结构，扩大电力市场化交易规模，推动形成公平公正、有效竞争的市场格局，促进行业可持续发展；另一方面，要加大混合所有制和股权多元化改革力度，健全市场化经营机制。二是落实透明度要求。积极适应政府监管要求，不断提高透明度，严控关联交易等经营行为，依法依规强化信息披露，综合运用信息化等多种方式，对上下游企业和各市场主体关心的信息及时公开发布，切实保障利益相关方和用户的知情权和监督权。三是遵循高效率原则，要注重放管赋能，深化"放管服"改革，正确处理好管理与监督、效率与规范、权力与责任的关系，该放的放彻底、该管的管到位、该服务的服务好，切实做到放活管好。

（四）蓄足发展势能，推动行业高质量发展

面对电力行业"清洁、低碳、安全、高效"的转型发展趋势，全省应建立源—网—荷—储协同的电力供应保障体系，为全省电力行业蓄足发展势能，推动行业高质量发展。在电源侧方面，稳步推进保障电源及调节电源建设。一是提前规划新增大型清洁保障火电，尽早开展前期工作，保障全省"十四五"期间电力供应；二是持续开展火电机组灵活性改造，建立健全调峰辅助服务市场和激励机制，建议通过价格措施疏导改造成本。在电网侧方面，着力构建安全可靠的能源互联网。一是继续加大电网投资建设力度，持续完善主网架建设，补强配网"最后一公里"薄弱环节，提升各等级电网供电能力；二是继续扩大清洁电力外引规模，积极开展入豫第四回直流通道前期工作，保障全省远期电力供应，助推全省能源转型发展。在负荷侧方面，"十四五"期间全省电力供需形势将持续偏紧，需将负荷侧作为重要的调节资源，充分发挥负荷侧资源在平抑尖峰负荷及保障电力平衡方面的重要作用。持续挖掘负荷侧潜力，扩大需求侧响应规模，提升电力供应的安全性和经济性；加强负荷侧资源调节能力建设，推进电动汽车和智能电网能量信息互动，有序调节电动汽车充电负荷，提高电力系统运行灵活性。在储能侧

方面，随着全省负荷尖峰特性的越发突出及新能源规模的持续扩大，"新能源+储能"的模式将成为解决新能源消纳、提升新能源发电效能的必然途径。建议开展新能源配备储能模式研究，研究疏导储能投资成本回收机制，激发储能市场活力，引导"新能源+储能"模式尽早大范围推广。

参考文献

国家能源局：《关于建立健全清洁能源消纳长效机制的指导意见（征求意见稿）》，2020年5月19日。

《河南省发展和改革委员会关于组织开展2020年风电、光伏发电项目建设的通知》（豫发改新能源〔2020〕245号），2020年4月7日。

《国家能源局关于下达2019年煤电行业淘汰落后产能目标任务的通知》（国能发电力〔2019〕73号）。

河南能源监管办：《河南电力调峰辅助服务交易规则（试行）》，2019年8月16日。

《河南省发展和改革委员会关于调整河南省"十三五"分散式风电开发方案的通知》。

河南省发展和改革委员会：《河南省2019—2020年秋冬季大气污染综合治理攻坚行动方案》，2019年10月25日。

《河南省人民政府关于印发河南省煤炭消费减量行动计划（2018—2020年）的通知》（豫政〔2018〕37号），2018年12月20日。

B.6
2020～2021年河南省可再生能源发展形势分析与展望

杨钦臣　王世谦[*]

摘　要： 2020年，河南省持续推进产业结构和能源结构升级优化，可再生能源发展规模进一步扩大，预计全年可再生能源消费总量将达到2100万吨标准煤。2021年，全省将以分散式风电、屋顶分布式光伏、地热能和生物质能梯级利用为重点，加快推进可再生能源发展，预计全年可再生能源仍将继续保持快速发展态势，可再生能源利用量将达到2300万吨标准煤，同比增长9.5%。

关键词： 河南省　可再生能源　青豫直流

可再生能源发展对于推动能源转型、助力大气污染防治具有重要作用。2020年，河南省以"四个革命、一个合作"能源安全新战略为遵循，可再生能源实现了跨越式发展。展望未来，河南将持续优化可再生能源发展环境，有序开发风电、光伏、地热供暖，推进生物能梯级利用，不断提高可再生能源消费占比，加快构建清洁低碳、安全高效的现代能源体系。

---

[*] 杨钦臣，工学硕士，国网河南省电力公司经济技术研究院工程师，研究方向为能源电力供需及电网规划；王世谦，工学硕士，国网河南省电力公司经济技术研究院高级工程师，研究方向为能源电力供需及电网规划。

一 2020年河南省可再生能源发展情况

（一）2020年河南省可再生能源发展情况分析

1. 可再生能源发电规模继续扩大，利用水平进一步提高

2020年，河南省紧抓国家大力推进分布式能源发展和建设"绿色黄河"千万千瓦可再生能源基地机遇，积极推进分散式风电、分布式光伏建设，可再生发电装机规模持续扩大。截至9月底，河南省可再生能源发电装机达到2518万千瓦，较年初新增182万千瓦，其中，风电、光伏分别新增66.3万千瓦、67.2万千瓦；生物质发电建设步伐加快，装机容量较年初增长60.7%，累计达到128.6万千瓦。

2020年，河南省全面落实可再生能源发电全额保障性收购管理要求，完成国家下达的可再生能源电力消纳责任权重指标，全省可再生能源利用水平进一步提高。1~9月，可再生能源发电量为327.2亿千瓦时，同比增长16.7%，高于全省发电量平均增速21.4个百分点；占全口径发电量比重达到15.8%，较上年同期提高2.9个百分点。其中，风电发电量为99.3亿千瓦时，同比增长66.2%；光伏发电量为88.5亿千瓦时，同比增长10.7%。从可再生能源发电设备整体利用水平看，1~9月，风电、光伏发电利用小时数均有不同程度增长，同比分别提高151个小时、25个小时。

2. "青豫直流"正式运行，可再生能源利用再添新通道

2020年6月28日，世界首条专门为清洁能源外送建设的特高压工程——"青豫直流"青海—河南±800千伏特高压直流工程实现全线通电，"青海的光"跨越三千里点亮了"河南的灯"，有效提升了河南电力清洁保障能力。青豫直流工程全面投运后，每年可向河南省输送清洁电量400亿千瓦时，相当于河南全社会用电量的八分之一左右，替代原煤1800万吨，减排二氧化碳2960万吨，将有效助力河南能源转型和大气污染治理，显著提高河南能源消费清洁水平。

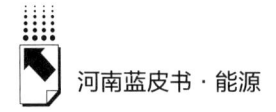

3. 风电光伏平价上网稳步推进，光伏竞价上网有序开展

2020年3月31日，国家发展和改革委员会印发《关于2020年光伏发电上网电价政策有关事项的通知》（发改价格〔2020〕511号），进一步下调了集中式光伏发电指导价，以及工商业、户用分布式光伏发电补贴标准。该通知要求，河南作为太阳能Ⅲ类资源地区，新增集中式光伏发电、"全额上网"模式的工商业分布式光伏发电的指导价为0.49元/千瓦时（含税，下同），较2019年降低0.06元/千瓦时；"自发自用、余量上网"模式的工商业分布式发电，全电量补贴标准调整为0.05元/千瓦时，较2019年降低0.05元/千瓦时；户用分布式光伏发电，全电量补贴标准调整为0.08元/千瓦时，较2019年降低0.1元/千瓦时。

2020年4月7日，河南省发展和改革委员会印发《关于组织开展2020年风电、光伏发电项目建设的通知》（豫发改新能源〔2020〕245号），该通知明确提出，优先支持已列入以前年度开发方案的存量风电项目自愿转为平价项目，优先支持配置储能的新增风电平价项目，优先支持已建成并网、未取得国家建设规模的存量光伏发电项目自愿转为平价项目。2020年7月31日，国家发展和改革委员会办公厅、国家能源局综合司联合下发《关于公布2020年风电、光伏发电平价上网项目的通知》，河南共新增风电平价上网项目15个、装机规模34万千瓦，约占全国平价项目装机总量的3%；新增光伏发电平价上网项目54个、装机规模71万千瓦，约占全国平价项目装机总量的2.1%。

光伏发电项目竞争配置取得新突破。在不超过对应的指导价和补贴标准的前提下，河南有序通过市场竞争的方式确定新增集中式光伏电站上网电价和工商业分布式项目。2020年，共申报成功光伏发电竞价项目25个，总规模为24万千瓦。

4. 光伏扶贫收官工作进展顺利，服务民生水平有效提升

作为国家确定的"十大精准扶贫工程"之一，光伏扶贫电站建设事关河南省40余万户贫困群众和1万多个村集体的利益，事关全省脱贫攻坚战成效。2020年，河南省持续扩大光伏扶贫覆盖范围，光伏扶贫收官工作进

展顺利，完成19座集中式光伏扶贫电站验收评估整改，并进一步完善光伏扶贫项目管理体系。扶贫电站总规模、村级光伏扶贫电站规模以及帮扶人口总数均居全国第一位。

为确保光伏扶贫收益及时惠及广大贫困群众，河南省紧抓机遇，积极推动180.9万千瓦光伏扶贫项目纳入国家补助目录，加上此前纳入的86.7万千瓦，全省共有267.6万千瓦项目纳入补贴目录，覆盖全省110个县（市、区）。

（二）"十三五"河南省可再生能源发展成效分析

2020年是"十三五"收官之年。过去的五年，河南可再生能源开启全面规模化发展的新局面，进入了大范围增量替代和区域性存量替代的发展阶段。

1. 可再生能源加快推动能源绿色转型

"十三五"以来，河南省积极落实习近平总书记提出的"四个革命、一个合作"能源安全新战略，加快建立清洁低碳安全高效的现代能源体系，全省可再生能源开发利用规模不断扩大，绿色发展新格局逐渐形成。截至2020年9月底，全省可再生能源发电装机总规模达到2519万千瓦，占全口径总装机的比重达到26.2%，较"十二五"末提高17.6个百分点（见图1、图2），预计年底，风电、光伏发电装机将实现"双千万"，远远超过"十三五"规划目标；可再生能源发电量为327.2亿千瓦时，占全社会用电量的比重突破15.8%，较"十二五"末提高10个百分点（见图3）。2020年，预计全省可再生能源消费总量约为2100万吨标准煤。

2. 可再生能源产业逐步实现高质量发展

"十三五"期间，河南省可再生能源产业全面规模化发展，信息化管理水平不断提升，监督管理体系不断完善，关键技术创新不断突破。依托国网公司新能源云平台，形成"横向协同，纵向贯通"和"全环节、全贯通、全覆盖、全生态、全场景"的新能源开放服务体系，推动产业链上下游共同发展。同时，依托河南省能源大数据应用中心，建设了新能源运行监测和消纳预警体系，贯通了全省新能源生产运行、规划、消纳评估的数据，实现

河南蓝皮书·能源

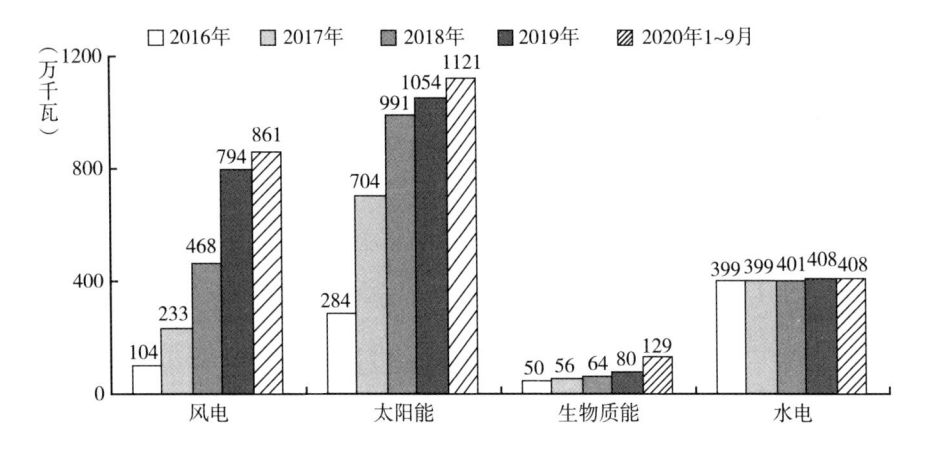

图1 2016年至2020年9月河南省可再生能源分类装机情况

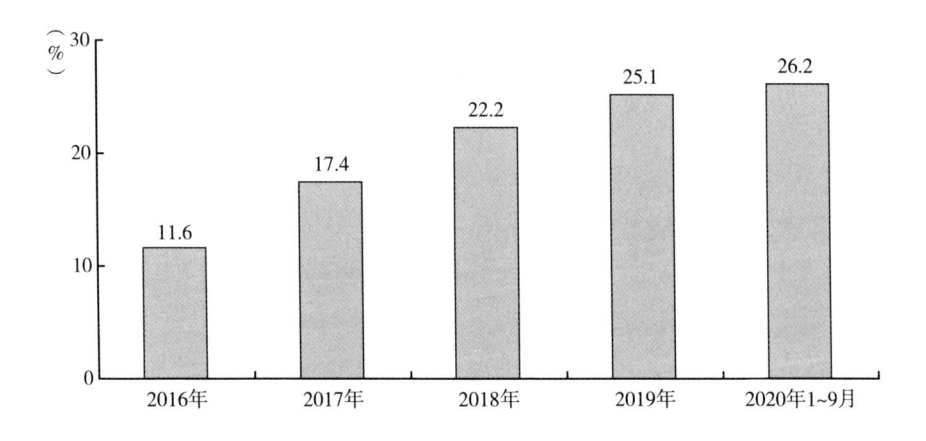

图2 2016年至2020年9月河南省可再生能源装机占比情况

了全省实时负荷数据、新能源场站出力数据的精细化分析，以及全省风电、光伏发电供给能力和消纳预警等级的量化评估，建立了全省分地市新能源消纳"红橙黄绿"预警体系，全省新能源监督管理体系不断完善。"新能源+储能"模式实现突破，2020年10月河南首个风电储能项目三门峡狮子坪储能电站建成试运行。另外，可再生能源产品技术创新稳步推进，风电技术向大叶片、低风速、大容量等方向发展，转换效率不断提升，光伏组件已经从2015年主流产品290瓦到2020年的500瓦以上，技术创新能力不断提升。

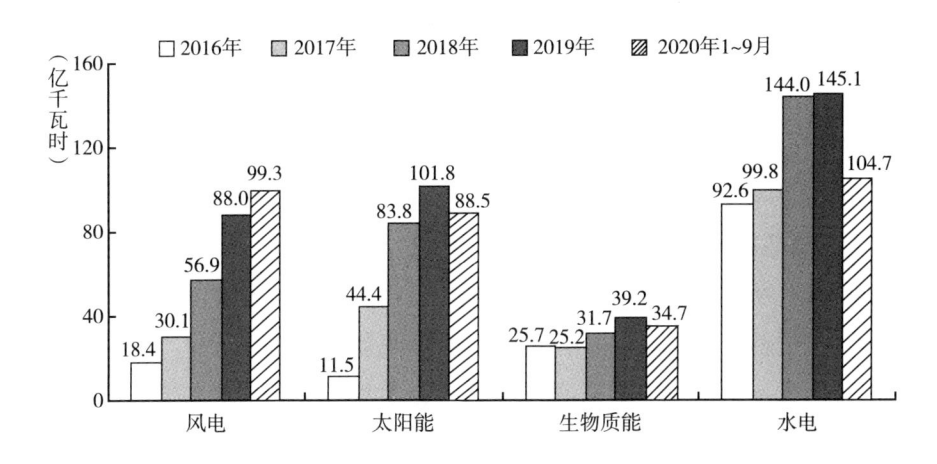

图3 2016年至2020年9月河南省可再生能源分类发电量情况

3. 可再生能源并网管理服务不断完善

"十三五"期间，河南省顺应能源发展新形势，积极探索可再生能源并网服务优化创新，为可再生能源发电企业提供优质服务。一是河南电力公司积极探索新能源接入管理新模式，高效服务新能源发展。采取多项措施，在引导新能源项目规范有序发展的同时，集约利用电网资源，有力保障新能源项目健康发展，避免发生弃风弃光弃水情况。二是出台《河南电网新能源电厂并网运行服务指南》，规范调度服务内容，构建涵盖调度运行全过程的清洁能源优先调度体系，向风电、光伏发电企业提供规范、优质、高效的并网调度服务，促进可再生能源电厂与电网的协调发展，保障电网安全稳定运行。三是制定出台了《河南风电场及光伏电站并网运行管理实施细则》，针对新能源调控运行中十八个方面的具体业务，提出了具体的运行管理要求和考核指标，"河南电网新能源并网运行管理系统"是全国范围内率先推出的较为完善的风电场及光伏电站并网运行管理系统，能够实现对风电场及光伏电站并网运行全过程的运行管理与考核。

4. 可再生能源发展政策环境持续优化

"十三五"以来，河南省不断完善可再生能源发展政策和市场环境。一是建立健全了可再生能源电力消纳责任权重考核机制，逐步建立了持续稳定的可再生能源市场需求，保障了可再生能源发电项目合理利用水平，促进可再生资源优化配置。二是明确了地热能清洁供暖规模化利用方向，试点试行地热能规模化开发模式，并确定了"科学规划，有序发展""政府引导，市场推动""因地制宜，多元利用""保护优先，鼓励创新"的原则，形成较为完善的地热能供暖政策体系和规模化地热能供暖市场，已开展筹建覆盖全省的地热能供暖监测平台，逐步完善地热能供热项目的建设、监测、评价等相关标准和规范，为地热能开发利用保持领先创造了优良环境。

二 2021年河南省可再生能源发展形势展望

目前，河南省以风电、光伏发电为代表的可再生能源开发与利用规模不断扩大，同时暴露了一些矛盾和问题。2021年，河南可再生能源行业如何延续发展良态、紧抓机遇、夯实发展根基，已经成为保障全省可再生能源行业长期健康发展的关键问题。

（一）有利条件

1. 高比例能源产消者为清洁低碳发展赋能

随着河南省能源转型的持续推进和电力市场的逐步完善，风电和光伏发电逐步实现平价上网，可再生能源将进入新发展阶段。一系列可再生能源微电网将和大电网、大能源基地结合起来，配电网中的分布式发电和有源负荷将快速增长，更多电力用户将由单一的消费者转变为能源生产型消费者。另外，现代化建设和美丽中国建设所面临的垃圾围城、垃圾围村难题，可以通过固废资源化利用解决，例如通过堆肥、沼气、焚烧发电等手段进行能源化利用，使其成为消费终端可再生能源产消者。高比例的能源产消者将为能源清洁低碳化发展带来革命性变化。

2. 消纳保障机制有效落实提高市场主体积极性

2020年，国家发改委相继印发了《省级可再生能源电力消纳保障实施方案编制大纲》和《关于开展"风光水火储一体化""源网荷储一体化"

的指导意见（征求意见稿）》，制定并完善可再生能源消纳保障实施机制和源网荷储灵活高效互动的电力运行与市场体系。随后，河南省发改委印发了《河南省可再生能源电力消纳保障机制实施方案》，进一步细化了组织实施方案。当前，可再生能源发展处于向全面市场化驱动的过渡期，可再生能源电力消纳保障机制通过政策引导，促使市场主体公平承担消纳可再生能源电力责任，形成可再生能源电力消费引领的长效发展机制，提高了市场主体消纳可再生能源的积极性。"两个一体化"实施路径的探索有利于进一步提升清洁能源消纳水平。

3. 能源与信息技术融合催生能源产业新业态

近年来，移动互联网、大数据、云计算、物联网、区块链等数字信息技术迅猛发展，数字经济正在逐步形成。"大云物移智链"等数字化技术日益融入能源行业，正在重塑能源业态。可再生能源发展与新一代信息技术进行充分融合，相关规划、运行、设备状态等海量数据可汇集至云平台，进行实时智能分析，精准掌握组件运行状态，及时感知设备运行故障情况，推动形成"无人值班、少人值守、远程运维"新模式新业态，推动数据增值服务开展以及上下游产业链建设。随着能源革命与数字革命的相融并进，可再生能源行业将迎来一个新的跨越式发展机遇。

（二）制约因素

1. 可再生能源补贴存在缺口，制约产业持续健康发展

2019年底，全国人大常委会执法检查组发布的《关于检查〈中华人民共和国可再生能源法〉实施情况的报告》指出，"十三五"期间90%以上新增可再生能源发电项目补贴资金来源尚未落实。截至2019年，全国可再生能源补贴缺口在3000亿元以上，补贴缺口的持续扩大严重制约着产业的持续健康发展。2019年以来，国家能源局连续发布相关政策文件，加快风电、光伏补贴退坡，推动可再生能源逐渐步入平价上网时代。2021年之后，可再生能源去除中央补贴已成既定事实，但在此之前，排队等待补贴的存量项目规模依然庞大。

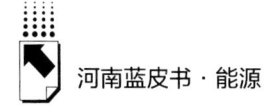

2. 风电、光伏并网规模加大，电网安全运行压力凸显

近年来，河南省可再生能源装机规模呈现快速扩大态势，其中风电、光伏发电实现跨越式发展，新增并网规模连创新高，电网运行压力逐渐显现。一是风电、光伏大规模并网可能导致系统转动惯量不足，对大电网的安全稳定运行带来巨大压力；二是风电、光伏发电出力的间歇性和反调峰特性明显，但煤电灵活性改造进度迟缓，系统调峰能力不足，影响系统消纳能力提升；三是并网风电、光伏发电系统电力电子装置会产生一定的谐波和直流分量，在一定程度上影响电能质量，增加运行调度管理难度。

3. 参与市场化交易机制待优化，影响企业盈利空间

随着电力体制改革及电力市场化建设深入推进，以及国家可再生能源补贴政策支持力度持续减弱，风电、光伏参与电力市场化交易机制亟待理顺。一是电力中长期市场交易电量不断扩大，可能进一步拉低煤电平均上网电价水平，对风电、光伏企业"保量不保价"部分电量盈利空间带来影响；二是当前风电、光伏参与电力辅助服务市场模式尚不明确，目前仅能作为辅助服务费用分摊者，增加了企业成本；三是后补贴时代，风电、光伏实际利用小时数对企业收益影响更加显著，电力商品属性将愈加突出。

（三）发展预测

2021年，河南省将持续推进全省产业结构和能源结构升级优化，充分利用负荷周边可再生能源资源，发展就地消纳的分散式风电、分布式光伏发电；在资源较为丰富地区扩大生物质能、地热能开发利用规模，加快多元开发、梯级利用；积极开展可再生能源创新示范，促进可再生能源新模式、新业态、新技术推广；持续优化可再生能源发展环境，不断完善适宜可再生能源发展的政策和市场环境，推动可再生能源健康可持续发展。

初步预计，2021年全省可再生能源发电新增装机300万千瓦，地热能供暖面积达到1.17亿平方米。2021年全省可再生能源利用量为2300万吨标准煤左右，同比增长9.5%。其中，可再生能源发电量为420亿千瓦时左右，燃料乙醇利用量为100万吨，生物制气18亿立方米。

三 河南省可再生能源发展对策建议

2021年是"十四五"开局之年,更是开启全面建设社会主义现代化国家新征程、向第二个百年奋斗目标进军的第一年,河南应围绕科学制定可再生能源中长期发展规划,建立健全市场化运行机制,提高电力系统消纳清洁新能源能力,探索推广"新能源+储能"新模式,促进全省可再生能源行业健康发展。

(一)科学制定可再生能源中长期发展规划

"十三五"期间,河南省可再生能源实现了快速发展,但在补贴、并网、消纳等方面仍存在一些问题。当前,需要明确可再生能源在全省能源转型中的战略定位,确定中长期发展规划。一是经统筹研究提出2025年和2030年可再生能源整体发展目标,梳理、测算各品类可再生能源发展目标;二是制定可再生能源发展路线图,明确技术、经济等方面的发展路径,推动电网企业与可再生能源企业在并网技术、负荷需求、市场交易等方面协同发展;三是结合未来能源及电力发展趋势,配套出台相关产业政策,保障全省可再生能源行业健康持续发展,为全省经济社会发展提供有效保障。

(二)建立健全可再生能源市场化运行机制

可再生能源持续健康发展既要发扬既有经验,也要构建充分竞争的电力市场,规范电力市场行为,促进风电、光伏发电成本下降。一是积极推进电力现货市场建设,通过现货市场给风电、光伏发电提供精准的价格和位置信号,并充分体现其零边际成本的竞争优势,促进可再生能源持续健康发展;二是完善电力辅助服务市场机制,鼓励风电、光伏发电联合储能装置主动参与调峰调频减少辅助服务费用分摊,提高可再生能源企业参与辅助服务市场的积极性;三是风电、光伏进入后补贴时代,将告别以补贴

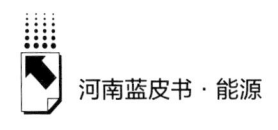

资金总额进行规模管理的方式，亟须建立以电力系统消纳能力为基础的规模调控机制。

（三）提高电力系统消纳清洁新能源能力

风电、光伏将成为今后电源增量主力和重要电源，电力系统应充分保障风电、光伏消纳，要统筹规划电力系统稳定安全运行所需要的电源、电网工程和辅助服务设施等，区分各类辅助设施在电力系统灵活调节能力建设中的地位、作用，提升电力系统运行灵活性，为风电、光伏的消纳提供坚强的物质基础。一是持续完善电网主网架，补强电网短板，推进柔性直流、智能电网建设，充分发挥电网消纳平台作用。二是加快用电侧的配电网系统对大规模分布式光伏并网的适应性改造，提升配电网对分布式光伏的消纳能力，进一步加强规划、并网、运行、消纳全过程管理，提高清洁消纳能力，确保电网安全稳定运行。三是针对煤电行业对灵活性改造不积极的现象，不断丰富完善调峰辅助服务市场和激励机制，按照"谁受益，谁获益"的原则对灵活性改造机组给予相应的补偿，加快煤电灵活性改造进度。

（四）探索推广"新能源+储能"新模式

"十四五"期间，随着全省负荷尖峰特性的越发突出及新能源规模的持续扩大，河南省可再生能源消纳形势严峻。风电、光伏发电间歇性突出，发电波动性较大，为解决新能源消纳问题、增强电网稳定性及提高配电系统利用效率，"新能源+储能"的模式将成为解决新能源消纳、提升新能源发电效能的必然途径。一是以"风电+储能"为突破口，优先在有条件的分布式项目中探索推广配置储能。二是积极开展新能源配备储能模式研究，研究疏导储能投资成本回收机制，探索市场化商业模式，在电力峰谷差大的区域，开展源荷储一体化运营示范，为未来大规模应用夯实基础。

参考文献

《国家能源局关于 2020 年风电、光伏发电项目建设有关事项的通知》（国能发新能〔2020〕17 号），2020 年 3 月 10 日。

《河南省发展和改革委员会关于组织开展 2020 年风电、光伏发电项目建设的通知》（豫发改新能源〔2020〕245 号），2020 年 4 月 7 日。

国家能源局：《关于建立健全清洁能源消纳长效机制的指导意见（征求意见稿）》，2020 年 5 月 18 日。

《河南省发展和改革委员会办公室关于开展 2020 年光伏发电竞价上网项目申报工作的通知》（豫发改办新能源〔2020〕41 号），2020 年 5 月 29 日。

《国家发展改革委关于 2020 年光伏发电上网电价政策有关事项的通知》（发改价格〔2020〕511 号），2020 年 3 月 31 日。

河南省发展和改革委员会：《关于河南省拟申报 2020 年度光伏发电竞价上网项目的公示》，2020 年 6 月 12 日。

《国家能源局综合司关于公布 2019 年光伏发电项目国家补贴竞价结果的通知》（国能综通新能〔2019〕59 号），2019 年 7 月 10 日。

《国家发展改革委办公厅国家能源局综合司关于公布 2020 年风电、光伏发电平价上网项目的通知》（发改办能源〔2020〕588 号），2020 年 7 月 31 日。

"十四五"展望篇

Prospects of the "14th Five-Year Plan"

B.7 河南省"十四五"煤炭供应保障形势分析与建议

煤炭供应保障项目课题组 *

摘　要： 煤炭是关系经济社会发展的重要基础能源，"十四五"及更长一段时期内，河南省煤炭的安全可靠供应对全省能源安全及经济社会高质量发展至关重要。本文总结了近年来河南省煤炭供应保障现状，分析了河南省煤炭供应保障制约因素，对河南省"十四五"及中长期煤炭供需形势进行预判，并从煤炭省内供应保障、煤炭外引保障、煤炭储运保障和煤炭市场运行等方面提出了相关策略建议。

关键词： 河南省　"十四五"　煤炭供应

---

* 课题组组长：黄勤。课题组成员：孙金龙、张申。

河南省能源总体情况为"多煤、少油、乏气,可再生能源资源条件一般"。煤炭作为主要基础能源,在一次能源消费中的主导地位在相当长一段时间内不会改变。"十三五"以来,全省一次能源消费不断增长,随着河南省生态文明建设推进和大气污染防治力度持续加大,以及受省内资源禀赋、技术条件、经济性、政策性等因素限制,煤炭、天然气等传统能源产量大幅下降,省内新能源和非常规油气资源近期内难以形成有效支撑,一次能源尤其是煤炭供应保障压力逐渐加大,对全省煤炭储运体系提出了更高要求。

一 河南省"十三五"煤炭供应保障现状

河南省是以煤为主的能源生产和消费大省,煤炭在全省一次能源生产和消费中所占比重较高。"十三五"以来,河南省积极贯彻落实国家去产能政策,淘汰落后、无效、低效产能,煤炭产量持续下降,煤炭产量全国排名降至第八位。同时,全省充分利用省内、省外两个市场煤炭资源,逐年提升省内煤炭调入量,下调煤炭调出量,基本保障了全省煤炭安全可靠供应。

(一)煤炭资源概况

河南省煤炭资源相对丰富,截至2018年底,全省查明煤炭资源储量388.41亿吨,占全国煤炭资源储量的2.3%。其中,生产和在建矿井剩余保有储量约为110亿吨,剩余可采储量约为49亿吨(1200米以浅),规划矿井查明煤炭资源储量为21亿吨,设计可采储量约为11亿吨。另有骨干企业在晋、陕、内蒙古等省外煤炭资源储量约为70亿吨,可采储量约为30亿吨。

河南省煤炭种类比较齐全,煤种主要为无烟煤、焦煤、肥煤、贫煤、瘦煤、长焰煤、气煤等,其中品质优良的无烟煤资源储量约占煤炭总量的三分之一。无烟煤主要集中在焦作矿区、永夏矿区,贫瘦煤主要集中在义马矿区、郑州矿区,贫煤主要集中在安鹤矿区、焦作矿区。

河南省是国家规划的14个大型煤炭基地之一,现有12个产煤市、34个产煤县(市、区),全省基本分为平顶山、郑州、焦作、鹤壁、永夏、义

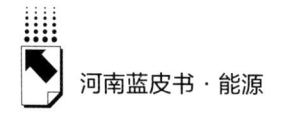

马六大矿区。近些年,通过实施资源整合和兼并重组,培育形成了河南能源化工集团、中国平煤神马集团、郑煤集团、神火集团等大型骨干煤炭企业。

(二)煤矿生产开发情况

1. 省内煤矿产能产量持续下降

河南大部分煤区地质条件复杂,开采成本较高,部分地区面临资源枯竭问题。"十三五"以来,河南省加大化解过剩产能、关闭落后煤矿力度,省内煤矿产能持续下降。截至2019年底,全省共有各类煤矿231处,公告产能15704万吨,较2015年下降7.8%。其中,生产矿井有184处,产能为14204万吨,建设矿井有47处,产能为1500万吨。按矿井类型分,全省大型矿井有43处,产能为8883万吨,中型矿井有69处,产能为4241万吨,小型矿井有119处,产能为2580万吨(见图1)。

2019年,全年煤炭产量约为1.05亿吨(行业统计),较2010年的2.13亿吨下降50.7%,煤炭消费量为2.2亿吨左右,煤炭静态缺口达1.15亿吨。

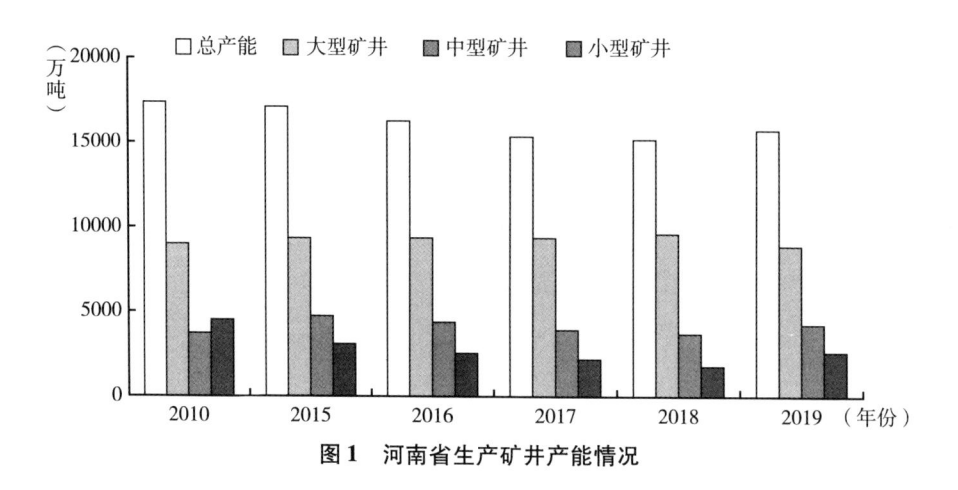

图1 河南省生产矿井产能情况

2. 省外权益煤矿开发进展顺利

目前,河南能源化工集团在内蒙古、陕西、青海、新疆、贵州等省(自治区)共合作开发煤矿17个,核定产能为2713万吨,2019年产量为3430万吨。其中,内蒙古、陕西合作开发煤矿3个,分别为马泰壕(800万吨/年)、苏家沟(150万吨/年)、党家河(150万吨/年),2019年产量合计1598万吨。

平煤集团在陕西杨家坪(400万吨/年)以及郑煤集团在内蒙古浩沁煤田规划建设的一座800万吨/年矿井和一座400万吨/年矿井目前还在项目前期规划阶段。

(三)煤炭调入调出情况

1. 煤炭调入量逐年上升

"十三五"以来,河南省煤炭调入量逐年上升,以电煤为主。2018年,全省煤炭调入量为8580万吨,较2015年的7233万吨增长18.6%,调入煤炭主要来自晋陕蒙地区。其中,铁路调入量为6400万吨,较2015年的5120万吨增长25%;公路调入量在2016年达到峰值后,受环保政策影响逐年下降,2018年下降至2180万吨,与2015年基本持平(见图2)。公路调入煤源主要来自晋东南及陕西、内蒙古地区,山西方面来煤运距在180~400公里,陕西省来煤主要集中在神木、铜川及榆林地区,运距在700~850公里,内蒙古来煤主要集中在鄂尔多斯地区,运距在750~840公里。

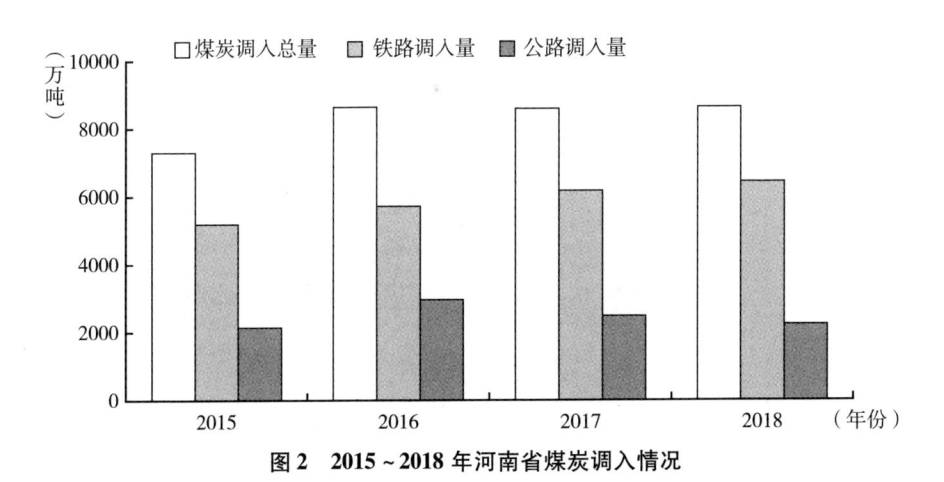

图2 2015~2018年河南省煤炭调入情况

2. 煤炭调出量逐年下降

2018年,河南煤炭调出量为2576万吨,较2015年的2940万吨下降了

12.4%。河南调出煤炭种类以电煤、焦煤为主，主要运往江苏、湖北、安徽、湖南、山东等地。其中，2018年铁路调出量为2127万吨，较2015年的2524万吨下降了15.7%；公路调出量在2016年达到峰值后，受环保政策影响，2018年下降至449万吨（见图3）。

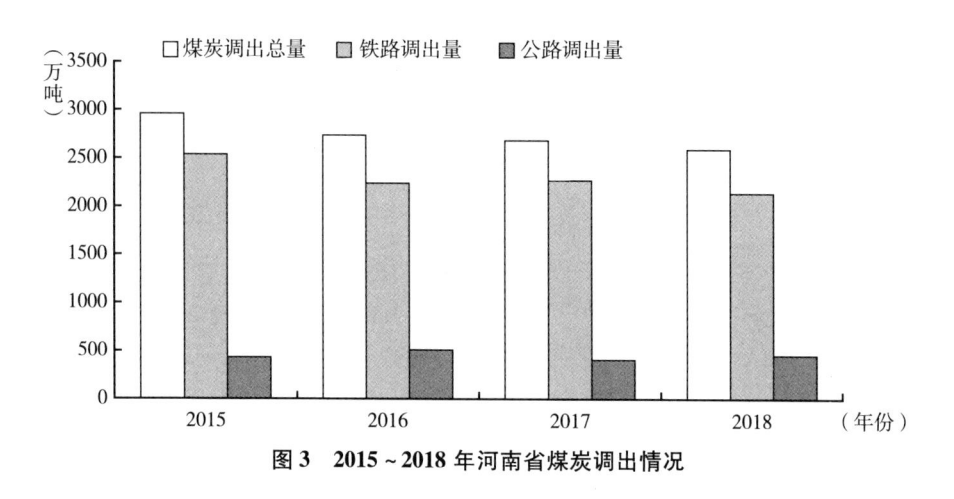

图3 2015～2018年河南省煤炭调出情况

二 河南省"十四五"煤炭供应保障形势分析

"十三五"以来，河南坚持执行煤炭消费减量行动计划，充分利用省内、省外两个市场煤炭资源，基本保障了全省煤炭安全可靠供应，为全省保障能源安全和经济社会发展做出了重大贡献。"十四五"及未来一段时间内，在能源加速转型背景下，河南煤炭供应面临省内煤炭资源产能产量持续下降、能源外引比例快速攀升、省内煤炭储运体系尚未健全以及生态环境约束诸多挑战，保障压力增大。

（一）资源约束与产能下降加大煤炭供应压力

河南省煤炭资源相对丰富，但根据现有煤矿生产能力测算，煤炭资源可供开采年限已不足50年，大部分大型煤矿剩余服务年限已不足30年，部分大型矿井剩余服务年限甚至已不足15年，煤炭接续日趋紧张。另外，持续化解省内过剩产能将进一步加大煤炭保供压力。受资源禀赋、技术条件、安全及经济性限制，特别是随着部分矿井煤炭资源逐渐枯竭，"十四五"乃至更长一段时间内，全省煤炭产量将进一步下降。目前，全省生产煤矿产能为1.5亿吨左右，预计到2035年，全省煤炭产能仅为1.04亿吨左右，煤炭供应压力进一步加大。

（二）能源外引比例攀升加大煤炭供应压力

近年来，河南省积极推进大气污染防治、行业去产能等有关政策，全省煤炭、石油等传统能源产量大幅下降，省内新能源和非常规油气资源难以形成有效能源供给支撑，随着全省能源需求的逐步增大，全省能源外引比例仍将进一步上升。"十四五"乃至更长时间内，煤炭仍将是河南省能源转型过程中保障安全可靠供应的重要支撑。受可开采量减少、煤井枯竭、行业去产能影响，全省煤炭产量逐年下降的速度要远远大于煤炭消费逐年下降的速度，这导致全省煤炭产需差不断扩大，对省外调入煤炭量的依赖不断增大，进一步加大煤炭作为省内基础能源的供应压力。

（三）煤炭储运体系尚未健全导致应急保障能力不足

一是煤炭物流园区综合服务能力弱。河南省目前已建成鹤壁及义马煤炭物流园区一期工程，静态储备能力均为50万吨，动态储配能力均为1000万吨/年。按照《煤炭物流发展规划》，省内煤炭物流园区要起到煤炭中转、储配及辐射周边地区煤炭供应的作用。但目前，煤炭物流服务主体"小、散、弱"，大多从事运输、仓储、装卸等单一业务，综合服务能力较弱，部分服务主体缺乏现代物流理念，供应链管理和社会化服务能力不强，物流资源配置不合理，设施利用率低。二是园区配套建设不完善。原计划依托浩吉铁路建设的南阳（内乡）煤炭物流园区，短期内尚不具备辐射豫南地区的煤炭供应保障能力。义马煤炭物流园区因无配套铁路到达系统，外部煤全部为公路运输，优质煤来煤量受限，采购成本较高；同时，受环保治理、运输成本、进出口道路等影响，销售半径被限制在30公里以内，销量严重受限，目前义马煤炭物流园区动态周转能力仅为100万吨/年。

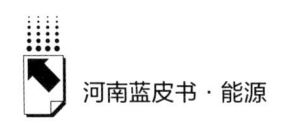

（四）环境约束下能源保障区域性结构性问题凸显

一是近年来河南省相继印发了煤炭消费减量行动计划、煤炭消费减量工作方案以及大气污染防治攻坚战实施方案，强力推进煤电行业污染治理，加强煤炭生产、加工、储运等全过程管理，对煤炭行业的节能环保约束进一步加强；另外，全省18个地市中，7个属于京津冀大气污染传输通道城市，其他城市大多属于大气污染防治重点区域，环境约束的刚性较大。二是全省煤炭运输目前处于紧平衡状态，而公路运输易受环保政策影响，受限较大，特别是迎峰度冬、迎峰度夏期间以及极端天气下，省内煤炭公路运输供应地区保供压力较大。三是全省能源发展区域间不均衡，在全省煤炭消费下降的同时，部分地区清洁能源规模偏小、供应能力欠缺，能源保障任务艰巨。豫南地区随着经济快速发展、大气污染防治力度加大以及省内产业转移等因素影响，用能需求快速增加，用电负荷高于全省平均增速1.3个百分点，但是能源基础设施相对薄弱，全省14个尚未通天然气的县（市）中豫南地区占了12个。

三 河南省"十四五"煤炭供应保障态势研判及中长期展望

自2010年后，河南省由传统煤炭调出省份变为煤炭净调入省份，且年净调入量呈逐年加大趋势，"十三五"以来，河南省年平均调入量已超过8000万吨。根据生态文明建设要求以及主要耗煤行业发展规划，预计"十四五"期间，河南省煤炭消费将基本维持在2亿吨左右，考虑省内煤炭矿井资源情况，预计未来河南省煤炭调入量将持续增加。

（一）煤炭消费趋势分析

（1）电力行业。根据河南省电力行业统计，2010年以来，随着经济的较快发展，全省用电需求逐年增长，煤电发电量稳步增长。2018年，全省煤电发电量为2698亿千瓦时，较2010年的2133.6亿千瓦时增长了26.5%。

同时，电煤消费量也随之增加，2018年全省电煤消费量为1.25亿吨左右，较2010年的约1亿吨增长了四分之一。根据河南省电力需求预测，考虑外电入豫等外购电量、大气环境治理等因素，预计2025年全省煤电发电量为3050亿千瓦时左右，按发电煤耗测算，电煤消费量为1.35亿吨左右；2035年全省煤电发电量将增加至3275亿千瓦时，电煤消费量约为1.45亿吨。

（2）钢铁行业。2010年以来，全省钢铁行业生铁及焦炭产量逐年增长，2015年达到峰值，近两年受国家去产能及大气环境治理等因素的影响，产量有所降低，钢铁行业煤炭消费量也随之减少。近年来，黄河流域生态保护和高质量发展、促进中部地区崛起等一系列重大国家战略先后落地，河南已进入重大国家战略叠加的重要机遇期。国家先后批复了郑州国家中心城市、中原城市群、郑州航空港经济综合实验区、中国（河南）自由贸易试验区、郑洛新国家自主创新示范区、国家大数据（河南）综合试验区等。面临现代综合交通系统、新型城镇化等建设机遇，钢铁作为基础性行业，未来消费量仍有一定的增长空间。同时，与周边发达省份相比，全省经济社会发展有较大潜力空间，为满足持续增长的经济社会发展需求，河南省钢铁等基础原材料必须保持一定的生产规模。预计2025年河南省生铁及焦炭产量分别为2100万吨、2000万吨，钢铁行业煤炭消费量为1600万吨；2035年河南省生铁及焦炭产量分别为2000万吨、1800万吨，钢铁行业煤炭消费量为1300万吨。

（3）建材行业。河南省建材行业主要产品包括水泥、平板玻璃、卫生陶瓷和建筑陶瓷等，煤炭消费以水泥消耗为主。2010年以来，全省水泥产量逐年上升，受国家去产能及环保政策影响，2015年达到峰值后逐步下降；而平板玻璃、卫生陶瓷等产品产量逐年上升。"十四五"期间随着河南省城市化进程持续加快，其中新基建、综合交通系统、水利支持系统等基础设施建设进展迅速，未来对建材产品需求将有所增加。预计2025年、2035年，全省建材行业煤炭消费量分别为2500万吨、2300万吨。

（4）化工行业。河南省煤化工行业以传统产品为主，其中合成氨和甲醇最具代表性，煤炭消费量约占化工行业煤炭消费量的80%。在合成氨方面，河南是传统农业大省，粮食产量多年位居全国前二，"十三五"以来，全省化肥消费量保持小幅增长，未来将趋于稳定，作为化肥原材料的合成氨，预计2025年煤炭消费量将在1100万吨左右。远期，随着技术水平的不断提升，合成氨综合能耗将持续下降，预计2035年合成氨煤炭消费量为700万吨。受国家产业政策、环境制约、资源赋存以及转型发展等多种因素影响，河南省将稳步推进现代煤化工发展，在甲醇方面，2019年全省甲醇产量稳定在900万吨左右，煤炭消费量为400万吨左右，根据全省化工行业协会预测，2025年、2035年甲醇生产煤炭消费量分别为800万吨、900万吨。综合以上合成氨、甲醇煤炭消费量，按照煤炭消费量行业占比测算，预计2025年、2035年全省煤化工行业煤炭消费量分别为1900万吨、1600万吨左右。

（5）其他行业和民用。河南省煤炭消费中的其他行业及民用煤主要包括轻工（造纸、农副产品加工、食品、饮料、纺织等）、机械等行业用煤和城镇居民生活用煤等。2018年，全省其他行业及民用煤量为1577万吨。根据大气污染防治要求，"气化河南""双替代"工程将加快实施，民用及其他行业用煤量将大幅下降，预计2025年、2035年煤炭消费量分别为1300万吨、550万吨左右（见图4）。

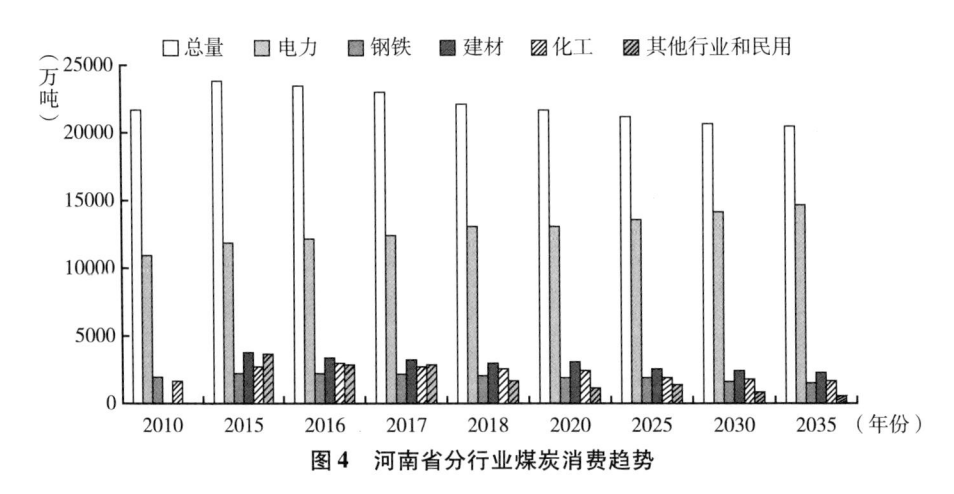

图4 河南省分行业煤炭消费趋势

综合考虑河南省电力、钢铁、建材、化工以及其他和民用等主要耗煤行业消费预测，预计2025年、2035年全省煤炭消费量分别为2.1亿吨、2.0亿吨左右。

（二）煤炭供需形势预判

根据全省各生产矿井资源储量、在建和规划矿井投产年限等，按照国家去产能政策，预计2025年、2035年全省煤炭产量分别为1.05亿吨、0.9亿吨。同时，考虑全国煤炭品种调剂等因素，预计2025年、2035年河南省煤炭调出量分别为1800万吨、1400万吨。根据省内煤炭产量和调出量情况，以及全省电力、钢铁、建材、化工等主要耗煤行业发展预测煤炭需求，预计2025年、2035年，河南省需通过铁路和公路从省外调入煤炭量分别为1.4亿吨、1.5亿吨（见表1）。

表1　2025年、2035年河南省煤炭产量及调入调出量预判

单位：万吨

项目	2025年	2035年
煤炭产量	10500	9000
煤炭调出量	1800	1400
煤炭调入量	14000	15000

依据现有全省铁路和公路煤运能力，远期将不能满足全省煤炭调入调出需求。2020年河南省铁路运输通道煤运能力为6.75亿吨，根据15%~20%的比重预留河南测算，可分配调入河南省的煤炭运力约为1.01亿~1.35亿吨；在公路调入方面，2020年调入量将保持2100万吨左右。考虑环保政策影响，未来公路调入量将小幅下降，将稳定在1000万吨左右。综合考虑铁路和公路运能，河南省中远期煤运能为1.11亿~1.45亿吨，将不能满足全省煤炭调入调出需求，需要增强煤炭供应保障的基础设施建设。

四　河南省"十四五"煤炭供应保障策略建议

"十四五"期间，保障煤炭可靠供应是河南省煤炭行业发展的重要任

务。河南煤炭供应应继续围绕"保稳定、促提高、强保障"的发展目标，增强煤炭供应保障的基础设施建设。充分发挥省内、省外两个市场、两种资源，立足煤炭省内供应保障、煤炭外引保障、煤炭储运保障和煤炭市场运行四个方面开展建设工作。

（一）推进省内煤炭保障能力建设

一是加大资源勘查及开发力度。进一步梳理全省煤炭资源及开发状况，查清后备资源状况，研究深井开采关键技术，适当开发经济效益好、省内稀缺煤种，提高煤炭资源利用效率。二是推进安全高效煤炭项目建设。在加快淘汰落后低效产能、完成化解过剩产能任务的同时，有序推进大众煤矿改扩建等续建项目建设。加快推进神火集团梁北煤矿改扩建（90/240万吨/年）等大型煤矿开工建设，建成神火集团大磨岭煤矿（60万吨/年），增强优质高效产能保障能力，跟踪推进平煤集团夏店煤矿（150万吨/年）核准进度。三是加强煤矿安全工程建设。积极争取中央预算内资金支持，发挥中央资金引领作用，带动企业加大安全投入，继续实施煤矿通风、安全监测监控、瓦斯抽采及防治水、煤矿智能化建设等工程，实行项目建设节点计划管控，推进项目按计划实施，提升矿井安全生产保障水平，增强煤炭安全稳定供应能力。

（二）持续增强外来煤炭保障能力

一是增强外来煤炭保障能力。充分利用国家多条运煤通道途经河南省的区位优势，瞄准省外周边晋陕蒙煤炭基地，发挥省内煤炭开采的装备技术优势，深化省内煤炭企业与山西、陕西、内蒙古、新疆等煤炭资源丰富省区的合作，推动资源勘查、矿井建设、精深加工、煤运通道、储配基地等方面联动发展，鼓励省内煤矿企业合作开发经营权益煤矿，增强产地煤炭集运能力，加大省外煤炭调入量。二是增强煤炭入豫运输通道能力。构造安全顺畅的煤炭运输通道，也是实现煤炭安全稳定供应的重要环节。河南省外引煤炭主要来自山西、陕西和内蒙古，运输路线主要是铁路运输和公路运输，现有铁路运力不足0.9亿吨，其他外引煤炭需要通过公路运输来补充，但公路运输受环保政策、天气等不确定性因素影响较大，时刻处于紧平衡状态。为此，河南省需要通过扩大煤炭运输通道尤其是铁路运输，充分利用河南的区位优势，争取政策支持，提高浩吉、瓦日、焦枝等晋陕蒙煤炭通道入豫煤炭量，加强全省煤炭供应能力。

（三）加快省内煤炭储配中心建设

一是推动相关基地工程建设。河南省目前仅建成鹤壁及义马煤炭物流园区一期工程并投入使用，到2025年，争取建成豫北、豫南、豫东、豫西四个大型煤炭储配基地。未来，应在政策及资金上支持推动相关储配煤基地扩建工程及配套工程建设，加快工程进度，充分利用浩吉、瓦日、焦枝等晋陕蒙煤炭入豫通道，扩大大型煤炭储配基地格局。二是积极探索煤炭物流业发展。充分挖掘矿区铁路网络潜力，打通煤炭供应"最后一公里"，完善储运体系和区域性的配送网络建设，形成煤炭产、储、运供应链管理的保供新模式，保障全省长期煤炭稳定供应。

（四）着力稳定省内煤炭市场运行

一是深入开展煤电合作。一方面，积极搭建平台，引导煤电双方建立健全电煤长协"基础价+浮动价"的价格联动机制；采取发电量倾斜、用电差别电价等保障措施，实施合同履约守信联合激励和失信联合惩戒，确保电煤长协签约比例不低于75%、年度履约率不低于90%。另一方面，推进有条件的煤炭企业、发电企业实施联营一体化发展，重点推进省属煤电企业联营发展，构建产业协同发展新优势。二是完善省内电煤供应应急机制。根据省内电煤市场情况，建立应急联动系统和应急联动机制，加强对煤炭供应的控制力，及时协调解决电煤供应中的突出问题，增强对突发事件的快速反应能力。

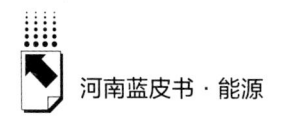

参考文献

刘劲松：《中国煤、电企业纵向关系理论研究》，《财经问题研究》2007年第5期。

李金克：《中国煤炭战略储备适度规模的确定》，《中国煤炭》2011年第8期。

吕涛、聂锐：《煤炭应急供应的储备机制研究》，《中国安全科学学报》2008年第12期。

刘满芝、杨继贤、周梅华：《煤炭储备研究现状综述及研究方向建议》，《中国矿业》2010年第11期。

吕涛、张美珍、刘晓燕：《基于供应链的煤炭供应保障影响因素分析与实证》，《统计与决策》2016年第1期。

袁永波、苏继俊：《河南省煤炭产业转型升级发展研究》，《工业经济论坛》2017年第1期。

B.8 河南省"十四五"电力供需形势分析与展望

杨萌 赵文杰*

摘 要: 2020年是河南全面建成小康社会和"十三五"规划收官之年,突如其来的新冠肺炎疫情和复杂多变的国内外环境,对河南省经济社会发展、电力生产运行带来了较大影响。本文总结了全省"十三五"电力供需情况,深入分析了"十四五"时期面临的形势,对"十四五"电力供需进行了预测展望。预计到2025年全省全社会用电量将达到4670亿千瓦时,最大负荷约为9800万千瓦,电力供需形势逐渐趋紧。为满足新时代电力高质量发展要求,河南需统筹省内和省外两个市场、供给和需求两端资源,着力保障全省电力供应。

关键词: 河南省 "十四五" 电力需求 供应保障

电力工业是关系国计民生的基础性行业,电力消费与经济发展密切相关,深入研究电力供需形势对于保障河南电力稳定可靠运行,服务经济社会发展具有重要意义。"十四五"是河南在中部地区崛起中奋勇争先、谱写新时代中原更加出彩的绚丽篇章的关键时期,在郑州国家中心城市建设、新型

---

* 杨萌,工学硕士,国网河南省电力公司经济技术研究院高级工程师,研究方向为能源电力供需及电网规划;赵文杰,工学硕士,国网河南省电力公司经济技术研究院工程师,研究方向为能源电力供需及电网规划。

城镇化加快推进、乡村振兴战略实施等带动下，预计全省电力需求仍将保持刚性较快增长，但在能源电力转型背景下，省内电力供给能力提升有限，全省电力供应保障将面临较大挑战。"十四五"时期需要统筹省内、省外资源，合理规划省内电源布局、着力扩大外电入豫规模，从供给、需求两侧发力，稳步提升新能源有效供给能力，充分调动需求侧资源灵活性，推动源网荷储协调发展，实现河南电力安全可靠供应。

一 河南省"十三五"电力供需情况

2020年，河南电力行业积极应对突如其来的新冠肺炎疫情和复杂多变的国内外环境的影响，实现了全省电力供需平稳运行，支撑了复工、复产、复商、复市有序推进，保障了全省经济社会运行回稳向好。总体上看，"十三五"期间，河南电力供应能力稳步提升，电网发展实现提档升级，电力需求呈现诸多新趋势、新特征，同时受产业结构调整、新冠肺炎疫情等因素影响增长低于预期，全省电力供需紧张的局面阶段性缓解。

（一）电力清洁供给能力显著提升

"十三五"以来，河南以习近平新时代中国特色社会主义思想为指导，贯彻落实新发展理念，以能源供给侧结构性改革为主线，推动能源电力转型发展，大力淘汰煤电落后产能、化解煤电产能过剩风险，实现了风电、光伏等新能源发电跨越式发展，全省电力清洁高效供给能力显著提升，成为推动全省能源清洁转型的主力军。2020年7月15日，世界首条专为清洁能源外送建设的特高压工程——青海—河南±800千伏特高压直流工程正式启动送电，"青海的光"跨越三千里点亮了"河南的灯"，有效提升了河南电力清洁保障能力。截至2020年9月底，全省电源装机达到9607万千瓦，较2015年底累计增长了42.5%，其中风电装机860.6万千瓦、光伏装机1121.1万千瓦，分别较2015年底增长了9倍、28倍以上，风电、光伏等清洁能源新增装机占电源装机增量比重达到64.9%，成为全省电力供应增量主体。

（二）电网发展质量实现提档升级

"十三五"以来，河南电网保持了高强度投资水平，取得了显著的建设成效，从根本上扭转了电网薄弱的局面，为全省经济社会发展提供了有力支撑。2016~2019年，河南电网累计完成投资1473亿元，年均发展总投入在350亿元以上，位居中部六省第一，是"十二五"年均投入水平的1.6倍，预计"十三五"电网发展总投入将在1730亿元以上。主网架更加坚强，电网安全运行水平大幅提升：构建了"两交两直"特高压电网供电格局，形成了覆盖全省的500千伏"鼎"字形骨干网架，实现了500千伏变电站覆盖所有地市、220千伏变电站覆盖所有县域，主网架连续5年实现供电无"卡口"。城乡配电网薄弱局面得到扭转，电力普遍服务能力显著增强："十三五"期间河南更加注重城乡配电网发展，配电网投资占电网发展总投入的比重在六成以上，全面完成了新一轮农网改造升级任务，确保了贫困县、贫困村电网脱贫"两提前"，实现了村村通动力电、平原地区机井通电全覆盖，基本消除了全省低电压、卡脖子问题。

（三）电力需求增长呈现新的特征

"十三五"以来，河南大力推动经济高质量发展，全省经济发展方式、经济增长动力发生了明显转变，产业结构优化调整步伐加快，加之2020年新冠肺炎疫情影响，全省电力需求增长呈现诸多新的特征。

1. 全社会用电量增长有所放缓

"十三五"以来，随着河南持续推动产业结构优化调整，全省电力消费逐步向高质量发展阶段迈进，2016~2019年以年均4.0%全社会用电量增长满足了河南年均7.6%经济增长的需要（见图1）。2020年受新冠肺炎疫情影响，预计全社会用电量增速较低。初步判断，"十三五"全省用电量年均增长在3.0%左右，较"十二五"年均增速下降1个百分点。

分阶段看，"十三五"的前三年，河南转变经济发展方式、培育经济发展新动能成效逐步显现，全省电力需求增长逐步走出了"十二五"末的低

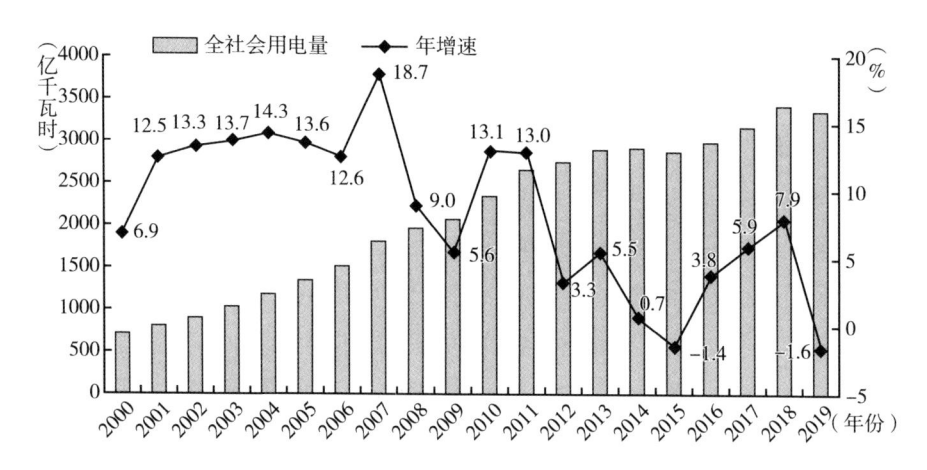

图1 2000~2019年河南省全社会用电量走势

谷，用电量增速逐年走高，保持了年均5.9%的较快增长。2019年，受省内电解铝产能关停外迁、凉夏暖冬气候等因素影响，全省用电量有所回落，同比下降1.6%，增速创2000年以来新低。2020年，新冠肺炎疫情给全省经济电力运行带来了前所未有的挑战，同时夏季凉爽多雨的反常气候进一步拉低了用电量增长。总体上看，"十三五"期间，全省用电量增长呈现先升后降的"倒V"形。

2. 用电结构优化步伐持续加快

"十三五"以来，在经济高质量发展、产业结构调整带动下，河南用电结构持续优化。从分产业用电结构看，全省第一、第二、第三产业及城乡居民用电比重由2015年的1.9∶75.7∶9.6∶12.8调整为2019年的1.3∶64.2∶16.3∶18.2。其中，第二产业用电量占比逐年下降，较"十二五"末累计降低了11.5个百分点；第三产业用电量占比稳步提升，较"十二五"末累计提升了6.7个百分点，成为拉动全省用电增长的主引擎（见图2）。

从工业内部用电结构看，2015~2019年全省有色、黑色、化工和建材传统四大高耗能行业用电占比累计下降了7.1个百分点，食品制造、装备制造、电子信息、汽车制造和新材料五大优势产业以及新一代信息技术、高端装备、智能网联及新能源汽车、新能源、生物医药及高性能医疗器械、节能

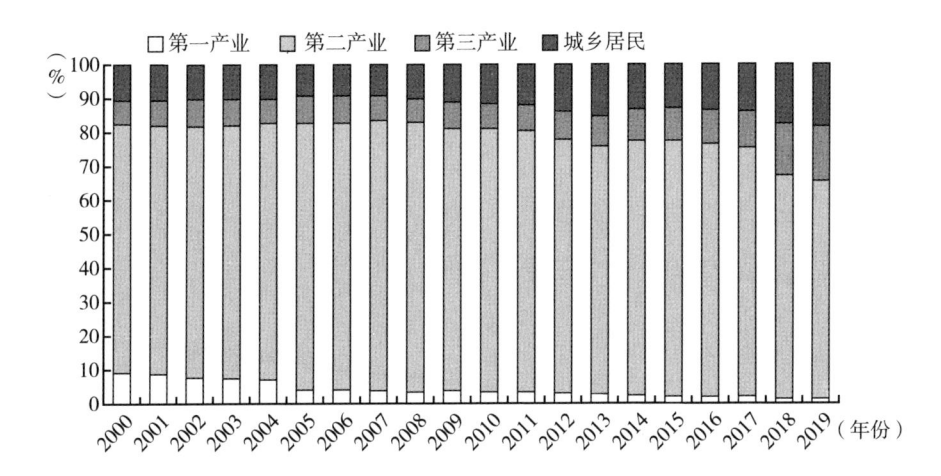

图 2 2000~2019 年全社会用电结构情况

环保六大新兴产业用电量占比合计提高了2.5个百分点，工业用电结构的优化反映了全省制造业高质量发展成效初显。

3. 用电负荷峰谷特性更加突出

"十三五"以来，河南全社会最大用电负荷保持了年均6.6%的较快增长，并于2017年成为全国第5个用电负荷突破6000万千瓦的省份。分阶段看，"十三五"的前三年全省用电负荷快速攀升，年均增长8.0%，其中2017年、2018年连续两年实现超10%的高速增长（见图3）；2019~2020年受省内电解铝产能关停外迁、凉夏气候叠加新冠肺炎疫情等因素影响，全省用电负荷增速明显放缓。

从用电负荷特性看，"十三五"以来河南用电较为平稳的传统重工业比重下降、第三产业及城乡居民等用电峰谷特性明显的比重上升，使得用电负荷尖峰化特征越发突出，全省最大负荷利用小时数、尖峰负荷持续时间、最大峰谷差率等反映用电负荷运行平稳性的主要指标均有不同程度降低。2019年，全省最大负荷利用小时数仅为4874小时，较2015年累计下降了508小时；全省95%以上最大负荷累计持续时间仅为8小时，持续天数为4天，省网用电最大峰谷差超过2000万千瓦、负荷最大峰谷差率达到41.6%，较2015年分别扩大了440万千瓦、3.3个百分点。随着电力负荷尖峰特性日益

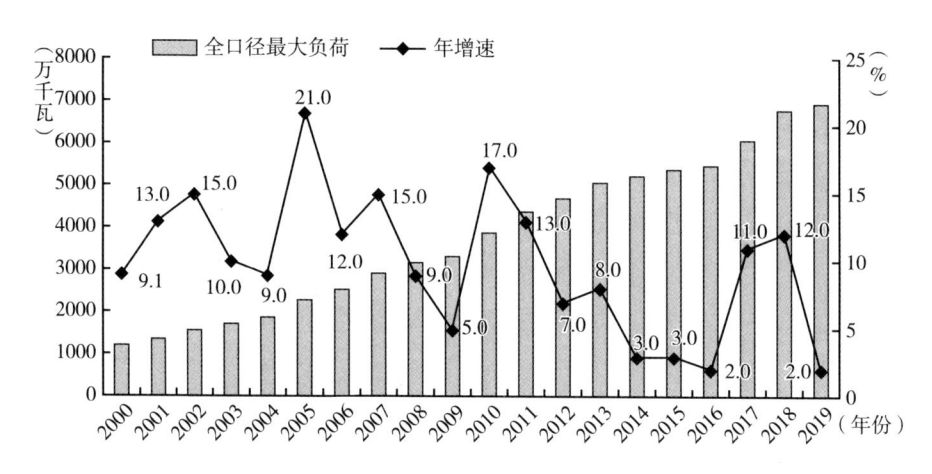

图3 2000~2019年河南省全社会最大用电负荷走势

突出以及峰谷差持续扩大，全省电力系统整体运行效率和电力基础设施利用率明显下降，安全稳定运行压力逐渐加大。

4. 全省电力消费增长重心转移

"十三五"以来，河南持续推动区域协调发展，城乡居民生活水平均有明显提高，同时随着全省城乡配电网投资力度加大、农村电网短板加速补齐，城乡居民用电需求得到了有效释放，全省电力消费增长重心加速向豫南地区人口众多的农业型城市转移。从用电量增速来看，"十三五"以来，全省用电量增速前五位地市分别为信阳、周口、平顶山、驻马店和南阳，均为豫南传统以农业为主的地区；从用电量规模来看，"十三五"以来，省内新乡、信阳、周口、平顶山、驻马店等地区用电量规模明显扩大，在全省排位分别上升了1~3位（见表1）。

表1 "十三五"以来河南省各地市用电量规模及增长情况

排序	按地市用电量规模排序		按地市用电量增速排序
	2015年	2019年	2015~2019年
1	郑州	郑州	信阳
2	洛阳	洛阳	周口
3	焦作	新乡	平顶山

续表

排序	按地市用电量规模排序		按地市用电量增速排序
	2015年	2019年	2015~2019年
4	安阳	焦作	驻马店
5	新乡	南阳	南阳
6	南阳	安阳	许昌
7	商丘	平顶山	新乡
8	平顶山	商丘	漯河
9	三门峡	驻马店	济源
10	驻马店	许昌	洛阳
11	许昌	信阳	郑州
12	开封	周口	濮阳
13	信阳	开封	开封
14	濮阳	三门峡	焦作
15	周口	濮阳	鹤壁
16	济源	济源	商丘
17	漯河	漯河	安阳
18	鹤壁	鹤壁	三门峡

二 河南省"十四五"电力供需形势分析

"十三五"期间，河南省电力有效推进绿色低碳转型发展，整体供需处于紧平衡局面，保障了电力供需平稳有序运行；2019~2020年全省电力需求增速有所放缓，供需紧张局面略有缓解。"十四五"期间，河南经济发展长期向好，电力需求仍将保持刚性增长，但能源转型背景下省内常规电源接续项目不足，新增新能源机组受出力特性影响难以形成稳定有效支撑，全省电力供应保障压力逐渐增大。

（一）河南迎来重大国家战略实施机遇

2019年，习近平总书记深入河南信阳等地考察调研，并在郑州主持召开了"黄河流域生态保护和高质量发展"座谈会，明确把黄河流域生态保护和高质量发展确定为重大国家战略。习近平总书记在河南考察调研时强调，要"在中部地区崛起中奋勇争先，谱写新时代中原更加出彩的绚丽篇章"，为新时期河南推动经济社会高质量发展指明了方向。同时，近年来，黄河流域生态保护和高质量发展、促进中部地区崛起等一系列重大国家战略先后落地，河南已进入重大国家战略叠加的重要机遇期。国家先后批复了郑州国家中心城市、中原城市群、郑州航空港经济综合实验区、中国（河南）自由贸易试验区、郑洛新国家自主创新示范区、国家大数据（河南）综合试验区、（郑州）跨境电子商务综合试验区、郑州—卢森堡"空中丝绸之路"等一系列重大战略规划和先行试验示范区，充分体现了国家对于河南发展的重视和给予的政策支持，这些国家战略、先行试验示范区都为河南发展创造了良好的外部环境，提供了新发展的历史机遇。

（二）具备实现高质量发展的坚实基础

河南是我国的大粮仓、大枢纽、大市场，是新兴工业大省、内陆开放高地，拥有1亿多人口、超5万亿元的经济总量，具备综合实力、战略叠加、区位交通、人力资源、市场空间诸多优势。从经济总量看，2019年在经济下行压力加大的情况下，河南实现了高基数上的较快增长，增长率为7.0%，在总量排名全国前五的经济大省中，河南增速第一。从增长动力看，河南经济发展新动能加速积聚，战略新兴产业、高技术制造业增加值增速持续高于全省规模以上工业增加值增速，郑州信息技术服务等4个产业集群入选国家首批战略性新兴产业集群发展工程；"两新一重"建设加快推进，在全国率先部署鲲鹏生态创新中心、黄河鲲鹏服务器首批产品下线，阿里巴巴和海康威视等企业区域总部相继落地，并在鹤壁打造了全省首个5G产业园，吸引京东、华为等205家企业入驻或签约。从发展趋势看，2020年新冠肺炎疫情对河南经济运行带来了一定冲击，但长远来看河南经济韧性强、回旋空间大、潜力足的基本特点没有变，全省经济长期向好的整体态势没有改变，具备实现高质量发展的坚实基础。

（三）电力消费存在刚性增长内在需求

当前，河南正处于工业化中期向后期转变阶段，新型城镇化加快推进、乡村振兴战略扎实实施，全省电力消费仍将刚性增长。从整体人均用电水平看，2019年河南人均用电量为3490千瓦时，仅为全国人均用电量水平的68%，相当于全国2011年的水平。与国内先进地区对比，河南人均用电水平仅分别为广东、江苏、山东、浙江的60%、45%、57%、43%，整体落后10年以上。从人均生活用电量看，2019年河南人均生活用电量为633千瓦时，仅为全国人均用电量水平的87%，分别是广东、江苏、山东、浙江的68%、67%、91%、58%。从电力消费增长动力看，全省产业结构调整已初见成效，传统产业加快转型升级、新兴产业蓬勃发展。根据政府于2020年8月印发的《推动制造业高质量发展实施方案》，河南将重点发挥数字经济引领作用，构建"556"产业体系：做强装备制造、食品制造、电子信息、汽车制造和新材料五大优势产业，建设万亿级装备制造基地、食品制造基地、电子信息产业基地，5000亿级汽车制造基地、新材料产业基地；做优钢铁、有色金属、化工、建材和轻纺五大传统产业；做大新一代信息技术、高端装备、智能网联及新能源汽车、新能源、生物医药及高性能医疗器械、节能环保六大新兴产业，预计"十四五"期间全省电力需求将保持较快增长态势。

（四）能源转型背景下供应保障压力大

当前，河南能源消费结构持续优化，但煤炭比重仍然偏高，较全国平均水平高10个百分点以上，全省生态环境持续改善，但省内京津冀传输通道城市、汾渭平原城市等重点地区大气污染问题仍然较为突出。"十四五"时期，是河南实现能源电力转型的关键期和窗口期，预计全省严控煤炭消费、推动清洁低碳能源发展的方向不会变，保障电力安全可靠供应面临很大压力。从省内看，目前全省暂无新增煤电项目开展前期工作，且资源禀赋、生态环境也难以支撑本地煤电大规模进一步开发；风电、光伏作为全省电源增量主体，其间歇性、波动性的出力特性导致难以对电力保障形成稳定有效的支撑，随着郑州主城区煤电清零、洛阳主城区煤电基本清零，省内都市核心区将呈现电源"空心化"特征，电力保障压力持续增大。从区外电力看，"十四五"期间全国电力供需形势整体趋紧，区外电力已经成为稀缺战略性资源。经调研，江苏、山东、湖南等多个省份均提出新增区外特高压电力的诉求，与东部沿海省份相比，河南对能源成本承受能力较弱，在区外电力争取中处于劣势。

三 河南省"十四五"电力供需预测展望

"十四五"期间，是我国开启全面建设社会主义现代化国家新征程的第一个五年，也是河南在中部地区崛起中奋勇争先、谱写新时代中原更加出彩的绚丽篇章的关键时期，在全省经济高质量发展、"两新一重"建设加快推进、乡村振兴战略稳步实施带动下，预计全省电力需求仍将保持较快增长，电力供需形势趋紧。

（一）河南省"十四五"电力需求预测

1. 河南省"十四五"电力需求增长动力

"十四五"期间，河南省新兴产业将加速培育、逐步发展壮大，传统行业将持续转型升级，城乡居民电气化水平及消费水平将逐渐提升，共同拉动全省电力需求较快增长。

新旧动能协同驱动全省工业用电量较快增长。在新动能方面，当前，河南省大数据、云计算、物联网、5G、新材料等新兴产业蓬勃发展，"十四五"期间，全省将持续加大新兴产业投资基金资助力度，加快龙头企业培育引进，推动整个行业迅速壮大规模，新兴产业用电量将成为拉动工业用电量增长的主要增长点；在旧动能方面，当前，河南省有色金属、钢铁、建材、化工等传统行业坚持"减量、延链、绿色、提质"转型发展，"十四五"期间，河南省在以"两新一重"战略为引领的新一轮基础设施建设拉动下，钢铁、有色金属、建材、化工等原材料将需求旺盛，带动传统行业用电量呈平稳增长态势。

消费升级及城乡电气化水平提升拉动第三产业及城乡居民用电量快速增长。当前，河南省数字技术驱动下的网络经济、夜间经济等新经济形式不断涌现，"十四五"期间，全省居民消费将加速升级，多样化、个性化需求不断增长，工商业电价连续下调红利将逐渐显现，全省消费品的巨大市场将进一步释放，拉动全省第三产业用电量快速增长；随着两大国家战略在河南省逐渐落地，全省城乡居民生活水平及电气化水平将不断提高，城乡居民用电潜力将逐步释放，拉动城乡居民用电快速增长。

2. 河南省"十四五"电力需求预测

综合采用分产业预测法、人均用电量法及趋势预测法分析，预计2025年全省全社会用电量为4400亿～4670亿千瓦时，考虑河南实际，推荐2025年河南省全社会用电量为4670亿千瓦时，年均增长6.6%。根据全省用电量预测结果及全省负荷利用小时数趋势研判，预计2025年全社会最大负荷约为9800万千瓦，年均增速约为8.4%。

（1）"十四五"全社会用电量预测

分产业预测法。第一产业，河南省作为国家粮食生产核心区，全省第一产业用电量需求增长潜力较大，"十四五"河南省将继续加大力度推动乡村振兴及农网改造升级战略，预计第一产业用电量将保持快速增长，增速为8%左右。第二产业，"十四五"将是河南省工业化快速推进和经济新旧动能转换、产业转型升级的关键时期，河南省将稳步推进传统行业提质延链、重点培育新兴产业，推动制造业高质量发展，加快建设经济强省，全省传统产业用电量将呈平稳增长态势，第二产业用电量将主要靠新兴产业、主导产业来带动。全省钢铁、有色金属、建材、化工等传统产业用电量在新一轮基础设施建设带动下，预计保持平稳增长，年均增速为2%～3%。以智能装备、智能传感器产业、现代生物和生命健康产业、汽车电子、5G产业等为代表的新兴产业快速发展，成为拉动第二产业用电增长的主要增长点，预计年均增速为5%～7%。第三产业，假日经济、夜间经济、"宅经济"，新消费、新供给、新需求不断涌现，工商业电价连续下调红利的逐渐显现，河南消费品市场巨大潜力将进一步释放，预计全省第三产业用电量将继续保持快速增长态势，年均增速为8%~9%。在居民生活用电方面，随着生活品质提升和消费升级，电力消费占终端能源消费比重将进一步提高，预计全省城乡居民生活用电将保持快速增长态势，预计年均增速为8%~9%。综合各产业用电量预测，预计2025年河南省全社会用电量将为4400亿~4670亿千瓦时，"十四五"期间，河南省全社会用电量年均增速为5.3%~6.6%。

人均用电量法。2019年河南省常住人口约为9640万人，根据河南省社会科学院相关研究成果，预计到2025年全省常住人口将达到9800万人。2019年，河南人均用电量为3490千瓦时，约为全国平均水平的68%，落后全国平均水平8年，增长潜力巨大。"十四五"期间，随着全省城镇化、工业化加速推进，全省人均用电量水平与国家人均用电量水平的差距将逐步缩小，预计到2025年河南人均用电量水平将达到全国2018年水平，差距缩小至7年。据此测算，预计2025年全省人均用电量水平将达到约4950千瓦时，全省全社会用电量将达到4850亿千瓦时，"十四五"年均增速为7.4%。

趋势预测法。2000~2010年河南省全社会用电量处于高速增长阶段，10年平均增速为12.6%，"十二五"中后期，随着河南省经济进入新常态，全省用电量增长也由高增速进入中速增长阶段，2010~2019年平均增速为4.1%。从全省长期历史增长趋势来看，结合转型发展的大背景、全省经济持续向好的基本面，并考虑2020年较低的用电基数，预计"十四五"期间，全省用电量增速将有所回升，平均增速在6%左右，2025年全省用电量将达到4500亿千瓦时。

（2）"十四五"全社会用电负荷预测

"十三五"以来，随着河南省产业结构调整，全省最大负荷利用小时数呈逐年下降态势，2019年降至4874小时，年均下降约130小时。"十四五"期间是河南省由工业化中期向工业化后期过渡阶段，第二产业用电结构将在目前的基础上缓慢降低，但仍占有较大比重，第三产业和居民用电占比将稳步提升，结合国外多数发达国家在该发展阶段负荷利用小时数逐渐下降的变化趋势，预计"十四五"期间全省全社会负荷利用小时数将继续呈小幅下降态势，预计2025年将在4800小时左右，结合全社会用电量预测结果测算，预计2025年全社会最大负荷约为9800万千瓦，年均增速约为8.4%。

（二）河南省"十四五"电力供需形势展望

"十四五"期间，在能源转型发展背景下，河南省常规电源建设明显趋缓，新能源机组成为增量主体，全省电力供应能力提升有限。随着全省电力需求的刚性增长，全省电力供需形势整体趋紧，根据电力平衡结果，全省电力缺口呈逐年扩大趋势，2025年达1600万千瓦，全省电力保障面临巨大挑战。

1. 河南省"十四五"已明确电源建设情况

"十四五"期间，在能源转型发展背景下，河南省煤电去产能任务依然艰巨，受煤炭消费总量控制及大气污染防治等因素影响，全省常规电源建设步伐明显趋缓，新能源装机将继续保持较快增长态势，成为全省电源装机增量主体，全省电源结构将持续优化。

常规电源建设明显趋缓。在煤电方面，"十四五"期间，河南省将持续淘汰落后煤电产能，全省拟关停416.5万千瓦，预计投产煤电项目共计155万千瓦，且暂无开展前期计划的煤电机组；在气电方面，"十四五"期间，考虑河南省燃气管道建设进度、居民用气需求的快速增多及燃气发电成本较高等因素，结合燃气电厂的实际前期进度，预计全省无燃气电厂投产，整体来看，全省常规电源建设明显趋缓。

可再生能源继续较快增长态势。在水电方面，河南省常规水电资源已开发殆尽，根据建设进度，"十四五"期间，全省仅有南阳天池抽水蓄能电站120万千瓦建成投产；在新能源方面，"十四五"期间，全省新能源装机将持续较快发展态势，预计2025年风电、光伏、生物装机将分别达到2555万、1500万、473万千瓦。

2. 河南省"十四五"已明确跨区跨省电力

河南省作为全国跨区域特高压交直流混联运行的省级电网，现阶段一

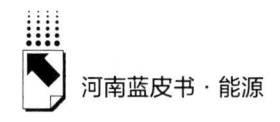

直维持"强交弱直"的格局，受特高压交直流输电能力相互耦合影响，区外直流输电能力受到制约。"十四五"期间，随着华中"日"字形环网建成投运，河南省特高压交直流"强直弱交"的局面将有所缓解，天中、青豫直流将逐渐满功率运行，2025年河南省已明确区外电力规模将突破1700万千瓦。

3. 河南省"十四五"电力平衡情况

河南省全年最大负荷基本出现在7月底8月初，最大负荷日午高峰一般出现在12～13时，晚高峰出现在18～20时，随着人民生活水平的提升，夏季降温负荷持续攀升，晚高峰负荷与午高峰负荷呈逐渐缩小态势，同时晚高峰时刻光伏不出力，导致全省在夏季大负荷晚高峰时刻电力供应最为紧张。

"十四五"期间，河南省电力需求将呈刚性较快增长，而全省电源建设整体趋缓，新增装机主要为新能源机组，新能源机组保障能力有限，全省电力供需形势逐渐趋紧。根据电力平衡结果，在考虑河南省已明确电源及区外电力情况下，"十四五"期间，河南省电力缺口呈逐年扩大态势，2025年全省电力缺口达1600万千瓦，全省电力保障面临较大挑战。

四 河南省"十四五"电力供应保障措施建议

在能源绿色转型发展的时代背景下，为保障"十四五"期间河南省电力需求，需统筹省内、省外资源，合理安排省内电源建设，积极扩大外电入豫规模，从供需两侧协同发力，充分发挥需求侧响应"削峰填谷"的能力，多措并举稳步提升新能源有效供给能力，建立"源网荷储一体化"的电力保障体系。

（一）挖潜增效，加大需求侧响应能力建设

"十四五"期间，全省电力供应存在较大缺口，季节性尖峰负荷矛盾突出，需充分发挥需求侧资源在平抑尖峰负荷、保障电力供需平衡方面的重要

作用，提升全省电力供应的安全性及经济性。目前，河南省在需求侧响应方面还存在市场机制和规划体系有待完善、响应参与主体较少、需求响应平台不能全自动实现等问题，"十四五"期间，全省需持续完善电力市场机制及需求侧管理措施，提升需求侧响应平台技术水平，充分挖掘需求侧响应潜力，加大需求侧响应能力及加强规模建设，保证响应能力能够达到最大负荷5%的能力。

（二）外引多元，积极争取外电入豫新通道

河南省可再生能源发电条件一般，煤电装机发展受限，未来新增电力需求将主要依靠引入省外电力来解决，"十四五"期间，河南省需进一步扩大外引电力规模，一是"十四五"初期通过长南线第二回加强，提升天中和青豫直流工程输电能力，积极吸纳山西煤电，力争2022年建成投产，新增区外电力500万千瓦以上；二是积极开展外电入豫第三回直流通道前期工作，尽快明确来电方向及落点，争取"十四五"末期建成投产，新增区外电力800万千瓦，保障"十四五"末期河南省经济社会电力需求。

（三）统筹协调，合理安排省内保障煤电

"十四五"期间，河南省应以保障电力热力安全稳定供应为首要任务，按照"统筹协调、绿色低碳、分区布局"的原则，结合全省各区域电力平衡情况、外电入豫发展规划、环保空间、煤炭运力等需求，合理安排省内保障煤电。一是等容量替代煤电项目，全省豫北5市和郑州、开封列入京津冀大气污染传输通道城市，洛阳、三门峡列入汾渭平原城市，上述重点区域大气污染防治和煤炭消费总量控制压力较大，"十四五"期间新增项目建议按照等容量替代方式规划建设。二是规划新增大型高效清洁煤电机组，豫东、豫南是河南省主要缺电地区，且环保空间相对充足，浩吉铁路途经南阳地区，新增煤炭运力可支撑大型煤电项目，豫东地区有国家规划的永夏矿区，煤炭资源丰富，"十四五"期间全省新

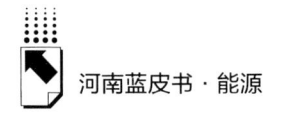

增煤电项目建议重点布局在豫南和豫东地区，规划新增大型高效清洁和民生供热机组。

（四）多措并举，提升新能源有效供给能力

新能源机组由于其出力的随机性及不稳定性，电力供应保障能力不足，"十四五"期间，建议通过新能源配备储能、完善调峰辅助市场及加快调峰电源建设等方式提升新能源机组电力供给能力及消纳水平。一是研究新能源配备储能模式，在政策的引导下，新能源配置储能已经开始启动，河南发改委在《关于组织开展2020年风电、光伏发电项目建设的通知》中明确，优先支持配置储能的新增平价项目。2020年10月全省第一座风电储能项目正式投运，建议"十四五"期间，全省研究出台相关支持政策，明确新能源电站配备储能项目的投资回收路径，切实引导"新能源+储能"的模式落地，推动新建风电、光伏项目配置足够的储能设施，从而平抑新能源出力的不稳定性，增强新能源机组电力供给能力。二是完善调峰辅助市场建设，当前河南省调峰辅助服务市场初步建立，调峰电源的调峰电价暂未完全疏导，企业投资建设调峰电源、实施灵活性改造和参与调峰的意愿不强，建议"十四五"期间持续建立健全调峰辅助服务市场和激励机制，增强煤电机组灵活性改造的积极性。三是加快调峰电源建设，"十四五"期间，加快建成南阳天池抽蓄120万千瓦，加快洛宁大鱼沟、光山五岳、鲁山花园沟等抽蓄建设，适当规划布局调峰燃气发电机组。

参考文献

国家能源局：《关于建立健全清洁能源消纳长效机制的指导意见（征求意见稿）》，2020年5月18日。

《河南省发展和改革委员会关于组织开展2020年风电、光伏发电项目建设的通知》（豫发改新能源〔2020〕245号），2020年4月7日。

《国家能源局关于下达2019年煤电行业淘汰落后产能目标任务的通知》（国能发电

力〔2019〕73号）。

河南能源监管办：《河南电力调峰辅助服务交易规则（试行)》，2019年8月16日。

《河南省人民政府关于印发河南省煤炭消费减量行动计划（2018—2020）的通知》（豫政〔2018〕37号），2018年12月20日。

河南省发展和改革委员会：《2020年河南省重点建设项目名单》（豫发改〔2020〕76号），2020年2月20日。

B.9 河南省"十四五"地热能行业发展展望

陈莹 王攀科 程宇 卢玮*

摘　要： 近年来，河南省地热能行业发展水平和开发利用规模均取得了长足的进步，成为国内地热能开发利用发展较好的省份之一。本文系统总结了"十三五"以来全省地热能行业发展取得的成效，分析了地热能行业规模化发展面临的机遇和挑战，对"十四五"期间全省地热能行业发展前景和主要任务进行了展望，预计"十四五"期间河南可新增地热能供暖面积5000万平方米以上。为促进全省地热能行业健康发展，河南需持续加强项目管理、完善管理机制、推动技术创新。

关键词： 河南省　"十四五"　地热能　循环利用　清洁供暖

地热能是一种绿色低碳、可循环利用的可再生能源。河南省地热资源较为丰富，发展前景广阔。"十三五"以来，河南紧抓政策机遇，地热能清洁供暖在全省煤炭减量替代中发挥了较为突出的作用，有力促进了全省能源结构优化和生态环境改善。"十四五"期间，随着人民生活水平的提高，河南地热能行业尤其是地热清洁供暖仍有很大增长空间，分析研判全省以及各地

---

* 陈莹，工学博士，河南省深部探矿工程技术研究中心高级工程师，研究方向为地热资源勘查及深部探测工程；王攀科，河南省地质矿产勘查开发局第二地质环境调查院工程师，研究方向为地热地质及地热能开发利用；程宇，河南省地质矿产勘查开发局第二地质环境调查院工程师，研究方向为地热能开发利用、地热监测；卢玮，河南省地热能开发利用有限公司工程师，研究方向为资源调查及地热能开发利用。

市地热能发展潜力，明晰地热能行业重点发展方向，做好"十四五"谋篇布局，对于促进全省地热能行业健康有序发展具有重要意义。

一 河南省"十三五"地热能行业发展情况

2017年，国家发改委、国家能源局和国土资源部印发了首个全国层面的地热能五年发展规划——《地热能开发利用"十三五"规划》，为地热能行业的发展指明了方向。河南以"四个革命，一个合作"能源安全新战略为根本遵循，以国家发展规划为指导，大力推动地热能开发利用，全省地热能资源勘探工作扎实推进，技术研发力度持续加强，地热供暖应用规模逐步扩大，标准化体系建设不断完善，监测系统启动建设，地热能清洁供暖规模化利用试点工作得到了国家能源局的肯定，成为国内地热能开发利用走在前列的省份之一。

（一）资源勘探工作扎实推进

"十三五"以来，河南持续加大地热资源勘查、调查和评价项目的资金支持力度，全省地热资源摸清家底工作扎实推进，勘探深度也由早期的1000米加深为2500米左右。首次开展了干热岩调查评价工作，通过在省内4个重点区块共计10000平方公里范围内开展野外勘察，圈定了伏牛山北麓、洛阳龙门、济源五龙口等重点靶区。在已完成的部分项目中，"兰考县城规划区及其周边地热资源调查"项目完成调查面积280平方公里，初步查明新近系明化镇组上部和下部热储，以及新近系管套组热储，初步评价地热资源量相当于每年40万吨标准煤。"济新断裂（获嘉段）地热异常区地热资源调查"项目完成调查面积455平方公里，发现地热异常面积136平方公里。

（二）勘探开发技术日趋成熟

"十三五"期间，河南开封、濮阳等地区的中深层水热型地热供暖发展较快。省内中深层水热型地热资源的勘探、钻探、资源增产等技术得到了一定的改进和创新，河南通过地热勘探经验的积累、多种物探化探方法结合应用，地热井井位确定水平大幅提升，为提高地热井成功率打下了基础。在钻探工艺方面，河南突破了传统泥浆正循环钻进单一钻进工艺的技术，例如，空气潜孔锤钻进工艺可以有效应对构造发育、严重漏失地层；螺杆钻进工艺在沉积岩砂岩中钻进效率比常规钻进工艺提高1.5~3倍，在片麻岩、花岗岩中可提高2~3倍；气举反循环钻进工艺平均钻进效率比常规钻进工艺提高1~3倍。在实际应用中，钻井技术人员根据地层条件，适时变更钻进方法，采用"多合一"钻进工艺进行地热井的施工，结合不同地层条件、场地条件、设备条件综合选择最适宜的钻进工艺，提高了钻进效率，为地热井产业的发展提供了技术支撑。经过省内专业技术单位现场试验，水力压裂、酸化压裂和水力高压疏通方法分别在火成岩地层、碳酸盐岩及灰岩地层和新近系古近系松散地层中成功应用，实现了地热井资源量增产，增产效果为20%~300%。

（三）地热供暖应用逐步推广

"十三五"以来，河南持续加大地热能推广力度，在政企合作、企业投资、建设运营模式等方面都进行了尝试和创新，地热能作为清洁供暖热源被越来越多的企业和用户所选择。河南省地矿局投资河南师范大学综合实训楼浅层地热能地埋管系统工程，建成后组建专业运营公司进行该项目的运行和维护，实现了地热产业的转型发展。新郑龙湖西泰山村中深层地热供暖项目是新郑市龙湖镇集中供暖工程的启动项目，总供暖面积为47万平方米，采用分布式集中供热，热源采用中深层地热复合低温空气源热泵的多能互补模式。郑州航空港等区域的热力企业也将地热能作为备选热源之一，开展了前期的调研。省内部分投资企业也对地热能供暖及其他开发利用方式表现出了投资意向。

（四）技术标准体系逐步完善

2016年，国家能源局同意成立能源行业地热能专业标准化技术委员会（NEA/TC29）。2019年，河南省市场监督管理局批准筹建河南省地质勘查标准化技术委员会，其中包括地热地质专业领域。2015年以来，河南省地质勘查标委会和一批从事地热能开发利用的企事业单位完成了一批地热能领域的标准（见表1），为地热能行业科学、健康发展提供了技术标准。

表1 已发布的地热能领域标准情况

序号	类别	标准编号	标准名称
1	河南省地方标准	DB41/T 1005－2015	浅层地热能钻探技术规范
2	河南省地方标准	DB41/T 1891－2019	地热资源开发利用方案编制规范
3	河南省地方标准	DB41/T 1944－2020	浅层地热能地下换热工程验收规范

（五）监测体系建设探索起步

2019年，河南省发改委印发《河南省促进地热能供暖的指导意见》（豫发改能源〔2019〕451号），提出建设覆盖全省的地热能供暖监测平台，依托工业互联网、大数据等信息技术，将全省地热能供暖项目纳入监测系统，实现全省地热能供暖全过程动态数据汇集，开展地热资源可持续开发利用的深度分析，定期形成地热监测公报和地质环境安全性评估报告，为政府决策和规划制定提供参考。监测平台可根据地热资源开发利用过程中各类参数（如水温、水量、水位、地质环境影响）的采集，服务于政府部门、行业机构及时掌握地热资源的变化情况，并及时预警调控，服务于地热资源的可持续开发利用。

二 河南省地热能行业发展面临的形势分析

"十三五"期间，河南省地热能行业快速发展，打下了良好的基础，但地热能行业规模化发展仍受到地质环境、资源量等因素制约。总体上看，"十四五"时期全省地热能产业发展既迎来难得的历史机遇，也面临一定挑战。

（一）有利条件

1. 重大国家战略加快落地实施

黄河流域生态保护和高质量发展，同京津冀协同发展、长江经济带发展、粤港澳大湾区建设、长三角一体化发展一样，已上升为重大国家战略。"十四五"时期，黄河流域生态保护和高质量发展战略加快落地，为河南地热能产业规模化发展创造了良好契机。根据全省地热能资源赋存特点，省内郑州、开封、洛阳、新乡、焦作、三门峡等沿黄城市地热能资源较为丰富，具备开展地热能清洁供暖规模化利用试点的条件和基础。在沿黄城市开展地热能清洁供暖试点，有助于促进省内沿黄流域城市生态保护和高质量发展，同时有助于以项目建设形式，带动全省地热能清洁供暖领域技术创新和研发实力提升，推动形成地热能清洁供暖勘探—设计—开发—运营维护完整产业链条。按照"宜热则热"的原则，可在郑州、洛阳、三门峡、开封等地区开展中深层水热型地热资源供暖规模化试点，在郑州、焦作、新乡、洛阳、三门峡等地区开展浅层地热能地源热泵系统项目规模化试点。

2. 能源转型推动地热能行业快速发展

能源清洁低碳转型发展要求地热能发挥更大作用。2019年，国家发改委发布《产业结构调整指导目录（2019年）》，将地热能列入鼓励类发展产业。2019年11月28日，中国成功申办享有"地热界奥林匹克大会"之称的"2023年世界地热大会"，这是我国首次获得世界地热大会主办权，这将有力带动中国地热能产业规模化、区域化和多元化发展。河南是传统能源生产和消费大省，产业结构偏"重"、能源结构偏煤炭，生态环境改善和能源结构优化压力较大，地热能清洁环保、稳定可靠的特点以及全省地热能储量较为丰富、分布较为广泛的资源条件，决定了"十四五"期间地热能将在全省能源转型中发挥更大作用、保持较快发展。

（二）制约因素

1. 粗放模式不利于地热能资源可持续利用

当前，地热能资源开发利用技术最成熟、应用最广泛的技术为水热型技术，即取水取热。水热型技术应用于地热供暖时，供暖季需24小时不间断取水，1眼地热井每小时取水量近数十吨，若不及时回灌，将造成地下水资源超采和严重浪费，导致地下水供给系统性失衡，破坏周边生态环境。目前多数地热投资商为降低投资开发成本，建设的地热井多以开采为主，未相应建设地热回灌井。这种粗放开发模式对生态环境、资源储量有较大影响，不利于地热能资源健康可持续利用，相关部门亟须出台政策法规、标准规范予以约束和引导。

2.梯级有序利用及规模化发展模式尚不完善

地热能开发利用从前期的资源勘探，中期的建设开发到后期的运营维护，涉及完整的产业链条、众多专业领域，具有广阔的产业发展空间。但目前河南地热能产业化、规模化发展处于起步阶段，省内相关的地勘单位、设备厂商、运营企业各自为战，尚未形成良好的、链条式沟通协作局面。在地热能资源开发利用方面，项目较为分散、单一，综合利用、梯级利用理念不强、程度较低。例如：省内38~42℃的地下温暖洗浴尾水普遍不再利用、直接排放，既造成了地热能的浪费，还存在破坏地下水系统平衡和导致热污染的风险。

三 河南省"十四五"地热能行业发展展望

"十四五"期间，随着环境治理和人民生活水平提高，河南地热能行业尤其是在地热清洁供暖方面有很大发展空间。基于对"十四五"全省地热清洁供暖发展空间预测，分析研判全省以及各地市地热能发展潜力，明晰全省地热能行业重点发展方向，做好"十四五"谋篇布局。

（一）河南省"十四五"地热能发展规模预测

"十三五"期间，国家《地热能开发利用"十三五"规划》和《河南省"十三五"可再生能源发展规划》规划到2020年全省累计地热供暖面积目标为1.17亿平方米。省内部分地市也制定了地热供暖发展目标，郑州市规划"十三五"期间新增地热供暖面积1800万平方米，濮阳市规划到2020

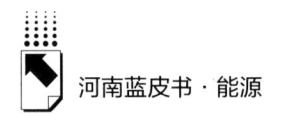

年地热供热面积累计达到1365万平方米。

结合河南省"十三五"地热供暖规划目标以及实际执行情况，统筹考虑《河南省污染防治攻坚战三年行动计划（2018—2020年）》《河南省北方地区冬季清洁取暖实施方案（2018—2021年）》等文件到2021年全省清洁取暖率达到70%，农村地区清洁取暖率在60%以上的有关要求，结合全省各地市经济发展水平、地热能开发利用情况、人口及城镇化率、国家公布的人均建筑面积、人均供暖面积需求预测等数据，对全省及各地市"十四五"地热能供暖发展规模进行了预测，预计2025年全省累计地热供暖面积为1.8亿平方米（见表2）。

表2 河南省及各地市"十四五"地热能供暖发展规模预测

单位：万人、%、万平方米

序号	地市	人口	城镇化率	城镇住宅 城镇人口	城镇住宅 预测城镇地热供暖面积	农村住宅 农村人口	农村住宅 预测农村地热供暖面积	公用建筑 五年新增公用建筑面积估算	公用建筑 预测公用建筑地热供暖面积	预测供暖需求面积
1	郑州市	1014	73.37	744	1450.80	270	255.42	2737.80	246.40	1952.62
2	开封市	457	48.80	223	434.85	234	221.36	1233.90	111.05	767.27
3	洛阳市	689	57.62	397	774.15	292	276.23	1860.30	167.43	1217.81
4	平顶山市	502	53.98	271	528.45	231	218.53	1355.40	121.99	868.96
5	安阳市	518	51.74	268	522.60	250	236.50	1398.60	125.87	884.97
6	鹤壁市	163	60.12	98	191.10	65	61.49	440.10	39.61	292.20
7	新乡市	579	53.37	309	602.55	270	255.42	1563.30	140.70	998.67
8	焦作市	359	59.33	213	415.35	146	138.12	969.30	87.24	640.70
9	濮阳市	361	45.15	163	317.85	198	187.31	974.70	87.72	592.88
10	许昌市	444	52.70	234	456.30	210	198.66	1198.20	107.89	762.85
11	漯河市	267	52.43	140	273.00	127	120.14	720.90	64.88	458.02
12	三门峡市	227	56.39	128	249.60	99	93.65	612.90	55.16	398.42
13	商丘市	732	43.31	317	618.15	415	392.59	1976.40	177.88	1188.62
14	周口市	868	42.86	372	725.40	496	469.22	2343.60	210.92	1405.54
15	驻马店市	703	43.10	303	590.85	400	378.40	1898.10	170.83	1140.08
16	南阳市	1001	46.25	463	902.85	538	508.95	2702.70	243.24	1655.04
17	信阳市	648	47.53	308	600.60	340	321.64	1749.60	157.46	1079.70
18	济源市	74	62.16	46	89.70	28	26.49	199.80	17.98	134.17

续表

序号	地市	人口	城镇化率	城镇住宅 城镇人口	城镇住宅 预测城镇地热供暖面积	农村住宅 农村人口	农村住宅 预测农村地热供暖面积	公用建筑 五年新增公用建筑面积估算	公用建筑 预测公用建筑地热供暖面积	预测供暖需求面积
19	巩义市	84	58.33	49	95.55	35	33.11	226.80	20.41	149.07
20	兰考县	65	41.54	27	52.65	38	35.95	175.50	15.80	104.39
21	汝州市	97	47.42	46	89.70	51	48.25	261.90	23.57	161.52
22	滑县	107	32.71	35	68.25	72	68.11	288.90	26.00	162.36
23	长垣县	78	47.44	37	72.15	41	38.79	210.60	18.95	129.89
24	邓州市	135	42.22	57	111.15	78	73.79	364.50	32.81	217.74
25	永城市	124	48.39	60	117.00	64	60.54	334.80	30.13	207.68
26	固始县	110	42.73	47	91.65	63	59.60	297.00	26.73	177.98
27	鹿邑县	88	43.18	38	74.10	50	47.30	237.60	21.38	142.78
28	新蔡县	84	35.71	30	58.50	54	51.08	226.80	20.41	130.00
	合计	10578		5423	10574.85	5155	4876.63	28560.60	2570.45	18021.93

注：（1）城镇民用地热供暖面积估算按5%估算，农村民用地热供暖面积估算按2%估算；（2）公用建筑地热供暖面积比例按9%估算（30%清洁能源供暖中地热能供暖占30%）。

资料来源：人口、城镇化率数据来自《河南统计年鉴——2019》。

（二）河南省"十四五"地热能行业发展展望

当前国家正在推进全国层面地热能"十四五"规划编制工作，已经初步明确了"通过实施'一点、两带、三区、国际化'[①] 发展路径，带动地热能产业高质量发展"的规划构想，其中"两带"之一的黄河流域生态保护和高质量发展战略地热能产业发展潜力带、"三区"之一的北方地区的冬季清洁取暖、"国际化"中的地热产业在"一带一路"沿线地区的布局与推广，都与河南密切相关。

---

① "一点、两带、三区、国际化"："一点"是打造雄安新区地热产业高质量发展样板，占领全球行业制高点；"两带"是围绕黄河流域生态保护和高质量发展战略与长江经济带发展战略打造两个流域的地热能产业发展潜力带；"三区"是重点发展北方地区的冬季清洁取暖、南方夏热冬冷地区的供暖（制冷）和青藏高原地区的地热发电；"国际化"是配合国家"一带一路"倡议，通过国际交流与合作，加强国外先进技术的引进、消化和吸收，推进地热产业在"一带一路"沿线地区的布局与推广，实现"走出去"的目标。

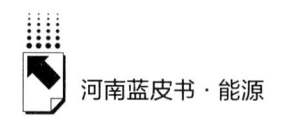

1. 发展目标

河南省应紧密结合国家战略规划方向及重点，针对全省地热能开发利用过程中存在的问题，按照"因地制宜、有序发展、清洁高效、持续可靠"的原则，谋划"十四五"规划。结合当前全省地热能发展情况，"十四五"期间建议实现以下三大目标，为地热能行业发展打下产业链、技术链、机制链三大基础。

一是实现全省新增地热能供暖面积5000万平方米以上，进一步扩大地热能清洁供暖面积，为大气污染防治攻坚做出贡献。二是形成一套涵盖地热能资源勘探、开发建设、综合利用、运营维护、资源保护等全过程的完整产业链技术体系，在全省范围内打造3~5家具备地热能开发利用全产业链的龙头企业，为进一步大规模开发提供技术储备。三是加大地热资源调查和勘探的投入力度，形成基本覆盖全省的中深层水热型地热资源调查评价或勘探，持续完善全省地热能资源数据库，建立健全全省地热能供暖监测平台，辅助科学规划和有效监管。

2. 重点任务

"十四五"期间，为推动河南省地热能行业健康有序发展，应继续保持全省地热能产业快速发展的良好势头，从管理、研究、市场三个维度同时发力，合理布局地热能开发利用重大工程，依托重大工程实施、重点项目建设带动全省地热能产业发展和地热能行业技术水平提升。形成发展合力，补齐发展短板。

（1）健全政府管理体系。明确各级管理部门职能职责，理顺地热能开发利用项目管理流程、简化办理手续，优化地热能产业发展的营商环境。

（2）深化重点环节研究工作。加大地热能勘探创新力度，建立地热能动态监测和预警体系，加强不同地质条件下的中深层水热型地热回灌技术研究，做好浅层地热能利用项目的地质环境影响评价等。

（3）创新地热开发利用模式。探索地热清洁供暖在省内县城、乡镇、农村等集中供暖尚未覆盖地区适用技术类型和市场运营模式，以清洁绿色方式、经济可持续模式推动地热清洁供暖发展，实现地热产业发展与人民对美好生活向往的协同共进。

基于地热资源分布和前期良好条件，建议重大工程部署从"打好基础、探索先行、做好资源探勘"方面入手。一是河南地热利用以中深层水热型地热为主，继续部署中深层水热型地热资源规模化供暖项目，做好地热资源监测数据分析工作，为规模化发展打好基础；二是试点开展中深层水热型地热供暖、浅层地热能供暖及其他新能源多能互补形式的地热开发利用项目，增强能源互补优化运行能力；三是试点选择地热资源较好的地区，探索实施地热资源作为城市集中供暖热源，为规模化开发利用提供方案。此外，应进一步优选干热岩勘探靶区，开展全省干热岩钻探试验，做好资源探勘工作。

四　推动河南省地热能行业科学有序发展的对策建议

随着地热能开发利用规模的不断扩大，国内部分先行省份已经尝试制定相关政策措施，保障地热能资源科学有序开发和健康可持续发展。总体上看，各省普遍遵循了"在保护中开发、在开发中保护"的发展思路，建议河南省在监督管理、政策机制、技术创新等方面开展有益探索，推动全省地热能行业健康有序发展。

（一）加强地热开发项目监督管理

近年来，河南地热能开发利用发展迅猛，但相关项目监督管理仍然存在短板和隐患。目前，全省实际勘探和开发中深层水热型地热资源量与已在省自然资源厅办理探矿权、采矿权的数量存在较大偏差。在实际项目执行过程中，多数开发企业按照项目前期开展的水资源论证评价在水利部门进行评审和审批。建议省级层面进一步明确相关部门职能职责和地热开发项目管理流程，并按照国家《关于推进矿产资源管理改革若干事项的意见（试行）》的规定，探索将地热的矿权下放到市级自然资源主管部门，切实强化地热开发项目的监督管理。

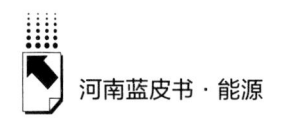

（二）完善地热资源管理体制机制

目前，北京、天津、内蒙古、重庆、济南等地都已出台地热资源相关管理办法，河南省在这一方面尚处于空白状态。建议结合全省实际，加快制定"河南省地热资源管理办法"，确保地热能资源开发利用等相关管理和项目实施等工作有章可循、有据可依。同时，建议省级层面做好统筹，指导各地市科学开展地热资源专项规划，并纳入地方"十四五"矿产资源规划，有效指导各地市"十四五"地热能开发利用。

（三）推动地热开发利用技术创新

在地热勘探技术领域，建议开展超深层物化探及其他高效勘探技术研究，为深层地热调查评价和勘探提供技术基础。在地热钻井技术领域，建议结合不同地层有针对性地开展钻进工艺或钻进参数研究，提高地热钻井的技术水平和钻进效率，降低地热钻井成本；在地热回灌技术领域，建议从地质条件、回灌井结构、地热水成分对回灌率的影响等基础性研究入手，探索影响回灌率的根本原因，提出解决对策，提高地热回灌率。

参考文献

国家发展和改革委员会：《关于印发〈地热能开发利用"十三五"规划〉的通知》（发改能源〔2017〕158号），2017年1月23日。

《河南省人民政府办公厅关于印发河南省推进能源业转型发展方案的通知》（豫政办〔2017〕134号），2017年11月14日。

国家发展和改革委员会：《关于加快浅层地热能开发利用促进北方采暖地区燃煤减量替代的通知》（发改环资〔2017〕2278号），2017年12月29日。

河南省发展和改革委员会：《关于印发河南省促进地热能供暖的指导意见的通知》（豫发改能源〔2019〕451号），2019年6月6日。

自然资源部：《关于推进矿产资源管理改革若干事项的意见（试行）》（自然资规〔2019〕7号），2019年12月31日。

B.10 河南省"十四五"煤电高质量发展思考与建议

邓方钊 李虎军[*]

摘　要： "十三五"期间，河南省煤电发展在供应保障、有序发展、节能减排、结构优化、空间布局、市场运营等方面取得了显著成效。展望未来，借鉴先进地区能源转型与煤电发展趋势与经验，基于煤电政策与技术发展方向，聚焦"提高煤电利用率、保障安全可靠供电、提高可再生发电比重"三者关系，研究提出河南煤电应充分发挥电热基础平台、灵活调峰平台、节能减排平台、耦合消纳平台"四个平台"功能作用及相关实施建议，推动新时代煤电产业高质量发展。

关键词： 河南省 "十四五" 电热基础 灵活调峰 节能减排

一　河南省"十三五"煤电发展成效

"十三五"以来，河南省坚决贯彻落实国家有关煤电发展的政策要求，着力推进煤电供给侧结构性改革，促进煤电发展与民生保障、污染防治、能源转型、市场改革相结合，全省煤电行业在供应保障、有序发展、节能减

---

[*] 邓方钊，工学硕士，国网河南省电力公司经济技术研究院工程师，研究方向为能源电力供需及电网规划；李虎军，工学硕士，国网河南省电力公司经济技术研究院高级工程师，研究方向为能源电力供需及电网规划。

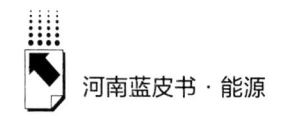

排、结构优化、空间布局、市场运营等方面取得了显著成效，为进一步实现高质量发展奠定了坚实基础。

（一）供应保障支柱作用明显

受资源禀赋影响，河南省电力供应的主力电源长期是煤电。近年来，随着供给侧结构性改革、能源业转型发展的推进，省内电源结构不断优化，煤电装机占比、发电量占比、最大负荷时出力占比不断下降，但煤电是河南主体电源的地位没有改变，仍是电力供应保障的中流砥柱、安全"压舱石"。2019年河南省煤电装机和发电量占比均为71%，仍占据省内电源主体地位；2019年大负荷时刻煤电出力占比为74%，为保障全省电力可靠供应起到了重要作用，尤其在枯水期和风光出力较小的特殊时段，煤电更是省内电源发电的绝对主力。

（二）煤电发展更趋稳妥有序

"十三五"以来，河南省积极推进煤电行业转型发展，多措并举化解煤电产能过剩风险，在有效保障全省电力需求的同时，合理安排全省煤电建设与淘汰落后机组，煤电发展更趋稳妥有序。大力淘汰落后煤电机组，2017~2019年累计关停淘汰煤电机组378.7万千瓦，均超额完成国家给河南下达的年度目标，2019年、2020年连续两年国家能源局发布的河南省煤电装机充裕度预警指标为绿色。灵活有序安排煤电建设，对已核准在建煤电机组，分两批共572万千瓦采用应急调峰方式投运，最大限度控制装机规模、保障全省电力需求；灵活采用"关而不拆"的方式，将部分煤电机组作为应急备用电源。

（三）机组节能减排水平明显改善

"十三五"以来，河南省通过煤电机组节能改造、超低排放改造等措施，煤电机组节能减排水平明显提升，已建成华中地区规模最大的清洁高效煤电体系。河南省持续开展煤电节能减排升级与改造行动计划，累计实施节能改造机组4937.5万千瓦。截至2019年底，全省煤电机组平均供电标煤耗降至303克/千瓦时，优于全国平均水平约4克/千瓦时。积极通过电价政策、电量奖励、资金支持、直接交易等方式支持煤电机组超低排放改造，河南省所有统调煤电机组超低排放工作于2016年10月底全面完成，在全国率先实现在运煤电机组全部超低排放。改造后机组烟尘、二氧化硫、氮氧化物排放浓度分别不高于10毫克/立方米、35毫克/立方米、50毫克/立方米，优于燃气发电机组排放标准，明显优于钢铁、建材等行业超低排放标准。实施绿色调度，支持高参数、大容量、低排放煤电机组应发多发，2019年全省60万千瓦及以上统调煤电机组平均发电小时数为4000小时左右，较30万千瓦及以下机组高15%。

（四）煤电结构取得显著优化

"十三五"以来，通过"上大压小"、等量或减量替代等方式提升煤电装机等级，加快煤电机组供热改造及热电联产机组建设，河南省清洁高效大型煤电机组占比大幅上升。2019年河南省60万等级及以上高效清洁煤电机组占比达61%，比2015年提高6个百分点。为保障全省热力供应，对集中供热范围内的分散燃煤小锅炉实施替代和限期淘汰；深入实施供热改造，鼓励城市及产业集聚区周边纯凝发电机组改造为供热机组，供热机组占比大幅上升，2019年燃煤热电机组占煤电总装机比重达到41%，较2015年提升了20个百分点。

（五）煤电空间布局更加合理

"十三五"以来，河南省积极推进重点城市煤电清零，统筹考虑地区电力需求增长差异，强化区域电网建设，全省煤电空间布局更加合理。推进郑州市、洛阳市主城区煤电机组"清零""基本清零"。郑州市主城区原有煤电装机169万千瓦，预计2020年底，郑州市主城区煤电可以实现"清零"。洛阳市主城区有煤电装机201.5万千瓦，预计2021年底，除保留洛阳热电2×35万千瓦机组供热外，洛阳市主城区煤电机组可以实现"基本清零"

(见图1）。积极关停淘汰煤电落后产能，有序投产绿色煤电机组，优化煤电区域布局。"十三五"以来，全省共关停淘汰煤电机组378.7万千瓦，其中，豫西、豫中区域关停占比为62.4%。统调煤电机组投运953万千瓦，其中，豫北地区占比为14.2%，豫西地区占比为40.3%，豫中东地区占比为34.7%，豫南地区占比为10.8%。

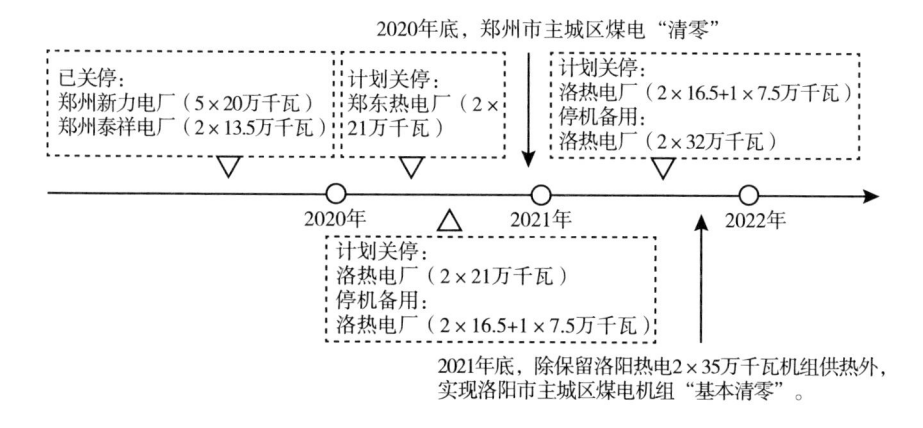

```
2020年底，郑州市主城区煤电"清零"

已关停：              计划关停：          计划关停：
郑州新力电厂（5×20万千瓦） 郑东热电厂（2× 洛热电厂（2×16.5+1×7.5万千瓦）
郑州泰祥电厂（2×13.5万千瓦） 21万千瓦）    停机备用：
                                         洛热电厂（2×32万千瓦）

        ▽              ▽            ▽
────────○──────────────△──○────────────○─────────→
       2020年                2021年         2022年

                    计划关停：
                    洛热电厂（2×21万千瓦）
                    停机备用：
                    洛热电厂（2×16.5+1×7.5万千瓦）

                              2021年底，除保留洛阳热电2×35万千瓦机组供热外，
                              实现洛阳市主城区煤电机组"基本清零"。
```

图1 郑州、洛阳主城区煤电关停时间轴

（六）市场经营趋于平稳有序

着力确保煤炭稳定供应，保障煤电生产平稳运行。持续引导煤电双方建立健全电煤长协"基础价+浮动价"的价格联动机制，采取发电量倾斜、用电差别电价、运力优先保障等措施，确保了电煤长协签约比例不低于75%、年度履约率不低于90%。利用市场化手段鼓励高效清洁煤电机组多发电，进行自备煤电机组替代发电交易，积极探索关停煤电机组碳排放指标和用能权交易，鼓励清洁高效煤电机组参与电能清洁取暖电量"打包交易"。落实好政策性奖励发电促进优化煤电生产结构，对纳入年度改造计划的节能综合升级改造、纯凝改供热、深度供热改造等项目适当安排优先发电，对位于贫困地区和贫困老区的超低排放统调公用燃煤机组适当安排优先发电。

二 国内外煤电发展趋势分析

（一）国内外先进地区能源和电源结构调整趋势

1. 发达经济体情况

全球发达经济体能源结构调整速度加快，煤炭消费占比下降成为大势。发达国家能源消费总量趋于稳定，由于较多使用油气资源和大力开发风、光、核等新能源，煤炭需求量呈低速增长态势，煤炭在一次能源消费构成中所占比例也呈下降趋势。部分发达国家煤炭消费占比已低于30%，西班牙、英国和法国的煤炭消费占比甚至低于10%（见图2）。根据IEA预测，2040年全球煤炭消费比重将进一步降至22%。

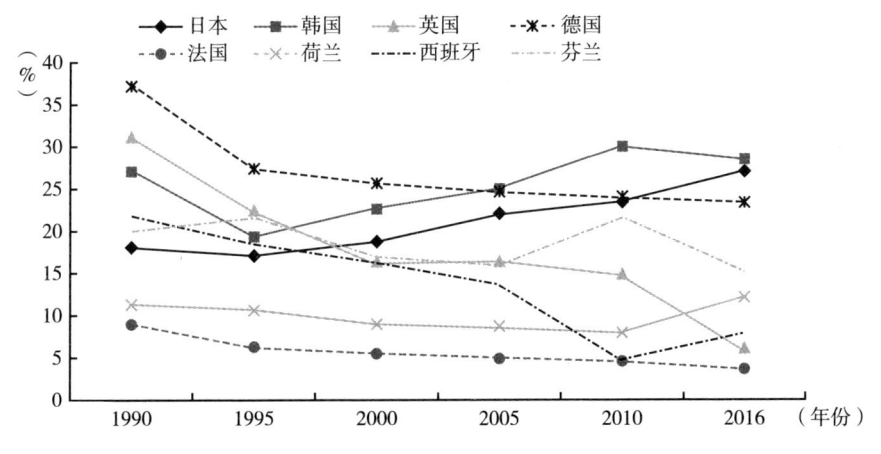

图2 部分发达国家煤炭占一次能源消费比重变动趋势

与资源禀赋和能源结构演变相适应，部分发达国家提出"退出"煤电远期计划。在电力需求基本饱和的情况下，部分发达国家加速低碳化转型，可再生能源发展提速，电源结构大多以气电、核电和可再生能源为主，煤电装机占比普遍低于30%，西班牙、法国煤电占比分别低至10%、2%（见图3）。煤电占比越低，宣布退出的时间越早，其中，西班牙计划在2020年关闭近2/5的燃煤电厂，法国计划在2021年关闭所有燃煤电厂，英国决定在2025年前关闭所有燃煤电厂，德国宣布于2038年彻底放弃煤电。

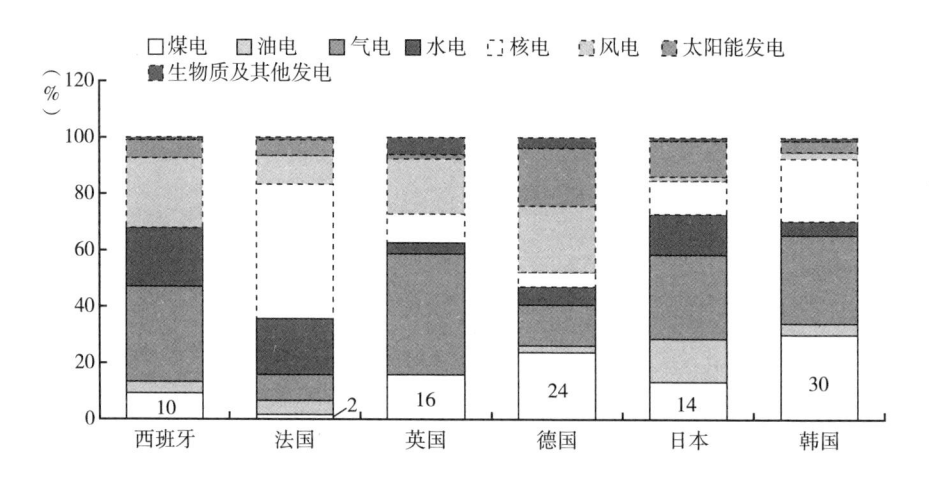

图3 部分发达国家电源装机结构现状

虽然煤炭消费比重以及煤电装机占比逐渐降低，但煤炭、煤电在较长时期仍将发挥不可或缺的作用。据IEA预测，2040年以前，全球煤炭消费量将一直维持在55亿吨标准煤左右，与当前水平相当。全球煤电发电量仍将缓慢增长，预计2040年增至10.3万亿千瓦时。欧盟、北美地区煤电发电量有所减少，印度、东南亚地区是煤电发电量增长的主要地区。考虑到煤电发挥着系统调节等作用，2040年煤电装机将进一步增长至24亿千瓦。对众多国家而言，煤炭仍是能源安全保障的重要支撑，煤电仍是电力供应的重要来源。

2. 国内先进省份情况

从消费结构看，国内先进省份能源消费结构调整步伐加快，现阶段仍以煤炭消费为主。2000年山东、江苏、浙江、广东煤炭占能源消费比重分别为79%、73%、60%、52%。通过积极开发利用天然气、核电、新能源及外来电等清洁能源，2018年山东、江苏、浙江、广东煤炭占能源消费比重分别降至71%、60%、47%、37%，分别较2000年下降8个百分点、13个百分点、13个百分点、15个百分点，能源结构调整方向明确，但以煤炭为主的消费格局未发生根本变化（见图4）。

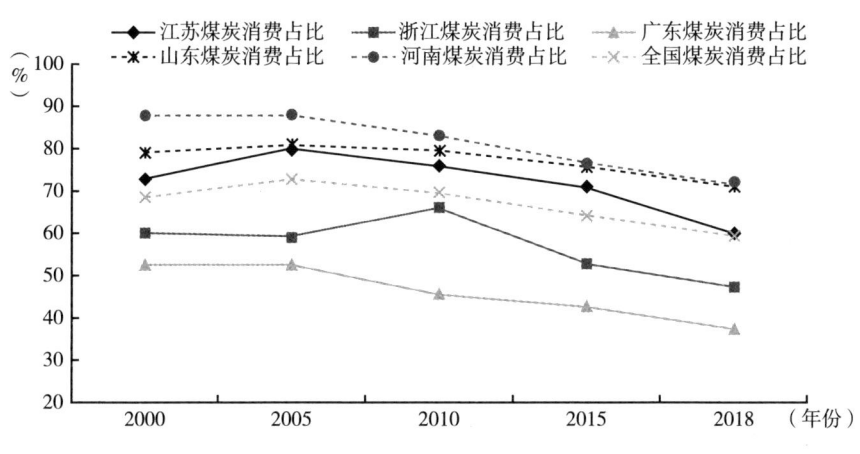

图4 国内先进省份煤炭占一次能源消费比重变动趋势

从装机结构看，国内先进省份电源装机结构调整步伐加快，现阶段煤电仍为主力电源。2000年山东、江苏、浙江、广东煤电占电源装机比重分别达到99.8%、99.6%、68.1%、72.2%。通过积极开发利用核电、新能源及外来电等清洁能源，2019年山东、江苏、浙江、广东煤电装机占比分别降至75.6%、75.8%、63.5%、66.9%，分别较2000年下降24.2个百分点、23.8个百分点、4.6个百分点、5.3个百分点，电源结构调整步伐加快，但现阶段仍以煤电为主力电源（见图5）。

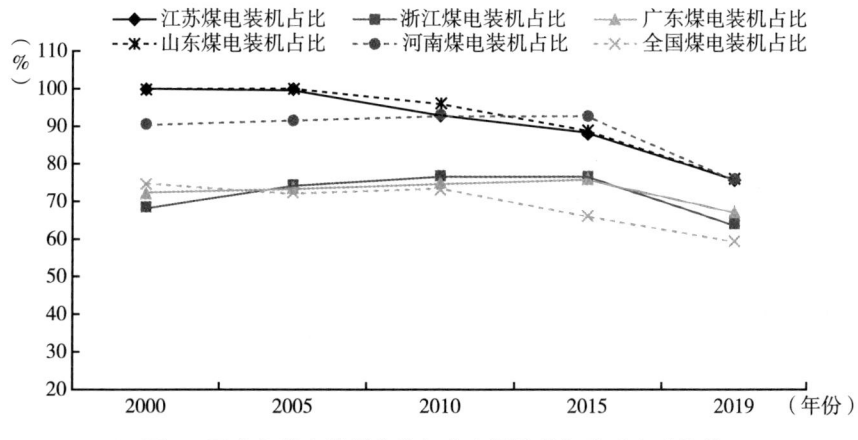

图5 国内先进省份煤电装机占电源总装机比重变动趋势

从煤电装机年均增速看,国内先进省份煤电装机增速明显放缓。2010年之后,各省煤电装机增速逐步回落。"十三五"的前四年除山东煤电装机增速在"十二五"的基础上小幅提升之外,江苏、浙江、广东省煤电装机增速已分别降至4.6%、0%、3.5%,处于低速增长区间(见图6)。

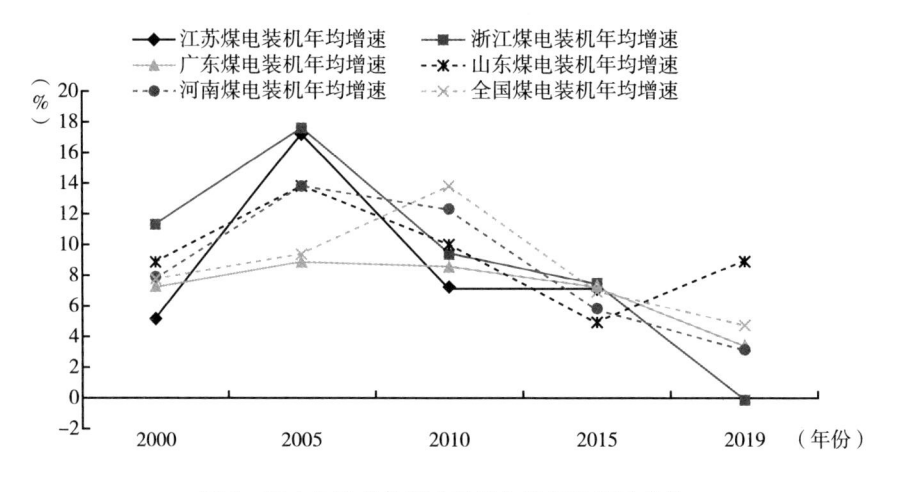

图6 国内先进省份煤电装机年均增速变动趋势

(二)煤电关键技术发展及影响

1.煤电灵活性改造将提升电力系统运行弹性

煤电灵活性即通过提升调峰能力、提高爬坡速度和缩短启停时间等方式来保障可再生能源的消纳,维持电力系统平衡。从典型发达国家和地区的发展情况看,欧洲的火电灵活性包括负荷调整的灵活性和火电厂燃料的可变性两个方面。德国从快速启停、提高性能、提高爬坡速率和低负荷运行四个方面进行改造,80万千瓦机组最低出力可降至最大出力的15%。丹麦的主要大型火电机组均实现可再生燃料的转换。从国内试点省份进展看,大连庄电电厂是我国首家将60万千瓦超临界纯凝机组额定负荷压降到30%的企业;华润徐州电厂32万千瓦火电机组经过综合升级改造后,最低稳定运行负荷降至6万千瓦,标志着高温亚临界改造项目实现重大突破。从未来发展形势看，2020年河南能源监管办出台《关于启动河南电力调峰辅助服务交易正式运行的通知》，交易机制的完善有助于完成灵活性改造的煤电机组通过调峰辅助服务市场回收改造成本、创造合理收益，也将进一步激励更多的燃煤机组进行灵活性改造。

2.碳捕集、利用与封存技术助力实现碳减排目标

碳捕集、利用与封存简称CCUS或CCS，是指将二氧化碳从排放源中分离后直接加以利用或封存，以实现二氧化碳减排的过程。从典型发达国家的发展情况看，国际上很多政府、组织和企业在大力推动CCUS在全球的发展与布局。截至2019年底，美国累计封存超过5800万吨，年封存量约为2100万吨；挪威累计封存约2200万吨，年封存量为170万吨；加拿大累计封存4425万吨，年封存量约为300万吨。从国内试点情况看，截至2019年底，中国共开展18个纯碳捕集项目，二氧化碳捕集量约为170万吨；12个地质利用与封存项目，封存量约为100万吨。从未来发展形势看，习近平总书记在2020年9月的联合国大会上表示，中国将"提高国家自主贡献力度，采取更加有力的政策和措施，二氧化碳排放力争于2030年前达到峰值，努力争取2060年前实现碳中和"，碳捕集、利用与封存技术将成为实现碳中和目标的重要技术选择。《中国碳捕集利用与封存技术发展路线图（2019版）》全面评估了碳捕集利用与封存技术发展现状和潜力，明确了我国CCUS技术至2025年、2030年、2035年、2040年及2050年的阶段性目标和总体发展愿景，未来将指导我国有序推广碳捕集、利用与封存技术的示范项目和广泛应用。

三 河南省"十四五"煤电高质量发展思考与建议

（一）对河南省煤电"十四五"发展路径的思考

煤电发展及对能源低碳转型的影响，历来是国内外能源与环境领域舆论的焦点。梳理分析煤电发展中的争论，代表性的观点主要有3种，即"退

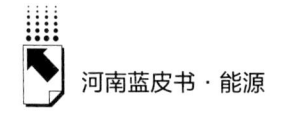

煤电""限煤电""稳煤电"。

"退煤电"——提高煤电利用率：煤电装机规模大，但设备年平均利用小时数为4400小时左右，离5500小时的设计值还有很大空间，未来将不新建煤电机组，基于碳减排目标积极引导煤电机组大规模退出。着重提高存量煤电机组的利用效率，新增电力需求可由可再生能源发电和提高煤电利用小时来满足。

"限煤电"——保障安全可靠供电：面对持续增长的用电需求，由于可再生能源发电的随机性、间歇性特点，为保障用户需求和电力系统安全稳定，不应过早退出煤电，需在保障碳减排的目标下严格限制新增煤电机组规模，防止出现能源转型路线的"碳锁定"效应，且仍需新建一些特定功能的煤电机组。

"稳煤电"——提高可再生发电比重：中国能源禀赋以煤为主，燃煤发电是煤炭最清洁高效的用能形式，且具备世界上最先进、清洁、经济性好的燃煤电厂建设技术。从能量流、电量平衡角度来看，煤电装机的增加并不会带来煤炭消费总量和相关污染物、碳排放的增加，应从保障能源安全、发挥资源优势、降低用能成本的角度，维持一定的煤电装机增长，对煤电机组进行灵活性改造以支持可再生能源发展。

总体来看，判断煤电如何发展，不能就煤电论煤电，而是要从中国及河南能源电力特点和能源电力转型的趋势上去分析判断。目前，以上三种观点聚集在"提高煤电利用率、保障安全可靠供电、提高可再生发电比重"三者关系上，正好对应着"经济高效、安全可靠、绿色清洁"的"能源不可能三角"，反映了不同群体对能源电力运行与低碳发展内在规律的认知差异。

能源不可能三角或称能源三难指数（Energy Trilemma Index），是一个典型的多目标决策问题，表现在"价格低廉、供给安全、清洁环保这三大目标之间不存在帕累托改进空间，任何一个目标方向的优化，都意味着其他方向的恶化"。在煤电发展上，具体表现为以下三点。第一，随着负荷特性变化、可再生能源发展、外电入豫规模扩大，煤电设备利用小时降低是必然趋势，若通过限制煤电发展的方式来提高设备利用率，则存在新的电力供应短缺的风险。第二，从安全可靠、绿色清洁角度看，随着大规模风电、光伏接入电网，其发电的随机性、波动性、间歇性使供电特性发生了重大变化，对灵活性电源的数量和快速调节能力提出了更高要求。由于燃气、水能资源禀赋的限制，让煤电承担起灵活性电源的任务是符合国情、省情的必然选择，而煤电机组灵活性改造和运行的结果就是进一步降低煤电设备利用率。第三，降低可再生能源发电比重也可以提高煤电利用率，但显然与清洁低碳发展目标相悖；而大力提高可再生能源发电比重，在现有条件下必然带来整体用电成本的提高和系统安全可靠性的下降。

因此，"提高煤电利用率、保障安全可靠供电、提高可再生发电比重"三个方面存在众多的矛盾且互相制约，三个目标难以同时实现，需有所取舍。目前行业普遍认为，维持一定规模的煤电装机、实施煤电机组灵活性改造、促进煤电功能和定位调整、积极发展可再生能源是大势所趋，实际上就是通过煤电效率和利用率的降低，换来整体能源电力系统的清洁低碳、安全高效发展。

（二）推动河南煤电"十四五"高质量发展的建议

充分发挥好煤电作用支持整个能源系统低碳清洁转型，是河南能源系统优化的迫切任务。为合理平衡以上三个目标，"十四五"及未来一段时间，河南煤电需在能源和电力转型发展过程中，充分发挥电热基础平台、灵活调峰平台、节能减排平台、耦合消纳平台"四个平台"的功能作用，推动新时代煤电机组再定位，肩负起能源转型所赋予的新使命。

1.巩固煤电电热基础平台，继续发挥"压舱石"重要作用

长期以来，河南煤电发挥着电力安全稳定供应、集中供热等重要的基础性作用。由于资源禀赋、经济性、安全保供的限制，在可以预见的较长时间内，煤电的重要地位难以被替代。"十四五"期间，建议按照"网源协调、远近结合、分区施策、有序推进"的原则，统筹生态文明建设和资源约束、电力需求与供应、煤电发电与调峰需求、煤电布局和电网规划等各方面的关

系，稳妥推动煤电健康发展。

一是严控重点区域煤电规模。在非重点、缺电区域发展60万千瓦及以上高效清洁路口电站。郑州、洛阳重点区域应严控煤电规模，其他电力盈余区域除热电联产、等量替代电站外原则上不再布局燃煤发电项目。豫中电力存在一定缺额，适度推进开商地区电源建设；豫南电力缺额较大，加快推动新增60万千瓦及以上的大容量高效煤电机组建设。

二是重点围绕末端电网布局一批电网支撑电源。"十四五"期间，为提高电网末端地区的供电能力以及电网安全运行水平，在加大电网建设力度的基础上，重点在平顶山、南阳、商丘、信阳等豫南地区布局一批电网末端支撑电源项目。

三是积极发展热电联产煤电机组。坚持"以热定电"，严格落实热负荷，科学制定热电联产规划，优先在城市周边对单机30万千瓦级及以上纯凝燃煤发电机组进行供热改造，因地制宜规划建设高效燃煤热电机组，同步完善配套供热管网，对集中供热范围内的分散燃煤小锅炉实施替代和限期淘汰。

2. 深化煤电灵活调峰平台，促进定位从电量型向电力电量型电源转变

随着产业升级、能源转型加快推进，河南电力供需两端的变化使得日负荷净曲线的波动性增加，对灵活性电源的数量和快速调节能力提出了更高要求。河南燃气、抽蓄装机占比分别仅为3%、1.4%，与发达国家灵活性电源30%~50%的占比有明显差距，煤电实施灵活性改造、承担灵活性调节的任务已成必然选择，煤电将起到兼有主体电源供应和保障新能源发电的应急调峰作用，其发电利用小时数和效率将进一步下降，未来需通过价格及市场机制的完善推动煤电逐步从电量型电源向电力电量型电源转变。

一是加快煤电灵活性改造，提升系统调节能力。河南拥有大量的煤电机组，如能通过灵活性改造挖掘20%~30%的调节潜力，可释放巨大的调峰容量，加大对新能源的接纳能力。考虑到近年来河南建设的一批超超临界机组，降出力运行会明显影响其效率，因此对不同煤电机组应采取差异化策略，着重挖掘容量参数偏低的煤电机组调峰潜力，如30万~60万千瓦亚临

界机组灵活性改造。同时，建议尽快开展煤电机组延寿以减少新增装机，加快延寿技术开发，规范延寿评估方法，制定相关配套政策，推动适合延寿的煤电机组服役期尽可能延长至40年至50年，推动合适的延寿机组进行灵活性改造参与系统调峰。

二是利用市场机制转变煤电功能定位。健全辅助服务市场机制，明确各发电主体的"权利"和"义务"，建立与责权对等的辅助服务费用分摊机制，进一步拓宽辅助服务费用来源。完善机组辅助服务产品，考虑增加负荷爬坡速率、AGC调频、AVC调压、无功调节等服务产品，提升煤电灵活性服务的能力。推进现货市场建设，通过实时价格真实反映电力商品在时间和空间上的供需关系，引导机组向"清洁机组代替污染机组、高效机组代替低效机组"的经济调度模式转变，引导消费者在高峰期少用电、低谷期多用电，提升电力系统调峰能力。

3. 打造煤电节能减排平台，提高电煤占煤炭消费比重

相比于其他用能形式的煤炭利用，燃煤发电是煤炭最清洁高效的利用形式，其对煤炭的利用效率可达到45%，热电联产机组效率可进一步达到80%，远高于分散小锅炉15%~40%的利用效率。相比于发达国家80%的电煤消费比重，河南仍需进一步提高电煤占煤炭消费比重，持续提升燃煤机组的效率水平、清洁水平，将煤电打造成为能源系统中重要的节能减排平台。

一是持续提升燃煤机组效率。建议严格能效准入门槛，新建燃煤发电项目原则上采用60万千瓦及以上超超临界机组、供电煤耗应低于300克标准煤/千瓦时；对存量机组因厂制宜采用汽轮机通流部分改造、锅炉烟气余热回收利用、电机变频、供热改造等成熟适用的节能改造技术，重点推进30万千瓦煤电机组供热提升改造、60万千瓦及以上煤电机组综合节能改造，改造后供电煤耗力争达到同类型机组先进水平。

二是推动煤电机组清洁低碳生产。加强在运煤电机组排放监管，充分利用环保在线监测系统、热负荷在线监测及调度支持系统，加强实时监测和考核力度。主动实施污染物全面脱除，在常规大气污染物控制的基础上，进一步推动煤电废气、废液、固废（主要包括粉煤灰、脱硫副产物、废旧脱硝

催化剂等）、重金属非常规污染物的处理和综合利用。优化电煤运输、储存方式，鼓励煤电企业加快实施运煤"汽改铁"和利用管廊、皮带廊道等输煤，全面完成煤仓全封闭改造。积极探索低碳发电，发展和储备碳捕集利用和封存（CCUS）技术，鼓励研发高效低成本碳捕集技术，推进低成本、大规模、全流程碳捕集项目示范。

4. 培育煤电耦合消纳平台，提升煤电产业链发展水平

煤电所涉及的产业链很长，在煤炭、电力、热力、新能源等产业链上下游具有潜力巨大的经济挖掘价值。要利用综合能源和循环经济的理念，在厂内实现资源的循环使用，在厂外和其他产业在能源利用上有机耦合、互为支撑，大大提高能源和资源的利用率，产生新的效益增长点，形成高质量发展新动能。

一是推广燃煤耦合发电。推广燃煤耦合生物质发电、耦合污泥发电、燃煤焚烧处理工业，实现农林废弃残余物、污泥、城市垃圾的减量化、无害化处置，助力美丽乡村和新型城镇化建设；通过生物质等"碳中和"燃料替代燃煤，作为附加效益实现碳减排。

二是积极发展综合能源和循环经济。改变燃煤电厂传统发电模式，实现多种能源、多种资源耦合循环利用，突破传统发电的效率瓶颈。一是在全封闭煤仓、皮带廊道等处建设光伏，减少厂用电，探索"煤电＋储能"模式参与系统一次调频。二是实施电厂废弃物、排放物综合利用，例如，粉煤灰综合利用产品可用于建材、道路工程、农业，烟气脱硫脱硝一体化技术生产硫酸铵化肥，废水深度处理零排放实现水资源再回收等。三是推广应用煤炭多级利用，利用前置低温快速煤热解工艺，提取部分油气资源，实现共生煤焦油和煤制天然气的煤基多联产，提高煤炭利用效率。

参考文献

《国家发展改革委国家能源局关于做好 2020 年能源安全保障工作的指导意见》（发

改运行〔2020〕900号）。

文卉：《六部委助力煤电健康发展》，《电力设备管理》2020年第7期。

王彤：《我国煤电发展现状及"十四五"时期发展方向》，《应用能源技术》2020年第7期。

河南省污染防治攻坚战领导小组办公室：《河南省2020年大气污染防治攻坚战实施方案》（豫环攻坚办〔2020〕7号）。

王圣：《我国"十四五"煤电发展趋势及环保重点分析》，《环境保护》2020年第Z2期。

杜成龙：《供给侧结构性改革背景下煤电企业转型发展对策研究》，《现代工业经济和信息化》2020年第6期。

宋绍伟：《煤电机组深度调峰灵活性改造技术分析》，《电力设备管理》2020年第4期。

汪建平：《推动煤电产业转型升级促进电力清洁低碳高质量发展》，《电力设备管理》2019年第11期。

刘婷婷：《我国煤电企业发展困境分析及对策建议》，《科技创新与应用》2019年第21期。

高星、刘潇、武新斌、常彬杰、刘之琳、KU Anthony、矫卫东、陈立林、赵福明、高圣铭：《燃煤电厂典型超低排放除尘技术组合下的尘排放特性》，《环境工程学报》2020年第1期。

黄平平、郭凯旋、郑立军、俞聪：《清洁煤电高效节能改造技术路线研究》，《应用能源技术》2019年第4期。

李琦、张欣、赵新亮：《湿式电除尘器在煤电行业超低排放中的技术原理和特点》，《环境与发展》2019年第3期。

B.11 河南省"十四五"电力需求响应评估与展望

武玉丰 刘军会 付涵*

摘 要： 河南省"十四五"期间电力供需缺额将逐步加大，经初步测算，"十四五"期间全省需要有500万千瓦的需求响应规模，需求响应将是电力供应的有效保障方案之一。本文评估了全省18地市的需求响应能力，统筹考虑全省及各地市电力供需形势后，优化分解了全省500万千瓦的需求响应目标，并测算了全省需求响应实施费用，预计"十四五"期间实施需求响应的总费用为12.5亿元。为有效提升电网供需平衡能力、减少电网投资，保障电力供应，建议"十四五"期间将电力需求侧响应作为重要的规划资源纳入电力保障体系，不断丰富激励资金来源，提升响应平台智能化水平和用户参与意愿。

关键词： 河南省 "十四五" 电力需求响应 补贴费用

电力需求响应是指电力用户针对激励机制或市场价格信号做出响应，主动改变常规电力消费模式的行为。电力需求响应在平抑尖峰负荷、保障电力供需平衡、促进电网提质增效方面发挥着重要作用。近年来，国家政策对需

---

* 武玉丰，国网河南省电力公司高级工程师，研究方向为电力市场分析；刘军会，工学硕士，国网河南省电力公司经济技术研究院工程师，研究方向为能源经济及电力市场；付涵，国网河南省电力公司高级工程师，研究方向为电力需求侧管理。

求响应能力建设提出明确要求，通过引导和激励电力用户挖掘调峰资源，形成占年度最大用电负荷3%左右的需求响应能力。为保障全省"十四五"期间电力供应，综合考虑全省及各地市电力供需形势和需求响应能力，本文优化分解了全省需求响应目标，服务于全省"十四五"电力规划及需求响应实施方案的制定。

一 河南省"十四五"电力需求响应必要性分析

根据河南省"十四五"电力供需预测，全省电力供需缺额将持续加大，各区域也呈现不同的缺电态势。在积极引入区外电力、自建煤电、加强源网协同的同时，还需要从负荷侧挖潜，充分挖掘全省需求响应潜力。为更精准、灵活地开展互动响应，在电力供应紧张的区域提前部署足量的需求侧可调节负荷资源，需要根据全省及各区"十四五"电力供需形势统筹安排。

（一）全省电力供需形势分析

"十四五"期间是河南省由工业化中期向工业化后期过渡的关键时期，全省将持续推进产业结构优化升级及乡村振兴战略，全省电力需求仍将保持刚性增长。根据河南省"十四五"电力供需预测，预计2025年全省最大负荷为9800万千瓦左右，省内电源总装机12491万千瓦，受入外电规模达到2313万千瓦。综合考虑全省最大负荷以及系统供应能力，全省"十四五"期间电力缺额呈逐年扩大趋势，2025年缺额将扩大至1600万千瓦左右。

（二）全省分区电力平衡

"十四五"初期，随着青豫特高压直流的投运，豫南驻信地区将由传统的受电区域转变为送电区域，全省供电紧张的地区主要分布在豫南地区的许昌、漯河、周口、平顶山、南阳5个地市。随着全省各区域负荷发展，"十四五"中期，全省供电紧张的区域将扩展到豫北地区的安阳、鹤壁、濮阳3个地市。到"十四五"末期，全省供电紧张的区域进一步将扩展至豫中地区的郑州、开封、商丘 3 个地市。

2025 年，豫北地区整体电力缺额将为 378 万千瓦。其中，安鹤濮区域电力缺额扩大至 407 万千瓦，焦新地区略有盈余。豫西区域盈余 172 万千瓦。豫中东区域，考虑天中直流区外电力，整体电力缺额进一步扩大至 700 万千瓦。豫南电网整体电力缺额约为 768 万千瓦，其中许漯周、平南区域缺额分别进一步扩大至 689 万千瓦、326 万千瓦，驻信区域盈余 132 万千瓦。全省各分区、各地市电力平衡分析详见表 1、表 2。

表 1 河南省"十四五"各分区电力平衡

单位：万千瓦

	2021 年	2025 年
豫北	11	-378
安鹤濮	-213	-407
焦新	224	28
豫中	396	-272
洛三济	444	206
郑州	88	-177
开商	-302	-501
豫南	-501	-768
许漯周	-425	-689
平南	-173	-326
驻信	9	132

注：数据为 15% 备用条件下电力平衡结果。正数为电力盈余，负数为电力缺额。

表 2 河南省"十四五"各地市电力平衡

单位：万千瓦

	2021 年	2025 年
安阳	-270	-350
鹤壁	170	130
濮阳	-129	-209
焦作	229	150
新乡	-25	-145
济源	54	9

续表

	2021 年	2025 年
三门峡	305	282
洛阳	110	-13
郑州	88	-177
开封	-206	-309
商丘	-122	-225
许昌	-112	-200
漯河	-128	-179
周口	-217	-352
平顶山	-24	-150
南阳	-170	-203
驻马店	136	385
信阳	-144	-275

注：数据为15%备用条件下电力平衡结果。正数为电力盈余，负数为电力缺额。

综上，全省在"十四五"期间大部分地区存在电力缺额，有必要开展电力需求响应，缓解电力供应保障压力，促进地区电力供需平衡。

二 河南省"十四五"18个地市电力需求响应能力评估

需求响应能力与区域产业结构和负荷水平密切相关，各地市存在一定的差异。工业企业和大型商业体一般是需求响应的参与主体。随着电动汽车、冷库、通信基站等新兴负荷的发展，可调节负荷的种类进一步增加，规模进一步扩大。电动汽车充电站可通过调整充电时间，冷库可通过短时关停，通信基站可通过启用蓄电池参与需求响应，该三类负荷参与响应的潜力很大。

对于单个地市的需求响应能力而言，可以通过调研方式由行业响应能力"自下而上"汇总得到。

地市 m 第 i 个行业的响应能力计算公式为：

$$\Delta P_{m,i} = P_{peak,i} \times \gamma_i \times \delta_i$$

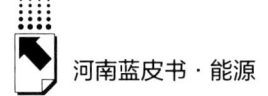

式中，$\Delta P_{m,i}$ 为地市 m 行业 i 的需求响应能力；$P_{peak,i}$ 为实施需求响应前峰荷，是行业固有的负荷特性，具有一定的发展规律，可根据"十四五"地市行业发展规划采用趋势外推法进行预测；γ_i 为需求响应时段可削减（避峰）负荷比例，与用户的用电设备、生产工艺、负荷管理水平有关；δ_i 为行业 i 的用户参与度，可通过调研一定数量的（$1,2,3,\cdots,n$）样本用户 j 获得。假定总量为 n 的样本用户中有 k 个用户参与需求响应，则对于行业 i 可以合理推测出削峰比例 γ_i 和参与度 δ_i。

$$\gamma_i = \sum_{j=1}^{k} \frac{\gamma_{i,j}}{k}$$

$$\delta_i = k/n$$

对具有参与意向、具备响应能力的 r 个行业负荷削减潜力进行累加，汇总得到地市 m 的需求响应能力 P_m（$m = 1,2,3,\cdots,18$）。

$$P_m = \sum_{i=1}^{r} \Delta P_{m,i}$$

按照上述方法通过调研分析得到"十四五"期间河南省各地市响应能力（见表3）。

表3　河南省"十四五"各地市响应能力

单位：万千瓦

	2021年	2025年
全省合计	588	774
安阳	40	50
濮阳	13	20
鹤壁	8	11
新乡	47	62
焦作	46	54
三门峡	17	21
洛阳	75	87
济源	16	18

续表

	2021 年	2025 年
郑州	81	110
开封	22	29
商丘	34	49
许昌	25	33
漯河	15	22
周口	26	44
驻马店	25	36
信阳	18	26
平顶山	31	38
南阳	48	64

综上，将 2025 年各地市需求响应能力累加，全省可调节负荷规模达到 774 万千瓦，响应能力超过 750 万千瓦，可以满足全省需求响应 500 万千瓦的实施规模（最大负荷 5% 水平）。

三 河南省"十四五"电力需求响应目标优化分解

根据全省各分区电力供需形势，按照"十四五"期间各年度需求响应目标在全省范围内组织需求响应资源。河南省在"十四五"期间需求响应目标见表4。

表4 河南"十四五"最大负荷与需求响应目标

单位：万千瓦

	2020 年	2025 年
最大负荷	6545	9800
需求响应规模	200	500
需求响应目标	300	750

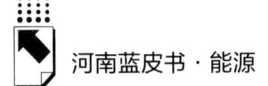

从全省整体出发，确立"一盘棋"思想，统筹考虑地市电力供应缺额与需求响应能力，优化分解750万千瓦需求响应目标，实现区域目标与响应能力的动态平衡。

根据全省"十四五"分区电力平衡结果，将18个地市大致分为3类。

第Ⅰ类："十四五"期间不存在供电缺额且负荷规模小的地区，如三门峡、济源地区；由于青豫特高压直流投运，由受电区域转为送电区域，且工业负荷比重较低的地区，如驻马店、信阳地区。

第Ⅱ类："十四五"期间始终存在供电缺额，需要通过区域联络线供应的地区，如许昌、漯河、周口、平顶山、南阳地区。

第Ⅲ类："十四五"期间逐步出现供电缺额的地区，如安阳、鹤壁、濮阳、郑州、开封、商丘地区；"十四五"期间不存在供电缺额但负荷规模较大的地区，如洛阳、焦作、新乡地区。

目标优化分解顺序如下：(1) 首先安排第Ⅰ类地区，"十四五"期间需求响应目标维持2020年水平；(2) 其次安排第Ⅱ类地区，"十四五"期间需求响应目标与本地需求响应能力保持一致；(3) 剩余目标安排第Ⅲ类地区实施。设定平衡系数k，实现目标与响应能力的动态平衡。

$$\sum_{l \in Ⅲ} k \times A_{m,l} = P_m - \sum_{x=Ⅰ}^{Ⅱ} Q_{m,x}$$

式中，P_m为年度m全省需求响应储备目标，m代表水平年，取值为2021年、2022年……2025年。$Q_{m,x}$为年度m第x类地区已确定的储备目标，x取值为Ⅰ、Ⅱ。$A_{m,l}$为年度m地市l的需求响应能力，地市l归属为第Ⅲ类地区。k为平衡系数，一般情况下平衡系数为$0 < k \leq 1$。如果$k > 1$，将参与平衡的地市范围扩大到第Ⅱ类地区。

通过平衡系数k确定第Ⅲ类地区的储备目标$Q_{m,Ⅲ}$。

$$Q_{m,Ⅲ} = k \times A_{m,l} \quad l \in Ⅲ$$

各地市的目标分解方案见表5。

表5 河南省"十四五"需求响应目标分解方案

单位：万千瓦

区域分类		2021年	2025年
	全省合计	390	750
第Ⅰ类	三门峡	5	5
	济源	5	5
	驻马店	20	20
	信阳	10	10
第Ⅱ类	许昌	25	35
	漯河	15	23
	周口	26	47
	平顶山	31	40
	南阳	48	67
第Ⅲ类	安阳	23	53
	濮阳	7	21
	鹤壁	4	11
	郑州	45	116
	开封	12	30
	商丘	19	51
	洛阳	42	92
	新乡	26	65
	焦作	26	57

四 河南省"十四五"需求响应实施费用估算

需求响应实施费用由用户补贴费用、需求响应业务支撑平台升级和维护费用、用户侧响应终端费用三部分组成。

用户补贴费用测算。年度补贴费用与响应次数、用户响应规模和类型、单次补偿价格均有关系。在响应次数方面，近年来河南省负荷曲线尖峰化趋势明显，2019年95%以上最大负荷持续时间仅为8小时，从电网尖峰负荷持续时间判断需求响应启动次数，"十四五"期间年度需求响应次数按8次考虑是合适的。在响应规模方面，"十四五"期间年度响应规模为当年最大

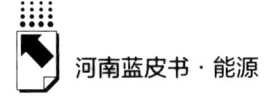

负荷的3%~5%，2025年响应规模将达到500万千瓦。在单次补偿价格方面，根据《关于2019年开展电力需求响应工作的通知》（豫发改运行〔2019〕180号），约定响应持续1小时单次补偿价格为6元，实时响应持续1小时单次补偿价格为12元。

需求响应业务支撑平台升级和维护费用测算。"十四五"期间根据需求响应实施规模，平台的升级和年度维护费用合计为2000万元。其中，平台运维费用为30万元/年，电采系统服务费用为100万元/年，采集终端维护费用为270万元/年。

用户侧响应终端费用测算。现阶段负荷调节采用"自控为主、直控为辅"的方式，可调节负荷主要包括参与约定响应的工业用户、参与实时响应的商业用户。对于工业用户，由于涉及生产设备、人身安全等因素，一般由用户自行参与，或聚合商代理，电网企业无终端建设成本。对于商业用户，为实现商场、楼宇中央空调集中调控，需要投资安装非工空调响应终端，实时响应部分根据非工空调终端安装数目测算。单个终端安装费用约为1.6万元，单次可切除负荷200~300千瓦。基于前期市场调研，考虑非工空调终端安装的可行性和用户参与意愿，"十四五"期间终端安装需求量估计为3000个，费用合计为4800万元。

综上所述，按照年度启动响应8次、单次持续时间1小时测算，"十四五"期间实施需求响应的总费用为12.5亿元，其中，需求响应用户补贴费用为11.8亿元，平台维护升级费用为2000万元，用户侧响应终端费用为4800万元。需求响应用户补贴费用占比最高，占总费用的94%左右（见表6）。

表6 河南省"十四五"期间需求响应实施费用

费用科目	类别	2021年	2025年	"十四五"合计
响应目标分解	需求响应建设目标(万千瓦)	260	500	—
	约定响应部分(万千瓦)	190	370	—
	实时响应部分(万千瓦)	70	130	—

续表

费用科目	类别	2021年	2025年	"十四五"合计
用户补贴费用	单次响应补贴(万元)	1979	3779	14757
	响应次数(次)	8	8	40
	补贴费用(万元)	15835	30235	118056
平台维护升级费用	运维费用(万元)	30	30	2000
	电采系统服务费(万元)	100	100	
	采集终端维护费(万元)	270	270	
用户侧响应终端费用	需安装的终端数目(个)	1000	0	3000
	安装费用(万元)	1600	0	4800
需求响应实施费用合计(万元)		17835	30635	124856

在补贴资金来源方面，需求响应工作是一个长期的过程，实施电力需求响应需要有稳定且充足的补贴资金来源。2018～2019年河南省实施电力需求响应补贴资金暂利用全省超发电量结余资金解决，从长远发展来看，这一资金来源存在不可持续、资金用途不专一、使用机制不畅等问题。通过实施需求响应削峰填谷可平稳电力负荷曲线，确保用户安全可靠用电，优化发电机组的运行曲线，功能等同于投资建设发电和输配电设备进行供电，同理也应采取同样的方式进行成本疏导。经过积极争取，2020年《关于印发河南省2020年有序用电方案的通知》（豫发改运行〔2020〕312号）第五条明确"电网企业发放的需求响应补贴成本纳入输配电价核定"，把实施电力需求响应的补贴资金计入运行维护费纳入准许成本。未来，随着需求侧竞价的推广，以及可调节负荷资源逐步纳入辅助服务市场、现货市场，需求响应实施成本会进一步下降。

五 河南省"十四五"需求响应工作建议

"十四五"期间，为提升电力行业发展质量和效率，保障电力供应，应把需求响应作为重要的规划资源纳入电力保障体系。不断探索将需求响应引入电力交易，丰富辅助服务市场、电力现货市场交易品种，丰富激励资金来

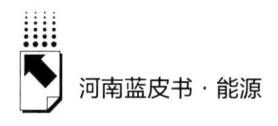

源和实施路径。充分利用互联网信息技术，提升需求响应平台智能化运行水平。利用现代化融媒体宣传方式，引导广大居民和商业用户广泛参与需求响应，不断扩大实施规模。

（一）作为重要的规划资源纳入电力保障体系

面对"十四五"期间全省出现的电力供应缺额，在常规优先保证省内电源有效供给能力，积极开拓省外市场推进第三直流前期工作的基础上，应把需求响应作为重要的规划资源纳入电力保障体系，逐步建立占年度最大负荷3%~5%的需求响应能力，保障电力供应，提升电力行业发展质量和效率。逐步将电动汽车充电桩、冷库、通信基站负荷纳入可调负荷资源，进一步挖掘该类新兴负荷的需求响应潜力，稳步扩大实施范围和规模。

（二）不断丰富激励资金来源和实施路径

积极鼓励负荷集聚商主动归集中小用户负荷，减少需求响应总平台工作量。不断深化需求响应费用补偿机制研究，引入竞价机制，探索实施"双轨制"补偿标准定价模式[①]，对于申报容量符合一定标准的用户可参与需求侧竞价模式，其他用户参与固定补偿价格模式，降低需求响应成本。结合全省电力市场建设进度，逐步将可调节负荷资源纳入辅助服务市场、电力现货市场，丰富辅助服务市场、电力现货市场交易品种，不断丰富激励资金来源和实施路径，满足需求响应工作长远发展。

（三）提升需求响应平台智能化运行水平

以提升需求响应平台智能化运行水平和运行效率为目的，充分利用先进互联网信息技术，将用户参与需求响应的预期收益和实际补贴金额及时反映给用户，激发用户主动参与需求响应的积极性。利用便捷的线上服务体系，试点网上签订需求响应协议，丰富签约形式，便捷签约流程，简化操作流

---

① 《天津市2020年春节期间电力需求响应实施细则》。

程。采用智能控制终端，依据用户意愿或者电网侧需求响应指令，自动对用电设备进行远程控制，实现主动灵活需求响应。利用区块链技术线上实现需求响应用户资格认证、负荷基线认证、实施电量认证和补贴发放认证，提升需求响应实施工作的公信力。

（四）引导广大居民和商业用户参与

利用多元现代化融媒体宣传方式，利用支付宝、微信等 App 以及公众号、网上直播等使用率高的社交生活渠道，向社会宣传需求响应、用能优化对保障电力安全运行、提升效率、降低全社会成本的重要意义，不断扩大居民和商业用户参与需求响应的规模，提升实施响应的能力。加强与电力用户、负荷聚合商、设备厂商等市场主体的业务合作，共同促进需求响应业务良性发展。

参考文献

国家发展和改革委员会、工信部等六部委：《关于深入推进供给侧结构性改革做好新形势下电力需求侧管理工作的通知》（发改运行规〔2017〕1690 号）。

《国家发展改革委国家能源局关于做好 2019 年能源迎峰度夏工作的通知》（发改运行〔2019〕1077 号）。

河南省发展和改革委员会：《关于印发河南省 2020 年有序用电方案的通知》（豫发改运行〔2020〕312 号）。

李彬、陈京生、李德智、石坤、杨斌、祁兵、孙毅、奚培锋：《我国实施大规模需求响应的关键问题剖析与展望》，《电网技术》2019 年第 2 期。

国家发展和改革委员会、国家能源局：《输配电定价成本监审办法》（发改价格规〔2019〕897 号）。

国家发展和改革委员会：《省级电网输配电价定价办法》（发改价格规〔2020〕101 号）。

B.12 河南省"十四五"工业污染物排放形势分析与建议

陈 静 王信增*

摘 要： 大气污染与工业能源消耗联系密切，减少工业能源消耗对大气污染防治具有积极作用。根据对河南省"十三五"工业能源消耗特征、大气污染物排放现状进行的分析，"十四五"期间全省工业能源结构优化压力仍然较大，大气环境治理工作任重而道远。通过分析相关影响因素，本文提出了重点削减高耗能、高排放行业能源消费总量，优化工业能源结构，因地制宜开展差异化管理，完善环保监控监测体系，促进环保经济正向融合发展等工作建议。

关键词： 河南省 "十四五" 工业能源消耗 污染物排放 环境保护

大气污染与工业能源消耗联系密切，减少工业能源消耗对大气污染防治具有积极作用。河南省工业所消耗的能源品种繁多，近年来为改善生态环境、实现可持续发展，全省在以煤炭为主要能源的基础上强力推动清洁能源利用，西气东输、外电入豫规模不断扩大，重点区域煤炭总量受到严格控制，能源结构调整优化稳步推进，工业能源消耗在加速向清洁低碳化转型。

---

* 陈静，工学硕士，河南省生态环境监测中心高级工程师，研究方向为环境统计及环境监测；王信增，工学硕士，濮阳市生态环境监控和信息中心工程师，研究方向为环境科学及智能环保建设。

工业排放污染物在全省大气污染物中占主要地位。"十三五"以来，全省深入推进大气污染防治攻坚战，持续改善环境空气质量，治理水平大幅提升，成效显著。

一 河南省"十三五"工业污染物排放现状

（一）工业能源消耗现状分析

河南省工业所消耗的能源品种繁多，以燃料煤为主，包含企业生产、生活用燃料煤，也包含砖瓦、石灰等产品生产用的内燃煤；其次是燃料油，包括原油、汽油、柴油、煤油等用作燃料的油料（不包括车船交通用油）；还有焦炭、天然气以及其他燃料（如煤气、石油气、生物质能、热力）、电力等。

长期以来，化石能源在河南省占据着主体地位，工业结构偏"重"、能源偏"煤"。"十三五"期间受经济发展、产业调整、环境保护等因素影响，全省工业能源消耗中清洁能源利用量快速增长，煤炭消耗量不断下降。2019年，全省工业综合煤炭消耗量约为1.93亿吨，同比下降13.1%，其中燃料煤消耗1.62亿吨，同比下降9.0%；天然气、生物质能等绿色清洁能源利用快速增长，工业天然气消耗量为97.98亿立方米，同比增长39.6%，其他燃料消耗量为573万吨标准煤，同比增长19.9%。河南省工业能源消耗情况如图1所示。

工业能源结构中，燃料煤仍占据主体地位，所占比重逐年下降。2019年，全省燃料煤约占工业总能源消耗量的76.2%，同比下降3.9个百分点，较2016年降低约5.6个百分点。天然气、其他燃料得到大力推广与利用，分别较2016年增长了3.5个百分点、0.7个百分点。减煤限煤措施、"煤改气"、煤改生物质能、风电及太阳能发电快速发展是燃煤量下降的主要原因。河南省工业能源消费结构变化情况如图2所示。

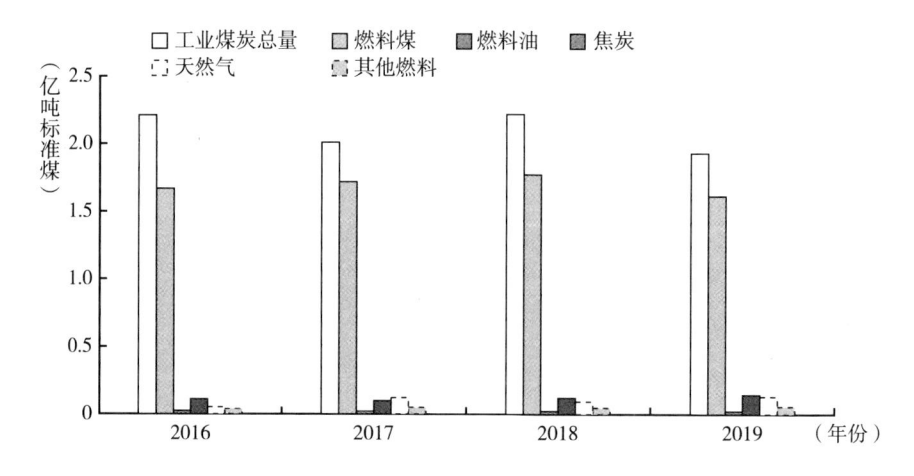

图1　2016～2019年河南省工业能源消耗情况

资料来源：行业统计数据，本文余同。

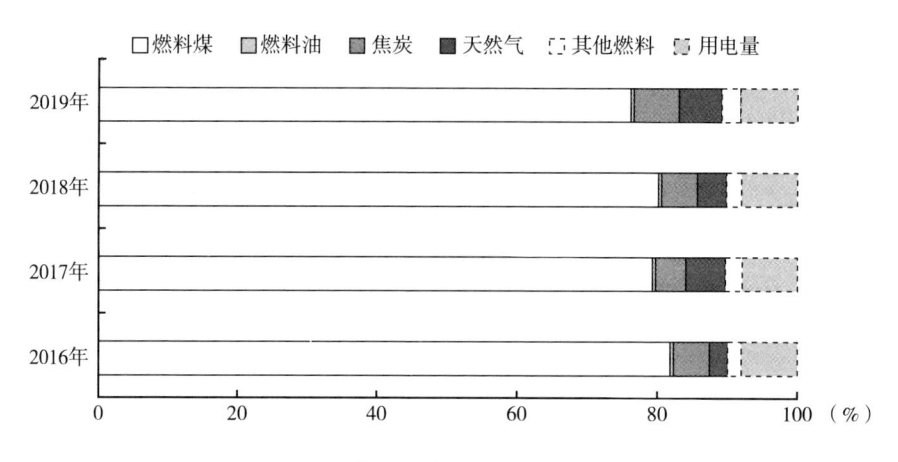

图2　2016～2019年河南省工业能源消费结构变化情况

（二）工业大气污染物排放现状分析

国内生产总值污染物排放指数（GDP Pollutant Emission Index，GPI）表征每生产一个单位的国内生产总值所排放的污染物数量，是反映经济增长与环境协调发展状况的指标。"十三五"以来，河南省工业污染减排效果显著，污染物排放量大幅下降，工业中二氧化硫、氮氧化物、烟（粉）尘的

GPI指数分别下降了81.8%、70.5%、77.6%,客观反映了工业发展所产生的环境代价逐年降低。全省六大高耗能行业是排放污染物最多的工业行业,也是GPI指数最高的行业,污染物排放贡献率处于较高水平,单位工业产值所排放的大气污染物远超其他行业。

1. 二氧化硫排放分析

二氧化硫来源于化石燃料的燃烧以及含硫矿石的冶炼、工艺废气等,二氧化硫的排放源集中在工业源和生活源。随着大气污染防治力度逐年加大,全省二氧化硫排放量大幅下降,2019年较2016年下降了66.9%,其中工业二氧化硫减排成效显著,由28.5万吨降至7.7万吨,累计下降了73.0%,工业源在区域总量的占比由68.8%降至56.0%,仍为第一大排放源。

单位工业产值二氧化硫排放量下降显著,2016~2019年,全省工业二氧化硫GPI指数由19.4吨/亿元降至3.5吨/亿元,累计降幅达82.0%,工业污染防治起到了关键作用。从行业结构看,六个高耗能行业是污染物排放量最大的行业,2019年二氧化硫排放量占工业排放量的81.5%,其工业总产值只占40.9%,GPI指数高达7.1吨/亿元,远远高于其他行业(见图3)。

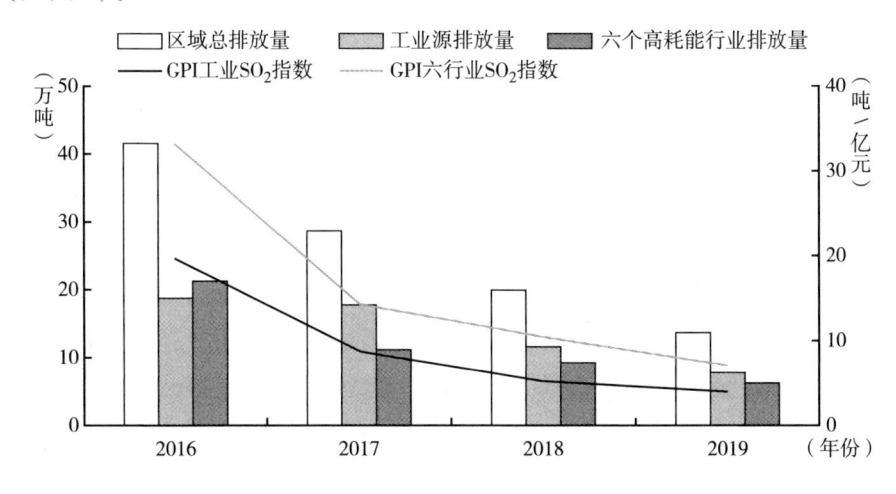

图3 2016~2019年河南省二氧化硫排放情况

随着电力行业脱硫、脱硝及超低排放改造的推进,"十三五"期间电力、热力生产和供应业二氧化硫排放得到有效控制,排放量占比大幅下降,2019年排放量占全省工业的23.3%,是全省工业第二大污染源。电力、热力生产和供应业二氧化硫GPI指数达19.1吨/亿元,是单位工业产值排放二氧化硫最多的行业。非金属矿物制品业企业数量多、品种多、分布广,企业规模相对较小,二氧化硫排放占比有所回升,排放量占全省工业的30.2%,居全省第一,二氧化硫GPI指数为15.3吨/亿元,是单位工业产值排放二氧化硫第二大行业(见图4)。

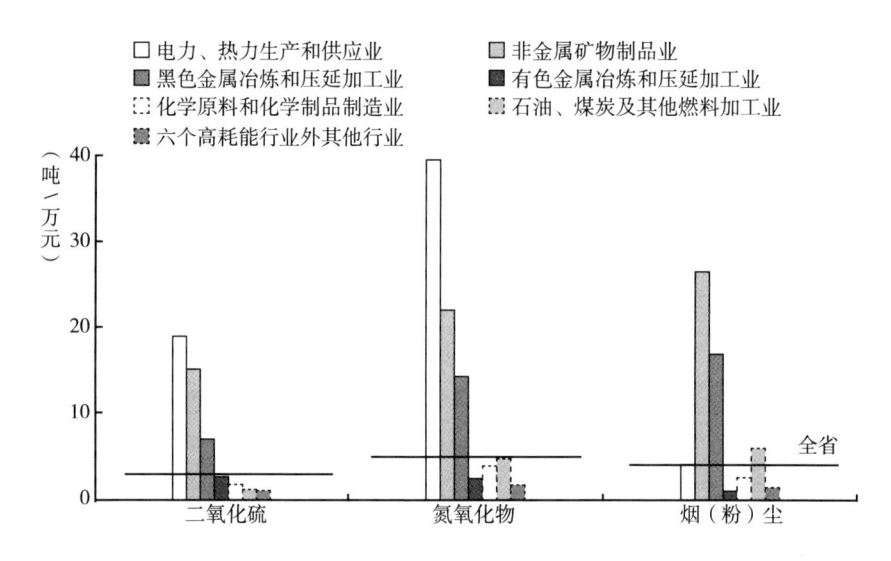

图4 2019年河南省工业行业GPI指数

2. 氮氧化物排放分析

人类活动排放的氮氧化物,大部分来自化石燃料的燃烧过程,其次来自生产、使用硝酸的过程,如氮肥厂、有机中间体厂、有色金属及黑色金属冶炼厂等,排放源集中在工业、生活和机动车尾气中。全省氮氧化物排放量逐年下降,2019年较2016年下降了24.8%,其中工业氮氧化物由30.3万吨降至13.2万吨,累计下降了56.4%,工业源为仅次于移动源的第二大排放源,在区域总量的占比由37.5%降至21.7%。

2016~2019年，全省工业氮氧化物GPI指数由20.7吨/亿元降至6.1吨/亿元，累计降幅达70.5%，单位工业产值氮氧化物排放量明显下降，污染防治减轻了工业对大气环境造成的污染程度。从行业结构看，六大高耗能行业是氮氧化物排放量最大的行业，2019年氮氧化物排放量占工业排放量的82.9%，氮氧化物GPI指数高达12.4吨/亿元，在工业对大气环境的影响中具有决定性作用（见图5）。

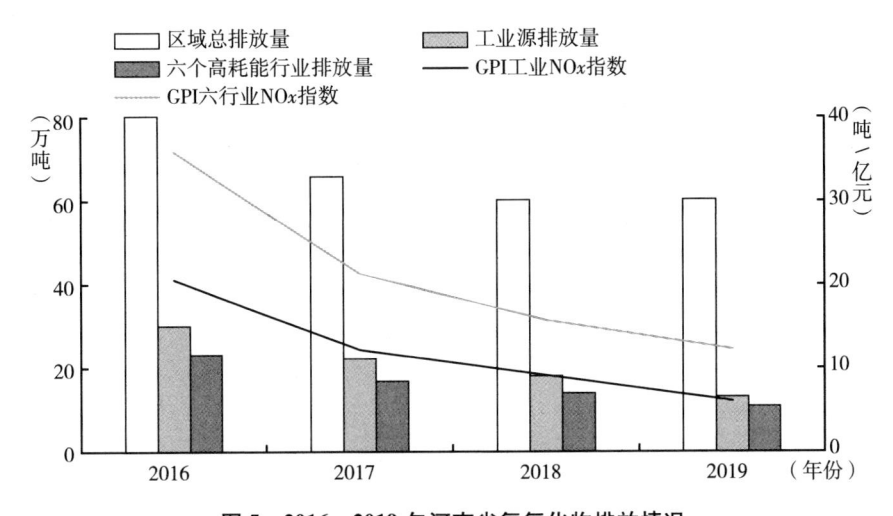

图5 2016~2019年河南省氮氧化物排放情况

电力、热力生产和供应业在超低排放改造后，2019年氮氧化物排放量占全省工业的28.1%，GPI指数为39.7吨/亿元，仍是全省工业氮氧化物第一大污染源；非金属矿物制品业、黑色金属冶炼和压延加工业排放的氮氧化物占全省工业的比重分别为17.5%、16.9%，氮氧化物GPI指数分别为22.2吨/亿元、14.4吨/亿元。这是单位工业产值氮氧化物排放最高的三个行业。

3. 烟（粉）尘排放分析

烟（粉）尘源自工业燃料燃烧、生产工艺过程中的颗粒物，是影响空气质量的重要污染物，排放源集中在工业、生活和机动车尾气中。"十三五"期间河南省强力推进污染防治攻坚，全省烟（粉）尘排放量逐年下降，

2019年较2016年下降了70.4%，其中工业烟（粉）尘由30.73万吨降至10.2万吨，累计下降66.8%。同时，由于生活源污染也下降显著，工业源贡献率仍较高，在区域总量的占比由71.7%升至80.0%。

"十三五"期间，全省工业烟（粉）尘GPI指数由21.0吨/亿元降至4.7吨/亿元，累计降幅达77.6%，单位工业产值烟（粉）尘排放量明显下降，污染防治减排效果显著。从行业结构看，六个高耗能行业是烟（粉）尘排放量最大的行业，2019年烟（粉）尘排放量占工业排放量的81.3%，烟（粉）尘GPI指数为9.3吨/亿元（见图6）。

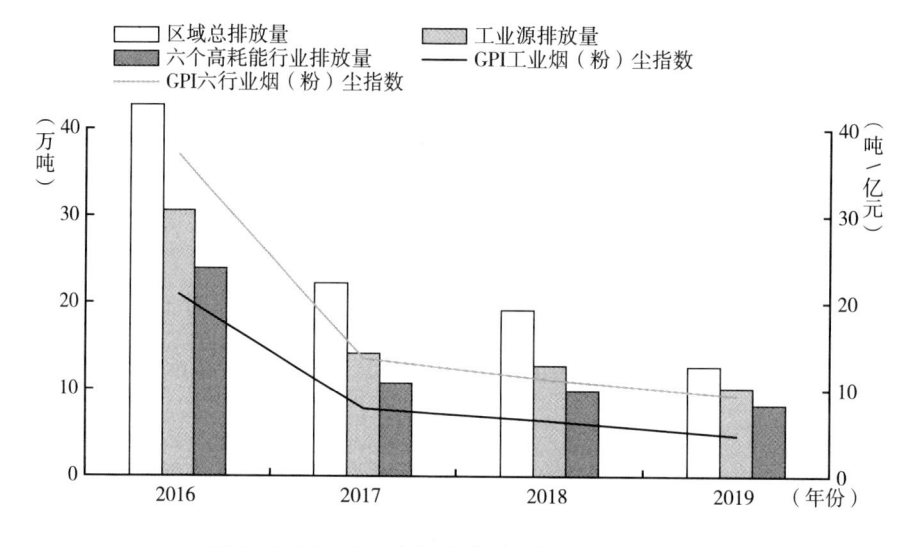

图6 2016~2019年河南省烟（粉）尘排放情况

非金属矿物制品业、黑色金属冶炼和压延加工业目前是工业烟（粉）尘污染最严重的两个行业，排放烟（粉）尘分别占39.8%、25.9%，烟（粉）尘GPI指数分别为26.7吨/亿元、17.0吨/亿元。相比而言，电力、热力生产和供应业烟（粉）尘治理起步早、要求标准高，效果最佳，全省在运火电厂全部实现严格的超低排放，烟（粉）尘2019年排放量仅占全省工业的3.8%，烟（粉）尘GPI指数为4.2吨/亿元，行业污染得到有效控制。

（三）高耗能行业仍以化石能源消耗为主

2019 年，河南省年耗能万吨煤以上的工业企业有 348 家，占有污染物产生工业企业总数的 4.5%，主要集中在电力、热力生产和供应业，非金属矿物制品业，黑色金属冶炼和压延加工业，化学原料和化学制品制造业等行业。

不同工业行业的能源利用方式差异较大。整体来看，钢铁、炼焦、有色冶炼、煤化工等以化石能源为主的高耗能行业占据重要地位，其中，电力、热力生产和供应业是燃料煤使用大户，黑色金属冶炼和压延加工业是焦炭消耗最多的行业。在天然气利用方面，小微企业近年来在大气污染防治攻坚、能源转型因素推进下，能源利用方式转型较快，耐火材料、玻璃、石墨及陶瓷等非金属矿物制造小企业较多转为利用天然气。2019 年河南高耗能行业能源消耗情况如图 7、表 1 所示。

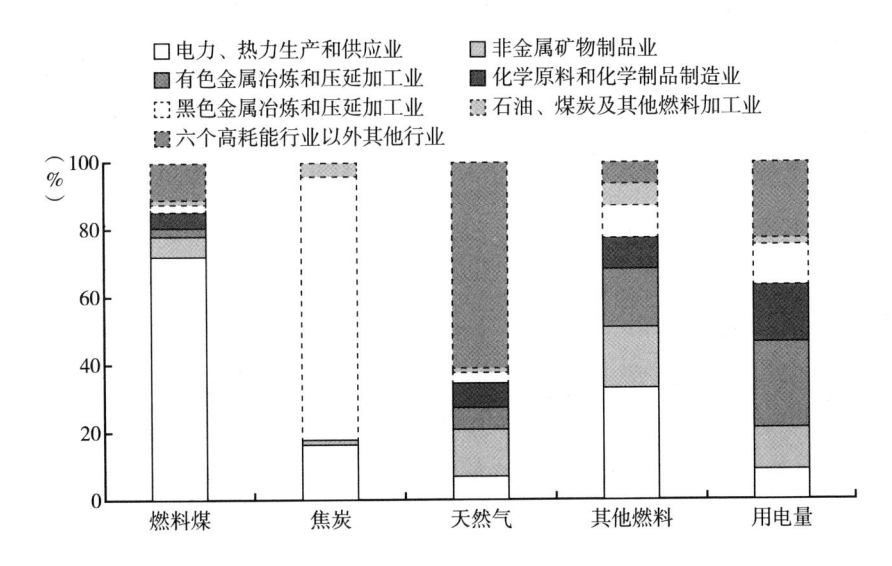

图 7 2019 年河南省高耗能行业能源消耗情况

淘汰落后产能和压减过剩产能使得高耗能行业燃煤消耗量大幅下降。2019 年，全省工业燃煤同比下降 9.0%，高耗能行业中电力、热力生产和供应业，化学原料和化学制品制造业，有色金属冶炼及压延加工业，黑色金属

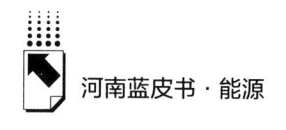

冶炼及压延加工业燃煤消耗减量显著，仅非金属矿物制品业燃料煤消耗量小幅增长。

表1 2019年河南省高耗能行业燃煤消耗情况

单位：万吨、%

行业	电力、热力生产和供应业	非金属矿物制品业	黑色金属冶炼及压延加工业	有色金属冶炼及压延加工业	化学原料和化学制品制造业	石油、煤炭及其他燃料加工业
燃料煤消耗量	11623.3	1062.9	235.7	387.1	749.2	356.9
占工业燃煤比重	71.9	6.6	1.5	2.4	4.6	2.2
增速	-8.1	1.9	-16.8	-22.6	-12.2	-2.4

在电力、热力生产和供应业方面，2019年，受电解铝行业产能转移、凉夏暖冬等影响，电力需求同比下降；同时，全省持续优化电源结构，大力发展风电、光伏、生物质等清洁能源，煤电发电量同比下降，导致其主要能源燃料煤同比下降8.1%。

在有色金属冶炼及压延加工业方面，2019年，全省豫联、神火、恒康等几大电解铝企业产能外移或停运，京津冀传输通道城市氧化铝生产企业基本淘汰燃煤干燥窑、燃煤反射炉，以及以煤为燃料的熔铅锅和电铅锅，受电解铝行业产能转移和铝冶炼生产工艺改变影响，产能下降8.9%，燃料煤消耗量减少22.6%。

在黑色金属冶炼及压延加工业方面，主要能源消耗是焦炭，在全省统一布局大形势下，重点区域钢铁企业通过改造升级、关停、省外搬迁等方式实现转型发展，严格控制煤炭消费量，燃料煤和焦炭消耗量同比分别降低16.8%、1.4%。

（四）工业能源消耗对河南省大气环境的影响

"十三五"期间，随着"国十条"等一系列大气污染防控政策的实施，全省环境空气质量得到明显改善，主要污染物浓度均呈现持续下降特征。

2019年全省二氧化硫、二氧化氮浓度年均值分别同比下降31.3%、12.8%，较2016年下降了66.7%、19.0%；PM10、PM2.5浓度年均值分别同比下降12.3%、7.8%，较2016年下降了19.2%、21.9%。影响环境空气质量的大气污染源中，若不计及移动源对氮氧化物的影响、生活源对颗粒物的影响，"十三五"期间工业污染源二氧化硫、氮氧化物、烟（粉）尘降低趋势与环境质量变化趋势基本吻合（见图8）。

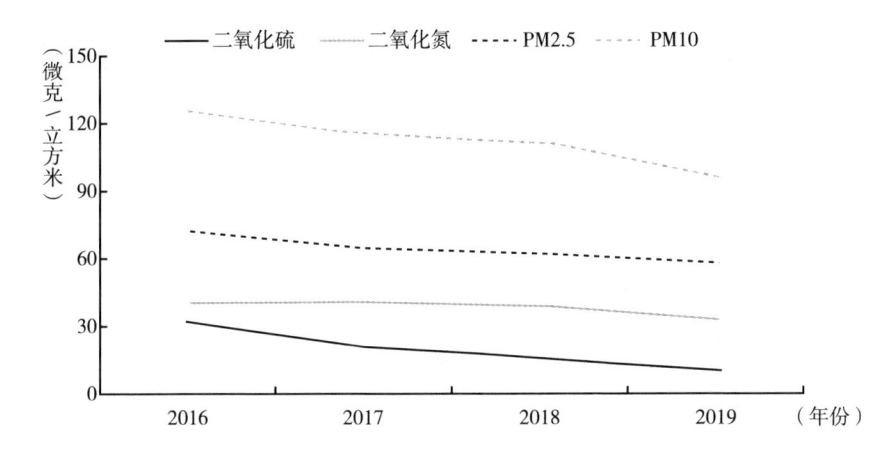

图8 2016~2019年河南省环境空气质量主要监测指标浓度变化情况

河南省以煤炭为主的能源结构尚未发生根本改变，煤炭使用是大气污染的重要影响因素，全省工业煤炭消费占全社会煤炭消费总量的95%，煤炭直接燃烧以及煤炭直接使用相关的行业贡献了超过一半的排放量。全省六大高耗能行业工业总产值占全省重点调查工业总产值的40.9%，排放的大气污染物二氧化硫、氮氧化物、烟（粉）尘排放量分别占工业总排放量的81.5%、82.9%、81.3%。近年来，河南工业企业持续转型升级，环保治理力度不断加大，落后及过剩产能得到有效淘汰，能源结构得到持续优化，工业源污染治理能力大幅提升，非金属矿物制品业，黑色金属冶炼和压延加工业，电力、热力生产和供应业等行业污染治理成效显著，排放强度和排放量明显下降，但仍为主要高污染行业，污染物排放量贡献率仍处于高位，对周围环境造成的污染仍相对较大。

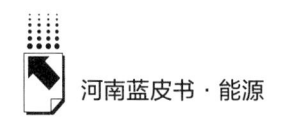

二 河南省"十四五"大气环境治理形势分析

河南省自"十三五"以来深入推进大气污染防治攻坚战,持续改善环境空气质量,大力推动产业结构、能源结构等调整优化,深化散煤、工业炉窑污染、废气污染治理,开展重点行业提标治理,治理水平大幅提升,取得了良好成效。"十四五"及未来一段时间内,生态文明建设上升到新的高度,在能源加速转型背景下,产业结构变化对生态环境的影响日趋复杂,大气环境治理工作仍然任重而道远。

(一)有利条件

1. 生态文明建设顶层设计上升到新高度

2019年,围绕"生态文明建设",习近平总书记提出了"四个一",即在"五位一体"总体布局中生态文明建设是其中一位,在新时代坚持和发展中国特色社会主义基本方略中坚持人与自然和谐共生是其中一条基本方略,在新发展理念中绿色是其中一大理念,在三大攻坚战中污染防治是其中一大攻坚战。"四个一"为全国生态文明建设和生态环境保护指明了方向。

2. 黄河流域生态保护和高质量发展带来新契机

2019年9月,习近平总书记在黄河流域生态保护和高质量发展座谈会上发表重要讲话,就黄河流域生态保护和高质量发展指明了战略发展方向并提出了原则要求。会议指出,黄河是中华民族的母亲河,要把黄河流域生态保护和高质量发展作为事关中华民族伟大复兴的千秋大计。要因地制宜、分类施策、尊重规律、改善黄河流域生态环境。黄河干流在河南省穿流而过,流经区域是全省经济活动最为活跃、工业最为发达、企业最为密集的区域,能源消费总量占全省能源消费总量的35.8%,其中煤炭、燃气、燃油消费量分别占全省同类能源消费总量的32.9%、30.0%、96.0%。煤炭消费量约占省内黄河流域能源消费总量的75.7%,高于全省煤炭消费占比。省内黄河流域覆盖了京津冀大气污染传输通道"2+26"城市群和汾渭平原涵盖的地市，煤电、有色金属、钢铁、水泥、化肥等高耗能行业的生产活动消耗大量煤炭，区域大气污染物排放量居高，区域单位 GDP 大气污染物排放强度较高。在黄河流域生态保护和高质量发展战略指引下，需要持续推动高污染产业结构布局优化，提升工业污染物排放治理水平。

3. 新能源快速发展为清洁替代打下了坚实基础

"十四五"是我国开启全面建设现代化强国"两个十五年"新征程的第一个五年规划期，"十四五"无论是从大气环境质量要求，还是从低碳减排、生态文明建设的角度，都对清洁能源提出了新要求。近年来河南省推进能源结构转型的效果显著，能源消费的增量结构已经发生了很大变化，清洁能源（水电、风电、太阳能、化石能源中含碳最低的天然气）占比逐步增加，能源清洁利用技术不断发展，工业能源正在逐步实现行业性、企业由小向大的清洁能源替代化石能源。

4. 社会各界生态环境保护意识全面增强

全民支持、积极参与蓝天保卫战的全社会行动格局已初步形成，特别是近年来的"雾霾事件"之后，广大人民群众切身体会到环境与我们每个人的生活、命运息息相关，环境保护工作迫在眉睫。全面以工业企业作为先行者，率先从能源着手、从环保基础抓起，在全社会形成了关注生态、保护生态、建设生态文明的良好舆论氛围。

（二）制约因素

1. 大气环境质量改善的"客观条件"较差

从自然环境条件来看，河南省地势西高东低，北、西、南三面由太行山、伏牛山、桐柏山、大别山沿省界呈半环形分布，中部为平原、西南部为盆地，先天自然条件导致污染物易于堆积、难以扩散。与此同时，河南受外来源影响较大，属于京津冀及汾渭平原的"污染泄洪"区域，冷空气造成北部和西部污染在河南滞留严重，大气环境质量改善的"客观条件"差。从行业分布来看，豫北、豫中地区工业经济较为密集，企业呈"北多南少"分布，尤其是钢铁、水泥、火电厂等高耗能行业集聚在京津大气污染排放通

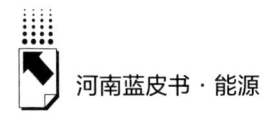

道"2+26"城市群和汾渭平原城市群，主要污染物排放强度大，对全省大气污染物排放贡献度较高，导致环境质量不均衡。2019年，河南PM2.5年均浓度为59微克/立方米，PM10年均浓度为96微克/立方米，虽完成了国家和省定目标任务，但与京津冀及周边省（市）相比差距依然较大，"客观条件"和行业发展基础决定了河南省污染防治依然任重道远。

2. 能源转型变革下污染物减排面临新问题

近年来，河南能源消费结构正在逐步优化调整，进一步向清洁、低碳、高效、灵活的油气、电力、热力、可再生能源利用等方向发展，燃煤污染排放压力趋缓。非化石能源大量利用也带来一些新问题，例如，当前河南新能源产业快速发展，存在一部分优质清洁能源被低效利用，相关减排减耗作用没有被充分发挥，个别清洁能源产业的不合理建设和运营带来对生态环境的破坏等现象。同时，经历"十二五""十三五"，工业领域污染物深度减排程度缩小，工业尤其高耗能行业单位GPI指数下降幅度收窄，全省单位GPI指数下降空间不断缩小。

3. 产业结构变化对生态环境的影响日趋复杂

2019年，河南省经济三次产业结构为8.5:43.5:48.0，虽然第三产业比重超过第二产业，但产业结构依然偏"重"。受区域资源环境制约，全省六个高耗能产业产值占工业总产值的40.9%，以传统产业为主导的产业结构暂时还难以根本改变，主要大气污染物排放强度高于全省平均水平，传统经济发展与生态环境保护之间的矛盾仍然较为突出。另外，第三产业的快速发展可能会引发消费型等新型环境问题，例如移动源污染物排放增加、重金属污染物排放种类的改变等，产业结构变化对生态环境的影响更加复杂化，生态环境保护和污染治理方式将面临如何适应经济社会深度调整和转型发展的巨大挑战。

三 河南省"十四五"大气环境治理展望

（一）大气环境质量将继续改善

当前，河南省大气污染防治工作取得积极成效，环境空气质量稳中向好。2019年,河南二氧化硫和氮氧化物的排放总量较"十二五"末分别下降26.4%、22.4%,空气质量六项考核因子中,二氧化硫、二氧化氮、一氧化碳年均浓度值均达到国家空气质量二级标准,PM2.5指标5~9月连续5个月、PM10指标6~9月连续4个月达到国家空气质量二级标准,臭氧指标有6个月达到国家空气质量二级标准,为近年来最好成绩。整体来看,全省大气环境质量良好发展态势稳定。结合大气环境功能区划,预计2020年全省PM2.5年均浓度将在58微克/立方米以下,2025年将为50微克/立方米左右。2020年新冠肺炎疫情防控措施对工业污染源排放有较大影响,预计工业污染物贡献率将下降,全年二氧化硫、氮氧化物、烟(粉)尘排放量分别约为6万、10万、8万吨,同比分别下降21.7%、24.2%、21.2%左右,在全省污染物总量中的占比将下降10%~15%。

(二)工业能源消费增速将逐步放缓

能源是现代化的重要驱动力,"十四五"期间河南省仍处于工业化发展中期,为保障国民经济社会发展和人民美好生活需要,全省能源消费总量仍将在较长时期内保持缓慢增长态势,工业能源消费总量将处于缓慢递增态势。2020年新冠肺炎疫情对全省经济产生一定的影响,但全省经济具有的较强的韧性、较大的增长潜力并未改变,工业经济已成功迎来"V"形复苏。按照《河南省煤炭消费减量三年行动计划(2018—2020年)》等政策要求,未来河南工业煤炭消费仍将实行总量控制,以大气环境质量改善和二氧化碳控制为重要导向,推进煤炭消费尽快达峰、推动煤炭消费结构进一步优化。新建、改建、扩建耗煤项目实施煤炭减量或等量替代,持续加强煤炭消费监测预警,分类实施煤炭、钢铁、化工、有色金属、建材等重点行业煤炭消费总量管控,深化重点领域节能改造,持续优化电力行业用煤。预计2020年工业煤炭消费量为1.95亿吨,2025年为1.80亿吨。

(三)工业能源结构将趋向清洁低碳化

随着能源清洁低碳转型深入推进,通过不断提升非化石能源比重、提高电力消费比重、增加天然气供应量、优化天然气使用，逐步优化工业能源结构。进一步推进燃煤锅（窑）炉整治、散煤治理，大力提高工业天然气、电气化利用水平，在热负荷相对集中的开发区、工业集聚区、产业园区新建和改建集中供热设施，鼓励新型工业、高技术企业利用天然气、电力；不断提高市、县、重点乡镇气化、电气化水平。不断开拓清洁能源消纳渠道，加快风电、光伏项目建设，因地制宜推动分散式风电、分布式光伏开发，严格落实可再生能源发电全额保障性收购政策等。预计在一系列政策措施下，工业能源消费结构将进一步趋向清洁低碳化。

四 推动河南省生态文明和谐发展的建议

（一）重点削减高耗能高排放行业能源消费总量

加大能源消费管控力度，综合利用财政、行政、宏观调控等手段，提高高耗能产业市场准入门槛，对未按期淘汰的企业，依法吊销排污许可证、生产许可证等。完善结构优化目标责任制度和考核制度，各级政府对本行政区域的污染物减排负责，考核结果向社会公布，加大对重点排污企业监督检查的力度。运用高新技术改造传统支柱产业，在传统行业上延伸产品链条，对资源消耗型重污染企业进行搬迁改造。

（二）持续优化工业能源消费结构

积极推动产业结构调整，发展技术含量高、市场潜力大的高成长性制造业，壮大汽车、装备等产业规模，不断提高行业发展水平和竞争力，使其成为工业经济发展新的战略引擎，打破传统支柱行业的竞争优势，促使传统行业加快结构调整速度。大力支持节能低耗的绿色企业，发展电子信息、生物制药等高成长性产业和战略性新兴产业，优化科技资源配置，加快减排技术的开发和推广，培育新的增长点。推动电力、水泥、黑色金属、有色金属等行业企业转型升级、产业结构调整，淘汰落后及过剩产能。

(三)因地制宜开展差异化精细化管理

加强精细化管理能力,把环境精细化管理作为改善大气环境质量、实现大气环境治理能力现代化的重要抓手。创新管理机制,充分发挥政府、行业主管部门的指引作用,通过制定负面清单,明确主导与禁入产业,形成完整的环境保护辅助决策体系,因地制宜,有效推动淘汰落后产能,切实推进产业的转型升级。要完善和推广"一事一策""一厂一策"的靶向治污工作模式,加强精细化管理能力,根据河南省地势特点、环境污染现状、可用环境容量,实事求是选择清洁生产、循环经济、综合利用、末端治理、自然修复等多种手段,力求以科学的态度、优化的组合和较小的投入,取得较好的治污效果。发挥专家治污作用,不断加强环境技术创新,为科学治污提供有力人才和技术支撑,持续增强环境治理能力。

(四)建设完善环境保护监测监控体系

建设监测监控体系是精准管控、智能管控的重要基础,是发现环境保护违法行为的手段。首先,要逐步建设完善自动监测监控网络,逐步实现全省排污单位自动监测全覆盖、重要污染因子全覆盖、主要排污环节全覆盖。其次,要全面开展无组织排放监控,将无组织排放与有组织排放统一管理,全面提高无组织排放监管水平。最后,不断深化5G、人工智能、图像识别技术在生态环境监管方面的应用,助力污染源监控数据打假,对现有各个业务系统之间的数据进行关联整合分析,形成高效的数据分析能力,对数据造假行为及时发现、准确识别,为行政执法人员快速高效调查取证提供技术支撑。提高发现和解决问题的效率,形成发现问题、交办问题、解决问题、备案问题的"闭环式"管理模式,促进环保经济正向融合发展。

参考文献

国家统计局:《2010年国民经济和社会发展统计公报》,2011年2月28日。

习近平:《在黄河流域生态保护和高质量发展座谈会上的讲话》,《求是》2019年第20期。

赵文杰、杨萌:《2019~2020年河南省电力发展形势分析与展望》,载魏澄宙、谷建全主编《河南能源发展报告(2020)》,社会科学文献出版社,2020。

生态环境部、国家发展和改革委员会等:《关于印发〈京津冀及周边地区2019—2020年秋冬季大气污染综合治理攻坚行动方案〉的通知》(环大气〔2019〕88号),2019年9月25日。

生态环境部、国家发展和改革委员会等:《关于印发〈汾渭平原2019—2020年秋冬季大气污染综合治理攻坚行动方案〉的通知》(环大气〔2019〕98号),2019年11月4日。

河南省污染防治攻坚战领导小组办公室:《河南省2019—2020年秋冬季大气污染综合治理攻坚行动方案》(豫环攻坚办〔2019〕号),2019年10月。

河南省污染防治攻坚战领导小组办公室:《关于印发河南省2020年大气、水、土壤污染防治攻坚战实施方案的通知》(豫环攻坚办〔2020〕7号),2020年2月21日。

李超、董小林、程继夏、陈嫚莉、马海锋:《行业工业总产值与污染物排放关系研究——基于GPI指数》,《四川环境》2015年第3期。

多克辛编著《大气灰霾追因与防治对策——河南省大气灰霾污染专项研究成果》,中国环境出版社,2016。

吴兵、庄雨适:《吉林省生态环境保护"十四五"规划的初步思考》,《环境与发展》2020年第1期。

河南省人民政府:《河南省煤炭消费减量三年行动计划(2018—2020年)》(豫政〔2018〕37号),2018年12月9日。

彭本利、李爱年:《流域生态环境协同治理的困境与对策》,《中州学刊》2019年第9期。

史丹丹、罗宏、吕连宏、杨占红、裴莹莹:《晋城市能源优化发展对策研究》,《环境工程技术学报》2019年第6期。

张建辉、吴艳婷、杨一鹏、吴传庆、厉青:《生态环境立体遥感监测"十四五"发展思路》,《环境监控与预警》2019年第5期。

孙中平、申文明、张文国、刘玉平:《生态环境立体遥感监测大数据顶层设计研究》,《环境保护》2020年第Z2期。

路瑞、马乐宽、杨文杰、韦大明、王东:《黄河流域水污染防治"十四五"规划总体思考》,《环境保护科学》2020年第1期。

邹璇、贾蕾玉:《工业能源消耗结构的优化路径及地区差异》,《软科学》2017年第6期。

能源体系篇
Energy System

B.13 河南省天然气储运设施运营模式研究

天然气储运设施运营项目课题组 *

摘　要： 储气设施作为天然气市场健康发展的重要基础设施，参与季节调峰、日调峰和小时调峰，满足调峰需求，保证了天然气的安全供应。河南省正在加快天然气储气设施及配套互联互通体系建设，本文通过分析储气设施的调峰运行方式，学习借鉴国内外储气设施的调峰运营经验，研究提出适合河南实际的储气设施运营模式，即实行储气设施基本调峰费和增量调峰费两类价格，通过市场化定价推动实现储气设施可持续运营。研究结论对保障储气设施正常平稳经营，推动全省加快天然气调峰能力建设具有重要意义。

关键词： 河南省　天然气　储气设施　运营模式　独立核算

---

* 课题组组长：郭晓昱。课题组成员：李浩然、尚谨、时开盈。

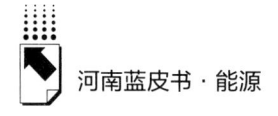

储气设施有地下油气藏型储气库、盐穴型储气库、沿海 LNG 接收站和内陆 LNG 储备中心四种类型。目前，河南省正在加快天然气储气设施及配套互联互通体系建设，需要研究确立储气设施的运营模式，保障储气设施正常平稳经营。

一 河南省储气设施概况

在天然气消费方面，2017~2019 年河南省天然气消费总量分别为 105 亿立方米、120 亿立方米和 121 亿立方米。近年来，受能源结构优化调整、大气污染防治深入实施等因素影响，河南省天然气消费规模不断扩大。

在国家储气设施建设政策方面，2018 年国家发展和改革委员会印发《关于加快储气设施建设和完善储气调峰辅助服务市场机制的意见》，明确要求县级以上地方人民政府指定的部门会同相关部门建立健全燃气应急储备制度，到 2020 年至少形成不低于保障本行政区域日均 3 天需求量的储气能力，城镇燃气企业要建立天然气储备，到 2020 年形成不低于其年用气量 5% 的储气能力。

河南省规划 2020 年底总储气能力约为 10 亿立方米。其具体构成为：租赁中石化濮阳文 23 储气库 4 亿立方米库容、租赁中石油平顶山叶县盐穴储气库 3 亿立方米库容、参股中海油江苏滨海 LNG 接收站储罐（2.64 亿立方米总罐容，其中 2.18 亿用于储备调峰），形成合计约 9.18 亿立方米的储气能力。同时，规划建设豫北、豫中、豫南、豫西、豫西南、豫东 6 座省级 LNG 储备中心，每座储备中心建设 2 万立方米（水容积）储气能力，折合气态共计 0.72 亿立方米。

二 储气设施功能与运行分析

储气设施可参与季节调峰、日调峰和小时调峰，满足天然气调峰需求。

（一）季节调峰

国家在《关于加快储气设施建设和完善储气调峰辅助服务市场机制的意见》中明确季节调峰的责任主体是供气企业和管道企业。供气企业和管道企业承担季节（月）调峰责任和应急责任。其中，管道企业在履行管输服务合同之外，重在承担应急责任。

通过北方某重点城市天然气季节调峰曲线可知，天然气用量的基数主要取决于季节变化。供暖季用气需求较大，调峰压力主要集中在11月至次年3月；LNG的供应集中在冬季，主要用于弥补储气库调峰的不足（见图1）。

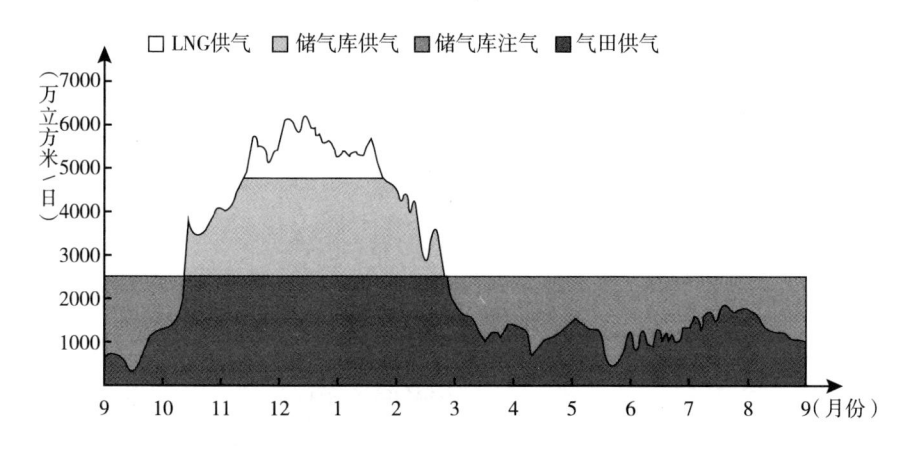

图1　北方某重点城市天然气季节调峰运行状况

注：供气高月为12月21日~1月19日，尖峰期为12月2日~2月12日，冬季调峰期为11月4日~3月18日。
资料来源：北方某重点城市燃气公司。

储气设施可与上游供气企业合作开展季节调峰。从上游供气企业的调峰需求来看，每年4月到10月是非供暖季，承担季节调峰的上游供气企业一般都能有足够的气源供应保障，管道流量也应该没有达到设计能力；而到了供暖季节，管道输送压力骤增，上游供气企业对于所承担的季节保供任务往往处于左支右绌、捉襟见肘的境地。可以通过设计一种相对通用的合作模

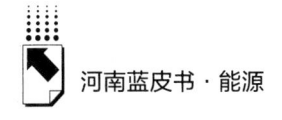

式，把储气设施的商业利益与上游供气企业的月度不均衡系数关联，促使上游供气企业的月度供气量趋于平衡，实现淡季多供气、旺季少供气。

（二）日调峰

日调峰的责任主体需要在地方政府的主导下，多方协调落实。国家在《关于加快储气设施建设和完善储气调峰辅助服务市场机制的意见》中明确，地方政府负责协调落实日调峰责任主体，供气企业、管道企业、城镇燃气企业和大用户在天然气购销合同中协商约定日调峰供气责任。

通过上海天然气日调峰曲线可知：日调峰是在季节变化的基础上呈现以周为单位的规律性波动。有直接 LNG 供应的城市（如上海），LNG 供应曲线的变化直接映射了天然气日供应曲线的变化，LNG 是主要的调峰资源（见图2）。

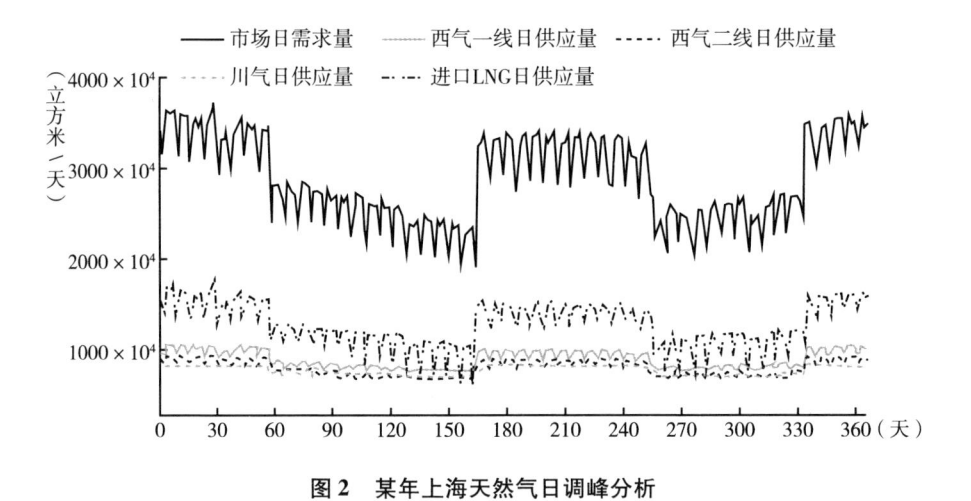

图 2　某年上海天然气日调峰分析

资料来源：上海燃气集团有限公司。

储气设施如何进行日调峰需要基于实际日调峰需求，通过多方协调进行确立。以日为单位的天然气需求表现出以 30 天为周期的变化规律，主要考虑因素是气候条件的改变以及节假日的影响，同时需兼顾人口及经济发展的影响。地下储气库的运行特点决定了其适合用于季节调峰（地下储气库注采气速度很难做大幅度的调整，而且出气速度在很大程度上要受到储气库内剩余储量影响），波动频率较高的日调峰主要依靠管网自身的储气能力以及城镇管网附近的储气设施，有条件的地区则主要依靠LNG。需要因地制宜，在地方政府的主导下，在供气企业、管道企业、城镇燃气企业中选择合适的合作方协同落实日调峰责任。

（三）小时调峰

国家在《关于加快储气设施建设和完善储气调峰辅助服务市场机制的意见》中明确，小时调峰的责任主体是城燃企业。由某管道用户全天各时段用气曲线可知天然气用量的小时变化，可以发现其数量变化很大且时间规律性很强（见图3）。

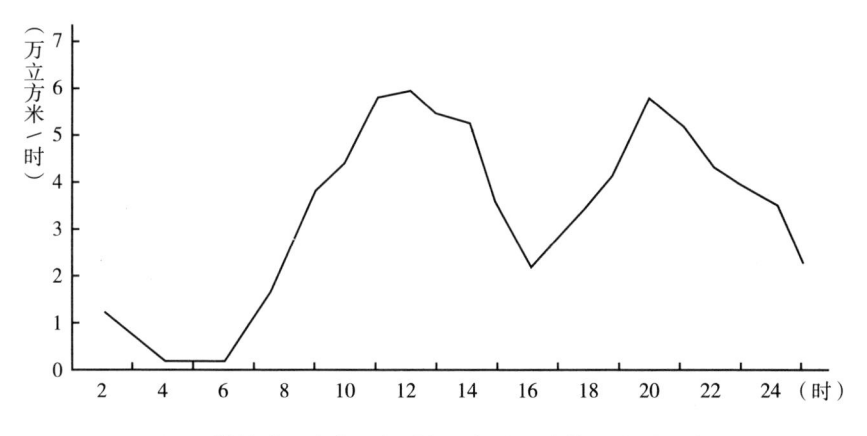

图3 某管道用户全天各时段用气流量趋势（小时调峰）

资料来源：川渝地区某管道天然气用户。

储气设施可与下游城燃企业合作开展小时调峰。从下游城燃企业的调峰需求来看，以小时为单位的天然气需求表现出24小时的周期变化规律，主导因素是终端用户的生产、生活习惯。由于"煤改气"的大力推进，使用燃气的工商用户、居民用户数量都在不断增长，用户类型的调整变化、用户习惯的逐步变化、燃气用量的连续上升，都给城燃企业天然气保障供应带来了更多的挑战。可以通过了解城燃企业用户构成准确核算小时调峰需求，匹

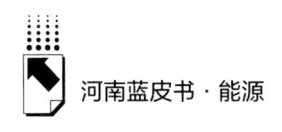

配现有输气管道制订针对性的小时调峰储气方案，协助城燃企业落实小时调峰责任。

三 国内外天然气调峰运营经验

市场化模式建设运营天然气储备资源在我国尚处于起步阶段，能为其提供参考的主要为发达国家储气库运营管理的基本模式。

（一）美国主要以地下储气库调峰

美国是目前全球地下储气库发展和应用最成功的国家之一，其主要调峰手段为地下储气库。美国天然气资源丰富且占能源消费比例高，储气行业发展较早，有一套完备的天然气储气体系来满足调峰需求。根据EIA数据，截至2016年底，美国地下储气库总规模为2616亿立方米，占全美天然气消费量的33.6%，能够满足约108天的天然气用气需求。截至2017年9月，美国共有389个地下储气库处于正常运营状态，储气库遍布美国各州，在人口密集、冬季用气量大的东部地区分布最为密集，与天然气发电厂的分布位置相关，呈现地理分布与消费需求相呼应的特点。

LNG接收站在美国作为辅助调峰方式，主要用于日调峰和小时调峰。截至2018年3月，美国共有9个LNG接收站，主要分布在沿海地区，用于天然气的进出口。另外，据不完全统计，美国目前有一百多座小型LNG液化厂和LNG卫星站用于高峰时刻的调峰需求供应。

（二）日韩主要以LNG接收站调峰

日本LNG接收站储罐在设计时就考虑了季节调峰、应急备用等因素，因而容量大，能够满足日本的冬季天然气用气高峰需求。建立地下储气库需要满足特殊的地质条件，并不是所有国家都能够建立大规模的地下储气设施来满足生产生活的需要。日本国土面积小、自然资源匮乏，地质条件的局限使其没有办法大面积发展地下储气库，因而主要运用LNG接收站来进行储气。经过长期发展，现在日本已经建立了国家战略储备和商业储备相结合的储气调峰体系，国家和民间企业的储备量分别为消费量的 30 天和 50 天。截至 2016 年底，日本共建成并投运的 LNG 接收站数量达到了 34 个，有效保证了储气调峰的需要。

（三）上海依托进口 LNG 调峰

上海的天然气用气结构更接近于发达国家，也是内地很多城市未来的发展方向，对内地城市未来如何充分利用 LNG 有一定的借鉴意义。2017 年上海天然气用量超过 77 亿立方米，气源主要由西气东输一线（西一线）、西气东输二线（西二线）、东海气、川气和进口 LNG 组成，进口 LNG 是主力气源，约占年供应气源总量的 45%。用气结构为城燃用户占 35%、大工业用户占 37%，天然气电厂占 28%。LNG 接收站承担着天然气的日调峰责任，即当西一线、川气、西二线等气源的日供应量无法满足用气需求时，通过增加 LNG 接收站的日供应量来满足用气需求，西一线、川气、西二线等气源的日供应量较大时，通过减少 LNG 接收站的日供应量来满足用气需求。

四 国内天然气调峰价格政策和计费模式

（一）国内天然气相关价格政策

2015 年 11 月国家发展和改革委员会发布《关于降低非居民用天然气门站价格并进一步推进价格市场化改革的通知》，将非居民用气由最高门站价格管理改为基准门站价格管理。降低后的最高门站价格水平作为基准门站价格，供需双方可以基准门站价格为基础，在上浮 20%、下浮不限的范围内协商确定具体门站价格。

2016 年 9 月国家发展和改革委员会在《关于明确储气调峰设施相关价格政策的通知》中，明确由储气设施经营企业根据储气服务成本、市场供求情况等与委托企业协商确定，而储气设施天然气购销价格由市场竞争形成。

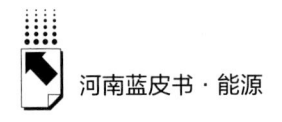

2017年冬季全国大范围面临供气紧张，此时调峰气价还未能形成机制，中石油和中石化开始以上海交易中心为平台探索交易价格。

2018年4月，国家发展和改革委员会发布《关于加快储气设施建设和完善储气调峰辅助服务市场机制的意见》，提出鼓励供气企业、管输企业、城镇燃气企业、大用户及独立第三方等各类主体和资本参与储气设施建设运营。储气设施实行财务独立核算，鼓励成立专业化、独立的储气服务公司。

2018年5月，国家发展和改革委员会在《关于理顺居民用气门站价格的通知》中，确定居民用气门站价格水平按非居民用气基准门站价格水平（增值税税率为10%）安排；将居民用气由最高门站价格管理改为基准门站价格管理，供需双方可以基准门站价格为基础，在上浮20%、下浮不限的范围内协商确定具体门站价格，实现与非居民用气价格机制衔接；供需双方要充分利用弹性价格机制，在全国特别是北方地区形成灵敏反映供求变化的季节性差价体系，消费旺季可在基准门站价格的基础上适当上浮，消费淡季适当下浮，利用价格杠杆促进削峰填谷，鼓励引导供气企业增强储气和淡旺季调节能力；居民用气价格理顺后，对城乡低收入群体和北方地区农村"煤改气"家庭等给予适当补贴，补贴由地方政府承担主体责任。

2020年4月，国家发展和改革委员会发布《关于加快推进天然气储备能力建设的实施意见》，提出地下储气设施原则上应实行独立核算、专业化管理、市场化运作。对于独立运营的储气设施，储气服务价格、天然气购进和销售价格均由市场形成。

（二）国内天然气计费模式

国内天然气产业尚处于发展阶段，市场化程度较低，储气设施建设尚处于初级阶段，与美、欧、俄等国家和地区的早期运营模式基本相同，储气设施作为管道的辅助设施，与管道捆绑在一起，其主要作用是季节调峰，协调供需平衡。目前国内主要有捆绑式和加价式两种调峰计费模式。

1. 以投资回报为计费依据的捆绑式收费

捆绑式收费，指的是将储气调峰的投资回报捆绑在天然气其他收费里，将地下储气库与管道捆绑，通过管输费回收投资成本的销售模式。如中石油将储气费捆绑在管输费内，部分依托长输管道建设的地下气库，其投资成本回收费用被计入管输费内。又如在中贵线的管输费中，储气调峰费大约为0.12元/立方米，西气东输管输费中储气调峰费约为0.07元/立方米。

2. 以超量溢价为计费依据的加价式收费

在天然气年度销售合同中，提出"合同量"与"合同外气量"的概念，"合同外气量"为单日超过约定的最大日用气量的部分，以及月累计提取气量之和超过该月合同量的部分；并将"合同量"进一步细分为"均衡量"和"调峰量"，"调峰量"为用户分月合同量超出"全年日均合同量×1.08×当月天数"的气量。加价式收费，指的是"调峰量"和"合同外气量"对应的气价会适当上浮，加价执行。其中，"调峰量"对应的气价会根据调峰成本上浮，"合同外气量"对应的气价按照市场价格或商定加价执行。

（三）现有计费模式存在的问题

目前，以投资回报为计费依据的捆绑式收费缺乏政策依据。2017年10月国家发展和改革委员会最新核定的天然气跨省管道运输价格中并不包含储气设施的成本，也即储气设施成本无法通过管输价格进行疏导。单独核定储气设施调峰价格，在政策层面由于储气费不在国家发展和改革委员会发布的"中央定价目录"中，不属于政府定价范畴。

以超量溢价为计费依据的加价式收费模式不符合"谁受益、谁买单"的基本原则。通过地下储气库调峰和LNG调峰，下游用气得到保障，管道运行和油田生产同样避免波动受损，受益的是整个天然气产业链和所有的天然气用户，不仅是那些签订调峰合同的用户。加价式收费将季节调峰的所有成本全部转移到签订调峰合同的用户，不符合公平公正的市场原则。

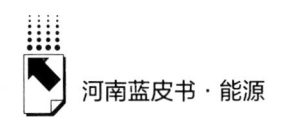

五 河南省天然气储气设施运营模式设计

天然气关乎民生，又是商品，现阶段这两种属性要兼顾，需要更加注重稳定民生与保障经营的平衡，更加注重建设成本和运营成本的疏导，更加注重操作的可行性。为此，在运营模式设计中提出"成本对应"和"风险疏导"的原则，设计"基本调峰费"和"增量调峰费"两类费用的运营模式。

（一）设计原则与思路

1. 设计原则

储气设施属于民生项目，很难通过市场运营获利甚至保本，在向下游顺导投资成本时，需要合理审慎。因此，提出用于制定政策的"成本对应"原则和用于保障经营的"风险疏导"原则。

"成本对应"原则。每一项收费都对应所提供的服务，匹配所投入的成本。调峰费分成基本费与增量费，分别对应基本调峰服务与增量调峰服务，分别匹配建设投资与运营成本回报。

"风险疏导"原则。充分考虑极端情况，做"最坏的打算"；借助大数据分析，做"最稳的设计"；设计与上游的采购条款，以期合理利润；设计与下游的销售条款，调整季节平衡。

2. 设计思路

设计运营方案首先应考虑"为谁提供储气服务"，也即天然气的物理流向问题，服务对象包括上游供气企业、管道企业、城镇燃气企业、下游大用户等。上游供气企业承担季节调峰责任和应急责任，天然气储备应不低于年合同销售量的10%。河南省储气设施的70%来自租赁中石油、中石化的地下储气库，在运营中需要向其支付租赁费，但也可以向其提供应急供气服务。管道企业同样承担季节调峰责任，重在承担应急责任，省级储气设施可以向管道企业提供储气和应急供气服务。城镇燃气企业承担所供应市场的小时调峰供气责任，天然气储备应不低于其年用气量的5%。大部分城镇燃气公司体量较小，完成储备任务的投资压力大，省级储气设施可统一规划管理，提供小时调峰服务。下游大用户，尤其是不可中断大用户，省级储气设施可提供保供服务。

其次，应考虑"储气设施定价模式及结算资金流向"，也即资金流向问题。遵循"谁受益谁付费"原则，把储气设施的能力分为容量和使用两部分。对于容量部分，还原储气设施的仓库本质，主要基于储气设施的建设成本，按照"投资成本/回收周期×合理收益"计算；对于使用部分，主要基于储气设施的运行成本，包括设备折旧费、维修费、人力成本等，通过市场营销手段收取。

（二）两类费用设计

1. 基本调峰费

储气设施投资的着眼点是保供而不是盈利，投资回报应该是受控的核准收益。参照国家《天然气管道运输价格管理办法（试行）》和《天然气管道运输定价成本监审办法（试行）》规定，按照"准许成本加合理收益"的原则制定天然气储气设施价格。经过成本监审，剔除无效资产，核减不应计入定价成本，核定准许成本。在此基础上，确定各储气企业的准许收益及年度准许总收入，按照年周转量，进而核定储气企业的销售价格。

根据成本对应原则，该投资的受益者是全省用户，最合理的定价模式是面向全省用户按核准收益摊入燃气费，最可行的方式是核定全省标杆储气价格。因此，根据投资回报周期和未来预期用量的动态调整，计算得出切实可行的基准价格，也就是基本调峰费。该计费的确定还应该参考用户接受能力以及其他公用事业的类似收费。

也就是，基本调峰费 = 固定投资动态收益/当年全省总用气量。

河南储气设施项目总投资为50.5亿元（一期投资28.7亿元，二期投资21.8亿元），投产后年固定费用约为13.8亿元，准许收益率按照8%测算，基本调峰费每立方米分摊0.087元，扣减中央预算资金后每立方米分摊

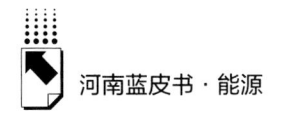

0.08元（其中政府分摊0.009元/立方米，城燃分摊0.071元/立方米），占1.87元/立方米门站价的4.28%，具有较强的可执行性。

2. 增量调峰费

增量调峰费对应的是每年的运营成本支出。该成本随服务量的变化而变化，最好的方式是融入市场，以市场营销手段来获得回报。

也就是，增量调峰费＝年运营支出/年销售气量。

按照一年运转一次测算（夏季购气，冬季售气），年总运营成本约为4.65亿元（6座区域中心单座运营成本0.4亿元、省储运公司与沿海储罐运营成本1亿元、储气资金利息1.25亿元），分摊至全省10亿立方米的调峰气量上，增加0.465元/立方米。2016年冬夏LNG价差约为0.5元/立方米；2017年冬夏LNG价差约为1.96元/立方米；2018年LNG价差约为0.71元/立方米。近三年LNG冬夏平均价差约为1.1元/立方米，省储运公司增量调峰费与之相比可节省约0.635元/立方米，具有较强的下游疏导性，能较好发挥民生用气保障作用。

（三）四种模式

1. 建设成本直接摊入气价

基本调峰费摊入燃气费，面向所有用户收取；增量调峰费则根据用户购买气量按照贸易方式收取。超出自备气量的部分需要与上游供气企业有背靠背的支撑合同。这种运营模式简单易行，关键是要通过听证获取物价部门的认可。可分阶段实施：在储气调峰费开始实施阶段，仅把基本调峰费摊入燃气费；在运行几年获取一定的经验数据后，再把增量调峰费也摊入燃气费（参看第四种模式）。此种模式除了可通过法规直接确定基本调峰费的收取，也可以考虑通过税务部门的奖励政策来实施，操作难度在于费用的回收路径。

2. 建设成本由燃气企业分摊

将基本调峰费根据各城镇燃气企业用气量进行分摊，一次性收取；增量调峰费依旧按照贸易方式根据用量收取。这种模式的优点是"完全市场化"，难点是燃气企业数量众多，实施难度较大，虽然燃气企业可以顺价到下游用户，但毕竟要先行垫付比较大的资金。另外，省储运公司的功能会弱化，在建设任务完成、投资回收后，省储运公司与用户的关系成为"可能的"贸易关系，而不是"必然的"服务关系。

3. 建设成本暂不分摊

考虑到前两种模式各有实施难度，可出现第三种"被迫实施"的过渡模式：建设成本在一定年限内暂不分摊，但需要各级政府给予足够的财政补贴，直至储气调峰费市场化得到实施。该财政补贴需要能够覆盖基本的财务成本和管理成本，同时，依旧按照贸易方式根据用量收取增量调峰费。

4. 两部价格一并分摊

将基本调峰费和增量调峰费合并计算，一次性摊入燃气价格，未来三年内根据运营情况做适当调整。如果能得到物价部门支持，这种模式将是最有利的模式。而且随着用气量越来越大，得到的固定回报会越来越多，可用于市场建设、功能拓展的资金也越来越多，难点是费用较高。初步计算，80亿元投资每年8%的动态成本即6.4亿元，叠加年总运营成本约为4.65亿元，合计11.05亿元分摊到全省年消耗125亿立方米的用气量里，综合调峰费为88.4元/千立方米，占1870元/千立方米基准门站价的4.73%。

通过比较分析，模式一和模式四难在价格政策制定；模式二难在下游市场协调；模式三财政压力巨大，很难持久。为保障储气设施正常平稳经营下去，目前应推行第一种模式，但第四种模式是未来发展的方向。

六 推动储气设施市场化运营相关建议

当前河南天然气行业处于市场化推进阶段，储气设施运营尚未启动，应加强各方沟通协调，尽快出台相关政策，更好维护天然气市场平稳运行。

（一）建立"以地下储气库为主，LNG储罐为辅"的调峰模式

为了保障市场平稳运行，在发挥地下储气库季节调峰优势的同时，应充

分利用LNG储罐开展应急调峰、日调峰甚至小时调峰，逐步建立"以地下储气库为主，LNG储罐为辅"的调峰模式。近年来，地方城燃企业通过发展可中断调峰用户建立了一定的需求侧调峰能力，但从天然气市场长远发展来看，建议未来应加大地下储气库与LNG储罐规模匹配的储气设施建设力度，从根本上提升天然气保供能力。

（二）实行两类调峰价格，推动储运设施市场化运营

健全储气设施基本调峰费和增量调峰费两类价格体系，理顺储气设施运营成本，在此基础上通过市场化定价推动实现储气设施可持续运营，提高业主单位建设和运营储气库的积极性，更好地发挥季节调峰作用，这是实现省级天然气储运设施成功市场化运营的根本举措。

（三）出台地下储气库垫底气支持政策，降低储气库运营成本

河南储运设施以地下储气库为主，储气能力的70%来自租赁中石油、中石化的地下储气库。垫底气（储气库中不释放的底气，必须保持在一定的存量基础水平上）是储气库建设中的必要投入，但不具备采出价值，建议由国家出台地下储气库垫底气支持政策，降低垫底气的沉没成本。同时储气库的运营机构应加强市场分析和沟通衔接，在价格低谷时期加大垫底气的注入，提高经营效率和盈利能力。

参考文献

国家发展和改革委员会：《关于降低非居民用天然气门站价格并进一步推进价格市场化改革的通知》（发改价格〔2015〕2688号）。

《国家发展改革委关于明确储气设施相关价格政策的通知》（发改价格规〔2016〕2176号）。

《国家发展改革委关于理顺居民用气门站价格的通知》（发改价格规〔2018〕794号）。

国家发展和改革委员会：《印发〈关于加快储气设施建设和完善储气调峰辅助服务市场机制的意见〉的通知》（发改能源规〔2018〕637号）。

国家发展和改革委员会：《关于加快推进天然气储备能力建设的实施意见》（发改价格〔2020〕567号）。

郑得文、赵堂玉、张刚雄、田静、魏欢：《欧美地下储气库运营管理模式的启示》，《安全与管理》2015年第11期。

田静、魏欢、王影：《中外地下储气库运营管理模式探讨》，《国际石油经济》2015年第12期。

周军、梁光川、杜培恩、李欣泽、黄靖雅、方谈藜：《欧洲天然气储气库概况与运营模式》，《油气储运》2017年第7期。

段兆芳、樊惠：《区域管网运营模式对中国天然气市场的影响》，《国际石油经济》2017年第8期。

刘剑文、孙洪磊、杨建红：《我国地下储气库运营模式研究》，《国际石油经济》2018年第6期。

B.14 河南省地热能清洁供暖规模化利用路径建议

地热能清洁供暖项目课题组 *

摘　要： 地热能具有储量大、分布广、清洁环保、稳定可靠等特点，可因地制宜作为集中或分散供暖热源，推进冬季采暖地区居民供热等领域燃煤减量替代。河南地热能资源较为丰富，发展地热能清洁供暖具有良好的资源条件。本文总结了河南地热能资源及开发利用现状，分析了全省地热能资源开发面临的形势，结合国内外先进地区地热能开发利用情况和经验做法，从资源勘察、供暖试点、中深层及浅层地热利用、地热监测体系、产业服务体系、产业支持政策等方面提出了地热能清洁供暖规模化利用路径建议。

关键词： 河南省　地热能　清洁供暖　规模化利用

地热能作为来自地球内部的清洁能源，具有供能持续稳定、可再生、零排放的特点，是重要的清洁供暖方式。加快发展地热能供暖，是顺应国内外清洁取暖发展趋势的必然选择，是形成多元化清洁取暖格局的必由之路，也是河南打赢大气污染防治攻坚战、构建清洁低碳安全高效能源体系的重要举措。近年来，河南持续强化地热能资源勘探、项目开发建设，积累了一定的试点经验，形成了一些较好的做法，为地热能清洁供暖规模化利用奠定了基础。

---

* 课题组组长：陈大红。课题组成员：牛亚南、李宏伟、张同磊。

一 河南省地热能利用总体情况

（一）资源概况

1. 中深层水热型地热能资源较丰富

河南中深层水热型地热资源热储面积占全省面积的25.2%，主要为沉积盆地型地热资源和隆起山地型地热资源两大类型。沉积盆地型地热资源分布在东明断陷、开封凹陷的郑州以东地段，菏泽凸起的范县至台前一带，济源至开封凹陷的西段及灵三断陷盆地一带，其他地区可采资源一般。隆起山地型地热资源主要分布在河南西部隆起的基岩山区，地表一般以温泉的形式出露。河南省埋藏在800～1200米深度的中深层水热型地热资源量为9.15亿立方米/年，可利用热能量为198.73×10^{12}千焦/年，折合标准煤1151.84万吨/年。若实际应用后每年可减少CO_2排放3.01万吨、SO_2排放9.77万吨、NO_X排放8.50万吨。目前，河南省多数地热井深度为1000～1200米，最深达3200米；温度多数为40～70℃，个别地区最高温度达106℃；在豫西隆起山区有温泉出露，温度为38～65℃。

2. 浅层地热能资源量覆盖面广

河南埋深200米以浅的地下水和土壤中的浅层地热能资源量丰富，经过评价，全省适宜浅层地热能开发利用的地区总面积为8147平方公里，占河南总面积的约60%，浅层地热能总储存量为35731×10^{12}千焦/年，其中地下水地源热泵系统适宜区和较适宜区总面积为4615平方公里，地下水地源热泵系统形式可利用的浅层地热能资源量为2111×10^{12}千焦/年，折合标准煤7100万吨/年，实际应用后可减排$CO_2$17444万吨/年。地埋管地源热泵系统适宜区和较适宜区面积为5266平方公里，地埋管形式可利用的浅层地热能资源量为1974×10^{12}千焦/年，折合标准煤6374万吨/年，实际应用后可减排$CO_2$16546万吨/年。地源热泵夏季制冷面积为11.2亿平方米、冬季供暖面积为13亿平方米。河南省适宜进行地源热泵（地下水、地埋管换热方式）开发利用区域主要分布在东部平原及西部、南部的山间盆地区域。其中，地下水换热方式适宜区主要分布在东部黄河冲积平原、沙河冲积平原及济源、洛阳、三门峡、南阳盆地的中心部位。除了西部、西南部的基岩山区及洛阳城区浅部地层以卵石为主的区域，均适宜地埋管换热方式。

3. 干热岩资源尚处于调查评价阶段

2017年至2018年开展的"河南省干热岩资源潜力调查评价"项目，选定伏牛山北麓、内黄隆起、新野隆起、息县隆起四个区块开展工作，初步圈定干热岩有利勘查靶区4处。初步评价在4000~5000米深度，有望找到温度为150~200℃的干热岩。因干热岩勘探开发项目耗资巨大，其下一步的详细勘探和开发利用工作待政策、资金等条件成熟时进一步开展。

（二）开发利用现状

1. 河南地热利用以中深层水热型地热为主

目前，河南地热能开发利用以中深层水热型中低温地热资源直接开发利用为主，开发利用方式已经由单纯的洗浴、游泳、生活热水，向建筑物供暖（制冷）、度假康养、梯级综合利用转变。其中郑州、开封、商丘、新乡、安阳等地区开发利用处于超采或较高开采程度，濮阳处于临近较高开采程度，许昌、周口处于中等开采水平，漯河处于临近中等开采水平，其他地区开采水平较低。河南是国内中深层水热型地热供暖增长较快的省份之一，濮阳、兰考、周口等地是河南省中深层水热型地热供暖先行地区。中深层水热型地热供暖前期投入高，包括地质勘探、钻探、地热换热站建设等，且前期开发成本受地层条件影响，不同地区前期投入费用高低不一，在资源丰富和回灌条件较好地区进行，后期运行费用低，供暖效率高。根据不完全统计，河南省现有101眼地热井用于地热供暖，其中开采井47眼、回灌井54眼，主要分布在开封、周口、濮阳、三门峡等地。

2. 浅层地热能利用以地源热泵形式为主

经过近20年的发展，河南省浅层地热能供暖制冷技术成熟，以地下水地源热泵和地埋管地源热泵形式为主，在全面掌握地质参数合理优化设计的前提下，系统能耗比可达到3~4，用户舒适度高、节能效果明显、适用范围广，是冬季供暖季燃煤减量替代的有效方式之一。据不完全统计，河南省浅层地热能供暖制冷总面积达到2900万平方米。

二 河南省地热能开发利用形势分析

近年来，河南更加注重地热能的开发利用，陆续出台了一系列行业发展支持政策，夯实了地热能开发利用的基础，激发了地热能清洁供暖的需求，促进了地热产业与相关产业融合发展，行业发展质量明显提高。与此同时，由于河南地热能开发时间相对较晚，在管理机制、配套政策、资源勘查、技术管理水平等方面还有较大提升空间。

（一）有利条件

1. 能源清洁转型需要大力推进地热能资源开发

地热能是一种储量大、分布广、清洁环保、稳定可靠的可再生能源，开发利用地热能资源不仅可以节省宝贵的化石能源资源、缓解冬季供暖的民生压力，而且对于提高区域供热效率和清洁化水平、改善空气环境质量具有重要意义。河南高度重视地热能开发利用，将地热能开发利用作为能源转型发展的重要抓手，印发了《河南省"十三五"可再生能源发展规划》《河南省推进能源业转型发展方案》等一系列文件，出台了国内首个省级地热能供暖专项指导意见《河南省促进地热能供暖的指导意见》，为促进地热能清洁供暖提供了有利条件。

2. 地热能供暖规模化利用的基础不断夯实

2018年以来，河南启动了重点地区地热资源潜力勘查与评价，组织开展地热能清洁供暖规模化利用试点工作，鼓励地热资源较为富集区因地制宜、先行先试、积累经验，通过试点带动全省地热供暖有序发展，累计地热能供暖能力超过7000万平方米，培育了中石化新星河南公司、万江集团等

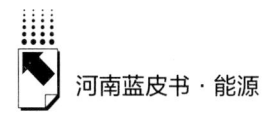

一批专业地热能开发企业,全省地热能清洁供暖规模化利用的基础不断夯实。

3. 地热能清洁供暖的需求潜力巨大

冬季是河南北方地区供暖集中期,也是大气污染频发期,分散燃煤等供暖方式加剧了大气质量的恶化。随着河南新型城镇化的快速发展,居民生活水平逐渐提高,全省清洁环保、经济适用的供暖制冷需求不断增大。相较于地热能供暖制冷,煤炭取暖与空调制冷都会带来碳排放等环境问题,储备丰富的天然中低温地热资源为需求巨大的供暖制冷市场提供了一个洁净充足的能源供应渠道。

4. 地热产业与其他产业的融合趋势明显

地热能资源利用的产业链条长,可拓展应用领域十分广阔,与地热行业相关的钻井公司、资产公司、机械制造企业、房地产公司、能源电力公司、旅游公司等,都在辅助促进地热资源开发向纵深层面延展。温泉洗浴、温泉医疗、旅游和宾馆酒店服务、房地产新型取暖制冷、特色经营等产业的发展,增进了社会对地热能开发的关注与参与,为地热资源开发提供快速推进的契机。

(二)制约因素

1. 管理体制机制需进一步理顺

目前,地热能开发利用管理职能分散在国土、住建、水利、能源等多个部门,在资源开发利用、项目建设开发、后续运营监管等多个环节缺少统一的综合协调机构,存在"多龙治水"现象,特别是在后续运营监管上,对地热水回灌、地下水位及水质监测等方面缺乏有效监管,不利于地热供暖行业持续健康高质量发展。

2. 相关配套政策需进一步完善

河南冬季居民供热政策主要集中在城市热电联产集中供热方面,在地热供暖的扶持方面缺少相应的补贴政策,城镇供热市场对社会投资开放不足,导致地热供暖企业很难进入。由于缺乏政策扶持,地热能开发利用属市场自主行为，市场进入门槛较高，前期一次性投资高、回收期长，企业投资开发积极性不高。

3. 地热资源勘查精度需进一步提升

20世纪80年代至今，全省18个地市均开展了不同程度的地热资源勘查工作，初步掌握了省内地热资源基本情况。但由于已开展的地热资源调查工作以调查、预可行性勘查（普查）为主，勘查精度不高，且开展地质调查工作的主体不同，各类基础地质资料不成体系，掌握在不同部门、不同系统的单位中，全省地热资源调查数据没有一个归口管理部门，在一定程度上影响了全省地热资源评价工作的精准程度。

4. 地热能开发技术管理水平有待提高

河南省地热能开发利用技术一般以传统勘探、钻探、开发利用方式为主，受技术水平限制，不同项目采用的技术和工艺流程基本相同，基本没有对项目开展针对性的地热能开发利用精细化设计，在地热能监测、大数据处理等领域的新技术引进和转化、技术创新也是空白。同时，从事地热开发的企业参差不齐，其地热施工标准、工艺不一，管理水平不高，往往造成地热钻探施工质量差、尾水应灌不灌、节能效果不达标等情况。

三 国内外地热能清洁供暖开发利用情况及经验做法

国外冰岛、美国、德国等国家地热能开发利用起步较早，利用方式、发展路径各有侧重，国内陕西咸阳、天津、北京以及雄安新区等地在地热能清洁供暖方面也积累了较好的经验。先进地区的经验做法，对于促进河南地热清洁供暖规模化发展具有很好的借鉴意义。

（一）国外开发利用情况

冰岛地热资源丰富，冰岛85%的能源来自可再生能源，其中66%为地热能。冰岛的高温地热田（＞200℃）主要用于发电，低温地热田

（<150℃）主要用于集中供暖。冰岛首都雷克雅未克地热供暖始于1928年，已实现了居民100%使用地热供暖。冰岛对地热资源勘查、开发和利用实行国家统一管理，鼓励地热资源的勘探和任何形式的地热能开发利用，出台了一系列法律法规和不同阶段的发展规划，保障地热资源勘探、开发及利用等各个环节合理、有序开展。为防范地热开发可能造成的环境问题，在地热田安装数据监测系统，对每口井的水温、流量和水位下降情况进行实时监控，防止过度开采而导致的一系列环境问题。

美国地热资源利用方式主要是地热发电，地热发电装机容量世界第一，但地热供暖产业发展较为滞后，地热能直接利用量仅占美国每年热能需求的0.01%。近年来，美国将地热能作为未来发展的关键能源，通过出台法律法规、税收支持政策，建立国家地热数据中心，设立地热教育奖金等方式，积极支持地热发展。

德国地热资源主要用于集中供暖、温室和区域混合供暖、温泉等。德国法律规定国民有使用地热能可再生能源的义务，并要求2009年1月以后建成的建筑必须使用地热等可再生能源供热，使用地热等可再生能源供暖的可获得热网优先权。德国于2008年实施新的地热补贴政策，对符合条件的采用热泵技术的建筑，提供5~10欧元/平方米的补贴。德国提出到2020年，将地热能可再生能源在终端能源消费中所占比例提高到14%，到2050年达到50%。

（二）国内开发利用情况

陕西咸阳地热资源储量丰富，开发利用起步较早，已形成较大规模，是国土资源部授予的全国首个"中国地热城"、国家发改委确定的"国家地热资源综合开发利用示范区"，在地热能开发利用上居于全国领先地位。根据初步探明情况，全市远景地热水储量约为3450亿立方米，地热能约为35050万亿千卡，可折合标煤50亿吨，仅咸阳城区300平方公里的范围内，地热水储量约为495亿立方米，地热能约为5000万亿千卡，可折合标煤7亿吨。目前全市已开发地热井105眼（包括8眼回灌试验井），开采深度在 2000 米至 4505 米，地热集中供暖面积为 687 万平方米，占全市集中供暖面积的 35%。

天津市地热地质条件属于典型的中低温沉积盆地型，约占全市面积的 77%。天津市地热井深度在 700~3500 米，温度为 40~110℃。目前全市经过储量评审备案的地热可采储量为 7606 万立方米/年。供暖是天津地热开发利用的主要用途，现有供暖小区及公共建筑 501 个，地热供暖面积达到 3686 万平方米，占全市集中供暖面积的 8%。以目前 25 元/（平方米·年）的供暖收费标准计，仅供暖一项每年就可实现 9 亿元以上经济产值。据不完全统计，全市利用地热创造的直接和间接效益每年可达 10 亿元，带动直接和间接从业人数约 1 万人。2018 年度，全市开发利用的地热资源相当于标准煤 76.07 万吨，资源价值为 3.80 亿元，减少排放污染物 183.87 万吨，节省环境治理费 2.12 亿元。

北京市地热资源主要热储埋深小于 2500 米，储层温度大于 50℃，北京市水热型地热能主要用于地热供暖、温室种植、温泉洗浴、温泉养殖、医疗保健等。北京规划到 2020 年热泵系统利用面积达到 7000 万平方米，到 2022 年达到 8000 万平方米，占全市供热面积的比重达到 8%。

雄安新区充分利用本地地热资源丰富的优势，与中石化新星公司签订战略合作协议，授予新星公司特许经营权，收购改造原有小企业或个人手中的地热井，交由新星公司统一管理，规范地热资源利用开发秩序，形成了"雄县模式"。目前，雄安新区规划面积为 1770 平方公里，已完成地热供暖面积 700 多万平方米。

（三）地热能开发利用的经验启示

1. 依法依规加强地热资源管理

把加强地热资源管理放在首位，理顺体制机制，科学规划，确保了地热资源的有序合理开发。天津市早在 1995 年就出台了《天津市地热资源管理规定》，并在 1997 年、2004 年、2018 年进行了三次修订，国土、水利等部门也出台了一系列文件就资源勘查、规划建设、监管平价等进行规范。河北省于 2006 年也发布了《河北省地热资源管理条例》。陕西省咸阳市先后制定了《咸阳市地热资源管理暂行办法》《咸阳市区地热资源开发利用规划》《咸阳市地热资源矿业权设置方案》等，并结合实际在 2005 年、2007 年进行了数次修编。

2. 明确机构或部门管理职责

成立专门机构或明确专门部门，规范地热资源市场管理，推进地热资源合理利用和持续开发，避免了职能交叉、多头管理。天津市水热型地热资源管理职责以水温划分，温度大于等于 40℃ 的水资源归天津市规划和自然资源局管理，取水时需要水务局办理取水许可证；温度小于 40℃ 的水资源归天津市水务局管理。陕西咸阳明确了市国土资源局作为全市地热资源的统一管理部门，市地热资源开发管理办公室承担具体工作，负责全市地热资源的统一开发和综合利用。河北省政府将矿业权出让、新立、延续、变更、转让等行政许可和审批，以及储量评审与登记等事项委托下放给雄安新区。雄县在矿权设置上实行打包协议出让，将县域内地热资源矿权整体出让给新星公司，实现了按面积设置矿权，突破了以往按单井（对井）设置矿权的模式。

3. 全面加强地热开采动态监测工作

开展常态化地热开采动态监测工作，提升地热资源管理的现代化水平，保证地热资源的可持续发展。天津市目前已形成完善的地热动态监测体系，积累的海量数据及相关研究成果为科学开发地热资源提供了依据。北京市地热动态监测工作已开展了 50 多年，是一项长期连续性工作，主要监测全市的地热开采量和回灌量，分析地热开发过程中热储的变化规律和出现的问题，为政府部门进行资源管理和制定政策提供科学依据。陕西咸阳建成了全市地热井远程联网自动化监测系统，实现全市地下热水水位、水温、水量、水压等变化监测的自动化，构建热储模型，为建立采、灌均衡的地热资源开发利用管理提供了可靠依据。

4. 加强行业发展政策补贴

北京市对使用非整村安装地源热泵取暖的，市财政按照采暖面积每平方米100元的标准进行补贴；新建深层地热供暖项目热源和一次管网，市政府固定资产投资给予50%的资金支持；既有燃煤、燃油供暖锅炉实施热泵系统改造项目，市政府固定资产投资给予50%的资金支持；整村实施的"煤改地源热泵"项目，市政府固定资产投资给予50%的资金支持。河北省对地热供暖项目中包含工程建设、放线、道路恢复等在内的13项行政事业性收费实行免收，如免除了道路恢复费（100元/米左右），对地热供暖企业减免费用总额根据项目具体内容核算，实现地热供暖企业用电享受居民用电价格。陕西咸阳明确地热供暖按照市政集中供暖统一价格即每月每平方米5.4元执行，对地热供暖给予供热管网建设补助，给予地热资源采矿权使用费减免1年、减半缴纳2年、减25%缴纳4年的优惠政策。

四 河南地热能清洁供暖规模化利用路径建议

为推动地热能清洁供暖规模化发展，建议河南按照"技术先进、环境友好、经济可行、永续利用"的原则，着力促进地热能创新体制机制创新，着力提高地热能供暖开发利用水平，着力加强规范管理，加快推广先进地热能供暖技术，推动与其他供暖方式有机衔接，促进多元化清洁供暖格局形成，实现清洁取暖高质量发展。

（一）加快开展全省地热资源勘察评价

结合河南现有地热资源调查结果，按照"政府引导、企业参与"的原则，鼓励具备地热能供暖条件的地区开展地热资源勘察评价，支持有能力的企业积极参与地热资源勘察评价，支持参与勘察评价的企业优先获得地热资源经营资格。提高资源勘察精准程度，规范地热能资源勘察评价方法，将勘察评价数据统一纳入数据管理平台。加快查明全省主要水热型地热区（田）及浅层地热能、干热岩开发区的地区分布、地质条件、热储特征、地热资源的质量和数量，对开采技术经济性做出评价，依据省内地热资源勘察评价结果，编制省辖市、直管县（市）地热能供暖专项规划并组织实施。

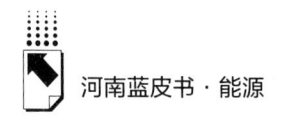

（二）持续推进地热能清洁供暖规模化利用试点工作

积极推进郑州、开封、安阳、新乡、濮阳、三门峡、周口以及兰考县、永城市、鹿邑县、新蔡县地热能清洁供暖规模化利用试点区域的先行先试工作，持续完善全省地热能供暖的管理方式和体系，探索省内地热能供暖市场化投资运营模式，促进地热能开发利用的技术升级和成本下降，增强地热能清洁供暖的市场竞争力，不断提高地热能供暖在全省清洁取暖、城市用能中的比重。

（三）积极发展中深层水热型地热能供暖

按照"取热不取水、采灌平衡、以灌定采"的原则，在严格保护地热资源和生态环境的前提下，在省内地热资源富集地区和集中供热未覆盖的城镇区域，优先将中深层地热能供暖作为城镇冬季清洁取暖的重要方式（中深层水作为居民生活供水水源的区域除外）。探索适合地热能开发利用的商业化投资经营模式，积极推行PPP、特许经营等模式建设项目，支持能源、市政等大型企业进入地热能供暖市场，鼓励开展中深层地热能的梯级利用，鼓励地热能供暖与燃气、电力、生物质热源多源联通、综合利用，提高能源使用效率。

（四）提升浅层地热能开发利用水平

按照"因地制宜、集约开发、加强监管、注重环保"的原则，在安全稳定、环境友好的前提下，在资源条件适宜地区，积极推进土壤源、地表水源（含江、河、湖泊等）热泵供暖制冷。适度发展地下水地源热泵，加大地下水源热泵回灌监管力度，提高浅层地温能在城镇建筑用能中的比例，重点支持浅层地热能在学校、医院、大型公共建筑供暖制冷需求中的规模化推广应用。

（五）建立完善全省地热能供暖监测体系

综合运用互联网、物联网等信息通信技术，建立健全覆盖全省的地热资源监测系统,加强对地热能开发和环境影响的监测和评价。新建的地热井原则上必须安装在线监测系统,老旧地热井具备改造条件的应逐步加装监测系统,确保对开发过程实行动态监测、动态调整,及时传送开采量、回灌量、地下水位、温度等数据,保障政府相关部门的在线监管需要,提高河南省地热能清洁供暖管理的信息化、智能化水平。

(六)完善地热能供暖产业服务体系

围绕地热能供暖政府监管、技术创新、标准规范、人才培养,完善产业服务体系。健全地热能供暖管理体系,统筹建立地热能开发工作协调推进机制,明确政府相关主管部门的管理职责,健全地热能清洁供暖的管理制度,简化项目办理流程手续。组建产学研相结合的技术创新体系,发挥重点企业技术优势,加大地热能清洁供暖关键技术的研发力度,推广先进适用的新技术、新产品。建立河南省地热能清洁供暖标准体系,完善地热能调查评价、勘探、钻井、抽井、回灌、开发、应用等标准规范,加快制定河南地热能清洁供暖运行维护、地热能监测技术等标准规范。加大地热能利用相关人才培养力度,积极推进地热能利用的国际国内合作,培育行业龙头企业。

(七)加大地热能利用政策支持力度

地热能集中供暖价格由市级价格部门制定执行,不属于集中供暖的由供暖企业按照"同质同价"的原则,参照其他清洁供暖方式制定地热能取暖价格,地源热泵回灌的可按照有关规定享受较低的税额标准。地热能供暖管网建设享受当地政府清洁取暖或新能源应用相关支持政策。支持符合条件的企业发行绿色债券和申请各级财政资金扶持,支持社会资本发起设立绿色基金,促进地热能供暖项目股权融资,引导金融机构加大对地热能供暖项目绿色信贷的投放。加强舆论宣传引导,充分利用电视、报刊、网络等媒体工具宣传地热供暖效果,为地热能供暖营造良好的舆论环境。

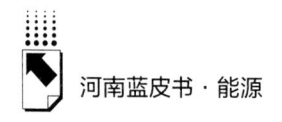

参考文献

河南省发展和改革委员会：《关于印发河南省促进地热能供暖的指导意见的通知》（豫发改能源〔2019〕451号）。

《河南省加快地热能供暖监测平台建设》，《地质装备》2020年第3期。

王金标、刘倩、杨敏华：《基于"地热能+"的县城区清洁供暖无煤化建设思路及探索研究》，《区域供热》2020年第2期。

B.15
河南省氢能源产业发展现状与展望

赵稳勇 李鑫 匡振山 宋冰*

摘　要： 近年来，氢能作为一种高能量密度的清洁能源逐步受到国内外广泛关注，并成为全球能源革命的重要方向，我国政府也明确将氢能与燃料电池技术创新列为重点发展任务。为促进河南省氢能源产业高质量发展，本文简要介绍了国际、国内氢能源产业发展现状，梳理分析了河南省氢燃料电池汽车、加氢站等氢能源相关产业发展和基础设施建设情况，重点分析了河南省氢能源产业发展所面临的机遇与挑战，指出"十四五"将是氢能源产业培育壮大的重要窗口期。河南应抓好氢燃料电池产业发展方案执行，加强核心技术研发和创新能力建设，培育引进优质企业打造全链条基地，促进产业实现跨越式发展。

关键词： 河南省　氢能　清洁能源

随着全球气候问题日益严重，开发利用氢能已成为能源技术发展的重要方向之一。氢能是一种新型战略能源，具有清洁高效、可储能、可运输、应用场景丰富等特点，是实现能源协同利用的良好载体。《能源技术革命创新

---

* 赵稳勇，中石化河南分公司高级经济师，研究方向为成品油市场经营及资源运作；李鑫，中石化河南分公司经济师，研究方向为成品油市场经营及资源运作；匡振山，中石化河南分公司中级经济师，研究方向为成品油市场经营及资源运作；宋冰，中石化河南分公司中级经济师，研究方向为成品油市场经营及资源运作。

行动计划（2016—2030年）》将可再生能源制氢、氢能与燃料电池技术创新作为重点任务。

一　氢能源发展背景

20世纪70年代以来，受石油价格剧烈波动的冲击，世界各国开始关注氢能的研发与应用。21世纪以来，受气候变化和环境问题影响，全球节能减排和能源清洁化步伐加快，氢能作为全球最具发展潜力的清洁能源再次获得人们关注。

（一）氢能源特征及发展背景

1. 氢能源概况

氢能是指氢在物理与化学变化过程中释放的能量，可用于储能、发电、各种交通工具用燃料、家用燃料等。氢能是核燃料外，所有品类能源中能量密度最高的一种能源，氢气的热值约是石油的3倍、煤炭的4.5倍。作为清洁的二次能源，氢能具有来源多样、用途广泛、终端零排等多重优势，以及可储存、可运输、应用场景丰富等特点，是实现电力、热力、液体燃料等各种能源品种之间转化的良好载体，被视为全球最具发展潜力的清洁能源之一，在保障国家能源供给安全、推进能源产业升级、改善大气环境质量等方面具有重要意义。随着技术日趋成熟、成本不断下降，氢能正处于快速发展的战略机遇期。

2. 氢能源发展背景

随着经济的快速发展，中国能源消费持续增长与自给能力不足之间的矛盾日益凸显，特别是在油气方面，2019年中国石油对外依存度达70.8%，天然气对外依存度达43%，石油等能源紧缺及较高的对外依存度导致我国能源安全供应与可持续发展风险不断增加。近年来，国家以优化能源结构、提升能源利用效率为重点，大力推广节能新技术和节能新产品，推动新能源汽车、智能电网等技术的研发应用，开发氢能、燃料电池等新一代能源技术。新能源汽车的大规模应用，有助于大幅度降低交通领域的石化产品消费量。作为新能源汽车大家庭的一员，氢燃料电池汽车加注时间短、续航里程长、零排放、无污染，被业界视为传统内燃机理想的替代解决方案，是未来新能源汽车产业技术竞争的制高点；同时氢能是清洁的二次能源，可进行存储，通过可再生能源制氢，再利用氢燃料电池发电，可建立"净零排放"的可持续利用的氢能系统，这也成为发展可再生能源之外，寻求解决能源、资源和环境危机，实现"深度脱碳"的重要路径。

（二）氢能源主要应用领域

目前氢能在能源领域的利用方式主要有两种：一是直接燃烧（氢内燃机）；二是采用燃料电池技术，燃料电池技术相比于氢内燃机效率更高，更具发展潜力。氢燃料电池与传统石化能源及现有动力电池相比，具有资源足、零排放、能量比高、加注快、续航长等显著优势。

氢燃料电池的应用领域广泛，早在20世纪60年代就因其容量大、体积小的特点而应用于航天领域。进入70年代后，氢燃料电池在发电和汽车领域也逐步开始应用。目前伴随各类电子智能设备的兴起以及新能源汽车的推广，氢燃料电池主要应用于固定、运输和便携式三大领域。从市场看，燃料电池因其无污染和稳定性的特点，既适宜建造大、中型电站和区域性分散电站用于集中发电，也可用作各种规格的分散电源、移动电源、电动车和潜艇动力源，同时可作为小型便携式电源为手机、笔记本电脑等供电。

二 氢能源发展情况现状

随着氢能应用技术逐渐成熟，以及全球应对气候变化压力的增大，多国政府已出台氢能及燃料电池发展战略，日、德、美等发达国家更是将氢能规划上升到国家能源战略高度。我国中央政府及部分地方政府也陆续出台了一系列有利政策推动国内氢能源产业快速发展。

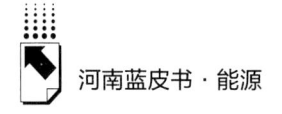

（一）国内外氢能源发展情况

1. 国外氢能源发展情况

2012年，美国政府在氢能及燃料电池等清洁能源研发领域投入63亿美元，同时成立燃料电池和氢能联盟，联合美国高校与企业共同攻关关键技术，共同在加氢站布局规划、融资方案、市场拓展等方面制订详细方案，目前美国已有加氢站公开对外运营。日本发布了《氢能/燃料电池战略发展路线图》，制定了2014~2040年氢能利用产业链各环节的发展目标与路径。2019年，欧洲燃料电池和氢能联合组织发布了《欧洲氢能路线图：欧洲能源转型的可持续发展路径》，提出了面向2030年、2050年欧盟的氢能发展路线。德国已拥有60座对外经营站，并计划至2023年增至400座，覆盖德国人口的60%，2030年达到1000座，覆盖德国的全部人口。2019年韩国发布《氢经济发展路线图》，提出成为世界最高水准的氢能经济国家的发展目标，并以2022年、2040年作为时间节点，提出韩国氢能全产业链发展目标与实施路径。

氢燃料电池堆是氢能及燃料电池全产业链的核心，国内外在氢燃料电池领域的研究与探索不断深入。燃料电池有很多种技术路径，其中质子交换膜燃料电池是目前燃料电池商用车的首选对象。这种电池主要有金属双极板水冷电堆和石墨双极板水冷电堆两种实现方式，前者在低温启动、体积与功率密度等方面具有优势，后者在可靠性、寿命和成本等方面有优势。

石墨双极板水冷电堆由加拿大巴拉德公司开发，后期丰田等日本车企考虑整车开发需求，在第一代石墨双极板水冷电堆之后，投入巨资开发金属双极板水冷电堆，并于2014年年底率先推出采用该技术的燃料电池汽车，实现了燃料电池乘用车的产业化。目前，日本的氢能及氢燃料电池专利数量居全球首位，已涉及制氢、储氢、燃料电池电堆和关键配件等全产业链。在已公开的燃料电池专利中，日本丰田申请专利数居首位。目前国际上相关技术较为领先的整车企业有日本丰田、韩国现代等；电池系统领先的有加拿大巴拉德、美国戈尔、英国庄信万丰等。

目前，丰田、本田、现代已各有一款氢电乘用车面世，尽管行业规模不大，但已抢占了大部分市场份额；而在商用车领域，现代的XCIENT重卡已批量出口瑞士；此外，氢燃料电池公交车、物流车和叉车也已在多地投入运营。

2. 我国氢能源发展情况

作为能源革命的突破口之一，氢能的发展和利用必将为我国能源转型带来重大改变。近年来，氢能作为潜在新兴能源，逐步进入国家和地方政府中长期规划范畴。《中国制造2025》《能源技术革命创新行动计划（2016—2020年）》《"十三五"国家战略性新兴产业发展规划》《国家创新驱动发展战略纲要》等多个国家规划，都明确将氢能与燃料电池技术创新提升到国家战略高度，列为重点发展任务。2019年国务院《政府工作报告》首次提出"推动充电、加氢等设施建设"。同年10月国家能源委员会召开第四次会议，要求加快探索氢能商业化路径。2020年《能源法（征求意见稿）》首次将氢能列入能源范畴，同期财政部等四部委联合发布《关于完善新能源汽车推广应用财政补贴政策的通知》，提出要争取通过4年左右时间，建立氢能和燃料电池汽车产业链。截至2019年底，全国4个直辖市10余个省份30余个地级市先后出台促进氢能发展的补贴办法、规划、意见，广东、河北等10余个省（市）实质性开展氢能产业布局与推广工作，出台了相关产业扶持政策，并落地一批燃料电池或整车产业，积极推动加氢站建设并开展示范运营，我国氢能及燃料电池汽车产业发展已驶入快速发展的高速路。

目前，中国氢能产业已初步形成"东西南北中"五大发展区域：东部区域以上海、江苏和山东为代表，是国内燃料电池车研发与示范最早的地区；西部区域以四川为代表，是国内可再生能源制氢和燃料电池电堆研发的重要地区；南部区域以广东佛山、云浮为代表，是国内燃料电池车大规模示范和加氢网络规划较为成熟的地区；北部区域以北京、河北和辽宁为代表，是国内较早开展燃料电池电堆和关键零部件研发的地区，并在2008年北京奥运会期间进行了燃料电池车试运行；中部区域以湖北和河南为代表，是国内燃料电池重要零部件研发和客车大规模示范地区。

国内氢能发展基本集中在交通领域,特别是氢燃料电池汽车产业。目前我国已经具备千辆级动力系统及整车的生产能力,氢燃料电池汽车的产业链也逐步完善,自主化产业生态体系基本建立。燃料电池系统、电堆、空压机等已基本实现国产化,氢气循环泵、增湿器预计2020年底可小批量供货,质子交换膜、气体扩散层等正在进行小批量验证。在燃料电池发动机创新方面,自主研发的燃料电池发动机性能及环境适应性不断提升,北京亿华通、大连新源、上海捷氢等国内公司也相继开发了性能优越的产品,如搭载了亿华通发动机系统的客车成功完成了环境极寒测试,捷氢科技自主设计开发的PROME M3H电堆58个一级零部件全部国产化,自主化程度和国产化率均达到100%。发动机工程化设计也由过去开发单一产品转化为开发模块化、平台化系列产品。目前我国已基本形成氢能研发、制备、储运、应用等完整产业链,上下游协作意识进一步增强,企业间战略合作行动显著增加。从技术层面看,氢燃料电池汽车已进入商业化导入期,可在低速短程乘用和远距离商用方面与纯电动汽车互为补充。由于燃料电池发动机技术不断提升,截至2020年7月底已有172款车型公告,适用于多种场景,如城际公交车、城际渣土车、港口运输车、矿用自卸车、环卫车、冷链物流车等,燃料电池汽车正在向大功率、长距离、重载车型发展。

中国汽车工业协会发布的数据显示,2019年我国燃料电池汽车产销分别完成2833辆和2737辆,同比分别增长85.5%和79.2%,截至2019年底我国燃料电池车累计销量达到6000辆,北京、上海、广州、张家口、佛山、成都、郑州、大同等地已陆续开展了氢燃料电池公交车规模化商业应用。据《中国氢能产业基础设施发展蓝皮书(2016)》预计,2030年我国燃料电池车辆保有量将达到200万辆,中国有望成为全球最大的燃料电池汽车市场。

(二)河南省氢能源发展情况

河南省内焦炭、氯碱、合成氨等企业众多,河南能化、平煤神马、焦作煤业、鹤壁煤业、心连心深冷等企业工业副产氢，为氢燃料电池的发展提供了重要支撑。作为全国燃料电池重要零部件研发和客车大规模示范地区，河南氢能源发展以氢燃料电池商用客车为主，同时辅以相关产业链企业，初步形成了氢能源发展的产业链。

1. 氢燃料汽车产业发展政策支持

整体上看，目前河南氢燃料汽车产业发展仍处于产业导入、起步阶段，省级政府主管部门及地方政府均出台了相关政策，支持和推动燃料汽车产业发展。

从全省层面看，2018年11月28日河南省印发《新能源及网联汽车发展三年行动计划（2018—2020年）》，明确支持宇通客车推进氢燃料客车产业化，支持郑州市设立氢燃料公交示范运营线路，同步开展加氢站布局建设，积极探索解决氢源及用氢成本问题，逐步推广到郑州大都市区城际公交线路。2020年8月16日河南印发《推动制造业高质量发展实施方案》并指出，巩固新能源客车优势，支持氢燃料电池客车研发和示范应用，建设智能网联汽车测试应用示范区，到2022年、2025年，产业规模分别达到1000亿元、2000亿元。此外，在新能源方面发展锂电池、氢燃料电池等，建设智能电网，打造光伏、风电装备应用高地，到2022年、2025年，产业规模分别达到1000亿元、1500亿元。

从地市层面看，新乡市政府于2020年4月印发了《新乡市氢能与燃料电池产业发展规划》和《新乡市氢能与燃料电池产业发展实施意见》，布局新乡氢能和燃料电池产业创新发展。根据规划，新乡将分为三个阶段加快氢燃料电池汽车试点应用及市场培育推广，实现氢能与燃料电池产业链，打造具有显著特色的氢能产业生态集群，有效地带动新乡乃至全省的产业结构升级。河南计划到2030年形成具有国内引领位置的头部企业2~3家，氢能与燃料电池产业链年产值突破500亿元；在推广应用层面，建成加氢站40~50座，推广应用各类氢燃料电池车辆1万辆以上，建成具有示范意义的氢能社区5个以上，带动未来社会能源和动力转型。各项政策的出台，将推动河南氢能源产业链建设及相关产业的快速发展。

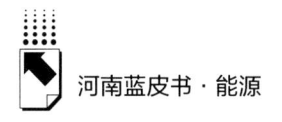

2.氢燃料汽车产业发展情况

郑州燃料汽车产业发展情况。郑州宇通客车作为最早进入燃料电池汽车研发的整车企业之一,在氢燃料汽车的研究应用方面已取得许多成果。2009年完成代增程式燃料电池客车的开发;2012年组建专业从事燃料电池与氢能技术研发的团队;2014年成为国内首家通过燃料电池商用车资质认证的企业;2015年率先取得国内燃料电池客车公告;2016年研发完成第三代氢燃料电池客车;2017年获得车载氢系统安装资质;2018年燃料电池公交实现了在郑州、张家口等地的批量推广应用;2020年获批建设河南省燃料电池与氢能工程技术研究中心。宇通燃料电池团队承担燃料电池相关的国家科技支撑计划项目、国家重点研发计划项目、河南省重大科技专项等多个项目,全面掌握了整车动力系统匹配与优化、燃料电池系统氢-电结构耦合安全、燃料电池系统集成与控制、快速加氢等关键技术,形成了燃料电池系统、车载氢系统、整车设计开发及验证能力、一致性保证能力、零部件采购与管理能力等。郑州公交自2018年以来已累计投运宇通氢能公交近百辆,可实现加氢时间小于10分钟,续驶里程超过500公里,根据规划,近期还将再增加200台氢燃料公交车。河南氢产业商用已迈出坚实步伐,后期氢能源产业发展前景广阔。

新乡氢能源产业发展情况。自2017年以来,新乡陆续引入培育了河南豫氢动力有限公司和河南豫氢装备有限公司,其中豫氢动力的燃料电池堆示范线已建设完成,第一代两个系列的电堆模块已定型,具备小批量供货的能力;豫氢装备在车载供氢系统、增压加注系统以及实验供氢系统方面已全面进入市场,已成为国内氢能领域的知名企业,已研发完成加氢机和撬装型加氢站,并具备批量供货能力。新乡市氢燃料电池公交示范线将于2020年开通,届时将陆续有50辆氢燃料电池客车投入使用。新乡市氢能产业园总投资20.5亿元,目前产业园主体工程已基本完成,未来产业园将创建以企业为主体、市场为导向、产学研深度融合的技术、产业、应用共生的生态创新体系,打造成为具有显著特色的氢能产业生态集群。

濮阳氢能源产业情况。2020年7月,濮阳市与未名金石投资管理(北京）有限公司签订战略合作框架协议，计划在濮阳工业园区建设氢能源产业园项目，加快构建"制氢—储氢—加氢—氢燃料电池系统—氢燃料发动机整车生产"全产业链条，助力濮阳加快构建氢制备、氢燃料电池及整车生产的产业格局。

3. 加氢站等氢能发展配套基础建设情况

目前河南省已有2座加氢站建成，郑州宇通加氢站于2015年3月完成调试、试运行并通过验收。加氢站占地约3000平方米，采用外供氢模式及先进加注工艺流程，可快速、安全地为示范运行的燃料电池客车提供35兆帕的高压氢气加注服务。通过加氢站内45兆帕的高压储氢管束，实现一辆客车加满氢气的时间小于15分钟，目前通过改扩建日加氢能力可以满足60辆12米公交车的加氢需求。新乡豫氢加氢站于2019年10月建成，该站占地面积约1021平方米，是一座35兆帕撬装式加氢站，可实现保障30台公交车日常加氢，每台公交车加氢时间在20分钟之内。根据规划郑州共将建成6个加氢站，据报道，2020年8月郑州西区氢能源公交线路配套的加氢站也进入了测试阶段，将是河南第3座建成投营的加氢站。中石化新乡分公司市区南二环加氢站拟于2020年投入运营，可以满足100辆公交车及物流车辆运营；至2025年，还将规划建成加氢站9座，预计可满足1000辆公交车及物流车运营。

2020年8月，华久氢能源（河南）有限公司氢能一体化项目正式签约，该氢能一体化项目位于洛阳吉利石化产业集聚区，利用洛阳炼化公司的氢气资源，建设高压氢、液氢项目，项目统一规划、分步实施，项目一期设计为高压氢20吨/天、液氢8.5/天，计划总投资2.8亿元，一期项目计划至2021年12月前完成。

三 河南省氢能源发展形势及展望

由柴油到电动再到燃料电池，从汽车发展的几个阶段可以预见，燃料电池是汽车能源的重要发展方向之一。抢抓氢燃料电池汽车产业发展机遇，积极开发利用清洁能源，打造具有国内影响力的氢能产业基地，将是河南重塑传统产业竞争新优势，培育新产业新业态新模式，开创战略性新兴产业发展新局面的重大机遇。总体上看，预计"十四五"时期河南氢能源产业以及氢燃料电池汽车产业将取得跨越式发展。

（一）有利条件

中国汽车工程学会预测，我国氢燃料电池汽车保有量在2020年将达到1万辆，2025年达到10万辆，2030年达到100万辆，将带动加氢站、燃料电池、氢气生产和储运各个环节的发展。燃料电池汽车的发展方向是氢能利用的重大发展方向之一，发挥优势，加强技术攻关、降低用氢成本、组建加氢网络、实现规模运行，将是河南加快氢能源产业的重要抓手。

氢能可催生新产业链，有效带动传统产业转型升级，对促进经济新旧动能转换具有重要意义，也是未来能源技术变革和能源产业竞争的方向。在当前国际大环境背景下，氢燃料电池车在节能环保及保障国家能源安全等方面具有较强优势，国家也出台了多项政策支持氢能源的发展，多家能源国企如国家能源集团、中船重工、中国石化、中国石油、东风集团、一汽集团纷纷加强了氢能产业的布局，制约氢能源普及发展的技术、材料等难题正加快解决。面对进一步打开的市场，多个省市及企业积极布局，作为先行者，河南宇通等企业通过长期在燃料电池客车领域的研发积累，已取得了积极的成效，并在郑州等区域实现了氢燃料电池客车的规模化商业运营，成为全国较早实现商业化运营的地区之一，加之近期河南省燃料电池与氢能工程技术研究中心的成立，这将对燃料电池汽车有关难题的突破形成技术支撑。同时，新乡等氢产业链企业的布局，将在河南逐步形成从制氢、储氢、运氢、加氢、燃料电池到燃料电池汽车及分布式发电的完整产业链。河南省凭借已经较为完善成熟的整车生产、运行经验，借助国家政策和氢燃料电池客车推广面扩大机遇，将有实力打造国内氢能商用客车领域的高地，推动河南产业结构升级，形成能级更高、结构更优、创新更强、动能更足、效益更好的发展新格局。

（二）制约因素

尽管河南氢能产业发展已经具备一定基础，但是要破解河南省能源发展难题，发挥氢能在能源转型中的巨大潜力，还有不少现实问题和挑战亟待解决。

1. 需要扩大氢源和降低用氢成本

氢的液化支撑了氢气大规模收集、储存与运输、应用，是氢能源产业发展的重要基础之一。据报道，中国液氢生产成本高达500元/千克，是美国的20倍以上（2.5美元/千克）。有关资料显示，国内此前仅有三座在用的液氢工厂，且均用于航天火箭发射。虽然河南能化、平煤神马、焦作煤业、鹤壁煤业、心连心深冷等企业工业副产氢，为河南氢燃料电池的发展提供了支撑，但燃料电池汽车的大规模运营将推动液氢需求增长，必须扩大氢源，降低制氢、用氢成本。

2. 需要关键技术进一步突破

液氢的高密度、高纯度和加注的拓展性可以提高商用车的加注效率和储氢密度，对于车载储氢来说，目前常用的储氢罐压力为35兆帕和70兆帕，国际上70兆帕车载储氢技术成熟，被应用于乘用车并已实现商业化应用；而国内仍旧以气氢为主，且运输压力不超过20兆帕，车载储氢罐基本为35兆帕。目前河南建成及在建加氢站均以35兆帕为主，70兆帕加注及车载供氢系统、Ⅳ型氢气瓶等技术仍未突破，在一定程度上影响了氢燃料汽车的经济性。只有燃料电池汽车大规模运营，尤其是重卡商用车和70兆帕车载储氢技术的大规模应用，液氢的经济性凸显，才会进一步拉动市场需求。

3. 需要布局加氢网络基础设施

没有加氢站氢燃料电池汽车将无法长途续航行驶，氢燃料电池汽车的便捷性也就无从发挥。氢能基础设施及加氢站建设布局滞后，将在很大程度上限制氢能经济的规模化，制约氢燃料电池汽车的市场发展。目前河南仅有数座加氢站投入运营，仅能维持目前正在运行的氢燃料电池公交的运转，面对商业化示范运行进一步扩大、氢燃料电池乘用车发展推广，达到降低新能源汽车"里程焦虑"的目标仍有很长的路要走。

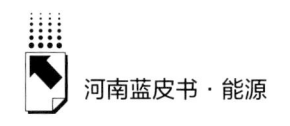

四 促进河南省氢能源产业发展建议

河南省氢能源产业发展已步入产业化导入期,"十四五"期间将是产业培育壮大的重要窗口期,如何积极作为,抢抓氢燃料电池汽车产业发展机遇,加快河南氢燃料产业布局,将是河南新型产业"换道先行"、优化经济结构、推动经济高质量发展、抢占竞争制高点的重要举措,更是成为培育新经济增长点、推动创新驱动和绿色发展的有力抓手。

(一)抓好氢燃料电池产业发展方案执行

河南氢源丰富,在氢燃料电池客车、动力系统、车载加氢系统等领域科研攻关及产业化方面取得了积极成果,具有一定的技术基础和示范经验,但总体还处于起步阶段,产业基础相对薄弱,发展环境还有待培育和改善。发挥优势,抢抓氢燃料电池汽车产业发展机遇,对河南汽车工业前布局、转型发展具有重大意义。近期河南制定下发了《河南省氢燃料电池汽车产业发展行动方案》,制定了河南氢燃料电池产业的路线图,当前全国大部分省市均大力推动氢能源产业发展,关键技术不断突破,核心竞争力不断提升,河南作为已实现氢燃料公交车规模化商业应用的地区和全国重要的汽车产业基地之一,要继续保持先发优势,必须抓好氢燃料电池技术研发、示范运行、量产应用等支持政策的落实,借鉴广东、浙江等加油、加氢混合站建设经验,利用现有主营加油站网络优势,出台加氢站审批主体、建设审批流程以及补贴政策的具体指导意见,推动一体化加油、加氢站点建设布局并快速形成网络优势,同时吸引社会资本投入氢燃料电池产业发展,推动全省氢燃料电池汽车相关产业快速健康发展。

(二)加强核心技术研发和创新能力建设

面对河南省氢能产业技术不成熟、产业发展不经济等突出问题。一是加强燃料电池核心技术突破,依托省内重点企业和研发机构,搭建联合研发和推广应用平台，有效整合全省资源，建立合作队伍，加快关键共性技术研发，推动全省相关领域科研力量的广泛参与和协同攻关，集中力量实现氢燃料电池核心材料、装备及关键零部件的技术突破，逐步形成以"核心零部件+整车"产业链为主，其他产业链并举的自主化生态链。二是加强制氢运输等技术突破，加快推动省内液氢企业项目落地达产，降低制氢用氢成本，加快70兆帕加注及车载供氢系统、车载Ⅳ型氢气瓶等技术突破，统筹做好加氢站网络布局，形成布局合理的加氢站网络，进一步降低用氢成本，推动氢燃料电池商用车推广普及，为氢燃料乘用车的推广奠定基础。

（三）培育引进优质企业打造全链条基地

结合河南实际，"外引内联"培育引进优质企业打造全链条基地。一是加强"外引"，吸引国内一流的氢能与燃料电池产业企业加强合作，汇聚优质技术链和产业链资源，提升燃料电池产品及整车制造技术，实现燃料电池汽车产业规模化生产，加快推动燃料电池汽车（公交、物流以及环卫特种车辆等）市场化运行。二是强化"内联"，培育省内企业形成产业链，推动省内汽车制造企业、关键零部件企业加强合作，培育一批龙头带动企业、强链补链企业，共同完善产业链和基础设施建设，努力形成较为完备的氢燃料电池汽车产业链。探索氢燃料电池分布式发电应用，全面提升氢能与燃料电池产业竞争优势。

参考文献

凌文、刘玮、李育磊、万燕鸣：《中国氢能基础设施产业发展战略研究》，《中国工程科学》2019年第3期。
周锋、黄磊、王乾坤：《氢能发展现状与前景展望》，《能源评论》2020年第7期。
《国家发展改革委国家能源局关于印发〈能源技术革命创新行动计划（2016—2030年）〉的通知》，2016年4月7日。
《河南省人民政府办公厅关于印发河南省新能源及网联汽车发展三年行动计划

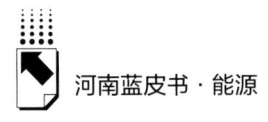

(2018—2020年）的通知》，2018年8月6月。

河南省人民政府：《河南省推动制造业高质量发展实施方案》，2020年8月。

中共中央、国务院：《国家创新驱动发展战略纲要》，2016年5月。

王志刚、蒋庆哲、董秀成、高潮洪主编《中国油气产业发展分析与展望报告蓝皮书（2019—2020)》，中国石化出版社，2020。

河南省工信厅联合省发展和改革委员会、省财政厅等八部门：《河南省氢燃料电池汽车产业发展行动方案》，2020年4月。

河北省能源局：《河北省氢能产业链集群化发展三年行动计划（2020—2022年）》，2020年7月。

新乡市人民政府办公室：《新乡市氢能与燃料电池产业发展实施意见》，2020年4月。

新乡市人民政府办公室：《新乡市氢能与燃料电池产业发展规划》，2020年4月。

B.16 河南省煤电结构调整及布局优化研究

李娴 于开坤 苏东奇*

摘　要： 受资源禀赋影响，多年来河南省形成了以煤电为主的电力生产和消费结构。煤电在为河南提供充足可靠电力、热力保障的同时，也面临发展不均衡、结构需要调整优化和环保压力加大等问题。本文结合大气污染防治、能源结构调整的具体要求，从"积极减量、优化存量、创新发展增量"的角度提出发展思路，并从"存量优化调整、增量优化布局"两个层面，研究提出具体可行的实施方案。

关键词： 河南省　煤电结构　煤电布局

河南是能源生产和消费大省，受资源禀赋影响，河南省能源结构偏煤问题突出，煤电主力格局短期内无法改变，煤电在为河南省提供充足可靠电力、热力保障的同时，也产生诸多环境问题。未来几年，是河南省实施黄河流域生态保护和高质量发展与新时期中部地区崛起等国家战略的关键时期，这对能源高质量发展也提出更高要求，持续推进煤电结构调整和布局优化，对于缓解河南省减煤压力、打赢大气污染防治攻坚战、加快能源结构优化具有重要意义。

---

* 李娴，工学博士，河南省电力勘测设计院教授级高级工程师，研究方向为能源电力规划与技术；于开坤，工学博士，河南省电力勘测设计院教授级高级工程师，研究方向为能源电力规划与技术；苏东奇，工学硕士，河南省电力勘测设计院工程师，研究方向为能源电力规划与技术。

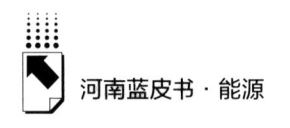

一 河南省煤电结构调整及布局优化背景

（一）"十三五"以来煤电结构调整成效

1. 煤电机组结构不断优化

"十三五"以来河南省深入推进煤电结构调整，截至2019年底，全省累计淘汰落后煤电产能378万千瓦，有序发展高效绿色煤电机组1000万千瓦以上，煤电占电源总装机比重下降至70.7%；机组结构进一步优化，60万千瓦及以上机组占比在60%以上，比2015年提高约6个百分点。

2. 煤电能效水平显著提高

2016年，河南省在全国范围内率先实现现役煤电机组全部超低排放，并在煤电行业开展节能环保标杆引领活动，引导全省煤电企业紧跟标杆引领者，推动全省煤电行业节能减排和绿色发展。截至2019年底，累计完成节能综合升级改造4937.5万千瓦，改造后能效指标达到同类型机组先进水平，河南省煤电机组平均供电煤耗降至303克/千瓦时，低于全国水平约4克/千瓦时。

3. 煤电空间布局趋于合理

受资源禀赋和用电需求分布的影响，河南煤电装机多集中在豫西、豫北、豫中等区域。"十三五"以来，河南按照国家要求，积极推进煤电淘汰落后产能、有序推进煤电项目建设，全省煤电空间布局不断优化。"十三五"全省共关停淘汰煤电机组378万千瓦，其中，豫西、豫中区域关停236.2万千瓦，占比62.4%，"煤电围城"难题得到有效解决。"十三五"全省统调煤电机组投运953万千瓦，其中，豫北地区占14.2%，豫西地区占40.3%，豫中东地区占34.7%，豫南地区占10.8%，全省煤电空间布局趋于合理。

（二）河南省煤电发展存在的主要问题

1. 电源供应以煤电为主，结构调整压力大

受资源禀赋和经济开发条件限制，河南省水能资源基本开发殆尽，生物质能、风电、太阳能等可再生能源发电受资源、环境因素影响较大，短期内难以发挥电力发展主力军的作用，河南以煤电为主的电源供应格局短期内难以改变。2019年底全省煤电装机6579万千瓦，占电源装机的70.7%；30万千瓦以下煤电机组装机668万千瓦，占煤电装机比重为10.1%，电源结构仍需进一步优化。

2. 污染防治任务艰巨，环保压力不断加大

煤电是河南煤炭消费大户，近年来电煤占河南省煤炭消费的比重始终在50%左右。虽然河南省燃煤发电机组已全部实现超低排放，大气污染物排放总量大幅度下降，但煤电行业仍然是大气污染的主要污染源，且在电煤运输及灰渣处置过程中，不可避免地会产生二次污染，特别是城区煤电机组带来的二次污染问题尤为突出。面对全省能源结构偏煤、郑州"煤电围城"问题突出等局面，后续减煤整改任务艰巨，环保压力不断加大。

3. 煤电发展不均衡，优化布局势在必行

河南煤电装机相对集中，主要分布在河南省西北部、京广线以西地区，位于太行山东南山麓、豫西山地东部山麓和南阳盆地。分区域看，截至2019年底，河南省煤电装机超过300万千瓦的地市有8个，8地市煤电装机约占全省总容量的70%，按装机容量大小排序依次是郑州、焦作、洛阳、平顶山、新乡、三门峡、鹤壁、商丘。煤电大部分位于市区或城市周边，部分城市集中分布，易造成污染物集聚，对城市空气质量影响较大。受煤炭资源禀赋、煤炭运输条件等因素影响，电源装机集中在豫北、豫中地区，豫东南区域的信阳、周口等末端电网缺乏电源支撑，加之该地区负荷增速较快，导致电力缺额逐年加大，电网安全可靠运行受到影响，电源优化布局形势更加紧迫。

二 煤电结构调整及布局优化主要思路和目标

坚持以习近平新时代中国特色社会主义思想为指导，以新发展理念为引领，以"四个革命、一个合作"能源安全新战略为遵循，坚持"节能优先、

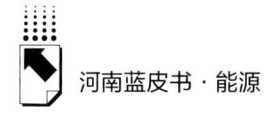

内源优化、外引多元、创新引领"发展方向，积极减量、优化存量，创新发展增量，增强煤电发展内生动力，加快构建清洁高效灵活的煤电支撑体系，为全省能源转型和高质量发展提供坚实保障。

（一）主要目标

到"十四五"末，全省煤电布局结构趋于合理，重点区域城市煤电机组容量明显降低，煤电生产结构明显优化，60万千瓦及以上煤电机组成为发电主力，利用小时数明显增长，煤电节能减排效果进一步显现，在稳定实现超低排放的基础上，粉尘、二氧化硫、氮氧化物等排放强度进一步降低，电煤运输、储存环节污染物排放明显减少。

（二）主要思路

1. 积极减量、优化存量

持续实施淘汰落后、退城进郊、改造提升，加快优化煤电结构。严格执行国家及省内煤电行业淘汰落后产能政策，重点淘汰除承担供热、供暖等任务必须保留的单机容量30万千瓦以下煤电机组和污染物排放不符合超低排放要求且不实施环保改造或环保改造后仍不满足要求的煤电机组，实现重点区域煤电装机容量明显降低。积极推进城市建成区煤电机组全部实施清洁燃料替代或退城搬迁。运行年限达到电力业务许可证（发电类）上规定有效期限的煤电机组（含企业自备煤电机组）原则上要按期退役，不再实施机组延寿。统筹河南省淘汰落后机组容量，充分考虑环境承受能力，按照等容量、减煤量、减排放原则，结合各地产业园区发展规划，有序布局建设超超临界支撑电源和超临界热电机组。

2. 创新发展增量

（1）从严控制煤电增量

严控重点区域煤电规模，在非重点、缺电区域发展60万千瓦及以上高效清洁路口电站。其他电力盈余区域除热电联产、等量替代电站外原则上不再布局燃煤发电项目。河南省大气污染传输通道防治及汾渭平原城市，从严控制煤电装机容量，原则上新增煤电项目按照等容量替代方式规划布局，重点强化电网受电能力建设。鉴于豫中地区电力存在一定缺额，适度推进开商地区电源建设；豫南地区电力缺额较大，重点加快单机60万千瓦及以上的大机组电源规划布局，加强电网供电能力建设。

（2）加强电网支撑电源建设

重点围绕末端电网布局一批电网支撑电源。"十四五"期间，为提高电网末端地区的供电能力以及电网安全运行水平，在加大电网建设力度的基础上，重点在平顶山、南阳、商丘等豫南及豫中东地区布局一批电网末端支撑电源项目。

（3）积极发展热电联产

坚持"以热定电"，严格落实热负荷，科学制定热电联产规划，在优先进行城市周边单机30万千瓦级及以上纯凝燃煤发电机组供热改造的基础上，因地制宜规划建设高效燃煤热电机组，同步完善配套供热管网，对集中供热范围内的分散燃煤小锅炉实施替代和限期淘汰。建成区现状人口达40万人、供热面积达1800万平方米的城市，可规划布局大型热电机组，在经济论证可行的前提下，鼓励建设背压式热电机组；在中小型城市和热负荷集中的工业园区，优先建设背压式热电机组；鼓励改造或建设背压机组解决城乡居民供热问题。

三 煤电结构调整及布局优化方案

（一）存量优化调整方案

截至2019年底，河南省煤电装机6579万千瓦，占全省装机的70.7%，其中，豫北装机1755.6万千瓦、豫中装机3283.1万千瓦、豫南装机1540.5万千瓦，占比分别为26.7%、49.9%、23.4%。全省煤电装机中30万千瓦以下煤电机组仍有668万千瓦，占河南省煤电装机的10.1%，煤电结构仍需持续优化调整。河南省一半以上的煤电机组承担着城市集中供热任务，基本布局在城区及周边。全省18个省辖市中，17个省辖市城区拥有煤电机组，城区煤电装机2570万千瓦，占河南省煤电总装机的41%，煤电占城、围城问题突出。根据省内煤电行业淘汰落后产能、大气污染防治等政策，考虑已投产煤电机组的设计寿命、地理分布、参数等级等情况，研究提出省内存量煤电机组优化调整方案。

1. 豫北地区

豫北地区包括安阳、鹤壁、濮阳、焦作、新乡5个地市，截至2019年底共有煤电装机1755.6万千瓦。豫北地区均处于大气污染防治通道，环保形势异常严峻，且多个地市存量煤电装机容量均突破300万千瓦，煤电结构调整任务艰巨。安阳电厂2×32万千瓦机组将于"十四五"期间寿命到期，建议实施关停；安阳电厂2×30万千瓦机组及鹤煤电厂2×13.5万千瓦煤电机组均位于市区范围内，对大气环境均有明显影响，建议在提前做好电网加强和热源替代工作的前提下，实施退城关停（见表1）。

表1 豫北地区存量煤电优化方案

城市	替代存量分类	电厂名称	容量（万千瓦）	投产年份（年）
安阳	设计寿命到期	安阳	2×32	1998
安阳	退城关停	安阳	2×30	2008
鹤壁	退城关停	鹤煤电厂	2×13.5	2006/2007
合计	—		151	

2. 豫西地区

豫西地区包括洛阳、三门峡、济源3个地市，截至2019年底共有煤电装机1773.1万千瓦。洛阳双源2×16.5+1×7.5万千瓦、洛阳热电2×13.5万千瓦、洛阳万基2×13.5万千瓦、大唐洛阳热电2×32万千瓦、豫源2×15万千瓦等共计188.5万千瓦煤电机组均处于市区范围，直接对大气环境有明显影响，建议在提前做好电网加强和热源替代工作、妥善职工安置的前提下，有序实施退城关停。三门峡2×32万千瓦机组将于"十四五"期间寿命到期，建议到期实施关停（见表2）。

表 2　豫西地区存量煤电优化方案

城市	替代存量分类	电厂名称	容量(万千瓦)	投产年份(年)
洛阳	退城关停	洛阳双源	2×16.5+1×7.5	2005/1999
		洛阳热电	2×13.5	2006
		洛阳万基	2×13.5	2006
		大唐洛阳热电	2×32	2005
	设计寿命到期	首阳山	2×30	1995/1996
济源	退城关停	豫源	2×15	2005
三门峡	设计寿命到期	三门峡	2×32	1994/1997
合计	—		312.5	

3. 豫中东地区

豫中东地区包括郑州、开封、商丘3个地市，截至2019年底共有煤电装机1510万千瓦。郑州泰祥电厂2×13.5万千瓦位于市区范围，建议在提前做好电网加强和热源替代工作、妥善职工安置的前提下，有序实施退城关停（见表3）。

表 3　豫中东地区存量煤电优化方案

城市	替代存量分类	电厂名称	容量(万千瓦)	投产年份(年)
郑州	退城关停	泰祥电厂	2×13.5	2020
合计	—	—	27	

4. 豫南地区

豫南地区包括许昌、周口、漯河、平顶山、驻马店、信阳、南阳7个地市，截至2019年底共有煤电装机1540.5万千瓦。许昌能信热电2×21万千瓦、南阳普光2×12.5万千瓦、平东热电2×21万千瓦等共计109万千瓦煤电机组均位于市区范围，建议在提前做好电网加强和热源替代工作、妥善职工安置的前提下，有序实施退城关停。平顶山姚孟电厂2×30万千瓦煤电机组设计寿命已到期，建议实施关停（见表4）。

表4　豫南电厂可替代存量分析

城市	替代存量分类	电厂名称	容量(万千瓦)	年份(年)
许昌	退城关停	能信热电厂	2×21	2008
南阳	退城关停	南阳普光	2×12.5	1999
平顶山	退城关停	平东热电	2×21	2006
	已停运	蓝光电厂	2×13.5	/
	退城关停、设计寿命到期	姚孟电厂	2×30	1985/1986
合计	—		196	

（二）增量优化布局方案

从电力平衡情况来看，2025年，豫北、豫中、豫南地区均呈电力缺额状态。从区域内部来看，安鹤濮有电力缺口，焦新略有盈余；豫西始终处于盈余状态，郑开商有电力缺口；豫南整体有电力缺口，许漯周、驻信、平顶山、南阳均有电力缺口。

从全省热力供应能力来看，在对现有机组进行深度供热改造，同时增加燃气集中锅炉房、可再生及清洁能源等其他热源后，仍有平顶山、洛阳、开封、许昌、安阳等地不能满足居民供热需求的情况，需要通过新增大型热电联产机组满足供热需求。

从全省电网发展来看，中长期河南还将持续扩大外电入豫规模，"十四五"期间将至少再新增一条外电入豫通道，河南省特高压交直流耦合特性将更加明显、电网安全稳定运行将更为复杂，结合直流落点，亟须在特高压近区布局大型支撑电源，提升系统电压支撑能力，保障系统安全稳定运行。

从全省环保空间来看，豫北地区主要城市环境空气质量浓度指标均高于豫中、豫南地区，且豫北地区均处于京津冀大气污染防治通道，环保形势严峻，后续不具备新增煤电装机容量的空间；豫南地区区域广阔，环境空气质量指标整体较优，环保空间相对充足。

从煤炭运力来看，浩吉铁路途经河南省豫南地区内乡西、淅川、邓州西，投运初期可形成煤炭输送能力6000万吨/年，长期规划设计输送能力为

2亿吨/年，若分配河南煤运能力按20%测算，近期可新增调入煤炭1200万吨/年，远期可新增4000万吨/年。

综合全省热力供应能力、电网发展、环保空间、运煤通道及特高压安全稳定运行需求，建议"十四五"期间河南省新增规划的煤电项目重点布局在豫南及豫中东区域，在豫南地区新增约500万千瓦煤电机组，主要布局在南阳、周口等地区；在豫中东新增约200万千瓦煤电；豫北受环保、政策等多重因素制约，新增煤电装机需按照等容量替代方式规划布局。

四 预期实施效果分析

（一）煤电仍将发挥基础性保障作用

煤电在为河南省提供充足可靠电力、热力保障的同时，也面临诸多问题和挑战，布局优化和结构调整势在必行，但在未来较长时间内，煤电仍将是保障河南省电力、热力供应的基础性电源，从近中期来看，推动河南省煤电清洁高效发展，应着力从"优化存量、创新增量"等方面统筹发展。

（二）"十四五"期间河南煤电结构将进一步优化

通过实施煤电结构及布局优化，到2025年河南省煤电装机占比可降至65.3%，较2019年降低5.4个百分点；60万千瓦及以上煤电机组占比可达到72%，较2019年提升约10个百分点。"十四五"期间河南省大气污染防治通道及汾渭平原城市原则上不再扩大煤电装机规模，到2025年豫北地区煤电装机占比较2019年降低7个百分点；豫中地区煤电装机占比较2019年降低7个百分点，其中郑州实现主城区煤电清零，区内煤电装机占比较2019年降低8个百分点，洛阳主城区煤电基本清零，煤电装机占比较2019年降低8个百分点；豫南地区煤电装机占比较2019年降低10个百分点。

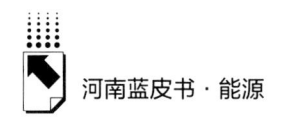

（三）煤电结构优化仍需相关政策支持

考虑煤电结构调整和布局优化工作的长期性和复杂性，建议积极向国家争取在煤电淘汰落后产能、煤电规划布局等方面的政策支持。建议进一步完善省级政策机制，加大对豫中东、豫南地区煤电规划建设政策支持力度，弥补豫东、豫南地区单位燃料成本的差值，提高企业投资建设积极性；加强网源协调发展，结合煤电优化调整布局方案，加快配套电网建设，保障电力可靠供应；加大对重点区域支撑电源规划布局的国土、环保等前期工作的政策支持力度。

参考文献

《河南省人民政府办公厅关于印发河南省推进能源业转型发展方案的通知》（豫政办〔2017〕134号）。

《河南省人民政府办公厅关于印发河南省2018年大气污染防治攻坚战实施方案的通知》（豫政办〔2018〕14号），2018年2月6日。

《河南省人民政府办公厅关于印发河南省煤电行业淘汰落后产能优化生产结构三年行动计划（2018—2020年）的通知》（豫政办〔2018〕86号），2018年12月24日。

《河南省人民政府关于印发河南省煤炭消费减量行动计划（2018—2020年）的通知》（豫政〔2018〕37号），2018年12月20日。

B.17
能源大数据标准体系构建与实施路径设计

卜飞飞　王圆圆　李文峰*

摘　要： 能源大数据建设是推动能源高质量发展的重要载体，也是落实中央"新基建"战略部署的重要举措之一。能源大数据涵盖电力、石油、煤炭、天然气以及气象、宏观经济等众多行业数据，各行业数据均有自身行业特征和管理要求，亟须融合统一，建立兼顾各能源行业的数据标准体系。本文结合省级能源大数据中心建设实践，提出了基础标准、数据标准、技术标准、管理标准、安全标准5个类别的能源大数据标准体系框架，并分三个阶段设计了能源大数据标准体系实施路径，对于提升能源行业数据规范性，促进能源数据归集和共享，标准化建设能源大数据中心具有重要价值。

关键词： 能源大数据　数据标准　技术标准

互联网与能源网深度融合是数字经济背景下重塑能源发展格局、推动能源转型和能源产业发展创新的重要举措。随着信息技术和能源生产消费交汇融合，互联网及智能化、自动化设备快速普及，能源数据呈现爆发增长、海量聚集的特点，能源大数据应用及能源数字经济已成为能源领域发展的热

---

* 卜飞飞，工学硕士，国网河南省电力公司经济技术研究院工程师，研究方向为能源大数据；王圆圆，工学博士，国网河南省电力公司经济技术研究院工程师，研究方向为电网规划及能源大数据；李文峰，工学博士，国网河南省电力公司经济技术研究院工程师，研究方向为电网规划及能源大数据。

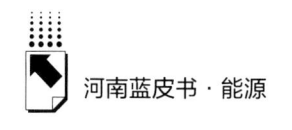

点。制定统一的能源大数据标准体系，标准化建设能源大数据中心，可促进相关行业数据的归集和共享，实现能源大数据跨领域、跨行业高效应用。

一 建设能源大数据标准的意义

目前，国内河南、天津、青海等省市在积极推进省级能源大数据中心建设。能源大数据中心具有平台化和共享性等特点，能源大数据涵盖电力、石油、煤炭、天然气以及气象、宏观经济等众多行业数据，通过研究各能源行业数据特征，建立能源大数据中心数据标准体系，明确能源大数据的概念、分类和构成，对于指导数据汇集、数据共享、数据应用等业务开展，推进能源大数据中心建设具有重要指导意义。

（一）指导能源大数据规范归集

能源数据涉及煤炭、石油、天然气、电力、新能源以及宏观经济、环境、交通等各领域，各个行业均有自身行业特征和管理要求，数据之间的有效融合与高效互动存在较大的瓶颈，以往会形成多个数据库烟囱，亟须融合统一。通过构建能源大数据标准体系，解决各能源行业数据管理口径不一、数据填报规则不清、数据难以跨系统分析等问题，可以有效促进能源行业数据的汇集，为开展高级应用分析提供统一标准的数据基础。

（二）促进能源产业链数据互联互通

能源行业包括众多上下游产业链，涉及资源禀赋、开采加工、运输配送、能源转化、能源消费等全过程。构建能源大数据标准体系有利于能源行业全产业链数据之间的互联互通，支撑跨行业、多情景场景研发，促进能源产业协同发展，促进能源行业数字经济发展。

（三）提升能源信息安全管理水平

能源领域覆盖范围广泛，各行业各企业能源信息管理和防护体系建设水平不均衡，信息安全管理水平不一，安全性管理水平也亟须提升。通过构建能源大数据标准体系，制定能源大数据相关安全标准，按照安全级别进行能源信息分级管理，可保障数据安全共享使用。

二 大数据标准管理组织情况

能源大数据是能源互联网发展的重要因素，本文分别从国家标准组织、行业标准组织、团体标准组织关于能源大数据标准的制定方面工作进行了调研，目前尚没有能源大数据标准相关研究，各标准组织也无专业的专委会负责能源大数据标准化管理工作。

（一）国家标准管理组织情况

2014年，为了推动和规范我国大数据产业快速发展，建立大数据产业链，与国际标准接轨，全国信息技术标准化委员会设立了大数据标准工作组（以下简称"工作组"）。工作组主要负责制定和完善我国大数据领域标准体系，组织开展大数据相关技术和标准的研究，申报国家、行业标准，承担国家、行业标准制修订计划任务，宣传、推广标准实施，组织推动国际标准化活动。随着工作的不断深入，已经形成了总体专题组、国际专题组、技术专题组、产品和平台专题组、工业大数据专题组、政务大数据专题组、服务大数据专题组、生态环境大数据专题组、电力大数据专题组、大数据治理专题组10个专题组，负责大数据领域不同方向的标准化工作。已经发布《数据管理能力成熟度评估模型》《信息技术大数据开放共享》《信息技术大数据系统通用规范》等大数据标准，在国内各行业得到普遍应用。

2016年，为规范引领大数据产业安全合规发展，全国信息安全标准化技术委员会设立了大数据安全标准特别工作组（以下简称"特别工作组"），主要负责人工智能、区块链、云计算、大数据等新技术相关安全标准化研制工作。特别工作组构建了大数据安全标准体系框架，包括基础标准、平台和技术类、数据安全、服务安全和行业应用等主题，主要集中在大数据安全领

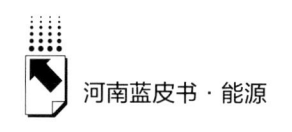

域国家标准研制工作,陆续启动了《大数据基础软件安全技术要求》《大数据业务安全风险控制实施指南》《数据安全分类分级实施指南》《区块链安全技术标准研究》等研究工作,并在2018年发布了《大数据安全标准化白皮书(2018版)》。

关于能源大数据标准,目前在国家大数据标准方面还没有专业管理组及相关的标准储备,初步拟通过总题专题组启动相关孵化工作。

(二)行业标准管理组织情况

中国电力企业联合会(以下简称"中电联")是全国电力行业企事业单位的联合组织、非营利的社会团体,共设有54个专业标准化技术委员会,覆盖火力发电、水力发电、核能发电、新能源与可再生能源发电、输变电以及电动汽车充电设施等领域,在勘测设计、施工安装、运行维护、试验检修等主要环节形成了较为完善的标准体系。陆续发布《能源互联网第1部分:总则》《电动汽车充换电服务信息交换》等行业标准。2019年,中电联编制的《关于加强能源互联网标准化工作的指导意见》得到国家标准委、国家能源局采纳,该意见指出要开展构建能源互联网体系、完成能源互联网标准化工作路线图、加快重点领域标准制定等6项重点任务。

关于能源大数据标准,目前在行业大数据标准方面还没有专业管理组及相关的标准储备,初步拟通过电力行业信息标准化委员会启动相关孵化工作。

(三)团体标准管理组织情况

中国电机工程学会是由从事电机工程相关领域的科学技术工作者及有关单位自愿组成并依法登记成立的全国性、学术性、非营利性社会组织,学会设有9个工作委员会、46个专业委员会,覆盖电力建设、电力通信、电力系统自动化、电力信息化、火力发电、继电保护、输电线路等领域。其中,电力信息化专业委员会的专业范围主要涉及电力企业信息化、电力企业资源规划ERP、网络与信息安全技术、电力企业资产管理、地理信息系统、网络运行管理等方向。

关于能源大数据标准，目前在团体大数据标准方面还没有专业管理组及相关的标准储备，初步拟通过电力信息化专业委员会启动相关孵化工作。

三　能源大数据标准体系总体架构

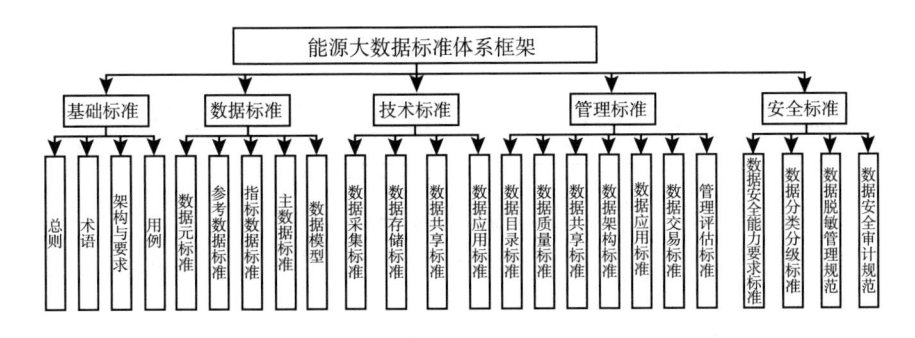

（一）能源大数据标准体系框架

基于河南省能源大数据中心的建设实践，分析国内外大数据发展趋势及数据安全法律法规，研究能源行业数据的分类、构成、特征等现状情况。同时，充分借鉴国际数据管理协会（Data Management Association，DMA）数据管理知识体系指南和国家大数据重点标准（Data Management Capability Model，DMCM）数据管理能力成熟度评估等理论指导，结合信标委大数据标准工作组提出的国家大数据标准体系框架，构建了由基础、数据、技术、管理、安全五部分组成的总体框架，绘制了能源大数据标准统一蓝图，统筹指导能源大数据标准建设。

能源大数据标准体系框架主要由5个类别的标准组成，分别为基础标准、数据标准、技术标准、管理标准、安全标准（见图1）。

图1　能源大数据标准体系架构

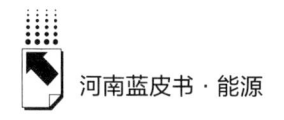

（二）能源大数据标准分类

1. 基础标准

能源大数据基础标准主要是定义能源大数据管理的范围，制定能源大数据的标准体系框架，明确每类标准的定义、包含的标准范围，厘清各项标准之间的先后顺序关系，统一各个行业对于能源行业数据标准的认识，指导整体的能源大数据标准的建设。标准内容包含总则、术语、架构与要求、用例（见图2）。

总则：总则是能源大数据标准体系的基础标准，定义能源大数据标准体系框架的总体内容，明确标准的整体适用范围、整体标准体系的标准构成，明确各部分之间的关系。

术语：梳理、定义能源大数据在建设过程中的关键数据管理术语，如数据架构、主数据、数据分类等，明确各个术语的定义、分类以及各个业务术语之间的相互关系。

架构与要求：定义能源大数据中心的总体架构，明确能源大数据中心框架的层次划分，定义每个层次的建设目标以及管理要求。

用例：能源大数据标准体系的建设需要以实际的数据应用为驱动来进行，在标准体系建设中需要收集、整理能源大数据行业中的典型应用场景，基于典型应用场景来推动标准体系的建设。

图2 基础标准构成

2. 数据标准

制定能源大数据数据采集、加工和应用过程中的数据规范和基准，为能源行业数据互联互通打下基础，标准内容包含数据元标准、参考数据标准、主数据标准、指标数据标准、数据模型等（见图3）。

数据元标准：数据元标准是对能源大数据基本元素的定义，是用一组属性描述定义、标识和允许值的数据单元，使数据拥有者和使用者对数据有一致的理解。

参考数据标准：参考数据标准是规范能源行业通用的编码标准，用于指导数据分类，需要参考国家标准、行业标准等相关内容的建设，制定能源行业的参考数据标准。

主数据标准：主数据标准是能源大数据标准体系建设中的重点，能源大数据涉及多个行业数据的整合，需要开展跨行业共享业务实体数据的标准化定义。

指标数据标准：参考行业或企业指标数据规范，设计指标编码规范、标准分类体系框架以及格式规范，明确指标数据规范涉及的元数据项。

数据模型：数据模型是能源大数据行业通用的参考数据模型，需要综合考虑能源大数据相关行业的数据需求，结合企业级数据模型的建设方法，对能源行业中共性的实体、属性进行定义。

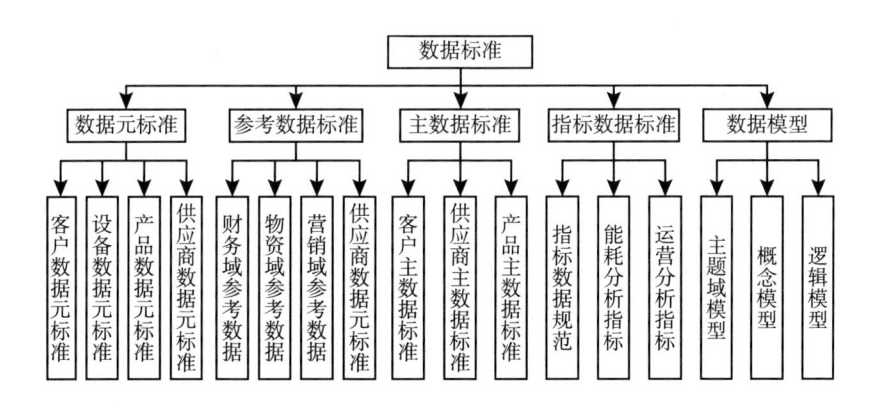

图3 数据标准构成

3. 技术标准

制定能源大数据中心在建设过程中所涉及的各类技术规范和标准，指导具体的数据采集、加工、存储和共享等工作，标准内容包括数据采集标准、

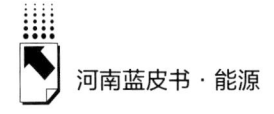

数据存储标准、数据共享标准、数据应用标准（见图4）。

数据采集标准：能源行业和能源大数据中心进行数据归集的方式各异，需要通过采集标准定义各行业数据采集相关的技术规范，明确能源大数据中心和各行业数据进行归集时的规范。

数据存储标准：结合能源大数据各类数据的管理需求，定义各类数据存储的优先级、存储策略以及相关的管理规范，降低存储成本，提升管理效率。

数据共享标准：能源大数据归集整合后需要对外提供数据服务，定义能源大数据共享接口规范、共享目录规范和共享平台规范等，促进能源数据的开放共享。

数据应用标准：通过本标准定义能源大数据应用的形态类型以及各个形态的技术要求。

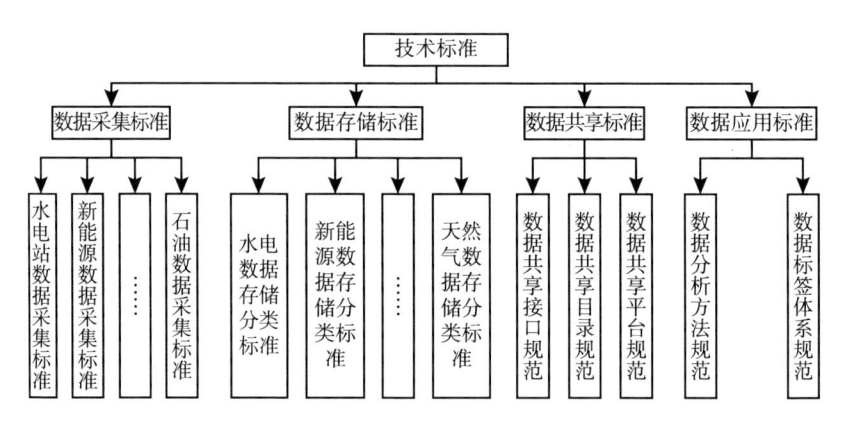

图4 技术标准构成

4. 管理标准

制定能源大数据领域各方面数据管理相关的标准和规范，指导和规范能源大数据中心建设过程中数据目录、数据质量、数据共享等方面的管理要求。标准内容包括数据目录标准、数据质量标准、数据共享标准、数据架构标准、数据应用标准、数据交易标准、管理评估标准（见图5）。

数据目录标准：数据目录是能源大数据对外提供查询和检索的主要方

式，通过本标准定义能源大数据目录建设和管理中的规范，例如：数据盘点规范、数据目录管理规范等。

数据质量标准：定义能源大数据中心数据质量评价指标，明确能源大数据质量评价的主要维度和管理要求等。

数据共享标准：定义能源大数据中心数据共享需求管理标准，明确每个数据提供方的负面清单管理规范等。

数据架构标准：定义能源大数据的数据架构管理方法，明确能源大数据模型的建模工具要求，模型、实体命名要求，模型管理要求等。

数据应用标准：通过数据应用标准明确数据应用需求管理、数据应用评价规范，以及相关的管理流程。

数据交易标准：定义数据交易过程中的交易方式、数据资产估值和数据交易管理规范等，指导能源大数据交易工作的开展。

管理评估标准：制定各个数据提供方数据方面的评估标准，对数字化转型、数据开放共享程度和数据管理能力成熟度等方面进行评估。

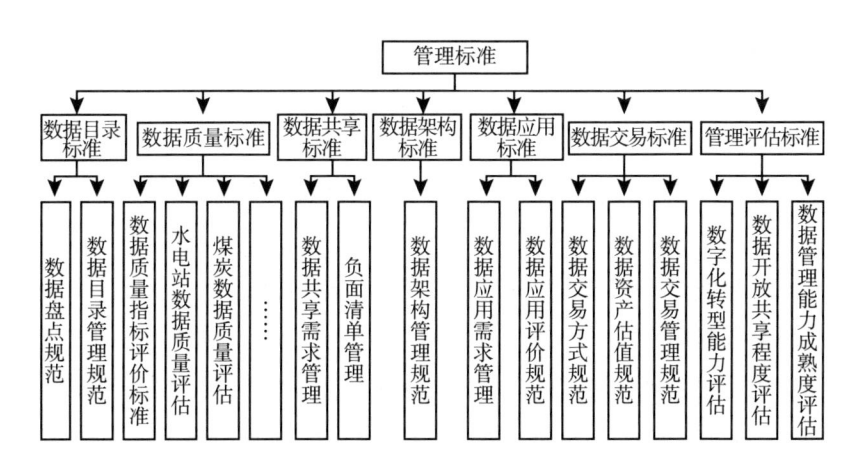

图 5 管理标准构成

5. 安全标准

制定能源大数据中心的数据安全管理要求，明确数据安全等级的划分、各个等级的数据安全管理要求和脱敏规则，制定安全审计规范等。标准内容

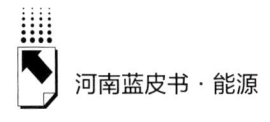

包括数据安全能力要求标准、数据分类分级标准、数据脱敏管理规范、数据安全审计规范（见图6）。

数据安全能力要求标准：定义能源大数据生命周期各个阶段中的数据安全管理能力要求，明确各个阶段数据安全管理需要具备的能力。

数据分类分级标准：结合国家法律法规的管理要求，明确能源大数据中的类别定义和安全等级定义，明确各个安全等级数据的管理要求。

数据脱敏管理规范：基于能源大数据安全管理以及分类分级标准的管理需要，定义能源大数据的脱敏原则、脱敏方法、脱敏技术要求和脱敏过程等。

数据安全审计规范：定义能源大数据的安全审计管理制度和工作方法，明确审计的组织职责，提升数据安全管理能力。

图6 能源大数据安全标准构成

四 能源大数据标准体系实施路径初步设计

能源大数据标准体系研究和建设工作需要整体推进、循序渐进，为有序推进能源大数据标准体系建设，有效指导省级能源大数据中心的规范建设、管理和应用研发，需要制定能源大数据标准体系实施规划，制订编制计划与实施路径。能源大数据标准体系构建是一个从无到有、逐步丰富完善的过程，根据目前国内相关省级能源大数据中心建设进展，建议分为三个阶段统筹推进。

（一）第一阶段，能源大数据标准夯基蓄势阶段

一是重点开展能源数据标准体系规范、能源数据术语规范、能源数据分

类分级、数据安全等关键基础标准建设，以统一各方对于数据标准、业务术语的认知，明确各类型数据敏感程度，扩大标准的影响范围，促进能源行业数据规范融合发展。二是启动能源大数据行业数据模型设计工作，重点开展能源行业数据现状的分析，研究能源大数据行业数据模型的主题域模型、概念模型，指导能源大数据中心的数据融合和数据中台的建设。目前已启动总则、术语、数据分级分类规范、主数据标准共四项标准编制工作，并已报送中国电机工程学会立项评审。

（二）第二阶段，能源大数据标准全面建设阶段

一是重点推进能源大数据参考数据、能源大数据元等标准建设工作，提升数据的规范性，保证数据质量。二是持续开展能源大数据行业数据模型设计，在第一阶段行业数据模型建设成果的基础上，基于省级能源大数据中心建设的需求，持续对主题域模型、概念模型进行优化，重点开展概念模型的建设，推动能源概念模型在能源大数据中心的落地实施。

（三）第三阶段，能源大数据标准深化建设阶段

一是重点开展能源大数据生命周期管理、能源大数据脱敏、数据质量评价指标体系等标准建设，推动标准在能源大数据中心以及相关产业上下游行业和企业信息化建设的应用。二是深化数据模型建设，重点开展物理模型、逻辑模型的建设，提升数据资产的可视化程度，促进数据的共享和应用。三是有序推动相关团体标准、行业标准的发布工作，开展国家标准立项申请和编制工作，逐步增强标准的影响力、扩大覆盖面及提升实用性。

五 加快建设能源大数据标准体系建议

能源大数据中心建设承载着推动能源高质量发展的使命，促进能源行业数据集聚是能源大数据中心建设的重要任务。本文结合目前省级能源大数据

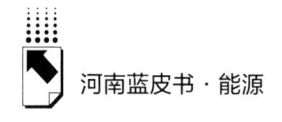

中心在建设中存在的数据融合问题，为规避数据烟囱林立，提出了能源大数据标准体系架构和实施路径设计。建设能源大数据标准是基础和关键，可以规范能源大数据中心高效建设，相关工作建议如下。

（一）加快能源大数据关键基础标准建设

当前，大数据在能源行业的应用处于起步探索阶段，各省在陆续启动能源大数据中心建设工作。能源大数据涉及政府、能源生产及消费企业、用户等多个主体，涵盖能源生产、传输、消费全环节，在数据融合、共享等方面存在信息壁垒和融合瓶颈，亟须相关标准规范指导。能源大数据标准建立也处于起步阶段，宜加快制定数据采集、数据开放、指标口径、分类目录、数据质量、安全保密等关键共性基础标准，建设能源行业的数据架构和数据模型，通过标准化的途径规范认知、整合资源、促进达成共识，有力推动和规范能源大数据中心建设。

（二）分阶段有序推动能源大数据标准建设

能源大数据标准体系构建是一个从无到有、逐步丰富完善的过程，能源大数据标准的建设是一个长期、持续的工作。能源数据标准体系框架包括基础标准、数据标准、技术标准、管理标准、安全标准5大类24小类，每个小类下面又包含若干项标准，总体标准化工作任务非常繁重。根据目前国内相关省级能源大数据中心建设进展，为有序推动标准建设工作，应制定各项标准建设的优先级，分阶段统筹推进，确保标准建设工作的可持续性和延续性，能够有效指导、规范省级能源大数据中心的建设。

（三）加强能源大数据标准宣传推广工作

目前，能源大数据已有4项标准进入团体标准立项阶段，要积极与地方政府和行业企业充分合作，吸纳更多的组织和机构参与能源数据标准研制工作中，共同参与、共同制定、共同执行统一标准，促进达成共识。同时，需要加强对这几项标准的宣传，吸引能源行业更多企业和组织机构参与意见征询和宣传推广工作中，形成宣传、应用、验证、扩展的标准化工作闭环，切实发挥标准化对能源大数据建设的引领指导作用。

参考文献

《国务院关于印发促进大数据发展行动纲要的通知》（国发〔2015〕50号），2015年8月31日。

《工业和信息化部关于印发大数据产业发展规划（2016—2020年）的通知》（工信部规〔2016〕412号），2016年12月18日。

《河南省人民政府办公厅关于印发河南省"十三五"战略性新兴产业发展规划的通知》（豫政办〔2017〕11号），2017年1月6日。

河南省发展和改革委员会高技术产业处：《关于印发〈河南省大数据产业发展引导目录（2017年本试行）〉的通知》（豫发改高技〔2017〕169号），2017年2月17日。

《河南省人民政府办公厅关于印发河南省大数据产业发展三年行动计划（2018—2020年）的通知》（豫政办〔2018〕28号），2018年5月9日。

《河南省人民政府办公厅关于印发河南省促进大数据产业发展若干政策的通知》（豫政办〔2018〕58号），2018年9月26日。

专题研究篇
Monographic Research

B.18 农村能源互联网建设的兰考实践与发展建议

郑永乐 宋宁希 李 鹏 张艺涵*

摘 要： "十四五"是河南能源转型的关键期和窗口期，加快农村能源转型发展，对于全省构建现代能源体系、实现乡村振兴和绿色发展具有重要意义。近年来河南以兰考为试点，开展了农村能源互联网示范建设，探索新时代农村能源转型新路子，取得了一定成效。本文聚焦兰考农村能源互联网建设，简要介绍了项目建设的背景和意义，梳理了兰考实践举措，提炼总结了兰考践行"四个革命"、推动"四化转型"、提供"四电服务"的建设思路和理念，分析了

---

* 郑永乐，工学硕士，国网河南省电力公司经济技术研究院工程师，研究方向为能源互联网及农村能源转型；宋宁希，国网河南省电力公司教授级高级工程师，研究方向为能源互联网技术及应用；李鹏，管理学博士，国网河南省电力公司经济技术研究院高级经济师，研究方向为农村能源转型；张艺涵，工学硕士，国网河南省电力公司经济技术研究院工程师，研究方向为配电网规划及农村能源转型。

兰考农村能源互联网建设面临的机遇和挑战，最后结合兰考实践经验，提出加快农村能源互联网发展"四个持续推动"的工作建议。

关键词： 兰考　农村能源　能源互联网　建设实践　实施路径

"三农"问题是关系国计民生的根本性问题。长期以来，农村地区能源发展相对滞后，能源利用方式较为粗放、能源基础设施较为落后、能源普遍服务水平偏低，能源问题成为制约农村经济与社会发展的重要因素。2018年，国家在乡村振兴战略规划中明确提出，要构建农村现代能源体系，推动农村基础设施提档升级。建设农村能源互联网、加快推动农村能源转型发展是实现新时代乡村振兴的重要基础，也是落实"四个革命，一个合作"能源安全新战略的重要举措。河南作为全国农村人口第一大省、全国重要农业大省，近年来扎实推动乡村振兴战略实施，加快补齐全省农村能源基础设施短板，并以兰考为试点开展了农村能源互联网建设，探索以农村能源互联网为载体、支撑能源"四个革命"在县域落地、推动农村能源转型、服务乡村振兴的实践路径。

一　兰考农村能源互联网建设背景

兰考是焦裕禄精神发源地，也是习近平总书记第二批党的群众路线教育实践活动联系点。2009年以来，习近平总书记曾先后三次莅临兰考调研指导，并于2014年3月参加兰考县委常委扩大会议时，提出了"把强县和富民统一起来，把改革和发展结合起来，把城镇和乡村贯通起来"的县域治理"三起来"总体要求。同时，兰考是典型农业县，农林废弃物、畜禽粪污等可再生能源资源较为丰富，具备较好的农村能源革命试点和农村能源互联网建设的基础和条件。2018年7月，国家能源局批复《兰考县农村能源

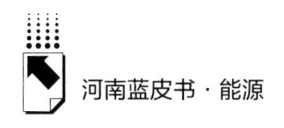

革命试点建设总体方案（2017—2021）》，明确了推动农村能源供给革命、消费革命、技术革命、体制革命和城乡废弃物能源化利用五个方面的重点任务，要求兰考探索新时代县域能源转型新路子。

为更好地贯彻落实习近平总书记县域治理"三起来"总体要求，高标准完成国家试点任务，把兰考打造成为全国农村能源革命的典范，河南省级政府主管部门及地方政府牵头，统筹企业、社会等各方资源，开展了兰考农村能源互联网综合示范项目建设。经过近三年的努力，兰考农村能源互联网初步建成，并在推动兰考农村能源革命的过程中，发挥了重要作用。

二 农村能源互联网建设"兰考实践"

实施兰考农村能源革命和能源互联网建设以来，河南建立了国家级专家决策、省级协调、县级推进三大工作机制，全面启动生物天然气、清洁供暖、生活垃圾资源化利用、新能源开发、绿色交通、能源互联网平台以及美丽乡村建设等重点工程，打造了兰考能源互联网平台，在可再生能源开发利用、农村能源消费结构优化、能源服务水平提升以及城乡废弃物资源化利用等方面，取得了初步成效。

（一）推动农村能源供给革命，实现资源能源化

立足兰考风光、生物质、地热等资源较为丰富优势，充分发挥电网能源加工转换枢纽和资源配置平台作用，初步构建了农村清洁低碳能源供给体系，让兰考用足"本地电"。

1. 大力推动可再生能源开发利用，实现农村由消费终端向生产前端转变

截至2020年9月底，兰考建成可再生能源发电装机63.2万千瓦。其中，风电装机33万千瓦，是2017年的10余倍。累计建成分布式光伏电站7座、光伏扶贫电站1834座，全县光伏发电装机达到26.3万千瓦。建设地热站27座、地热井88眼，地热集中供暖覆盖了县城73%的居民用

户。累计完成配套电网投资超3亿元，同时优化提升电网调度运行与管理水平，以110千伏兰考变电站为试点，配套建设10兆瓦储能和一定规模的可调负荷，探索开展基于虚拟电厂的"源—网—荷—储"一体化运行示范应用，实现了兰考县域可再生能源发电装机及时并网、应发尽发、全额消纳。

2020年1~9月，兰考县可再生能源发电占县域全社会用电量比重达到64.4%，年内近1/4的时间实现了全清洁能源供电（本地新能源发电出力超过用电负荷），特别是2020年5月4日当天，兰考基本实现了全天24小时纯清洁能源供电（见图1）。

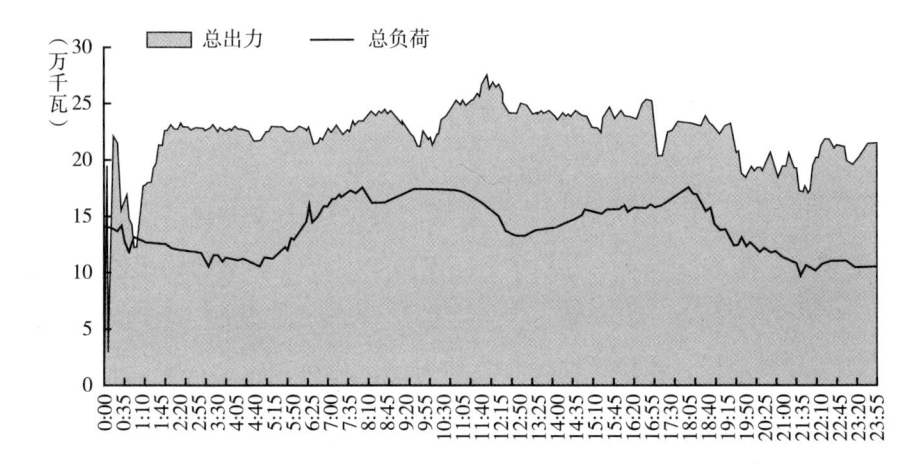

图1　2020年5月4日兰考清洁能源发电与用电负荷情况

2. 持续提升能源基础设施建设水平，有力支撑城乡废弃物能源化利用

近年来，兰考加快实施农村电网改造升级，累计完成全县共440个行政村电网改造，农村户均配变容量由2.01千伏安提高到2.43千伏安，户年均停电时间降低了2.5个小时，整体供电可靠性达到99.77%。投运加油站39座，建设燃气门站3座，铺设燃气管网298公里。

兰考以秸秆、垃圾、畜禽粪污能源化利用为抓手，促进资源循环利用，改善城乡人居环境，推进美丽乡村建设。构建垃圾、秸秆、畜禽粪污收储运体系，建成了生活垃圾热电联产工程（一期装机1.5万千瓦），建成秸秆电厂装机 2.4 万千瓦，累计处理生活垃圾 35 万吨、农作物秸秆 198 万吨、畜禽粪污 390 万吨，推动兰考生活垃圾无害化处理率达到 97%，农作物秸秆、禽畜粪污资源化利用率超过 90%，有力助推了农村生态文明建设和农民生活环境改善，服务了新时代乡村振兴。

（二）推动农村能源消费革命，实现用能低碳化

聚焦变革农村原有相对落后的用能形式，充分发挥电能终端应用广泛且清洁高效的优势，重点在供暖、交通、农业生产等领域实施电能替代，着力减少薪柴、散烧煤等低效、污染重的能源消费，让兰考用上"清洁电"。

实施乡村电气化工程，推动农村清洁能源消费比重快速提升。在农业生产灌溉方面，大力实施"以电代油"，推动平原地区机井通电，完成机井通电配套工程 220 个台区，满足 10.1 万亩农田、2022 眼机井供电，每年可等效减少柴油消费 1219 吨。在居民清洁采暖方面，创新实施居民"煤改电"用户电能替代打包交易，在政府设备购置补贴等政策支持下，累计完成"电能替代"清洁取暖 4.4 万户，全面保障了"煤改电"居民采暖用电需求。在绿色交通体系建设方面，结合兰考县新能源汽车发展，合理规划布局配套充电设施建设，累计建设充电站 10 座、充电桩 103 个，满足了兰考现有 145 辆电动公交车、76 辆公务车充电需求，推动公众绿色出行率达到 40%。截至 2019 年底，兰考可再生能源占一次能源消费比重、清洁供暖普及率分别达 38.7%、38%，较 2017 年分别提高了 22.3 个百分点、27.7 个百分点，全面淘汰了散烧煤，大幅减少了农村薪柴直接利用，在河南率先初步构建了绿色低碳能源消费体系。

（三）推动农村能源技术革命，实现能源智慧化

围绕农村能源基础设施较为薄弱、能源普遍服务水平偏低等实际问题，因地制宜地选取经济实用的能源新技术落地应用，推动能源基础设施数字化转型，构建兰考农村能源互联网平台，打造了"一库三中心"，服务农村可靠、便捷、智慧用能，让兰考用好"舒心电"。

1. 打造县域能源大数据建设新模式，实现全品类、全链条能源数据归集管理

长期以来，农村能源数据统计体系不健全，缺乏基础数据支撑。兰考依托农村能源互联网建设，形成了县域能源大数据建设新模式，打造了兰考全品类能源数据中心。重点强化政企协作，建立政府牵头、企业广泛参与的能源数据归集机制，国内首创签订了政府、平台、企业"数据三方确权协议"，明确了政府对于数据的使用权、平台对于数据的管理权、企业对于数据的所有权，规范了数据接入方式。截至2020年7月底，兰考能源互联网平台数据中心已累计接入电、热、气、油四类能源数据1690万条，实现电力、燃气、地热数据到户，实现了全县域、全品类、全链条能源数据的可观可测。

2. 建设兰考农村能源互联网平台，实现了便捷高效的智慧能源服务

综合运用"大云物移智链"等数字信息技术，建设了兰考能源互联网平台，形成了"能源监测、协调优化、公共服务"三个中心。在能源监测中心，实现了兰考石油、燃气、电力、地热等各品类能源数据自动监测，为政府提供数字化能源管理服务，及时把控经济和能源运行情况；在协调优化中心，探索开展了"源—网—荷—储"一体化示范运行策略研究，为服务新能源消纳、促进能源整体运行效率提升提供技术支撑；在公共服务中心，针对重点企业用能诊断、光伏扶贫电站运维、停电抢修便民服务，为政府、企业和公众提供便捷高效的能源服务。

依托兰考能源互联网平台，选取典型农村特色产业和居民用户，加装用能监测装置，开展了"农村能源互联网＋"种植、商超、居民等特色场景建设，为用户提供涵盖用能在线监测、问题诊断、精细化管理的个性化、一揽子能源解决方案，促进用户用能效率提升、降低用能成本。着力打造智慧供电服务示范区，在示范区内率先开展智能电表非计量功能应用，通过设备功能重组和业务流程优化，实现故障信息精准判别，30秒内主动将停电信息告知客户，同时开发"便民服务"App，实现了停电抢修进度的客户侧可视化，有效改善了客户用能体验，初步实现了便捷、高效、智慧能源服务（见图2）。

图2 兰考能源互联网平台

（四）推动农村能源体制革命，实现发展普惠化

深入贯彻落实党中央、国务院各项决策部署，大力推动农村能源体制革命，还原能源商品属性，发挥市场配置资源的决定性作用，激发各类市场主体的活力，实现能源发展成果的普惠共享，让兰考用得起"经济电"。

在服务"三农"工作方面，出台了关于加强农田机井用电设施建管工作实施意见，理顺了农业灌溉用电设施监管体制，历史性解决了机井用电设施管理体制不顺、责任分工不清、农民得不到实惠等"老大难"问题。在创新可再生能源开发模式方面，完善鼓励清洁能源加快发展的产业政策和投融资机制，探索实施"普惠金融+股份制"风电、"普惠金融+代建制"光伏开发新模式，建立经济可持续的农村能源开发利用新模式，切实发挥能源对经济社会的支撑带动作用，促进农民增收、壮大集体经济，激发农村内生动力，让能源发展成果真正惠及农村、农业、农民。

三 农村能源互联网建设的"兰考经验"

总结兰考建设农村能源互联网的经验，是以习近平新时代中国特色社会主义思想为指导，以"四个革命、一个合作"能源安全新战略为根本遵循，深入贯彻落实农村能源革命试点任务要求，围绕构建农村现代能源体系、推动农村能源转型升级目标，突出农村、农业、农民特色，立足农村地区可再生能源资源较为丰富优势，聚焦制约农村能源利用方式粗放、能源利用效率不高、能源普遍服务水平偏低等突出问题，以电力为中心，以农村能源互联网建设为载体，推动农村能源"四个革命"，实现农村能源"四化转型"，为兰考人民提供"四电服务"。

"四电服务"为：推动能源供给革命，实现农村资源的能源化，让兰考用足"本地电"；推动能源消费革命，实现农村用能的低碳化，让兰考用上"清洁电"；推动能源技术革命，实现农村能源的智慧化，让兰考用好"舒心电"；推动能源体制革命，实现农村能源的普惠化，让兰考用得起"经济电"（见图3）。

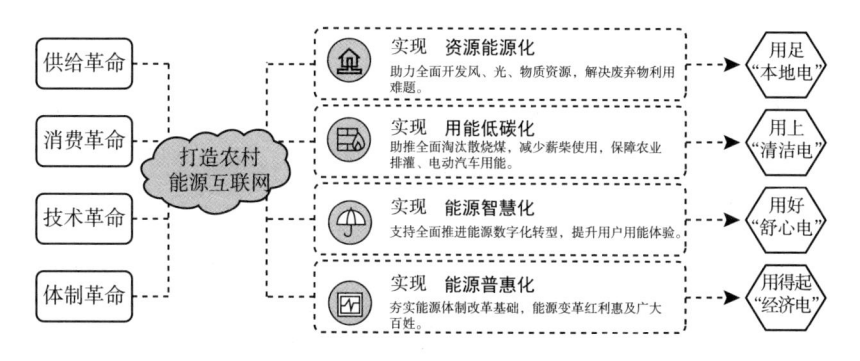

图3　农村能源互联网建设"兰考经验"

四　农村能源互联网发展面临形势

总体上看，兰考农村能源互联网建设取得了一定成效，推动了农村能源转型升级，为在全省乃至全国推动农村能源互联网发展积累了实践经验。从兰考实践看，进一步加快推动农村能源互联网发展，既面临难得的历史机遇，也面临一定的困难和挑战。

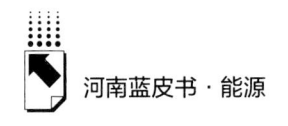

（一）机遇和优势

乡村振兴等重大国家战略加快实施。《乡村振兴战略规划》明确，要构建农村现代能源体系，推动农村基础设施提档升级。加快农村能源转型发展、建设农村能源互联网，是实现新时代乡村振兴的重要基础，也是落实"四个革命，一个合作"能源安全新战略的重要举措。2019年习近平总书记调研考察河南时提出，要推动黄河流域生态保护和高质量发展，兰考是习总书记第二批党的群众路线教育实践活动联系点，深化兰考农村能源革命和农村能源互联网建设工作，对于落实习近平总书记指示要求具有重要意义。2020年，国家发改委、国家能源局公布了《中华人民共和国能源法（征求意见稿）》，明确提出国家支持农村能源资源开发，因地制宜推广利用可再生能源，改善农民炊事、取暖等用能条件，提高农村生产和生活用能效率，提高清洁能源在农村能源消费中的比重。乡村振兴、黄河流域生态保护和高质量发展等重大国家战略加快实施以及能源法等专项法律的出台，为进一步推动农村能源互联网发展提供了良好政策环境和难得历史契机。

能源领域技术创新进入快速应用阶段。当前新一轮能源技术革命方兴未艾，能源革命与数字革命深度融合，国家提出加强新型基础设施建设，大数据、区块链、人工智能等数字信息技术，5G、物联网、工业互联网等信息基础设施被广泛应用到能源领域，加速推动智慧能源等融合基础设施发展，将全方位提升能源生产、运输、存储、转换和消费等环节的感知、数字化管理、智能化决策和自动化运维水平。同时，风电、光伏、储能、氢能等能源技术不断取得新突破，可再生能源开发成本持续下降，稳定性不断提升。总体上看，新型能源基础设施建设和能源技术创新已经进入快速应用和实现阶段，有望带动能源综合利用效率大幅提升，能源生产、消费、服务的商业模式发生重大变革。这些新技术、新业态将对推动农村能源互联网发展产生积极促进作用。

居民收入水平和对高品质能源需求持续提升。"十四五"时期，随着我国迈向全面建设社会主义现代化国家新征程，河南作为国家的大粮仓、大枢纽、大市场，新兴工业大省、内陆开放高地，拥有综合实力、区位交通、战略叠加、人力资源、市场空间等诸多优势，随着全省加快推进新型工业化、城镇化、信息化、农业现代化，预计经济社会将保持健康发展，能源需求稳定增加。兰考作为河南典型示范县，将迎来快速发展的机遇期，带动居民收入水平和支付能力大幅提升，人民对美好生活的向往、对高品质能源消费需求也将更加强烈，为促进农村能源转型变革、推动农村能源互联网发展提供了坚实的基础支撑、拓展了广阔的空间。

（二）困难和挑战

农村能源互联网发展的基础仍然较为薄弱。启动农村能源革命以来，河南持续加强兰考能源基础设施建设，取得了积极成效，但整体上看，推动兰考农村能源互联网发展的基础仍较薄弱。一是受现阶段用户侧分布式光伏经济竞争力不强等因素影响，当前兰考可再生能源整体开发进度低于预期，装机规模仅为全县经济可开发资源量的14.8%，尚未形成稳定有效的支撑；二是随着可再生能源开发利用规模持续扩大，风电光伏间歇性、波动性的出力特性对电力系统调节能力提出了更高的要求，当前兰考能源互联网灵活性资源较为欠缺，县域可调节负荷规模不足2万千瓦，仅为可再生能源装机规模的约3%，难以支撑实现纵向"源—网—荷—储"协调运行；三是近年来兰考能源基础设施水平大幅提升，但整体信息化水平仍然偏低。

农村能源转型成本偏高的问题仍然较为突出。2017年2月，经国务院扶贫开发小组评估、河南省政府批准，兰考县正式退出贫困县序列，但受收入水平、生活习惯等因素影响，农村地区对于能源价格更为敏感，价格承受能力明显低于城市、发达地区。同时，农村人口居住分散，用能密度较低，用能季节性、时段性特征较明显，能源设施利用率不高，与城市相比，保障相同用能需求的投资更大、成本更高、收益更低，不利于农村能源转型顺利推进和农村能源互联网发展。截至2019年底，兰考燃气普及率为18.1%、地热供暖面积为615.5万平方米，均低于规划预期。总体上看，电力、天然气等高品质清洁能源价格偏高以及农村能源互联网基础设施建设投入较大的

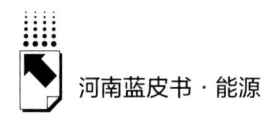

实际，与农民能源消费支付能力较弱、农村能源发展投入收益偏低的矛盾，仍然是农村能源互联网发展和农村能源转型最根本的制约因素。

农村能源互联网市场化的运作模式仍需加强。推动农村能源互联网建设以来，兰考能源数字化管理程度、协调运行水平、清洁供应能力均有明显改观和提升，但气网热网覆盖率不高、能源利用方式粗放、本地资源开发不充分等问题依然存在，农村能源互联网建设任务依然很重，而且相关体制机制尚不完善，推动农村能源互联网发展的内生动力不足。一是尚未形成良性的投资回报机制，难以吸引社会资金投入，相关企业推动发展驱动力不足；二是市场化程度不够，没有形成具有突出示范效应、能够充分调动能源供需两端潜力和积极性的商业化运营模式；三是推动农村能源变革的相关激励引导机制、财税补贴政策仍需进一步完善，现行机制和价格体系不能充分反映能源生态环境价值、代际补偿成本，推动农村能源互联网发展的合力有待进一步加强。

五 推动农村能源互联网发展的建议

"十四五"时期，是我国全面建成小康社会、实现第一个百年奋斗目标后，乘势而上开启全面建设社会主义现代化国家新征程、向第二个百年奋斗目标进军的第一个五年。顺应能源发展大势和广大农民群众对美好生活的向往，推动农村能源互联网建设，加快农村能源转型发展，是实现乡村振兴的重要基础，也是落实"四个革命，一个合作"能源安全新战略的必然要求。结合兰考实践经验，农村能源互联网建设应在能源供给、消费、基础设施、体制机制等方面做到"四个持续推动"。

（一）持续推动农村能源供给结构优化

聚焦农村能源绿色清洁供给和经济可持续发展，充分挖掘本地风、光、农林生物质、地热等可再生能源资源潜力，全力支持本地可再生能源开发，实现农村能源消费需求主要依靠本地清洁能源满足，建成多元驱动、清洁低碳、经济可持续的农村能源供给体系。同时,要做好新能源消纳服务。确保可再生能源发电项目及时并网并全额消纳,全面推进农村资源能源化。优化新能源运行管理,嵌入微气象预测功能,提升新能源出力预测准确率,支撑能源生产企业运行科学决策,提升新能源智能化运行水平。

(二)持续推动农村能源消费结构升级

聚焦满足农村日益增长的高品质用能需求,大力实施电能替代工程,形成以电为中心的能源消费格局,推动农村能源消费结构转型升级。要做好电网配套及延伸服务,提升电网供电能力,满足农村地区电采暖大规模接入需求和保障热负荷可靠供电。支持电动汽车等多元主体灵活便捷接入,创新能源消费模式,推进能源消费结构调整。深度实施乡村电气化工程,围绕农业生产、农村生活、绿色交通等重点用能领域,挖掘农村地区电能替代潜力,深度实施电能替代,加快转变农村用能模式,全面建设新农村新能源新生活。

(三)持续推动农村基础设施提档升级

聚焦农村能源基础设施较为薄弱、能源普遍服务水平偏低等实际问题,将先进信息通信技术、控制技术与先进能源技术深度融合应用,推动能源系统运行智慧化,加快能源基础设施提档升级。要完善能源基础设施建设,统筹推进农村电网、热网、燃气管网建设,全面提升能源普遍服务的能力和水平。要深化能源设施感知能力,按照因地制宜、经济适用的原则,选择符合农村发展实际的数字信息通信新技术,推动农村能源系统数字化转型,全面提升农村能源生产、传输、消费全环节智能化水平,以便捷、高效的能源服务增强农村居民的幸福感和获得感。

(四)持续推动农村能源发展模式创新

聚焦制约农村能源转型发展关键问题,持续完善农村能源相关体制机制,统筹发挥市场和政府作用,探索建立经济可持续的农村能源开发模式。

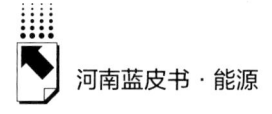

要充分发挥政策机制引领作用，健全适应农村能源发展的产业政策和投融资机制，推广"普惠金融+"农村可再生能源开发利用模式，切实发挥能源对农村经济社会的支撑带动作用。要推动建立良性的投资回报机制，注重市场化运作，探索具有突出示范效应、能够充分调动能源供需两端潜力和积极性的商业化运营模式，吸引社会资本投资农村能源市场。要完善能源价格形成机制和体系，拓展绿证、绿电等可再生能源市场化交易新模式应用，通过价格充分反映能源生态环境价值、代际补偿成本，进一步加强农村能源互联网发展的合力。

参考文献

国家发展和改革委员会、国家能源局：《能源生产和消费革命战略（2016—2030）》（发改基础〔2016〕2795号），2016年12月29日。

国家能源局：《国家能源局关于印发兰考县农村能源革命试点建设总体方案（2017—2021）的复函》（国能函新能〔2018〕90号），2018年7月23日。

刘振亚：《建设我国能源互联网推进绿色低碳转型（上）》，《中国能源报》2020年7月27日，第1版。

刘振亚：《建设我国能源互联网推进绿色低碳转型（下）》，《中国能源报》2020年8月3日，第1版。

B.19 省级能源大数据中心运营模式研究与设计

白宏坤 华远鹏 王圆圆*

摘 要： 大数据应用在推动能源行业效率提升方面将发挥越来越重要的作用。近年来，国内相关省份能源大数据中心建设迅速，运营实践才刚刚起步。本文分析了国内省级能源大数据中心建设现状，梳理了能源大数据中心的运营定位，对省级能源大数据中心运营模式进行了初步的思考，设计了"六端""一平台"能源大数据中心盈利模式，构建了"能源+"初期产品体系，以期为实现省级能源大数据中心的可持续发展，打造能源数据经济提供一些思路。

关键词： 能源大数据 运营模式 运营定位 产品体系 生态构建

随着大数据技术的发展与成熟，为顺应能源革命与数字革命相融并进大趋势，大数据与能源行业发展结合得越发紧密，运用大数据技术赋能能源行业发展是能源大数据中心建设的关键。在国内各省快速推进能源大数据中心建设的背景下，如何运营能源大数据中心并使之健康可持续发展成为新问题。本文对省级能源大数据中心运营模式、产品体系等方面进行了初步的探索思考，希望对国内各省能源大数据中心运营逐步开展有所启示。

---

* 白宏坤，工学博士，国网河南省电力公司经济技术研究院教授级高级工程师，研究方向为能源经济及能源互联网；华远鹏，工学硕士，国网河南省电力公司经济技术研究院工程师，研究方向为能源互联网；王圆圆，工学博士，国网河南省电力公司经济技术研究院工程师，研究方向为能源互联网及电网规划。

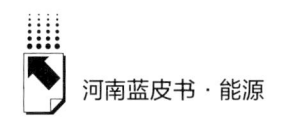

一 省级能源大数据中心建设情况

习近平总书记于2017年12月在中共中央政治局第二次集体学习时强调"实施国家大数据战略，加快建设数字中国"。能源大数据是国家大数据战略在能源领域的具体实践，随着能源数据的爆发式增长和数据处理能力不断提升，能源大数据已成为推动数据要素发展的重要支撑平台之一，一方面可服务能源生产和消费革命，满足人民美好生活需要；另一方面可作为数据共享平台、数据服务平台、数字创新平台推动产业数字化进程。

当前，国内多个省份都在积极开展能源大数据中心建设工作，并已取得一定积极进展。在政企合作方面，建立了多方参与、协同共建的工作机制，实现煤、油、电、气、水等行业数据以及经济、环保等相关数据的归集和管理，推动能源大数据应用于节能减排、多能协同优化、能源运行和管理。在顶层设计方面，以辅助科学决策、支撑企业精益管理、服务公众便捷用能为目标，按照"体系化"与"协同发展"理念，立足"政企协同、体系建设、数据管理、应用众创"等多维度推进省级能源大数据建设。在数据汇集方面，建立涵盖能源行业、企业的数据归集机制，实现省级能源大数据的统一归集，构建覆盖宏观层面、能源行业及其他相关数据的能源大数据体系，推动数据价值的深度挖掘。在数据应用方面，在能源运行监测、用能监测分析、新能源监测预警、电动汽车充电智能服务等领域开展大数据挖掘与分析应用，打造能源+经济、能源+交通、能源+环保、能源+税务等产品，促进能源行业协同创新发展，支撑公众便捷智慧用能。

目前能源大数据中心第一批应用场景已相继建成并投入运行，中心需承担相关场景运行保障、数据维护、模型优化、迭代更新等常态化运维以及客户服务、投诉受理、舆情处置、法务风险等工作。在未来发展中，能源大数据中心还将面临进一步打通专业间数据壁垒，优化能源配置，发展体系化、规模化的新兴业务等挑战，因此，选择符合发展需要的运营模式是推动能源大数据中心持续健康发展的关键，可以更好地消除行业壁垒、创新业务发展，更好地服务于社会经济发展。

二 省级能源大数据中心运营定位

省级能源大数据中心是多方交汇入口的政企合作平台，以数据、应用、服务、产品融合共享为手段，广泛连接能源行业上下游产业链，打造政府能源监管数据、企业能源数据、公众能源数据的交汇平台，搭建共建共享共赢的能源大数据生态圈。

省级能源大数据中心采用公益性与市场化相结合的服务模式，服务于社会治理现代化、服务于企业精益管理、服务于公众智慧用能。以公益服务为主导，辅以市场化模式运作，形成无偿服务+会员制+市场化混合运营模式。面向现代社会治理和公众提供公益的无偿服务，面向企业采取会员制+市场化运营，以此作为运营的基础，逐步培育"生产服务+商业模式+金融服务"跨界融合的数字化生态。

面向现代社会治理和公众提供公益服务，辅助能源科学规划、安全运行、有效监管、多能互补、能源转型，助力智慧城市、智慧交通建设，服务于公众便捷、经济用能需求，推动能源服务优化和社会治理现代化。

面向企业提供市场化服务，充分发挥大数据覆盖广泛、及时准确的优势，强化企业能源大数据监测分析，精准辅助企业用能优化管理，推动企业提高用能效率和运营效益，支撑企业精益管理。

三 运营模式初步考虑

随着能源大数据中心第一批应用场景的建成，能源大数据中心的工作将进入"建转运、建运并进"阶段，一方面需持续深入推进能源大数据中心建设，另一方面需依托应用场景开展运营，推动能源大数据中心价值创造培

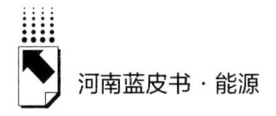

育。为保证能源大数据中心可持续发展，需要为其设计盈利模式，使其投入产出能够实现正循环。

（一）盈利模式设计

盈利模式设计对省级能源大数据中心的长久稳健发展具有深远的影响。基于能源大数据中心的业务形态，梳理其盈利途径主要通过六端即"源—池—汇—融—创—管"和"一平台"来实现。

通过六端即"源—池—汇—融—创—管"形成数据横向产业链，"一平台"为供给侧和需求侧提供平台管理、交易和保障，实现能源大数据应用中心的运营（见图1）。

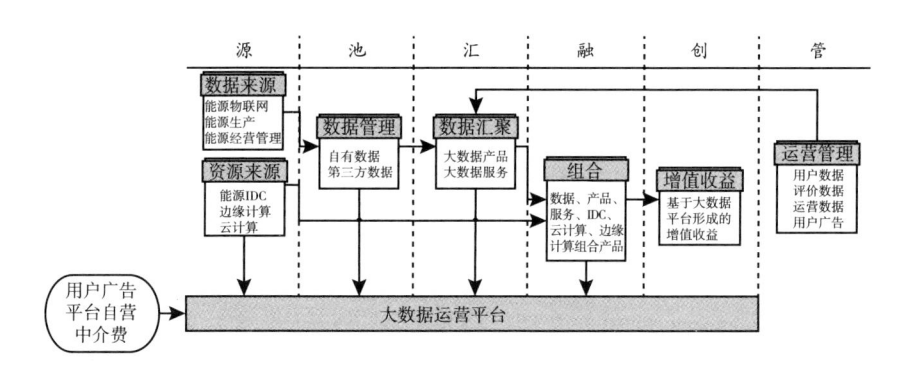

图1 能源大数据中心盈利途径

其中，"源"指的是供应侧的数据来源和资源来源；"池"指的是供应侧数据归集后形成的数据池；"汇"指的是基于数据池研发形成的大数据应用和大数据服务；"融"指的是基于平台资源整体（数据、应用、服务、算力等资源）打包融合形成的组合子平台；"创"指的是基于大数据平台形成的增值收益；"管"指的是平台在运营过程中产生的数据资源，包括排名数据、评价数据、运营数据等。

"一平台"指的是运营平台，盈利主要来源于用户广告、平台自营、中介费等内容。

能源大数据中心运营成本包含人工费、采购费、租赁费、广告费，基于互联网企业特性，人工成本由于涉及大数据核心工作，占比约在70%以上。

能源大数据中心运营收益包含市场化收益和非市场化收益两类。

市场化收益：能源大数据中心的市场化收益为"零"起步，需要从头做起，有一定的实现周期。能源数据增值业务因投入小、变现容易，建议将其吸纳为收益的一项重要内容，中心前期收入将主要来源于能源数据的增值变现，以服务合同形成项目收入。后续逐步拓展平台服务、分析服务、数据服务、基础设施租赁等收益。其中，平台服务为会员企业（如设备供应商、设计咨询单位、施工单位等）提供产品展示和交易服务平台，并可在资金流水中形成盈利点。随着应用场景的持续深入建设和投入运营，新的服务产品不断增加，盈利点将不断增多。

非市场化收益：能源大数据中心为政府、企业、公众提供服务，有公益性属性。运营初期为维持数据中心的正常运转，需要尽可能争取政策支持，包括税收减免、降费、低息贷款、政策性补贴等。此外依托政府支持大数据产业发展的相关政策在租金、主营收入、科研项目、实验室申请、标准制定、营业额等方面可申请政府补贴、奖金等，增加非营业收入，降低中心运营成本。

（二）运营主体选择

随着能源大数据中心第一批应用场景的建成运转，数据维护、系统运维、模型迭代更新、售后服务等运维工作内容和工作量迅速增加；同时，有的场景由于还面向企业和公众，存在用户投诉、负面公众舆论等风险，均需要有相应的独立运营主体来承接。

目前青海、吉林等省已成立相关运营公司，加快推进能源大数据建设及运营，在新能源集中监测和运维服务、电力金融等方面获得了一定收益。青海已注册成立混合所有制公司——青海绿能数据有限公司，由其负责新能源大数据中心的建设和运营，注册资本为1.5亿元，国网青海电力控股52%，青海电力集体企业、青海省公共设施投资公司、金风科技分别占股16%。吉林成立了国网吉林省电力有限公司智能电力大数据咨询管理公司，其余的

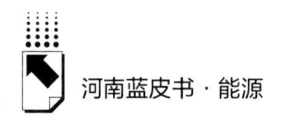

省级能源大数据中心尚未成立独立机构。

1. 运营主体优劣势分析

能源大数据中心的投入大，研发迭代及运营工作量较大，需要成立运营主体从事长期运营。能源大数据是关系民生的国有数据资产，运营主体实力、稳定性都是能源大数据中心是否能发挥最大价值、实现国有资产保值增值的重要因素，央企、国企是社会责任的坚定承担主体，可成为能源大数据中心有效运营的承担主体。能源大数据的运营实体可以选择股份制公司、全资控股公司、建设投资公司这三种形式。

从决策速度、组建速度、专业协同、资金来源、分配机制、生态环境六个维度对能源大数据中心三种组建方式进行优劣势分析。整体来看，股份制公司方式最优、全资控股公司方式居中、建设投资公司方式处于劣势（见表1）。

表1 三种组建方式对比分析

项目	股份制公司	全资控股公司	建设投资公司
决策速度	需要向股东负责，速度较慢	独立决策，速度较快	独立决策，速度较快
组建速度	潜在合作方较多，组建周期较长，速度最慢	速度较快	速度较快
专业协同	有利于市场、业务优势发挥	可发挥业务理解优势	市场、业务经验相对少
资金来源	国有资本、社会资本、银行贷款	母公司注资、银行贷款	城投公司、银行贷款
分配机制	灵活	激励受体制、机制限制	激励受体制、机制限制
生态环境	先天良好	需要大力拓展	需要大力拓展

股份制公司：依托省内多家相关优势能源企业，成立联合股份制公司。

全资控股公司：依托省级一家大型能源企业，新成立全资子公司或者分公司。

建设投资公司：依托省级建设投资公司，开展能源大数据运营工作。

股份制公司：组建速度最慢，由于能源领域潜在合作方较多，筛选合适参股公司决策慢，组建周期较长；资金来源为母公司注资（国有资本）、社会资本、银行贷款；资金筹集压力相对较小，存在运营初期盈利困难、收入渠道不畅的风险；决策速度较慢，需要向股东负责，需在董事会决策后开展产品建设、平台运营和系统运维；外部市场推广能力较强，不同股东可带来更多外部数据来源和市场渠道，易于快速开展产品建设、平台运营和系统运维；能够独立承担社会责任，对母公司影响较小；现有人员能源业务经验和数据运用能力较强。

全资控股公司：组建速度较快；资金需求较大，资金来源为母公司注资、银行贷款；由于初始资金需求量较大，存在运营初期盈利困难、收入渠道不畅的风险；决策机制灵活，外部市场推广能力较强，可自行依据公司定位和经营需求开展产品建设、平台运营和系统运维；能够独立承担社会责任，对母公司影响较小；现有人员能源业务经验和数据运用能力较强。

建设投资公司：组建速度较快；资金需求较大；可统筹考虑产品建设、平台运营和系统运维；外部市场推广经验欠缺；能够独立承担社会责任，对母公司影响较小；现有人员能源业务经验和数据运用能力欠缺。

同时应注意到，股份制公司能够凝聚多方资源，在提升内部综合实力和拓展市场方面具备优势，但由于需多方股东参与，初期成立周期较长、管理难度较大，不宜于运营工作快速启动和推进；全资控股公司方式由于人员结构完整且执行力强，在成立初期具备更多优势，可以快速推进各项工作。

面对能源大数据中心"建转运"的需求，在运营初期，考虑到能源大数据运营主体需承担的社会责任，以及多方资源协调有一定的困难、时间成本较高等情况，为了快速启动和推进运营工作，兼顾公司市场开拓与建设工作推进要求，建议初期成立全资控股公司，作为一个独立主体对外开展业务合作，有利于工作更快更深地推进。待能源生态环境逐步成熟稳定后，为了能源大数据应用中心的健康可持续发展，建议成立多方合作的股份制公司。

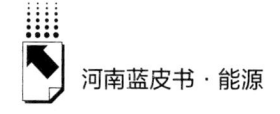

2. 组织机构设置初步考虑

能源大数据中心为了实现"用数"和"赋智",构建"生产服务+商业模式+金融服务"跨界融合的数字化生态,按照运营主体业务范围及产品体系设置,需要设置能源大数据技术研发中心、应用分析中心、商务拓展中心、运营中心以及各类职能部门,形成数字资产类企业核心经营架构支撑,保障能源大数据中心的运转和可持续发展(见图2)。

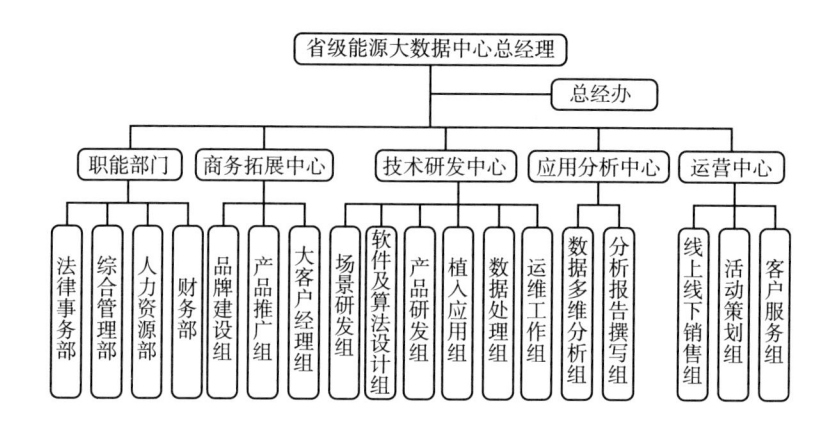

图2 省级能源大数据中心组织架构

依据能源大数据产品的特性及研发类、分析类、运营类、商务拓展类不同专业工作要求,设置四个业务中心和四个职能部门。技术研发中心主要负责场景研发、软件及算法设计、产品研发、数据处理及运维工作等职能;应用分析中心主要负责数据多维分析、分析报告撰写等职能,主要是对能源数据的专业和跨领域应用分析;商务拓展中心主要负责产品推广、品牌建设等职能,开展数据增值变现,打造平台生态,带动优质资源整合共享,提高上下游协同发展能力;运营中心主要负责线上线下销售、活动策划、客户服务等职能。人力资源部主要负责人事管理、教育培训等职能;财务部主要负责财务核算等职能;综合管理部主要负责行政、后勤管理等职能;法律事务部主要负责法律风险规避、法律宣传教育等职能。

四 能源大数据产品设计

（一）业务范围

基于省级能源大数据中心的运营定位，根据其自身资源情况，面向众多用户，规划运营的业务范围主要包括算力服务、平台服务、数据产品服务、衍生服务等内容（见表2）。为保障运营工作正常开展，省级能源大数据中心需要四类专业团队，分别负责需求对接、产品设计、市场推广、平台运营等业务。

表2 省级能源大数据中心业务范围

序号	服务类别	服务内容
1	算力服务	服务器租赁、存储资源租赁、边缘计算资源代理、云计算资源代理、5G资源代理、北斗资源代理
2	平台服务	应用平台、交易平台、双创平台、撮合平台
3	数据产品服务	数据交易、数据分析能力输出、分析模型、分析报告
4	衍生服务	广告投放、保险等

（二）数字产品设计

产品是价值创造的基本形式，针对不同的客户群体开发不同的产品形式有助于快速、有效地进行产品推广。结合现有能源大数据资源服务产品案例及特点，初步提出了七类"能源+"系列应用产品，后续随着能源大数据建设的不断深入，"能源+"产品系列将逐步丰富。

"能源+政务"面向社会治理，辅助能源监管和政策科学制定，实现能源领域数据聚集，提供宏观经济分析、能源监管、电能替代治理、大气污染防治服务，助力能源转型，推动数字化决策。"能源+能效"

主要面向企业,提供企业经营分析服务,支撑企业精益化管理,提高能源企业运营效益,提高工业企业用能效率。其他"能源+"应用产品提供电动汽车充电桩运营、电力金融、新能源运维监控、B2B 交易撮合、公众用能优化服务,便捷公众用能,降低公众用能成本,推动数字化服务(见表3)。

表3 "能源+" 初期产品体系设计

序号	能源+	服务	产品	服务对象
1		宏观经济分析	电力看经济预测预警	政府、企业、公众
			区域经济洞察	政府、企业、公众
			不动产空置率	政府、企业
			能效监测	政府、企业
			不动产使用精准分析	政府、企业
2	能源+政务	能源监管	能源规划	政府
			能源运行监测	政府
3		电能替代治理	进程监控	政府
			效果分析	政府
			决策支撑	政府
4		大气污染防治	污染企业停工监测	政府
			排放监测	政府、公众
5	能源+能效	企业经营分析	企业节能	企业
			开店选址	商户
			行业分析报告	投资人、企业
			企业运行分析	企业
6	能源+金融	电力金融	企业贷款	银行、贷款类业务企业
			贷中贷后监察	银行、贷款类业务企业
7	能源+运维	新能源运维监控	设备运维	设备企业、运维企业
			在线监测	用能企业
			分布式光伏运行	能源类公司
8	能源+交易	B2B 交易撮合	采购交易	企业
			咨询服务	企业

续表

序号	能源+	服务	产品	服务对象
9	能源+交通	电动汽车充电桩运营	电车充电平台	公众
			车辆服务平台	车企、公众
			建桩选址	企业
			保险平台	保险公司、公众
			广告平台	广告公司
			电商平台	商户、公众
10	能源+民生	公众用能优化	缴费服务	公众
			报装服务	公众
			用能分析	公众
			公众信贷	银行、公众
			水电煤缴费服务	公众
			其他政务服务	公众

省级能源大数据中心初期服务产品中服务政府的较多、产品以分析报告的形式为主。在初期运营，由于产品推介工作量大，需线上营销和线下地推同步开展，活动策划执行需要投入大量人力物力，人员、广告、场地等各成本高企，需要较长时间孵化才能见到效益，中心在初期存在运营成本高、营业收入不足的可能，亏损不盈利的风险较大。还存在数据确权、数据安全、产品服务定价困难等潜在风险。针对这些风险和问题，需要制定应对措施，有效规避这些风险，或将风险控制在一定的范围之内。

参考文献

国务院：《国务院关于印发促进大数据发展行动纲要的通知》（国发〔2015〕50号），2015年8月31日。

《国家发展改革委办公厅关于组织实施促进大数据发展重大工程的通知》（发改办高技〔2016〕42号），2016年1月19日。

国家发展和改革委员会：《关于推进"互联网+"智慧能源发展的指导意见》（发改能源〔2016〕392号），2016年2月29日。

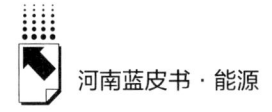

工业和信息化部：《大数据产业发展规划（2016—2020年）》（工信部规〔2016〕412号），2016年12月18日。

河南省人民政府：《河南省推进国家大数据综合试验区建设实施方案》（豫政〔2017〕11号），2017年5月26日。

河南省人民政府办公厅：《河南省大数据产业发展三年行动计划（2018—2020年）》（豫政办〔2018〕28号），2018年5月9日。

河南省人民政府：《河南省促进大数据产业发展若干政策》（豫政办〔2018〕58号），2018年9月26日。

B.20
标杆引领活动对河南省煤电发展影响研究

于开坤　牛晨巍　郭 颖*

摘　要： 河南省能源结构以煤为主，煤电主力格局短期内难以改变，这对经济社会和生态环境协调发展带来了挑战。本文梳理了2017年以来河南省煤电机组节能环保标杆引领活动开展情况，分析了全省煤电企业能耗、水耗、环保指标的变化趋势。标杆引领活动实施以来，河南煤电机组节能减排成效明显，并对企业经营效益有较好的改善效果。"十四五"期间，建议河南持续开展煤电节能环保标杆引领活动，推动节能环保技术升级换代，提高节能环保运行监测监管水平。

关键词： 河南省　标杆引领　煤电企业　环保指标

受资源禀赋影响，河南省电源格局以煤电为主，煤电行业为全省大气污染物排放量大、对大气环境影响较大的行业之一。河南省高度重视煤电节能减排工作，煤电企业节能减排改造工作始终走在全国同行业前列，技改投入力度不断加大，能耗、水耗、环保指标持续降低，社会环保效益明显。2015年12月，河南省发展和改革委员会、河南省环境保护厅联合印发《河南省

---

* 于开坤，工学博士，河南省电力勘测设计院教授级高级工程师，研究方向为能源电力规划与技术；牛晨巍，工学硕士，河南省电力勘测设计院工程师，研究方向为能源电力规划与技术；郭颖，工学博士，河南省电力勘测设计院高级工程师，研究方向为能源电力规划与技术。

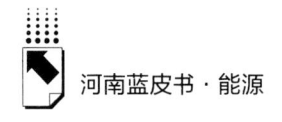

燃煤机组超低排放改造专项行动方案》，其目标要求比环保部、国家发改委、国家能源局在《全面实施燃煤电厂超低排放和节能改造工作方案》中提出的"中部地区30万千瓦及以上煤电机组在2018年底前完成改造"的目标提前两年以上。2016年底，河南省在全国范围内率先实现现役煤电机组全部超低排放，全省平均供电煤耗低于全国平均水平。

一 标杆引领活动基本情况

随着生态文明建设持续推进，人民群众对美好环境的期盼日益提升，河南省对工业行业节能低碳发展提出了更高的要求。在电力行业，为进一步激发煤电企业节能减排内生动力，提升清洁高效电力供给能力，减少大气污染排放，促进环境质量持续改善，2017年，河南省发展和改革委员会、省环境保护厅、省水利厅按照河南省委、省政府打好转型发展攻坚战和环境污染防治攻坚战的决策部署，联合研究制定了《河南省煤电机组节能环保标杆引领行动实施方案》（以下简称《实施方案》）。从2017年起，已经连续组织了三年评审。

（一）标杆引领活动组织情况

按照《实施方案》规定，每年河南省内具有合法手续、满足《实施方案》基本要求、有意愿参加评选的统调煤电机组（不包含企业自备机组），按要求向所在省辖市、省直管县（市）能源管理部门报送申请材料；地方能源管理部门初步审核后，以正式文件的形式将达到"基本要求"的机组报送至省发改委（能源局）；省发改委（能源局）会同省水利厅、省环保厅完成申报机组材料收集，最终由第三方机构负责组织开展评审活动。

在100万千瓦、60万千瓦超超临界、60万千瓦超临界、20万~30万千瓦供热机四个等级中分别评选出能效、水效、环保标杆机组；对获奖机组授予"煤电机组节能环保标杆引领"单项称号，同时增加年度基础发电量计划200小时。

（二）2017~2019年标杆引领活动评审细则

标杆引领活动开展以来，评审细则不断调整优化。2018年，国家发布《关于做好2018年重点领域化解过剩产能工作的通知》，要求加大燃煤电厂超低排放和节能改造工作，中部地区具备条件的煤电机组要完成改造工作，提升煤电高效清洁水平。5月，河南省印发《河南2018年节能低碳发展工作要点》，提出开展煤电节能减排升级与改造，完成总规模980万千瓦煤电机组节能减排综合升级改造；推进工业能效赶超行动，公开遴选河南省能效水效领跑者标杆企业，培育20家企业（产品）进入国家能效水效领跑者名单和节能技术装备、"能效之星"产品目录。6月，中央第一环境保护督察组对河南省第一轮中央环境保护督察整改情况开展"回头看"，特别指出扬尘管控力度不够。2018年标杆引领活动评审细则中较大幅度提升煤电机组能效、水效、环保指标分值占比，适当提高煤电机组节能减排改造分值，在环保评比中增加了电厂煤场封闭改造评分项。

2019年，国家在《关于做好2019年重点领域化解过剩产能工作的通知》中强调深入推进煤炭清洁运输、清洁利用，进一步减小公路运输量，提高煤炭清洁储运能力，统筹推进燃煤电厂超低排放和节能改造工作，促进煤电清洁高效、高质量发展。2月，河南省发布《河南省2019年大气污染防治攻坚战实施方案》，明确提出要加强无组织排放监控，在全省电力、钢铁等多个行业开展无组织排放监测试点。5月，河南省印发《河南省重点用能单位节能管理实施办法》，要求重点用能单位应当每年安排一定数量资金用于节能技术研发、节能技术改造、能源计量器具配备和节能技术培训等。2019年标杆引领活动评审细则中进一步突出改造投入及指标进步，分值分配方案不断优化，不断增强引导作用。

1. 能效评审细则及优化过程

2017年，能效评审细则评分体系共有五大项，可归结为管理和指标两部分，管理部分分值占比为25%；指标部分分值占比为75%，其中供电煤耗占50%，油耗、汽轮机效率、锅炉效率等指标共占25%。2018年，能效评审细则评分体系中指标部分分值占比上升至82%，增加了改造评分项，

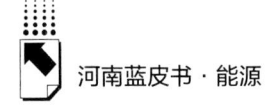

分值占总分的9%，共包含节能改造投资和改进效果两项，其中节能改造投资评比项基准由专家组设定。2019年，能效评审细则评分体系中改造部分分值占比进一步提升至30%，并由加分项调整为基础分项。其中，节能改造投资评比项基准调整为年度申报机组中改造投入最高者；节能改进效果评比项增加与标杆值对比、与上年度申报值对比两个小项，与2017年能效评审细则评分体系对比，评分体系更加全面、科学（见图1）。

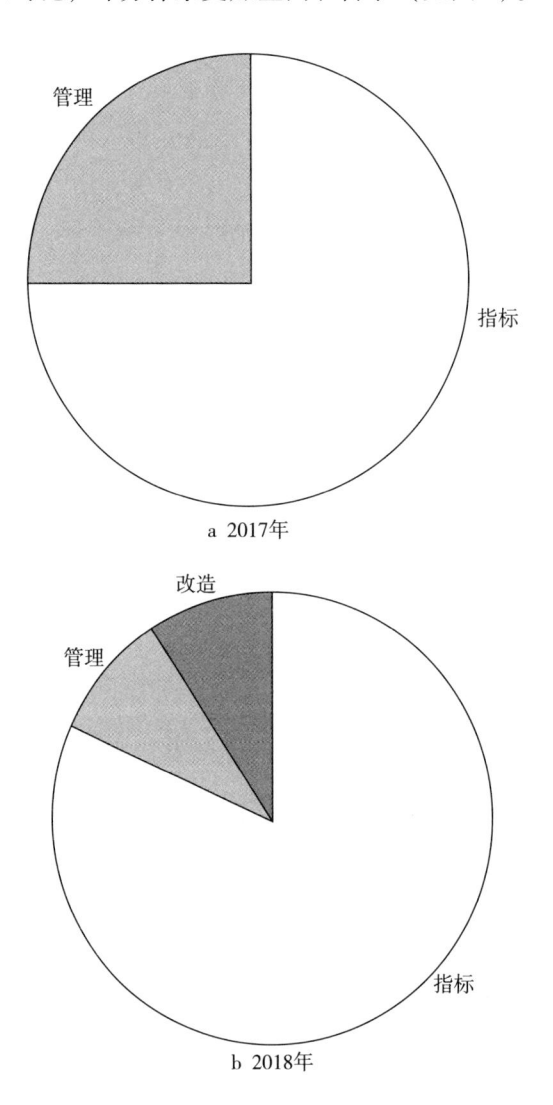

a 2017年

b 2018年

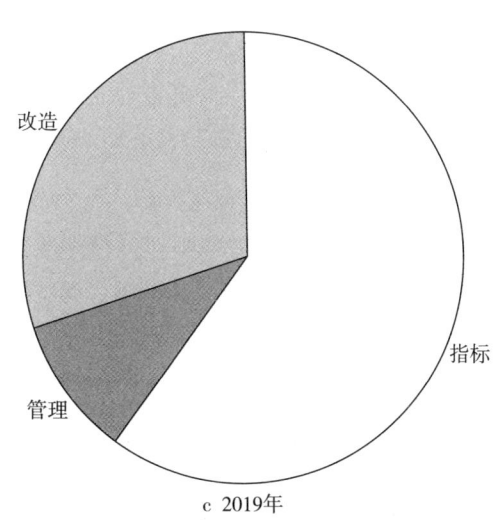

图1 2017～2019年能效评审细则分值占比设置变化

2. 水效评审细则及优化过程

2017年，水效评审细则评分体系可归结为水资源管理、水效指标、中水使用比例和节水技术改造四大项。其中，水资源管理和水效指标为基础分项，分值占比分别为32%、53%；另外设置中水使用比例、节水技术改造两项作为加分项，分值占比分别为4%、11%。水效指标部分包含供电水耗、复用水率、化学自用水率等小项，供电水耗小项作为水效评比的关键指标，分值设置较低，分值占比仅为17%。2018年，水效评审细则评分体系中水效指标分值占比提升至78%，其中，供电水耗这一关键指标分值占比提升至70%，并设置了取水水源合规性小项，分值占比为4%；水资源管理分值占比降低至9%；中水使用比例与改造部分仍然作为加分项，变动较小。2019年，评分体系较大幅度调整节水技术改造部分，分值占比提升至30%，由加分项调整为基础分项，其中新增节水技术改造投入、与上一年度水耗及上一年度水耗标杆值的对比小项；水效指标分值占比下调至53%，但分值占比仍然最大，水资源管理分值占比变化较小。评分体系以供电水耗作为关键评比指标，并突出改造投入及效果，更加科学、全面（见图2）。

3. 环保评审细则及优化过程

2017年，环保评审细则评分体系可归结为管理运行、环保排放指标和电煤火车运输比三大项。管理运行部分分值占比为62%，其中环保管理项占24%、环保设施运行状况占38%；环保排放指标部分分值占比为28%，其中超低排放监测达标情况占11%，现场与远程监测数据偏差情况占13%，申报机组环保指标排序评比作为加分项占总分的4%；电煤火车运输比作为加分项占总分的10%。2017年环保评审细则评分体系重点关注申报机组管理运行情况，对煤电机组环保指标标杆性关注不够。2018年，环保评审细则评分体系由三大项调整为四大项。环保排放指标部分分值大幅提升，占比达到78%；管理运行项分值占比降低为9%；电煤火车运输比仍然作为加分项，

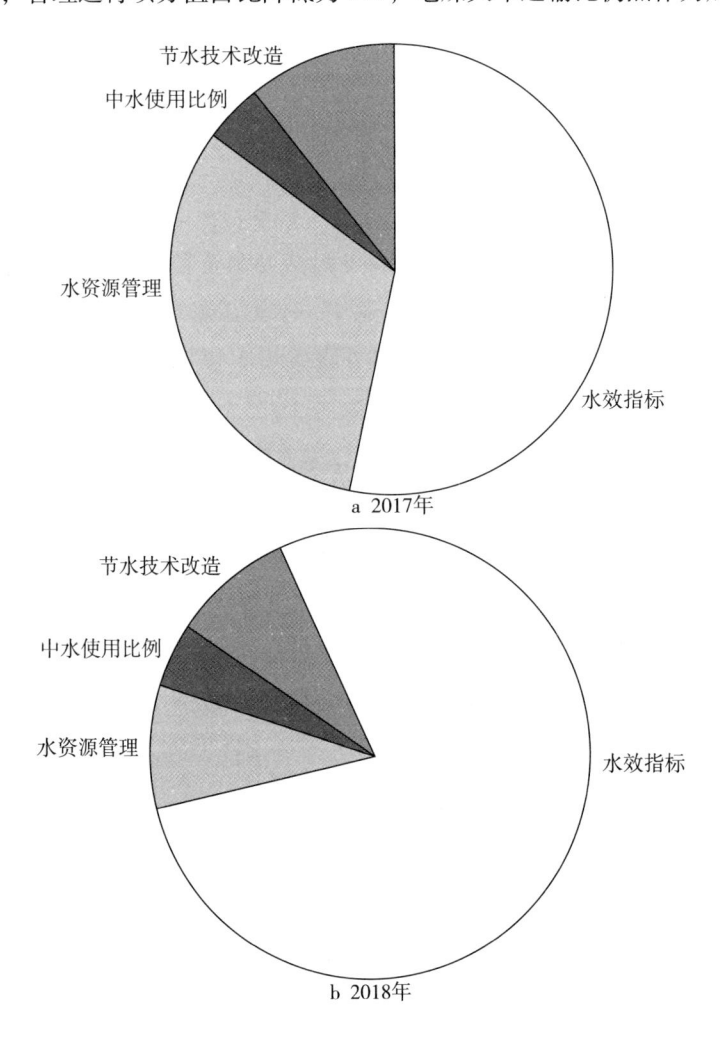

a 2017年

b 2018年

标杆引领活动对河南省煤电发展影响研究

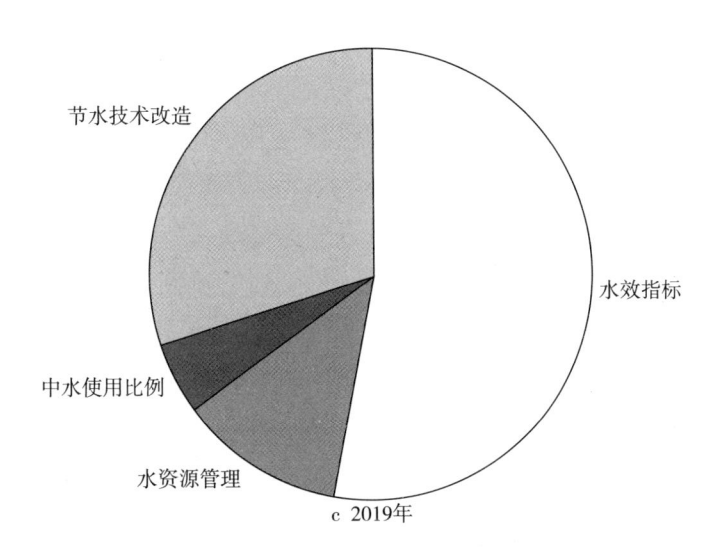

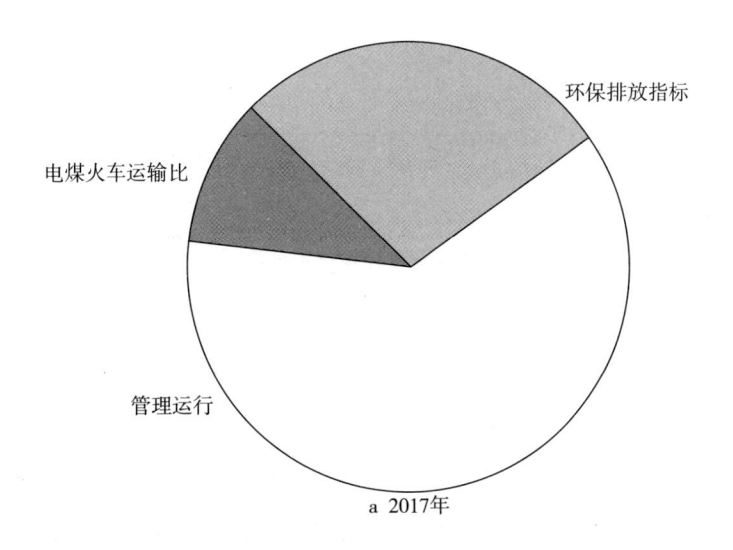

c 2019年

图2　2017~2019年水效评审细则分值占比设置变化

分值占比略有下降；增加了环保改造部分作为加分项，分值占总分的6%，共包含煤场封闭、环保改造投入及指标提升三个小项。2019年，评分体系对申报机组环保改造激励力度加大，环保改造部分调整为基础分项，分值占比提升至35%，环保排放指标部分分值占比略有降低，管理运行项及电煤火车运输比分值占比基本不变，评分体系更能促进机组环保改造投入（见图3）。

a 2017年

环保改造
电煤火车运输比
管理运行
环保排放指标

b 2018年

环保改造
环保排放指标
电煤火车运输比
管理运行

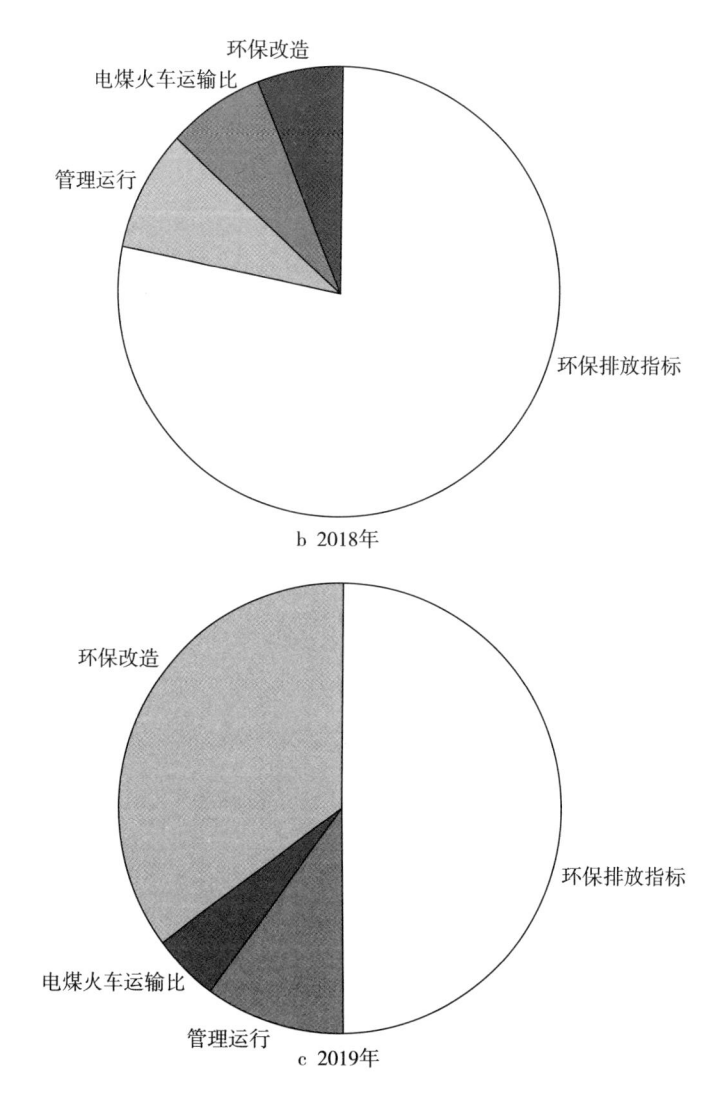

c 2019年

图3 2017~2019年环保评审细则分值占比设置变化

（三）2017~2019年标杆引领活动评审情况

截至2019年底，全省统调燃煤机组共150台，30万千瓦及以下等级机组台数占比为61.3%，60万千瓦等级占比为32.7%。自2017年开展河南省煤电机组节能环保标杆引领活动以来，100万千瓦等级历年申报机组分别为

11台次、14台次、12台次；60万千瓦超超临界等级历年申报机组分别为17台次、19台次、12台次；60万千瓦超超临界等级历年申报机组分别为24台次、29台次、22台次；20万~30万千瓦供热机组等级历年申报机组分别为46台次、45台次、34台次。全省共有21台机组在四个等级三个评比指标体系中获奖（见表1）。

表1 河南省标杆引领活动历年获奖情况

	能效	水效	环保
100万千瓦机组历年评审结果			
2017年	华能沁北#5	华能沁北#5	国电投平顶山#1
2018年	华能沁北#5	国电投平顶山#1	国电投平顶山#1
2019年	大唐三门峡#5	国电投平顶山#1	国电投平顶山#1
60万千瓦超超临界机组历年评审结果			
2017年	大唐龙岗#4	新乡中益#2	大唐信阳#3
2018年	华润焦作#2	华润焦作#1	大唐信阳#3
2019年	华润焦作#1	鹤壁鹤淇#1	大唐信阳#4
60万千瓦超临界机组历年评审结果			
2017年	国电荥阳#2	华电新乡#1	国电投开封#1
2018年	国电荥阳#2	国电民权#1	平顶山姚孟#6
2019年	国电投开封#1	华电新乡#1	平顶山姚孟#6
20万~30万千瓦供热机组历年评审结果			
2017年	国电濮阳#2	大唐安阳#2	大唐安阳#2
2018年	国电濮阳#2	国电驻马店#1	华能渑池#1
2019年	大唐安阳#1	国电驻马店#1	华电渠东#2

标杆引领活动获奖机组多为在役年限相对较短机组，基本分布在10年以内，反映了能效、水效、环保设计指标低的机组在评比过程中具有明显优势；100万千瓦等级同一机组连续获奖情况明显多于另外三个等级，反映了机组规模小的等级评比过程中的竞争更加激烈。

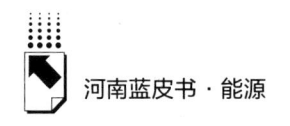

二 机组节能环保指标变化分析

（一）供电煤耗指标不断下降

2017～2019年，100万千瓦等级申报机组平均煤耗分别为288.47克/千瓦时、287.58克/千瓦时、283.57克/千瓦时，分别较当年度全省平均供电煤耗低6.3%、5.7%、6.4%，2019年较2017年下降1.7%。各年度申报机组供电煤耗指标分布见图4（a），可见，各年度供电煤耗指标最低值分别为282.96克/千瓦时、284.24克/千瓦时、277.28克/千瓦时，图中圈中点为当年标杆引领能耗获奖机组指标，均为当年申报机组最低值。

60万千瓦超超临界等级历年申报机组平均煤耗分别为293.29克/千瓦时、291.96克/千瓦时、283.53克/千瓦时，分别较当年度全省平均供电煤耗低4.78%、4.27%、6.43%，2019年较2017年下降3.3%。各年度申报机组供电煤耗指标分布见图4（b），可见，该等级各年度供电煤耗指标最低值分别为288.35克/千瓦时、285.99克/千瓦时、274.09克/千瓦时，图中圈中点为当年标杆引领能耗获奖机组指标，2017年并非当年申报机组最低值。

60万千瓦超临界等级历年申报机组平均能耗分别为297.80克/千瓦时、295.27克/千瓦时、293.41克/千瓦时，分别较当年度全省平均供电煤耗低3.31%、3.19%、3.17%，2019年较2017年下降1.5%。各年度申报机组供电煤耗指标分布见图4（c），可见，该等级各年度供电煤耗指标最低值分别为292.91克/千瓦时、291.89克/千瓦时、284.4克/千瓦时，图中圈中点为当年标杆引领能耗获奖机组指标，2019年并非当年度申报机组最低值。

20万~30万千瓦供热机等级历年申报机组平均能耗分别为296.53克/千瓦时、293.02克/千瓦时、280.01克/千瓦时，分别较当年度全省平均供电煤耗低3.73%、3.9%、7.59%，2019年较2017年下降5.57%。各年度申报机组供电煤耗指标分布见图4（d），可见，该等级各年度供电煤耗指标最低值分别为252.45克/千瓦时、257.77克/千瓦时、255.85克/千瓦时，图中圈中点为当年标杆引领能耗获奖机组指标，其中2019年并非当年度申报机组最低值。

a 100万千瓦

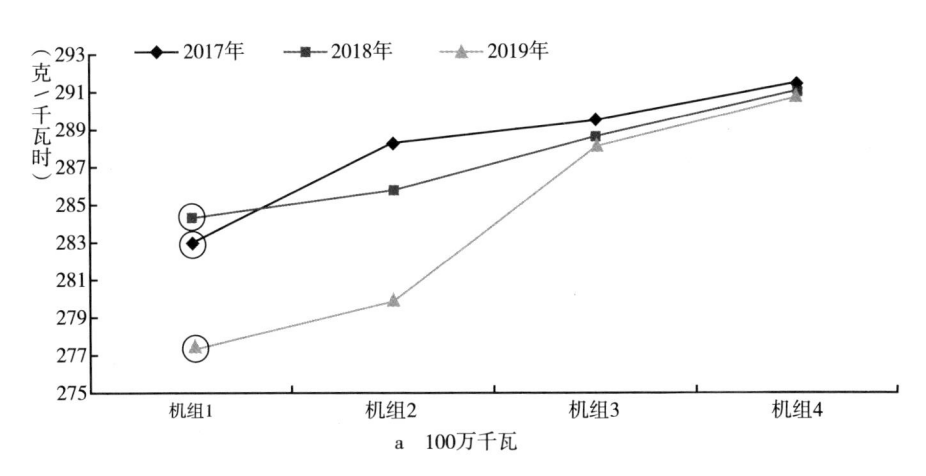

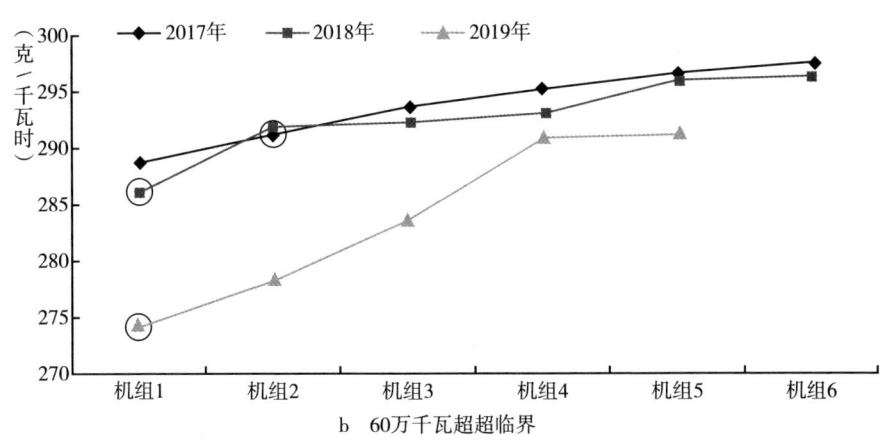

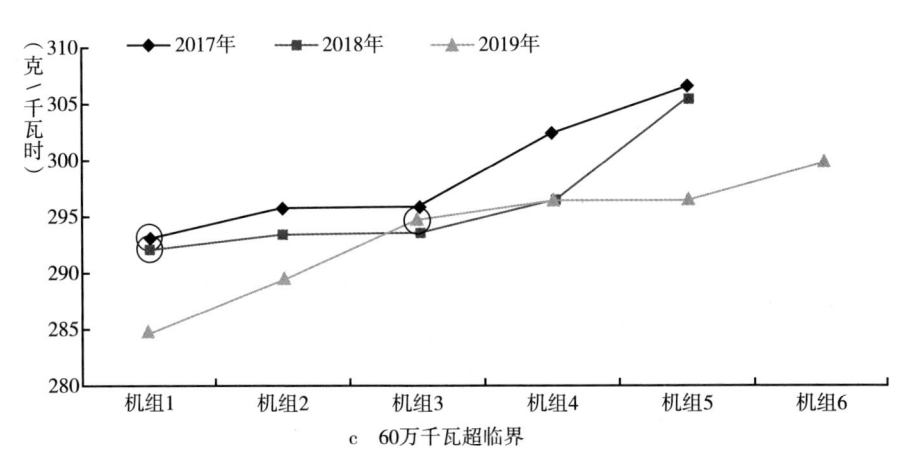

b 60万千瓦超超临界

c 60万千瓦超临界

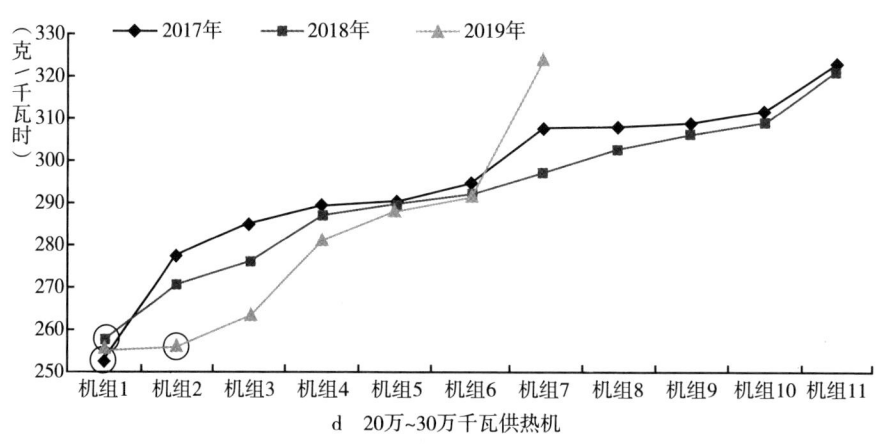

图4 2017~2019年各等级申报机组能耗指标变化趋势

综合来看，各等级申报机组平均供电煤耗呈现逐年下降趋势，规模越大、参数越高等级的申报机组平均供电煤耗越低。在四个等级中，20万~30万千瓦供热机等级2019年较2017年下降幅度最大，该等级机组建设年代相对更早，在役时间相对较长，节能改造提升空间更大。获奖机组指标基本排在同等级申报机组的前列，其中除2017年60万千瓦超超临界、2019年60万千瓦超临界和20万~30万千瓦供热机获奖机组指标非年度最低值外，其余均为年度最低值，能效评审细则可以很好体现申报机组的标杆性。

（二）水耗指标逐年下降

2017~2019年，100万千瓦等级申报机组平均水耗分别为16.5立方米/万千瓦时、15.7立方米/万千瓦时、15.7立方米/万千瓦时，2019年较2017年下降5.17%。各年度申报机组水耗指标分布见图5（a），可见，各年度水耗指标最低值分别为15.1立方米/万千瓦时、14.9立方米/万千瓦时、14.8立方米/万千瓦时，图中圈中点为当年标杆引领水耗获奖机组指标，其中2018年为当年申报机组最低值。

60万千瓦超超临界等级历年申报机组平均水耗分别为16.5立方米/万千瓦时、16.1立方米/万千瓦时、15.7立方米/万千瓦时，2019年较2017年下降5.36%。各年度申报机组水耗指标分布见图5（b），可见，各年度水耗指标最低值分别为15.1立方米/万千瓦时、14.5立方米/万千瓦时、14.3立方米/万千瓦时，图中圈中点为当年标杆引领水耗获奖机组指标,其中2019年当年申报机组最低值。

60万千瓦超临界等级历年申报机组平均水耗分别为15.5立方米/万千瓦时、15.2立方米/万千瓦时、15.2立方米/万千瓦时,2019年较2017年下降1.6%。各年度申报机组水耗指标分布见图5(c),可见,各年度水耗指标最低值分别为13.6立方米/万千瓦时、13.3立方米/万千瓦时、13.0立方米/万千瓦时,图中圈中点为当年标杆引领水耗获奖机组指标,其中2018年当年申报机组最低值。

20万~30万千瓦供热机等级历年申报机组平均水耗指标分别为19.7立方米/万千瓦时、16.7立方米/万千瓦时、15.1立方米/万千瓦时,2019年较2017年下降23.04%。各年度申报机组水耗指标分布见图5(d),可见,最低值分别为12.0立方米/万千瓦时、11.0立方米/万千瓦时、10.9立方米/万千瓦时,图中圈中点为当年标杆引领获奖机组水耗指标,均非当年申报机组最低值。

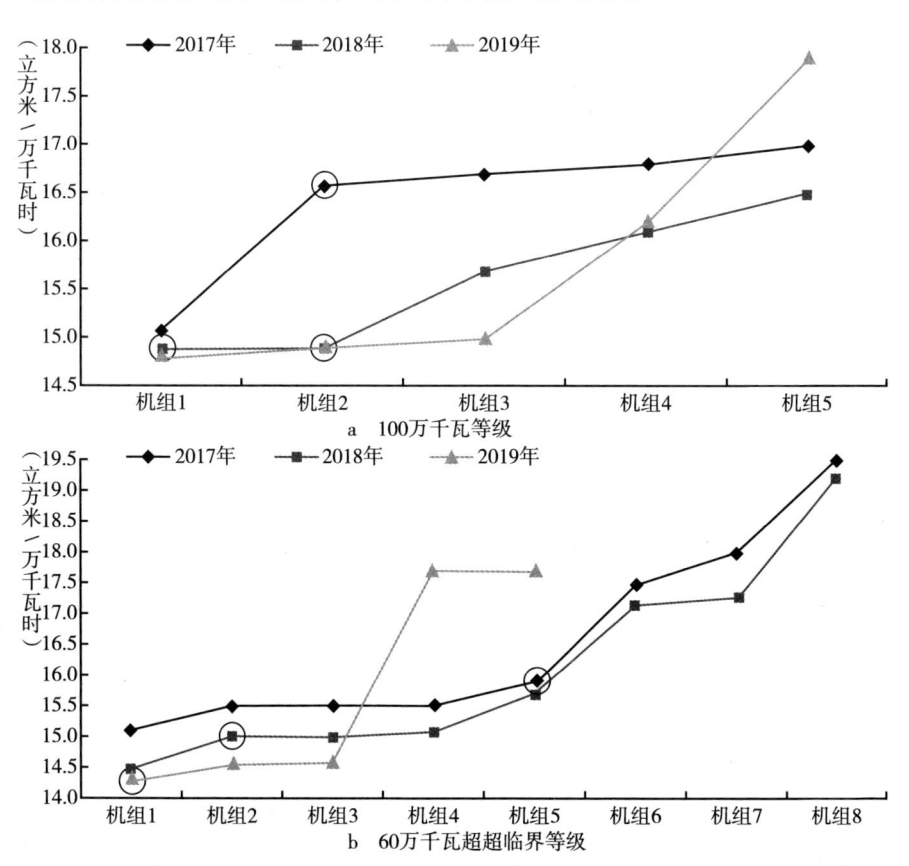

a 100万千瓦等级

b 60万千瓦超超临界等级

c 60万千瓦超临界等级

d 20万~30万千瓦供热机等级

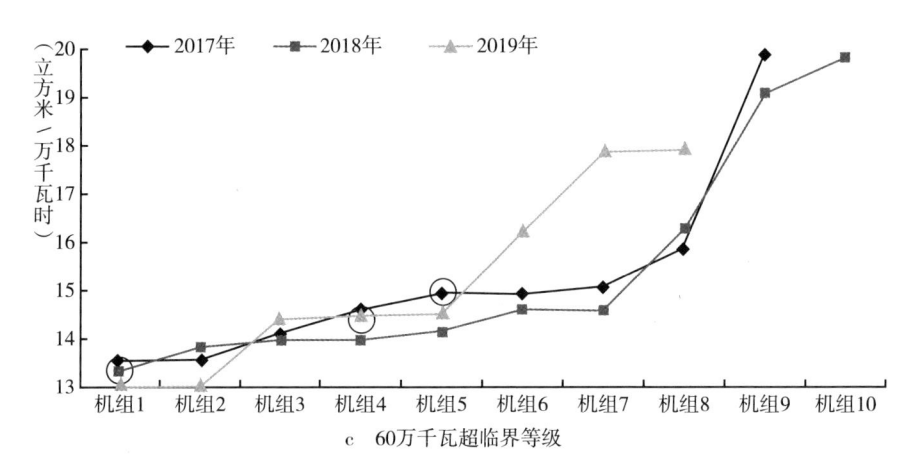

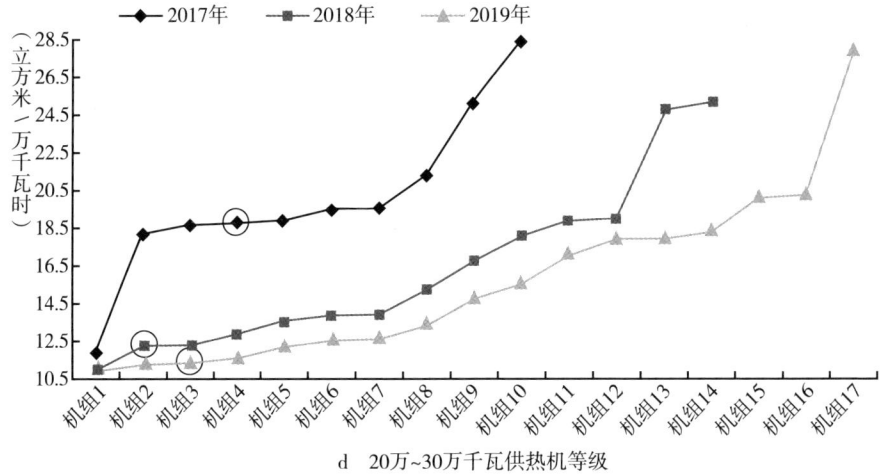

图5 2017~2019年各等级申报机组水耗指标变化趋势

综合来看,各等级申报机组平均水耗同样呈现逐年下降趋势。在四个等级中,20万~30万千瓦供热机等级2019年较2017年下降幅度最大,该等级机组建设年代相对更早,在役时间相对较长,节能改造提升空间更大。大部分获奖机组指标并非当年度最低值,但获奖机组指标基本排在同等级申报机组的前列,指标与最低值相差较小,同时这些机组在管理和改造等方面的表现更为突出。

(三)环保指标不断改善

为了便于对环保参数进行量化比较,评审过程中对申报机组二氧化硫、氮氧化物、粉尘（单位均为毫克/千瓦时）供电排放量，按照0.35、0.35和0.3的权重加权处理，将结果作为环保排放指标评比。根据2019年河南省煤电机组三种污染物平均排放浓度及平均煤耗指标计算，全省煤电机组平均环保排放指标为58.46毫克/千瓦时。

2017~2019年，100万千瓦等级申报机组平均环保排放指标分别为76.06毫克/千瓦时、68.84毫克/千瓦时、44.73毫克/千瓦时，2019年较2017年下降41%，较全省平均水平低23.5%。各年度申报机组环保排放指标分布见图6（a），可见，各年度环保排放指标最低值分别为66.34毫克/千瓦时、59.92毫克/千瓦时、39.22毫克/千瓦时，图中圈中点为当年度标杆引领环保获奖机组指标，均为当年申报机组最低值。

60万千瓦超超临界等级历年申报机组平均环保排放指标分别为73.65毫克/千瓦时、66.94毫克/千瓦时、63.92毫克/千瓦时，2019年较2017年下降13.2%。各年度申报机组环保排放指标分布见图6（b），可以发现，各年度环保排放指标最低值分别为66.79毫克/千瓦时、54.52毫克/千瓦时、43.2毫克/千瓦时，图中圈中点为当年度标杆引领环保获奖机组指标，均非当年申报机组最低值。

60万千瓦超临界等级历年申报机组平均环保排放指标分别为73.62毫克/千瓦时、71.77毫克/千瓦时、70.31毫克/千瓦时，2019年较2017年下降4.5%。各年度申报机组环保排放指标分布见图6（c），可以发现，各年度环保排放指标最低值分别为61.37毫克/千瓦时、51.18毫克/千瓦时、41.44毫克/千瓦时，图中圈中点为当年度标杆引领环保获奖机组指标，其中2017年并非当年申报机组最低值。

20万~30万千瓦供热机等级历年申报机组平均环保排放指标分别为72.58毫克/千瓦时、61.60毫克/千瓦时、58.74毫克/千瓦时，2019年较2017年下降19.1%。各年度申报机组环保排放指标分布见图6（d），可以发现，各年度环保排放指标最低值分别为68.19毫克/千瓦时、40.17毫克/千瓦时、42.02毫克/千瓦时，图中圈中点为当年度标杆引领环保获奖机组指标，其中2018年非当年申报机组最低值。

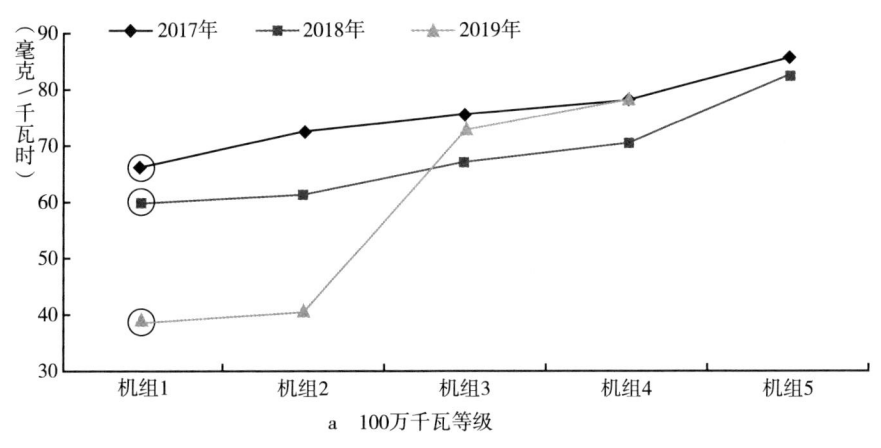

河南蓝皮书·能源

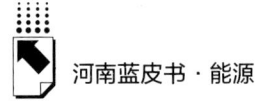

a 100万千瓦等级

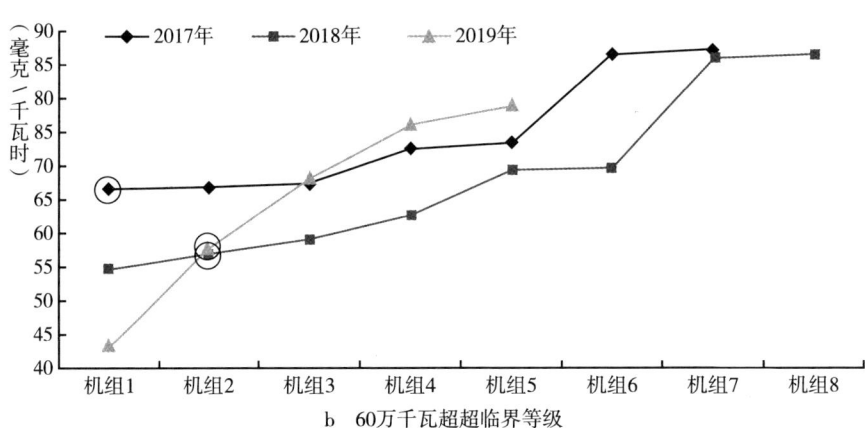

b 60万千瓦超超临界等级

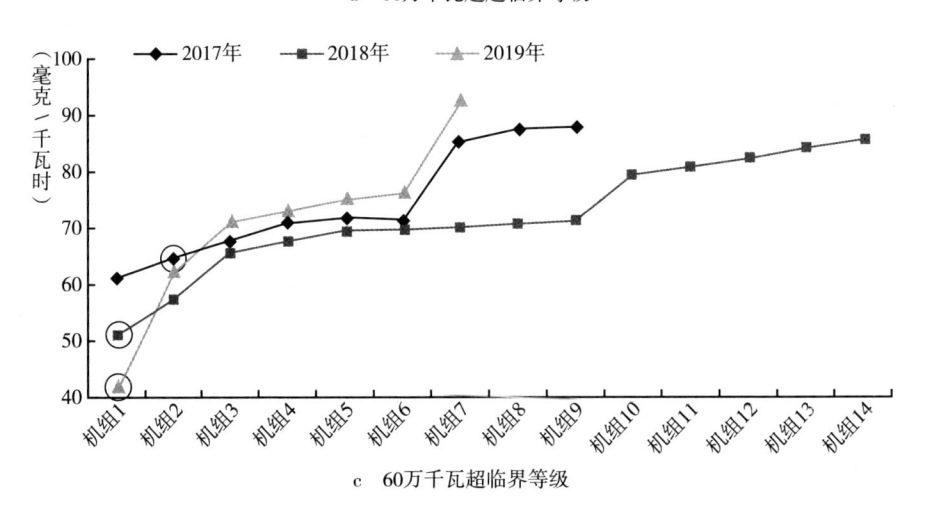

c 60万千瓦超临界等级

d 20万~30万千瓦供热机等级

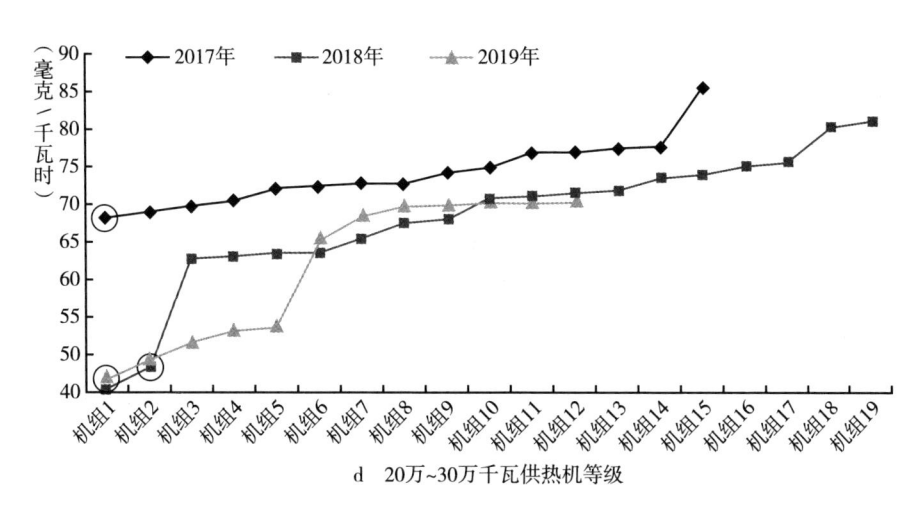

图6 2017~2019年各等级申报机组环保指标变化趋势

综合来看，各等级申报机组平均环保排放指标基本呈现逐年下降趋势，各等级申报机组平均环保排放指标差异较大，100万千瓦等级机组设计环保排放指标较低，在各等级中占有优势，20万~30万千瓦等级机组环保改造力度较大，60万千瓦超临界、超超临界两个等级环保排放指标明显较高，60万千瓦等级环保排放指标仍有提升空间；各等级获奖机组指标基本排在同等级申报机组的前列。

三 标杆引领活动对河南省煤电发展影响分析

（一）河南省煤电机组节能减排成效分析

河南省煤电机组节能环保标杆引领活动开展以来，全省煤电企业持续推进减排、降耗、节水改造，煤电机组的节能环保水平逐年提升，供电煤耗持续下降，污染物减排成效显著。

1. 全省煤电供电煤耗持续下降

2016年，河南省煤电机组平均供电煤耗为310克/千瓦时，标杆引领活动开展以来，全省煤电企业积极开展节能改造，2017~2019年，供电煤耗保持平稳下降态势，三年平均供电标煤耗均低于全国平均水平，2019年全省煤电机组平均供电煤耗为303克/千瓦时，较2016年下降2.26%。2019年全省煤电装机6579万千瓦，较2016年增加6.7%，煤电发电量为2399亿千瓦时，较2016年下降0.13%。在煤电装机容量不断增加、发电量基本保持不变的情况下，2019年全省电煤消费总量为7271万吨，较2016年下降2.38%，有效保障了全省煤炭消费减量目标顺利完成。

2. 全省煤电减排成效明显

2016年，全省煤电机组完成超低排放改造后，烟尘、二氧化硫和氮氧化物平均排放浓度分别为10毫克/立方米、35毫克/立方米、50毫克/立方米，随着标杆引领活动开展，煤电机组严格执行燃气机组排放标准，全省煤电机组三种污染物平均排放浓度持续降低。截至2019年，全省煤电机组三种污染物平均排放浓度分别为2.58毫克/立方米、17.54毫克/立方米、32.06毫克/立方米，分别较2016年下降74.2%、49.89%、35.88%。在发电量基本保持不变的情况下，煤电企业年排放总量分别较2016年下降74.6%、50.7%、36.9%，减排成绩显著，为全省大气污染防治做出了突出贡献。

（二）河南省煤电企业经营活动影响分析

1. 煤电企业效益受煤价上涨影响较大

当前，河南省燃煤发电机组基础电量实行"同网同价"，全部执行发电上网标杆电价，标杆电价由国家发改委和省物价局按照价格管理权限制定；同时，随着电力体制改革的不断推进，市场交易电量在全年发电量中的比重逐步增加，发电企业的竞争力主要取决于其成本电价的水平，燃料成本对煤电企业的成本电价起决定性作用。

2016年以来，电煤价格不断上涨，煤电企业燃料成本上升，煤电企业经营压力增大。河南省各地区煤电企业度电利润见表2，可见，2017年电煤价格升高，全省煤电企业经营收益呈断崖式下降，2018年持续下降态势，2019年随着电煤价格的下降煤电企业经营收益出现较大回升。此外，受远距离运输导致运费大幅升高等因素影响，豫南地区煤电企业经营收益明显较豫北、豫中差。

表2 河南省各区域煤电企业度电利润

单位：元/千瓦时

	2016年	2017年	2018年	2019年
豫北	20000	-21000	-32000	-2000
豫中	25000	-25000	-31000	-11000
豫南	16000	-31000	-37000	-10000
全省平均	21000	-25000	-32000	-8000

2.获奖机组有助于企业经营效益改善

根据国家发改委《节能发电调度办法（试行）》、国家电监会《关于促进电力调度公开、公平、公正的暂行办法》等文件规定，目前河南省实行节能、环保、经济的调度方式，坚持节能高效环保发电机组多发原则，煤电机组供电煤耗越低、燃料成本越低、煤电机组节能环保水平越高，在地区燃煤发电企业中就越具有竞争力。按照《河南省煤电机组节能环保标杆引领行动实施方案》规定，获奖机组增加年度基础发电量计划200小时，非常有益于获奖燃煤发电企业经营。

部分标杆引领活动获奖机组2016~2019年度电利润数据见表3，其中阴影数据表示该机组在年度评选中获奖，可以发现，机组在获奖年份的

表3 部分获奖机组年度度电利润对比分析

单位：元/千瓦时

		2016年	2017年	2018年	2019年
机组A	度电利润	30000	-2000	-8000	18000
	与地区平均值差	14000	29000	29000	28000
机组B	度电利润	35000	1000	-5000	23000
	与地区平均值差	15000	21000	28000	25000
机组C	度电利润	11000	-45000	-32000	-21000
	与地区平均值差	-14000	-20000	-2000	-10000
机组D	度电利润	28000	6000	1000	2000
	与地区平均值差	8000	26000	33000	4000
机组E	度电利润	-9000	-44000	-35000	4000
	与地区平均值差	-29000	-24000	-3000	6000

度电利润与地区平均值的差明显优于其他年份，经营效益提升效果显著。以机组 D 为例，其在 2017 年度评选活动中获奖，该年度度电利润高于地区平均值 26000 元/千瓦时，这一差值较 2016 年扩大了 18000 元/千瓦时，2018 年度评选中机组 D 再次获奖，年度度电利润与地区平均值差距进一步扩大，2019 年度评选中未获奖后，年度度电利润与地区平均值差降至 4000 元/千瓦时，差距约恢复至 2016 年水平。

四　研究结论和工作建议

（一）主要结论

1. 标杆引领有效促进全省煤电行业提质增效

标杆引领历年获奖机组指标均排在同等级申报机组的前列。2019 年，标杆引领能效、水效、环保三个指标评比中，技术改造部分分值占比均提升在 30% 以上，激励设计指标相对较高的机组开展技术改造，该年度有 6 台获奖机组的指标非当年同等级申报机组的最低值，占获奖机组的一半。在四个等级中，20 万~30 万千瓦等级能耗、水耗指标降低幅度最大，节能环保改造投入最大，也是申报机组最多，连续、多次获奖难度最大的一类，标杆引领有助于促进各类煤电机组提质增效。

2. 标杆引领推动全省煤电节能环保水平显著提升

2019 年，河南省煤电机组平均供电煤耗降低至 303 克/千瓦时，煤电机组烟尘、二氧化硫、氮氧化物平均排放浓度分别为 2.58 毫克/立方米、17.54 毫克/立方米、32.06 毫克/立方米，均低于全国平均水平；在全省煤电总发电量不变的情况下，全省电煤消费总量、三种污染物排放总量进一步下降，有力保障了全省煤炭消费总量控制及污染物减排目标的实现。

3. 标杆引领改善全省煤电企业经营效益

自 2017 年开始，受煤炭价格上涨等因素影响，煤电企业经营压力加大，河南省内较多煤电企业出现亏损，豫南区域的煤电企业经营效益较豫北、豫中两区域更差。节能高效环保机组按照节能、环保、经济的调度方式具有优势，在同地区煤电企业中燃料成本更低，标杆引领获奖机组额外获得 200 小时基础发电量奖励，度电利润高于其他机组。在同地区经营环境相似的情况下，节能高效环保机组的经营收益更好。

（二）工作建议

1. 持续开展煤电节能环保标杆引领活动

在煤电行业继续持续开展节能环保标杆引领等活动，在评审细则中不断优化选项，突出改造提升效果，提升改造投入以及参数进步分值占比，设置单项指标进步奖奖项，激发煤电企业改造积极性，激励引导煤电企业节能环保改造投入，优化煤电机组能效、环保性能，可推动全省煤电节能减排整体水平持续提升。

2. 推动节能环保技术升级换代

鼓励企业加大研发力度，加快突破能源高效和分质梯级利用、污染物防治和安全处理、资源回收和循环利用等技术瓶颈，创新节能减排技术，建立高效节能、大气治理、新型水处理技术示范项目，并积极在煤电企业中推广应用。制定相关政策法规，推动煤电行业节能环保技术升级换代，进一步降低煤耗、水耗、污染物排放浓度。

3. 提升节能环保运行监测监管水平

增强煤电企业节能环保意识，优化煤电机组运行策略，最大限度挖掘机组节能环保潜力，加装煤电机组运行监测装置，建立完善煤电行业节能减排监测、评估体系和技术服务平台，健全节能减排统计、监测、考核体系，全面提升节能环保运行监测监管水平。

参考文献

河南省发展和改革委员会、河南省环境保护厅、河南省水利厅：《关于印发〈河南

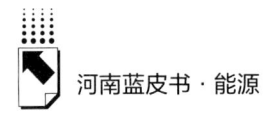

省煤电机组节能环保标杆引领行动实施方案〉的通知》（豫发改能源〔2017〕862号），2017年8月16日。

河南省发展和改革委员会、河南省环境保护厅：《关于印发〈河南省燃煤机组超低排放改造专项行动方案〉的通知》（豫发改能源〔2015〕1497号），2015年12月10日。

环境保护部、国家发展和改革委员会、国家能源局：《关于印发〈全面实施燃煤电厂超低排放和节能改造工作方案〉的通知》（环发〔2015〕164号），2015年12月11日。

河南省人民政府：《2017年河南省政府工作报告》，2017年1月16日。

国家发展和改革委员会、工业和信息化部、国家能源局、财政部、人力资源社会保障部、国务院国资委：《关于做好2018年重点领域化解过剩产能工作的通知》（发改运行〔2018〕554号），2018年4月9日。

河南省发展和改革委员会：《河南省2018年节能低碳发展工作要点》，2018年5月21日。

国家发展和改革委员会、工业和信息化部、国家能源局：《关于做好2019年重点领域化解过剩产能工作的通知》（发改运行〔2019〕785号），2019年4月30日。

河南省污染防治攻坚战领导小组办公室：《河南省2019年大气污染防治攻坚战实施方案》（豫环攻坚办〔2019〕25号），2019年2月27日。

河南省发展和改革委员会：《河南省重点用能单位节能管理实施办法》（豫发改环资〔2019〕215号），2019年5月5日。

B.21
基于大数据的2020年河南省电力消费情况分析

韩丁 柴喆 邓方钊*

摘 要： 2020年新冠肺炎疫情暴发以来，河南省经济社会及电力运行受到一定影响。用电量是经济发展的"体温计"，利用电力大数据进行精细化分析可以及时反映各行业复工复产情况及运行态势，全面剖析疫情对各行各业产生的影响。本文简要梳理了疫情发展历程及其对全省经济社会产生的影响，依托能源电力大数据平台，重点分析了从疫情暴发至今全省、各地市三次产业、重点行业及典型企业用电量变化情况，从电力视角来透视全省经济回稳向好的运行特征和趋势。

关键词： 河南省 大数据 电力消费

用电量是全省经济发展的"体温计"，利用电力大数据对河南省用电量进行精细化分析，可以及时反映全省各行业运行态势。从2020年新冠肺炎疫情发展历程以及国家在不同时期工作重心的调整可以看出，疫情对经济社会及电力消费的影响主要集中在2020年上半年。本文以电力看经济的视角，

---

* 韩丁，工学硕士，国网河南省电力公司经济技术研究院工程师，研究方向为能源大数据应用；柴喆，工学硕士，国网河南省电力公司经济技术研究院助理工程师，研究方向为能源经济与电力市场；邓方钊，工学硕士，国网河南省电力公司经济技术研究院工程师，研究方向为能源经济与电力市场。

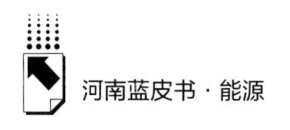

重点对全省疫情防控期间、2020年前三季度电力消费进行了分析，深度剖析疫情影响下经济运行的特征和规律。

一 2020年新冠肺炎疫情下河南省经济运行情况

2020年初，新冠肺炎疫情暴发，人民的生命安全和身体健康面临严重威胁，经济社会发展面临严峻挑战。在党中央的坚强领导下，全国人民迅速打响疫情防控的人民战争、总体战、阻击战，用1个多月的时间初步遏制疫情蔓延势头，用2个月左右的时间将本土每日新增病例控制在个位数，用3个月左右的时间取得了武汉保卫战、湖北保卫战的决定性胜利，最终取得了全国抗疫斗争的胜利。

新冠肺炎疫情暴发后，河南省统筹推进疫情防控和经济社会发展，最大限度减少和对冲疫情影响，生产生活秩序有序恢复，经济运行呈现快速回暖特征。一是经济指标回稳向好的态势不断巩固，2020年前三季度全省生产总值为39876.71亿元，同比增速0.5%，较第一季度回升了7.2个百分点；前三季度规模以上工业增加值增速为-0.2%，较第一季度回升了6.6个百分点，工业各行业增加值增速由负转正态势明显。二是市场消费需求逐步回暖，前三季度社会消费品零售总额下降7.0%，降幅较第一季度收窄14.8个百分点。三是固定资产投资稳步复苏，前三季度固定资产投资增长3.6%，较第一季度提升了11.1个百分点。四是外贸逆势快速增长，上半年进出口总额同比增长7.7%，增速较第一季度提升了3.1个百分点。

二 2020年河南省电力消费总体情况分析

（一）全省电力消费总体情况

2020年1~9月，全省累计用电量为2528亿千瓦时，同比下降2.2%。其中，第一季度受疫情影响显著，用电量大幅下降，走势与往年明显不同；

第二季度快速恢复，用电量保持小幅增长；第三季度持续反弹，用电量延续增长态势。第二季度、第三季度稳步向好的用电数据显示，全省经济回稳向好的发展态势正在不断拓展。

第一季度，受疫情暴发影响，用电量曲线与往年明显不同。往年春节假期受生产活动放缓或暂停影响，春节期间用电量大幅下降，随着假期结束企业快速复工复产，用电量大幅回升，整体呈现明显的"V"形走势。2020年春节假期过后，受生产经营活动大范围停摆影响，全省日用电量持续走低，未出现往年春节前后用电量"V"形特征。自2月9日（元宵节）起，河南有序启动企业复工复产，全省用电消费逐步回暖，至第一季度末用电量基本恢复至上年同期水平。经测算，受疫情影响，2020年第一季度全省用电量减少约90亿千瓦时（见图1）。

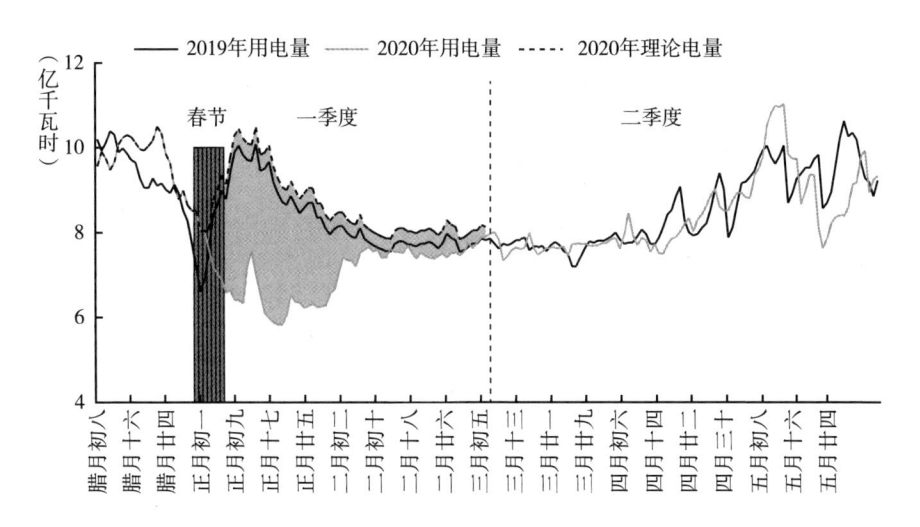

图1 2019年及2020年河南省电力消费对比情况

注：阴影部分为疫情导致用电量减少量，虚线为第一、二季度分界线。

第二季度，随着生产生活秩序全面恢复，工业生产基本恢复正常，服务业稳步恢复，全省电力消费持续回暖向好，实现了连续三个月正增长。4月，工业率先复工复产，其月用电量基本达到上年同期水平，同比下降1.7%；居民生活用电量增幅高达20%，带动4月全社会用电量增长0.5%。5月，工业加快复工复产，其月用电量自疫情以来首次出现正增长；服务业基本恢复到上年同期水平，全社会用电量增幅扩大到4%。6月，工业用电量保持平稳运行，服务业用电量恢复速度明显加快，全社会用电量保持稳中有进态势。

第三季度，除凉夏因素引起7月电量偏低外，8月、9月份全社会用电量持续快速回暖，增速创近24个月以来新高。7月，河南出现了反常的夏季凉爽多雨气候，2010年以来首次出现当年7月平均气温低于6月的情况，特别是7月11~31日全省大部分地区持续阴雨，平均温度仅为25.2℃，较上年7月低4.1℃，凉夏因素引起降温电量大幅下降，导致全省用电量同比大幅回落。初步测算，气温因素使得7月全省降温电量较上年减少了47.4亿千瓦时，但扣除气温因素影响，7月用电量仍呈现正增长的态势。8月、9月，常态气候因素下全省用电量强势反弹，同比分别增长8.1%、15.7%，释放了全省复工复产、复商复市有力推进、经济社会运行向好态势持续巩固的积极信号。

（二）分地区电力消费情况

2020年1~9月，新冠肺炎疫情防控及电解铝产能转移影响正在不断消除，全省7个地市累计用电量实现正增长，其余地市用电量降幅在逐步收窄。其中，第一季度主要受春节人口流动及疫情影响，绝大多数地市用电量出现负增长；第二季度新冠肺炎疫情影响基本消除，大多数地市用电量恢复正增长；第三季度在7月降温电量同比大幅下跌、8~9月生产生活降温电量强势反弹对冲下，各地市用电量继续保持稳步回暖的态势（见图2）。

第一季度，河南经济社会运行受新冠肺炎疫情影响较为严重，全省绝大多数地市用电量出现负增长，仅濮阳用电量同比小幅正增长。用电量跌幅前五名依次为三门峡（-40.7%）、商丘（-26.6%）、洛阳（-18.7%）、开封（-17.3%）、郑州（-15.5%），其中，三门峡、商丘、洛阳除受疫情因素影响，化工、电解铝等重点企业产能较上年同期减少也是导致用电量下降的重要因素。分月看，1月全省各地市用电量变化主要受春节因素影响，省内周口、驻马店、信阳等地市在春节期间人口流入等因素影响下，用电量呈正增长；郑州受春节期间人口流出较多影响，用电量降幅位列全省第一。

2月各地市用电量变化主要受疫情因素影响，各地市用电量降幅与疫情严重程度基本呈正相关，驻马店、信阳、南阳、商丘、郑州等省内疫情较为严重地区用电量大幅下降，当月用电量同比降幅超过25%；安阳、洛阳、济源、焦作、三门峡等重工业占比较高的地市，用电量降幅相对较小。

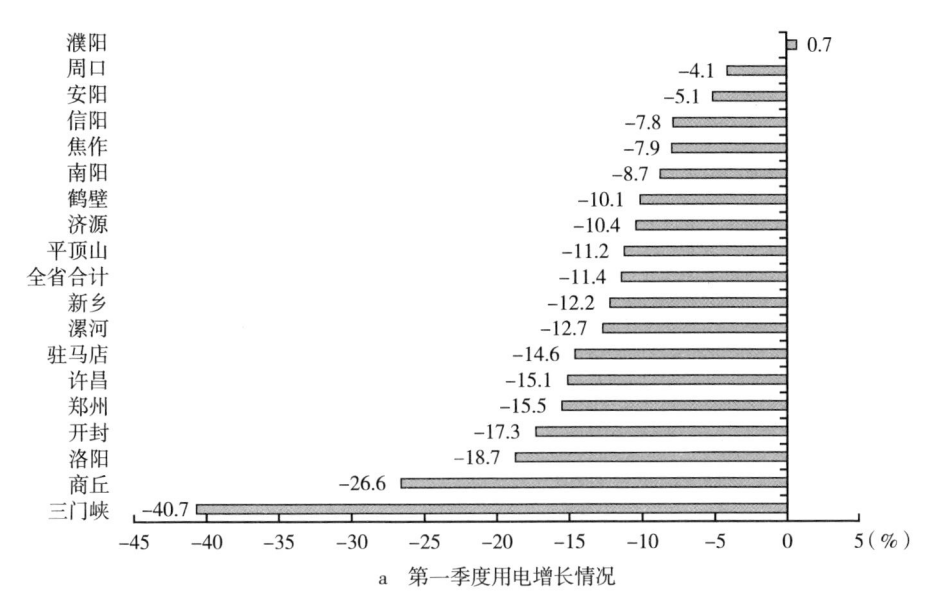

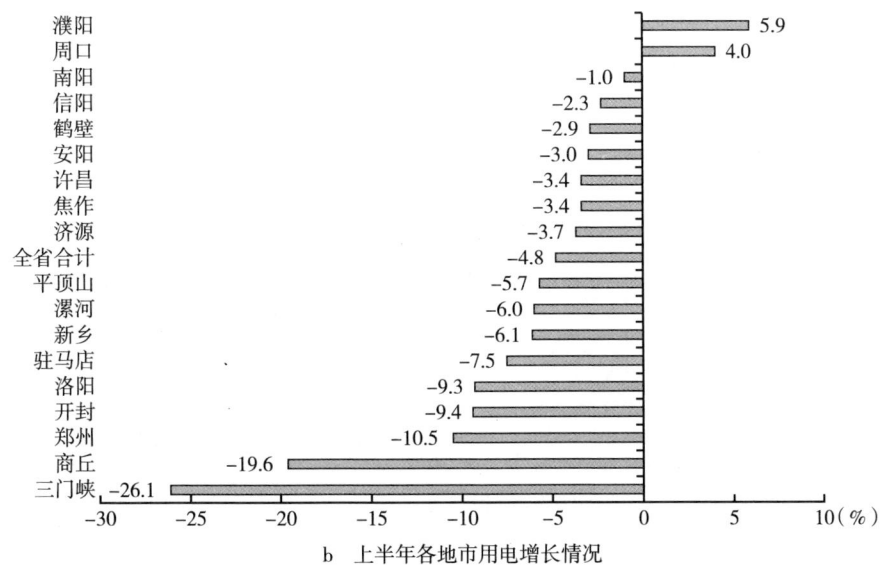

地市	第一季度用电增长情况(%)
濮阳	0.7
周口	-4.1
安阳	-5.1
信阳	-7.8
焦作	-7.9
南阳	-8.7
鹤壁	-10.1
济源	-10.4
平顶山	-11.2
全省合计	-11.4
新乡	-12.2
漯河	-12.7
驻马店	-14.6
许昌	-15.1
郑州	-15.5
开封	-17.3
洛阳	-18.7
商丘	-26.6
三门峡	-40.7

a 第一季度用电增长情况

地市	上半年各地市用电增长情况(%)
濮阳	5.9
周口	4.0
南阳	-1.0
信阳	-2.3
鹤壁	-2.9
安阳	-3.0
许昌	-3.4
焦作	-3.4
济源	-3.7
全省合计	-4.8
平顶山	-5.7
漯河	-6.0
新乡	-6.1
驻马店	-7.5
洛阳	-9.3
开封	-9.4
郑州	-10.5
商丘	-19.6
三门峡	-26.1

b 上半年各地市用电增长情况

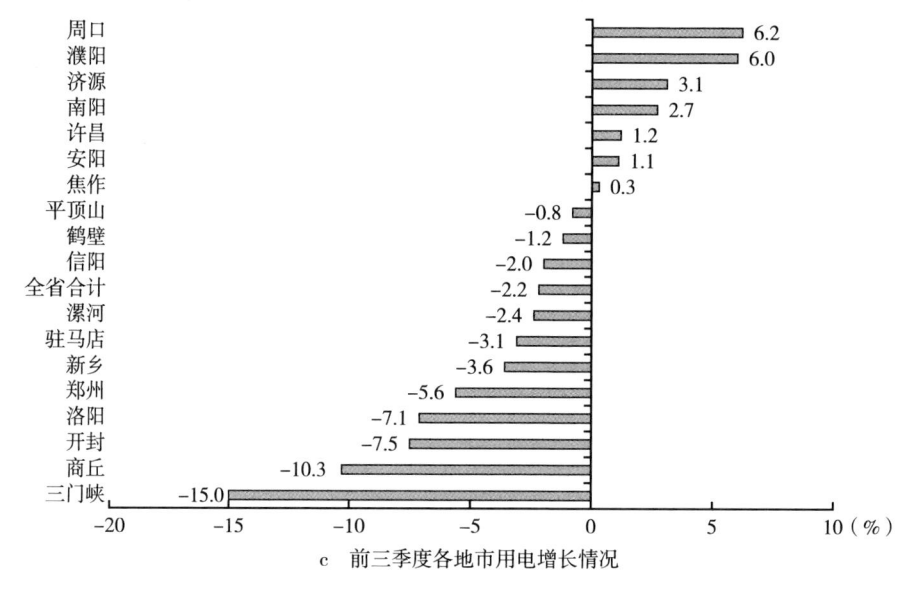

```
周口                                     6.2
濮阳                                     6.0
济源                                  3.1
南阳                                 2.7
许昌                              1.2
安阳                              1.1
焦作                             0.3
平顶山                       -0.8
鹤壁                       -1.2
信阳                      -2.0
全省合计                   -2.2
漯河                      -2.4
驻马店                    -3.1
新乡                   -3.6
郑州               -5.6
洛阳            -7.1
开封           -7.5
商丘       -10.3
三门峡  -15.0
```
c 前三季度各地市用电增长情况

图 2 全省及各地市 2020 年前三季度用电量增长情况

第二季度，新冠肺炎疫情对全省各地市用电量的直接影响已基本消除，当季全省近八成地市用电增长由负转正，其中周口（4.0%）、濮阳（5.9%）用电量增速相对较快，累计实现正增长。三门峡（-26.1%）、商丘（-19.6%）受电解铝产能较上年同期减少等因素影响，用电量降幅依然较大。

第三季度，全省各地市用电量整体持续回升，其中周口（6.2%）、濮阳（6.0%）等 7 个地市前三季度累计用电量已超过上年同期，三门峡（-15.0%）、商丘（-10.3%）等地市用电量降幅依然较大，但各地市用电量降幅持续收窄、增幅逐渐加大，用电量正在稳步恢复，反映了各地市经济正在稳步复苏。

三 2020年河南省三次产业及居民生活电力消费分析

2020 年第一季度，河南省三次产业及居民生活用电量受疫情影响程度不同，呈现显著差异。第一产业用电量整体较为平稳，雨水节气后在春耕带动下用电量稳步增长。第二产业用电量呈现"U"形走势，自启动复工复产以来持续回升,3月底已基本恢复至疫情前正常水平。第三产业用电量受疫情冲击最大,呈现"L"形低迷走势,特别是住宿餐饮业、教育文化娱乐业等人员密集型行业,至第一季度末用电量仍不足正常水平的一半。居民生活用电量呈现倒"U"形走势,受气温较低、外出务工人员返乡等因素影响,春节期间用电量明显高于平时,元宵节后随着气温回升、人员返工,用电量逐步回落至日常水平。

第二季度,第一产业用电量随排灌等农业活动呈季节性波动,第二产业用电量相对平稳,第三产业和居民生活用电量出现阶段性用电高峰。其中,第三产业和居民生活用电在5~6月受阶段性高温影响,用电量增长较快。经测算,第二季度全省第三产业和居民生活单日最大降温电量高达3.4亿千瓦时。扣除高温因素引起的降温电量后,2020年第二季度第三产业用电量呈现稳步回升态势,餐饮、旅游等接触聚集类生活服务业用电量复苏速度相对较慢(见图3)。

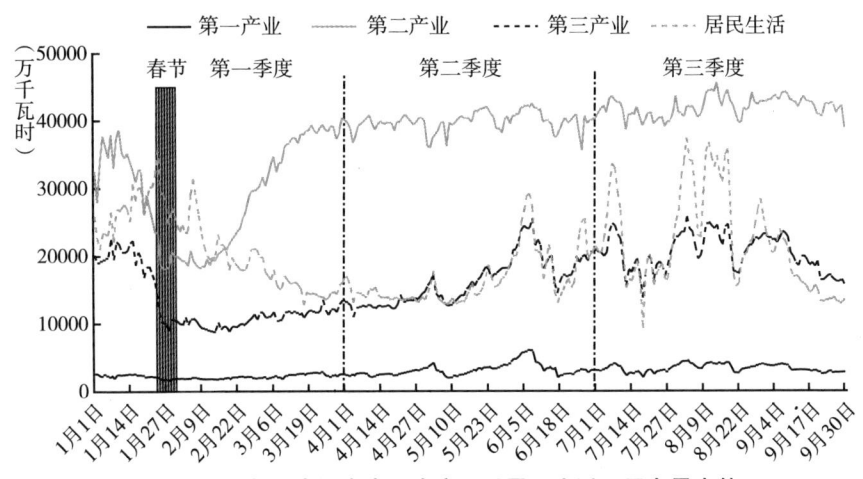

图3 2020年以来河南省三次产业及居民生活日用电量走势

进入夏季后,全省第一产业用电量受持续降雨影响小幅下降,第二产业用电量延续稳中有进态势,第三产业和居民生活用电量受气温影响大幅波动。其中,8月中上旬,第三产业和居民生活用电量受高温影响,降温电量迅速回升。经测算,7月以来第三产业和居民生活单日最大降温电量达4.6亿千瓦时。9月以来,随着炎热天气逐渐转凉,第三产业和居民生活用电量呈现明显的回落态势(见表1)。

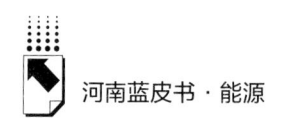

表1 全省三次产业及居民生活日均用电量变化情况

单位：%

用电分类	基准	日均用电量变化情况								
	I	II	III	IV	V	VI	VII	VIII	IX
全社会用电量	100	77	81	85	91	103	105	118	101
第一产业用电量	100	88	102	114	135	158	133	159	133
第二产业用电量	100	69	106	115	115	116	119	123	123
第三产业用电量	100	63	58	64	78	99	98	110	96
居民生活用电量	100	100	65	60	64	85	88	118	71

注：（1）表中各阶段：第I阶段为1月1日至1月9日（春运开始前），第II阶段为1月10日至2月29日，第III阶段为3月，第IV阶段为4月，第V阶段为5月，第VI阶段为6月，第VII阶段为7月，第VIII阶段为8月，第IX阶段为9月。
（2）"用电量变化情况"为各阶段日均用电量/第I阶段（节前日常）日均用电量。
资料来源：国网河南省电力公司日售电量系统，全社会用电量及第二产业用电量均不包括厂用电、自备电厂自发自用、网损等电量。

四 2020年河南省重点行业电力消费分析

由于各行各业生产经营特性不同，其经济运行和电力消费受疫情影响程度也各有差异，本文重点分析2020年第一季度河南省传统高载能行业、重点制造业及有关服务业的电力消费情况，以电力看经济的视角，分析相关行业的运行态势。

（一）传统高载能行业

传统高载能行业包含有色金属冶炼及压延加工业、黑色金属冶炼及压延加工业、化学原料和化学品制造业、非金属矿物制品业。整体来看，有色金属、黑色金属、化工等传统高载能行业具有连续不间断生产特性，受疫情直接影响较小，企业开工率高、产能较为稳定，是全省经济稳定运行的重要支撑。

有色金属冶炼及压延加工业受疫情影响较小，用电量保持平稳运行态势；3月中旬随着疫情在全球范围内暴发，铝锭出口受到较大影响，铝锭价格大幅下降，省内电解铝企业集中检修设备、降低产能，有色金属行业用电量明显下降；5月随着铝锭出口需求逐步恢复增长、产品价格回升，有色金属行业用电量回归至平稳运行态势。黑色金属冶炼及压延加工业保持稳中有进态势，特别是3月中下旬以来，在国家加快推动"两新一重"建设等因素带动下，钢铁需求持续旺盛，行业用电量快速提升，3月底行业用电量已接近疫情前正常水平的1.6倍，且保持高位稳定运行。非金属矿物制品业在2020年第一季度产业链下游建筑相关行业普遍停工，市场需求萎缩，行业用电量下滑较为明显；3月底建材需求强势复苏，行业用电量已接近疫情前正常水平的2倍，并保持相对平稳运行。化学原料和化学品制造业用电量在疫情防控期间有小幅下滑，随后快速恢复至平稳运行态势（见图4）。

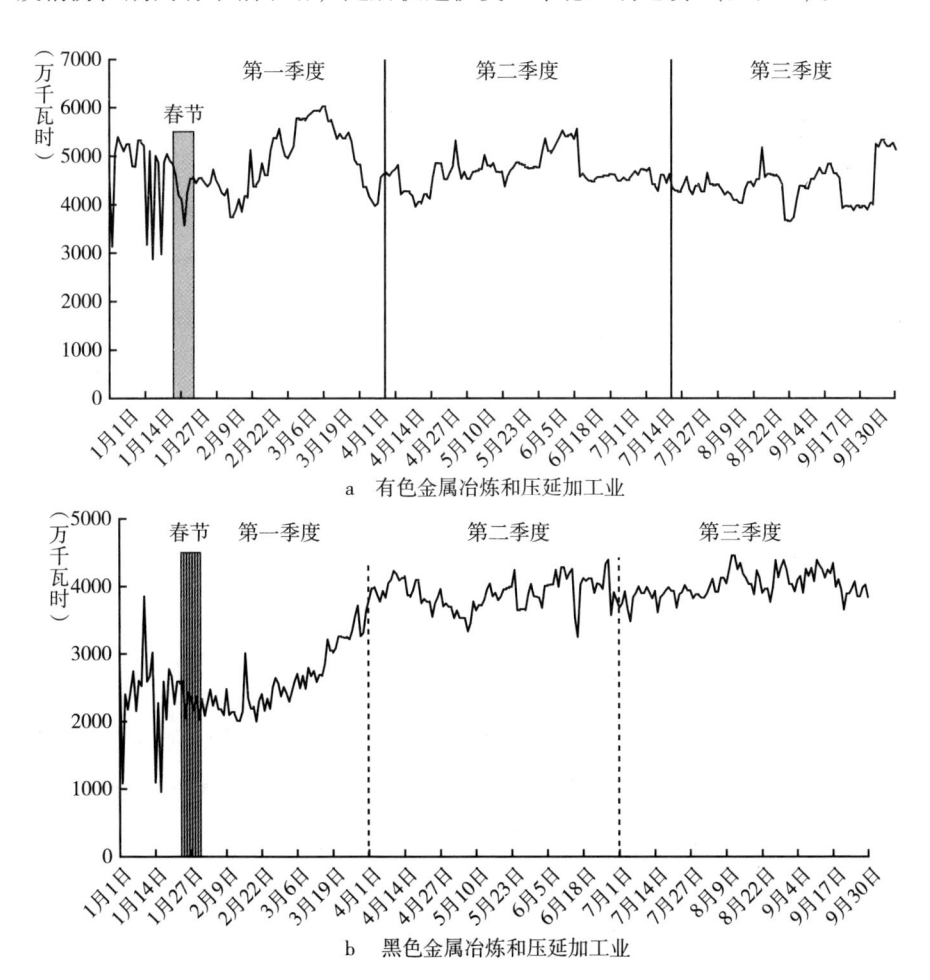

a 有色金属冶炼和压延加工业

b 黑色金属冶炼和压延加工业

c 非金属矿物制品业

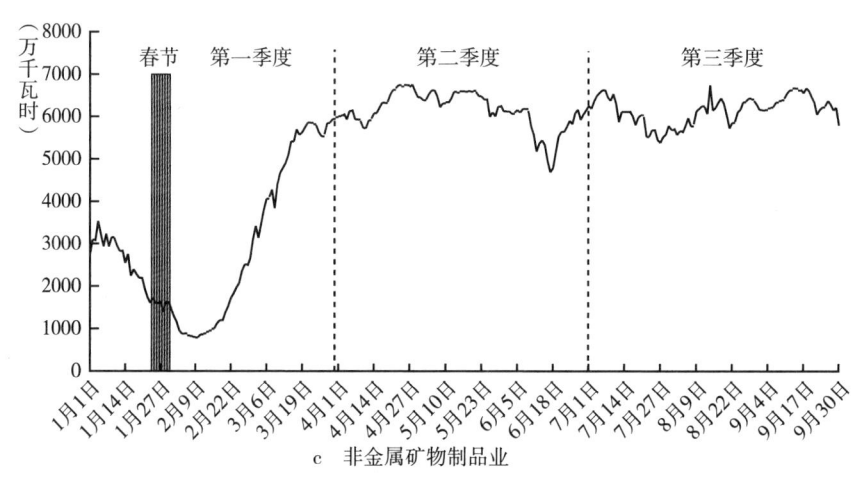

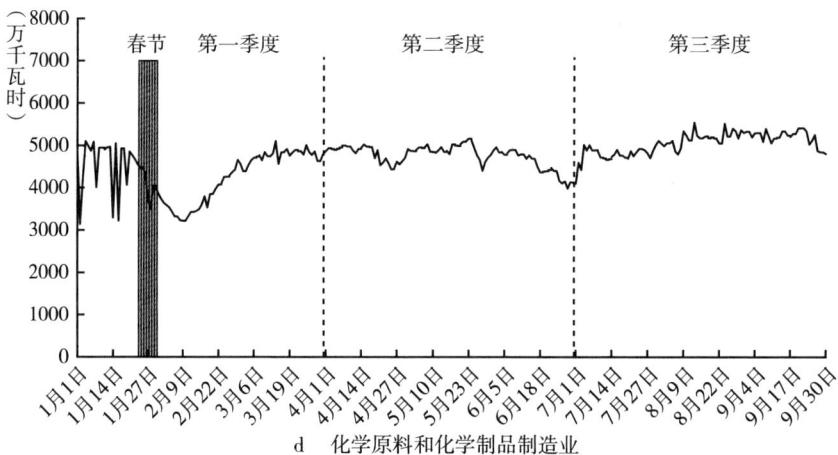

d 化学原料和化学制品制造业

图4 2020年以来河南省传统高载能行业用电量走势

（二）重点制造业

2020年第一季度，重点制造业受疫情影响较为严重，呈现与传统高载能行业不同的运行特性，这里将重点制造业分成与抗击疫情紧密相关行业和高成长制造业两类进行分析。

与抗击疫情紧密相关行业如医药制造、农副食品加工、食品制造、纺织等行业，受食品、医药等产品刚需影响，相关行业复工最早、响应速度最快，春节期间即开启复工模式，用电量迅速回升，充分发挥了河南作为全国重要医疗物资生产基地、食品加工生产基地的作用，为全国夺取疫情阻击战阶段性胜利提供了坚强物资保障。高成长制造业如汽车制造，计算机、通信和其他电子设备制造业等行业，普遍于元宵节后逐步启动复工复产，3月底用电量恢复至疫情前正常水平，且呈现明显的"周末效应"，表明基本全面恢复正常生产经营秩序。随着复工复产的有序推进，汽车制造，计算机、通信和其他电子设备制造业等行业延续稳步增长态势，行业发展持续向好（见图5）。

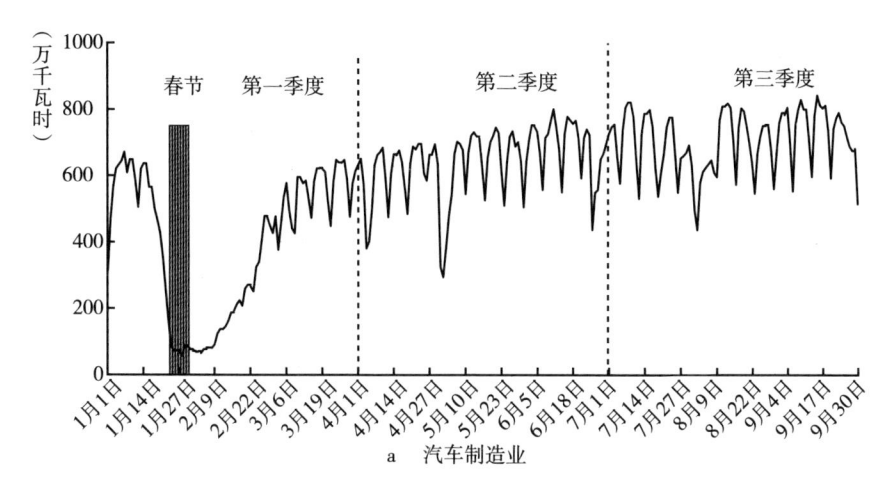

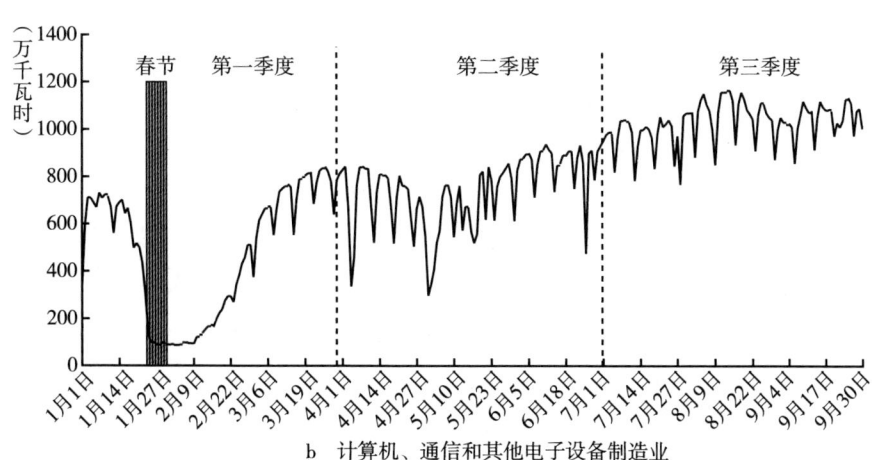

a 汽车制造业

b 计算机、通信和其他电子设备制造业

c 食品制造业

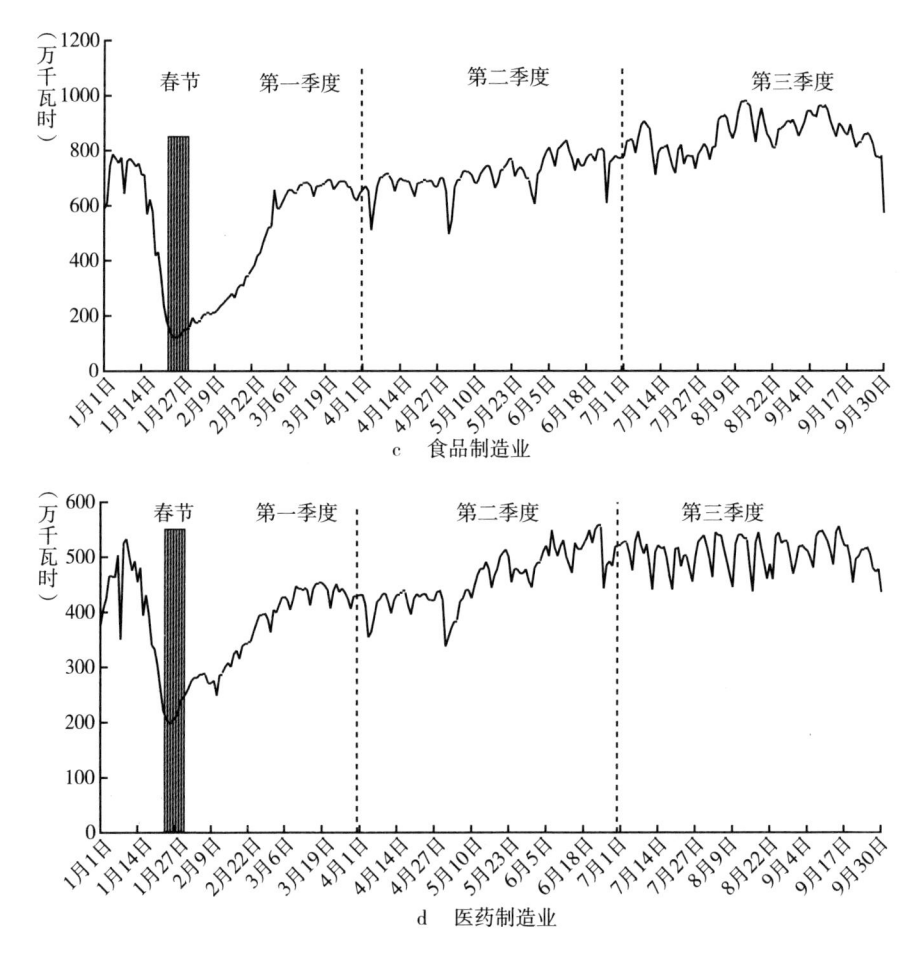

d 医药制造业

图5 2020年以来部分重点制造业用电量走势

（三）服务业

将服务业分为生活性服务业和生产性服务业两类。2020年疫情防控期间，全省绝大多数服务行业经营受到了前所未有的冲击，其中生活性服务业受疫情影响最为明显。在疫情暴发后，全省住宿和餐饮、批发和零售等接触聚集类生活性服务业用电量大幅降至不足日常水平四成，第一季度末仍未有明显复苏迹象，4月底才开始逐步回暖，第二季度末仅恢复至日常水平的八成。生产性服务业中的信息技术服务业受疫情影响很小，用电量始终保持高位稳定运行，交通运输、仓储和邮政业用电量稳步回升，至第二季度末已基本恢复至日常水平。由于气温对服务业用电的影响较大，第三季度以来，在持续高温影响下，降温电量带动服务业用电量持续增长；9月气温持续回落，服务业用电量大幅下降，生活性服务业较生产性服务业用电量降幅更加明显（见图6）。

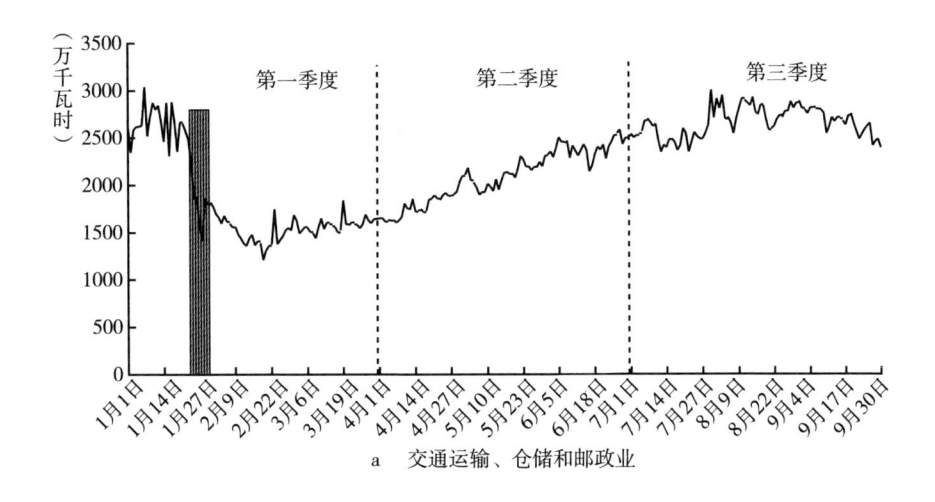

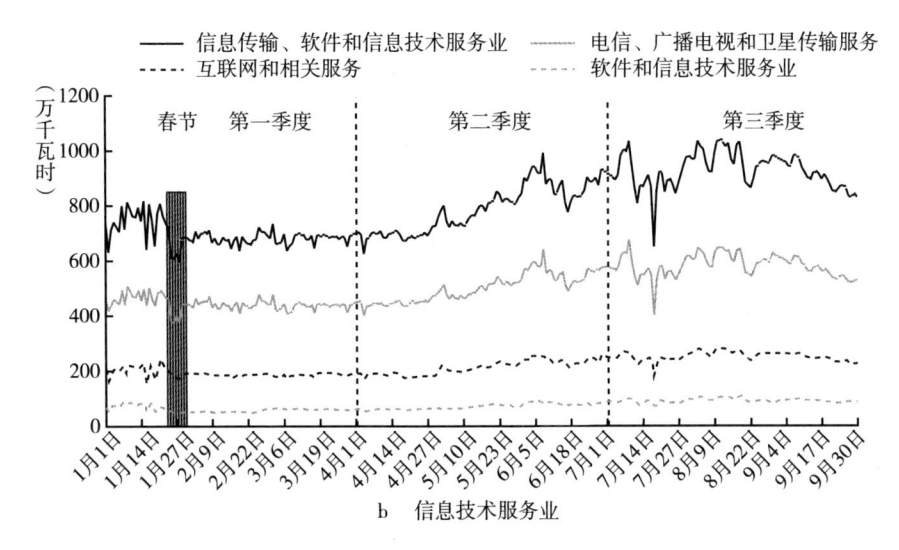

a 交通运输、仓储和邮政业

b 信息技术服务业

c 住宿和餐饮业

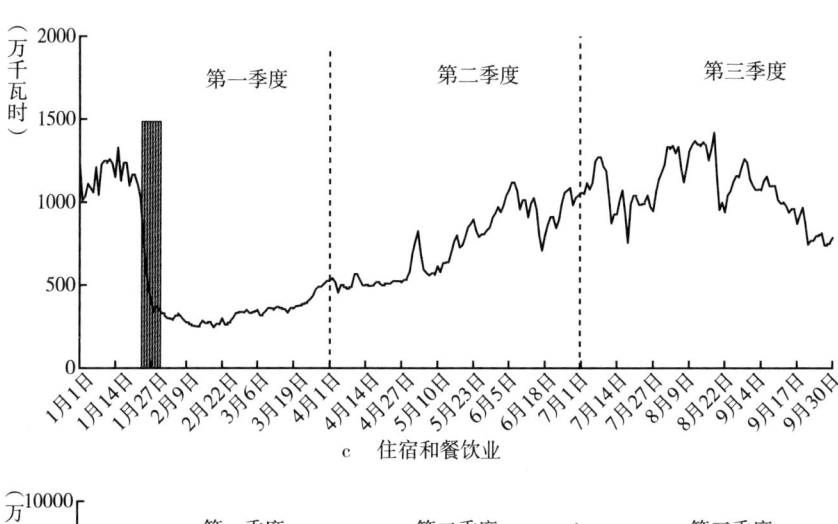

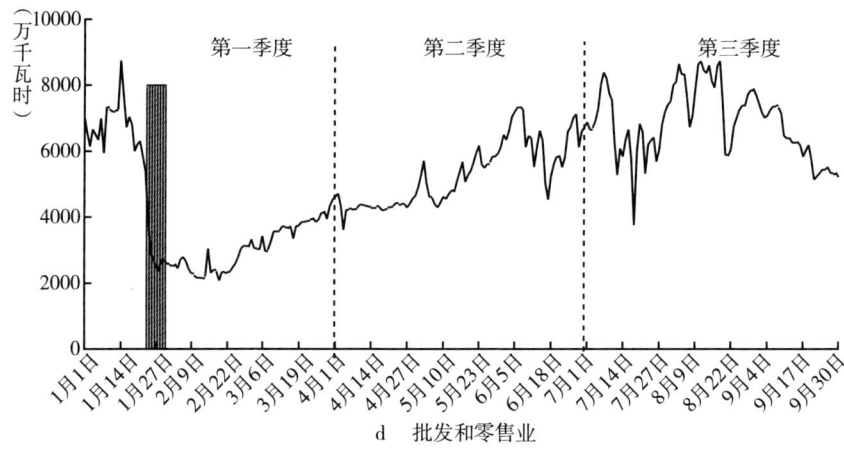

d 批发和零售业

图6 2020年以来典型生产性服务业和生活性服务业日用电量走势

五 2020年河南省典型企业电力消费分析

重点龙头企业作为行业大型企业之一，其运行状况基本能够反映所在行业的运行特征，本文选取与日常生活密切相关的2个典型企业作为研究对象，从微观角度分析个体企业的运行情况，剖析新冠肺炎疫情对相关行业的深刻影响。

疫情防控期间，速冻食品市场需求量增长高达60%。某食品有限公司是主营水饺和汤圆的速冻食品龙头企业，作为劳动密集型企业，在做好安全防控工作的同时，该企业迅速复工全力生产，为湖北、广州、河南等地捐赠了大量速冻食品和抗疫物资，充分满足了百姓日常生活需要。从日用电量走势看，该企业在春节期间就率先开启复工模式，用电量快速稳步增长，2月下旬已基本达到正常生产电量；随着疫情逐步得到控制，第二季度用电量平稳运行，呈现正常生产的"周末效应"，第三季度用电量继续保持稳中有进的态势。

疫情防控期间，大型商超受疫情影响较大。某大型商场集百货、大卖场、便利店等业态于一体，从日用电量走势看，在疫情暴发后用电量持续下降，2月7~16日商场基本暂停营业，用电量降至最低点；随着疫情逐步得到控制，气温持续回暖，商场用电量持续稳步增长，6月底基本达到正常水平，并保持持续稳定运行态势；9月以来随着气温下降，降温电量逐渐减少，商场用电量小幅回落（见图7）。

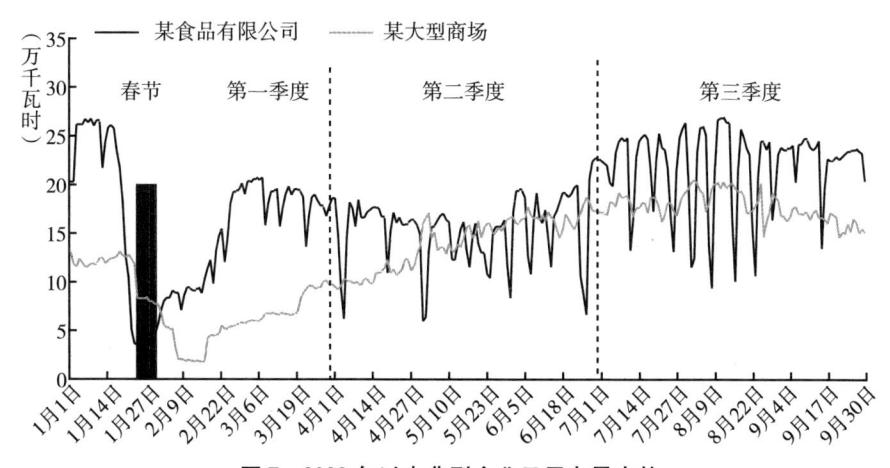

图7　2020年以来典型企业日用电量走势

六　主要研究结论

（一）2020年河南省经济运行持续回稳向好

新冠肺炎疫情暴发后，河南省统筹推进疫情防控和经济社会发展，生产生活秩序有序恢复，经济运行稳步回暖。2020年前三季度，全省生产总值为39876.71亿元，同比增速0.5%，较第一季度回升了7.2个百分点，而且消费、投资、外贸等明显复苏，全省经济运行呈现回稳向好的态势。当前，全球疫情和世界经济形势仍然严峻复杂，经济发展面临的挑战前所未有，但河南经济发展长期向好的态势没有变，随着全省经济增长内生动力的不断增强，预计经济运行回稳向好的态势也将更加稳固。

（二）新冠肺炎疫情对全省电力消费影响主要集中在第一季度

整体上看，新冠肺炎疫情对河南省经济社会以及电力消费的影响主要集中在2020年第一季度，第二季度以来全省用电量已基本恢复至正常水平。经测算，第一季度全省受疫情影响减少电量约90亿千瓦时，拉低全年用电量增长约3个百分点。

第一季度分产业看，第一产业用电量较为平稳，雨水节气后（2020年2月19日）在春耕带动下用电量逐步提升。第二产业用电量呈现"U"形走势，自河南有序启动企业复工复产（2020年2月10日）以来用电量持续回升，3月底已基本恢复至疫情前正常水平。第三产业用电量受疫情冲击最大，呈现"L"形走势，3月底用电量仍不足日常水平的六成。城乡居民用电量呈现倒"U"形走势，春节期间用电量明显高于平时，元宵节后随着气温回升、人员返工，用电量逐步恢复至正常水平。

（三）疫情对各地区电力消费影响程度不同

2020年1~9月，新冠肺炎疫情防控及电解铝产能转移的影响正在不断消除，全省7个地市累计用电量实现正增长，其余地市用电量降幅在逐步收窄。2020年疫情防控形势最为严峻的2月，驻马店、信阳、南阳、商丘、郑州等省内疫情较为严重地区用电量大幅下降，当月用电量同比降幅超过25%，安阳、洛阳、济源、焦作、三门峡等重工业占比较高的地市，用电量降幅相对较小。从各地市用电量变化趋势看，2020年第一季度主要受春节人口流动及疫情影响，绝大多数地市用电量出现负增长，仅濮阳实现了用电量同比正增长，用电量降幅前五名依次为三门峡、商丘、洛阳、开封、郑州；第二季度，疫情对各地市用电量影响已基本消除；第三季度，在7月降温电量同比大幅下跌、8~9月生产生活降温电量强势反弹对冲下，各地市用电量继续保持稳步回暖的态势。

（四）疫情对各行业电力消费影响存在明显差异

从工业细分行业看，一是传统高载能行业受疫情影响较小，省内有色金属冶炼及压延加工业、黑色金属冶炼及压延加工业、化学原料和化学品制造业、非金属矿物制品业等行业相关企业，疫情期间开工率、达产率高，整体用电量保持了相对平稳运行。二是与抗击疫情紧密相关的医药制造、农副食品加工、食品制造等行业，复工最早、响应速度最快，春节期间即开启复工模式，用电量迅速回升，充分发挥了河南作为全国重要医疗物资生产基地、食品加工生产基地的作用，为全国夺取疫情阻击战阶段性胜利提供了坚强物资保障。三是重点制造业，普遍于元宵节后逐步启动复工复产，至3月底基本全面恢复正常生产经营秩序，用电量恢复至日常水平。

从服务业各行业看，生活性服务业用电量受疫情影响更大。在疫情暴发后，住宿和餐饮业、批发和零售业等接触聚集类生活性服务业用电量大幅降低，不足日常水平的四成，4月底回暖速度才明显加快，至第二季度末仅恢复至日常水平的八成。生产性服务业中，信息技术服务业受疫情影响很小，用电量始终保持高位；交通运输、仓储和邮政业用电量复苏相对较快，至第二季度末已基本恢复至日常水平。第三季度以来，在高温影响下，降温电量带动服务业用电量持续增长；9月气温持续回落，服务业用电量大幅下降，生活性服务业较生产性服务业用电量降幅更加明显。

（五）河南省2020年全年用电量将比上年略有增长

2020年第二季度以来，河南省用电量稳步回升，实现了连续三个月同比正增长；2020年第三季度，除凉夏因素引起7月电量偏低外，8月、9月全社会用电量持续大幅反弹，同比分别增长8.1%、15.7%；整体上看，全省工业经济平稳运行、电力消费复苏向好的态势进一步巩固。从中长期发展趋势看，河南省经济稳步向好基本方向没有变，人均用电水平偏低、刚性增长需求大特点没有变，随着"两新一重"加快实施、乡村振兴背景下广大农村用电需求逐步释放、5G和数字经济产业发展带来新增用电需求，预计第四季度全省电力消费仍将保持稳步增长，2020年全年用电量将比上年略有增长。

参考文献

河南省人民政府：《2020年河南省政府工作报告》，2020年1月10日。

河南省统计局：《2020年7月份河南省经济运行情况》，2020年8月18日。

郭小芳等：《河南省新型冠状病毒肺炎疫情地区特点及防控分析》，《实用预防医学》2020年第8期。

徐进：《新冠疫情给电力企业带来的"冷思考"》，《中国电力企业管理》2020年第4期。

袁家海等：《新冠疫情对电力行业影响评估》，《煤炭经济研究》2020年第4期。

袁家海等：《新冠疫情下电力供需形势分析》，《中国电力企业管理》2020年第4期。

舒彤：《后疫情时期电力行业鲁棒性展望》，《中国电力企业管理》2020年第4期。

河南省住房和城乡建设厅：《河南：优化模式紧抓防控》，《城乡建设》2020年第4期。

张红艳：《河南推动疫情防控和复工复产两不误》，《中国纪检监察》2020年第4期。

封红丽：《疫情对中国电力行业的影响及趋势判断》，《电器工业》2020年第7期。

聂新伟等：《新型冠状病毒疫情对我国电力行业的影响分析》，《中国能源》2020年第2期。

单葆国等：《短期受疫情冲击，长期向好的基本面不会改变》，《国家电网报》2020年2月25日。

单葆国等：《新冠疫情对2020年电力需求影响及应对之策》，《中国电力企业管理》2020年第4期。

赵风云等：《抗疫情稳经济是电力行业的使命与担当》，《中国电力企业管理》2020年第4期。

B.22 河南省输变电工程造价水平及变动因素分析

李大鹏 康艳芳 郭晓菡 牛鑫*

摘　要： 工程造价管控水平是造价管理能力的重要体现，本文针对河南省2015～2019年110～500千伏输变电工程样本，开展全省输变电工程造价水平及变动原因分析，梳理了近几年输变电工程造价水平变化态势及相关费用占比情况，从价格因素、技术因素、外部环境因素三个方面详细研究了上述因素对输变电工程造价变化的影响，指出材料、地方建材及人工费价格的提高，大容量主变、大截面导线及户内站应用比例的上升，以及政策及技术处理等外部费用的增加，是河南省输变电工程造价水平总体小幅上升的主要原因。

关键词： 变电工程　线路工程　造价分析　影响因素　典型技术方案

当前，我国经济已由高速增长阶段转向高质量发展阶段，社会用电需求和消费方式均发生了深刻变化，需要更加注重电力工程造价管理，提升电网发展质量和效益。本文针对河南省2015～2019年110～500千

---

* 李大鹏，工学学士，国网河南省电力公司经济技术研究院高级工程师，研究方向为电力工程造价管理及电网公司成本管理与控制；康艳芳，经济学博士，国网河南省电力公司经济技术研究院经济师，研究方向为电网工程技术与经济；郭晓菡，管理学硕士，国网河南省电力公司经济技术研究院经济师，研究方向为电网工程技术与经济；牛鑫，工程硕士，国网河南省电力公司经济技术研究院高级工程师，研究方向为电网工程技术与经济。

伏输变电工程样本，开展全省输变电工程造价水平及变动原因分析，梳理了近几年输变电工程造价水平变化态势及相关费用占比情况，从价格因素、技术因素、外部环境因素三个方面详细研究了上述因素对输变电工程造价变化的影响。

一 输变电工程造价水平变化分析

（一）变电站工程造价水平分析

1. 变电站工程单位造价变动情况

2015~2019年，河南省500千伏新建变电工程单位容量造价波动较大（见图1）。其中，在2015年最低，在2016年增幅较大，之后呈平稳变动。主要原因是2015年的两个样本工程为新建两台主变样本，这造成2015年单位容量造价较低，2015~2016年变化率较大。

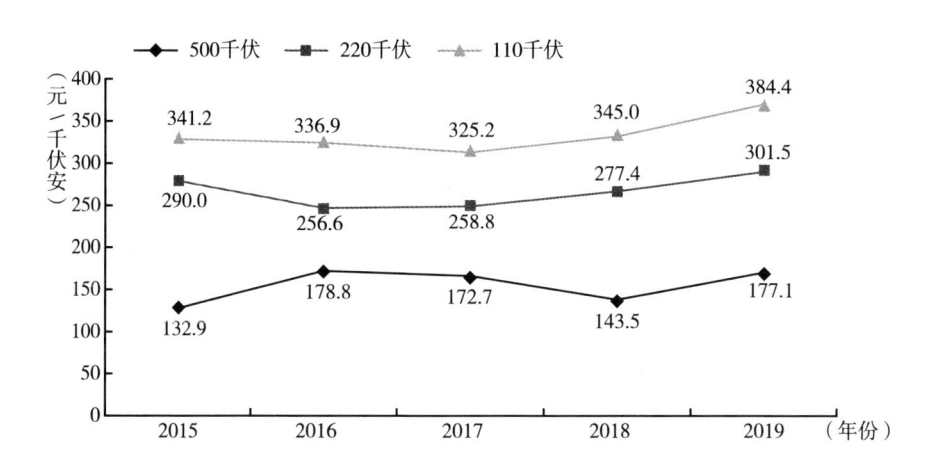

图1 2015~2019年河南省新建变电工程单位容量造价变化

资料来源：国网河南省电力公司定额站办公室，本文余图同。

全省220千伏、110千伏新建变电工程单位容量造价水平均是先下降后上升，总体呈上升趋势。其中2015~2016年小幅下降，2016~2019年保持小幅增长趋势。2016年、2017年下降的原因在于设备购置费下降，2017～2019年上升的原因主要是随着城镇化的推进，变电站选址日益困难，站址条件愈加恶劣，地基处理、场地征用及清理费等费用增长较多；同时由于城镇规划限制等因素，GIS站和户内站应用比例逐渐增大。

2. 变电工程分项费用占比变化情况

（1）2019年变电工程分项费用占比

2019年，全省500千伏、220千伏、110千伏新建变电工程建筑工程费、设备购置费、安装工程费和其他费用分别占静态投资的比重如图2所示。

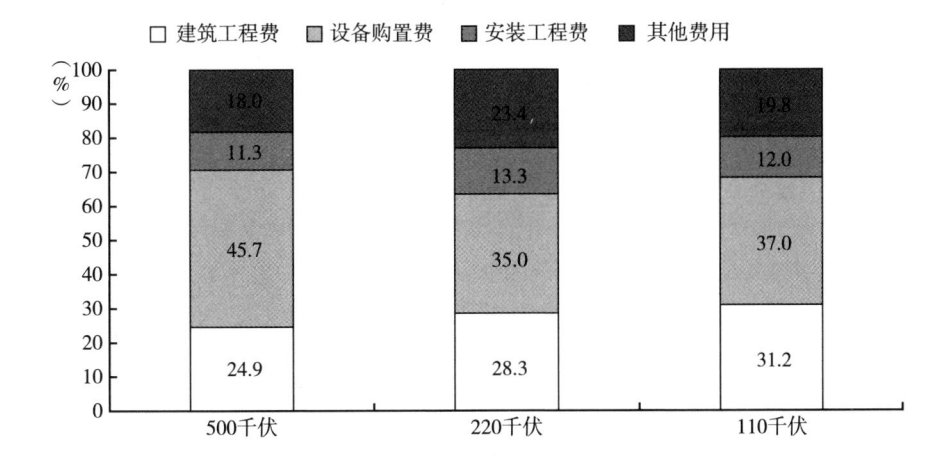

图2 2019年全省各电压等级分项费用占比情况

各电压等级新建变电工程中，分项费用占静态投资比重最高的是设备购置费，占比为35.0%～45.7%；建筑工程费次之，占比为24.9%～31.2%；安装工程费占比最低，一般在12%左右。设备价格波动和建设规模变化对变电工程造价影响程度最大；同一电压变电工程，在价格较为平稳的情况下，技术方案选择是影响造价波动的主要因素；低一级电压变电工程设备购置费占比降低，建筑工程费占比提升。

（2）2015～2019年变电工程分项费用占比情况

2015～2019年，全省各电压等级变电工程分项费用投资占比变化情况见图3至图5。

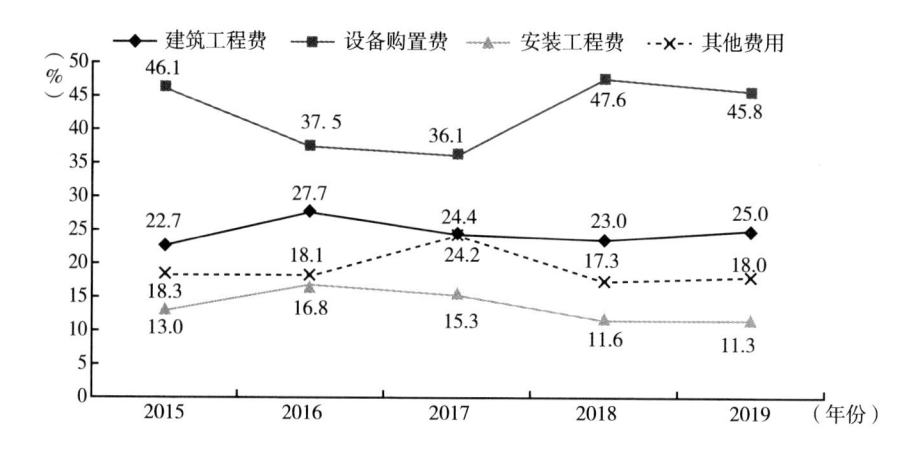

图3　2015~2019年全省500千伏变电工程分项费用占比变化情况

图4　2015~2019年全省220千伏变电工程分项费用占比变化情况

可以看出，2015~2019年全省500千伏变电工程建筑工程费、安装工程费、其他费用历年占比变动不大，主要是新建工程数量较少，设备购置费在2016~2017年占比有所下降，主要是受这两年设备价格下降影响。

2015~2019年全省220千伏、110千伏变电工程建筑工程费占比呈增长趋势，设备购置费占比呈明显下降趋势，其他费用占比变动不大。随着城镇化进程推进，变电站选址日益困难，站址条件愈加恶劣，地基处理、场地征

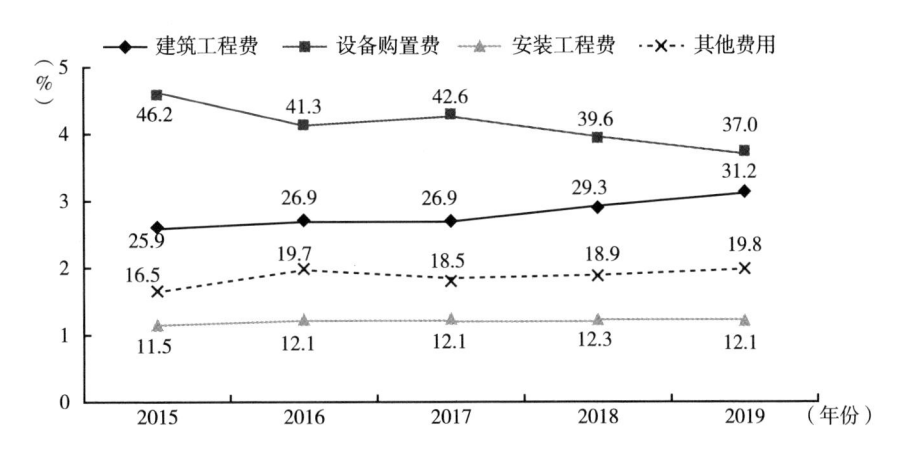

图 5　2015～2019 年全省 110 千伏变电工程分项费用占比变化情况

用及清理费等费用增长较多，同时由于变电站装配式房子的推广和消防标准的提高以及建筑材料价格的上涨，建筑费用水平大幅提高；设备价格下降导致设备购置费占比逐年下降。

（二）输电线路工程造价水平分析

1. 输电线路工程单位造价变动情况

2015～2019 年，全省各电压等级架空线路工程单位长度造价变化趋势如图 6 所示。2017～2019 年 500 千伏架空线路工程单位造价每年变化幅度不大，2017～2018 年有小幅下降；220 千伏架空线路工程单位长度造价水平总体呈上升趋势；110 千伏架空线路工程单位造价水平基本平稳。

全省 500 千伏架空线路工程单位造价在 2015～2016 年上升，主要是因为耐张、转角塔所占比例上升；2016～2017 年单位造价下降，主要原因是路径条件较好，复杂地形所占比例下降。220 千伏架空线路工程单位造价水平总体呈上升趋势，主要原因是路径选择越来越困难，耐张、转角塔所占比例增加，导致塔材用量、线材用量和基础混凝土量增加。110 千伏架空线路工程单位造价于 2015～2016 年下降，主要原因是大截面导线占比、复杂地

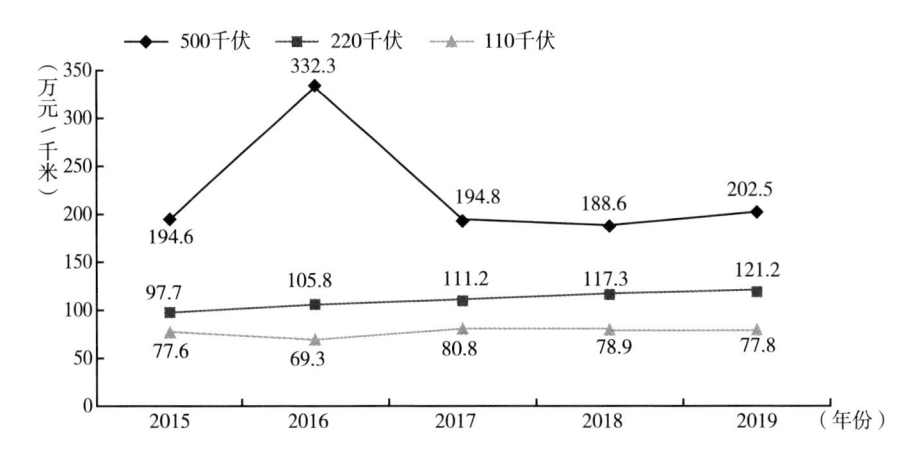

图6 2015～2019年全省架空线路工程单位造价变化情况

形所占比例下降，引起单位造价下降；2016～2019年单位造价逐渐上升，主要原因是大截面导线占比、复杂地形所占比例上升。

2. 线路工程分项费用占比变化趋势

（1）2019年线路工程分项费用占比变化

2019年，全省500千伏、220千伏、110千伏架空线路工程本体工程费用和其他费用分别占静态投资的比例如图7所示。

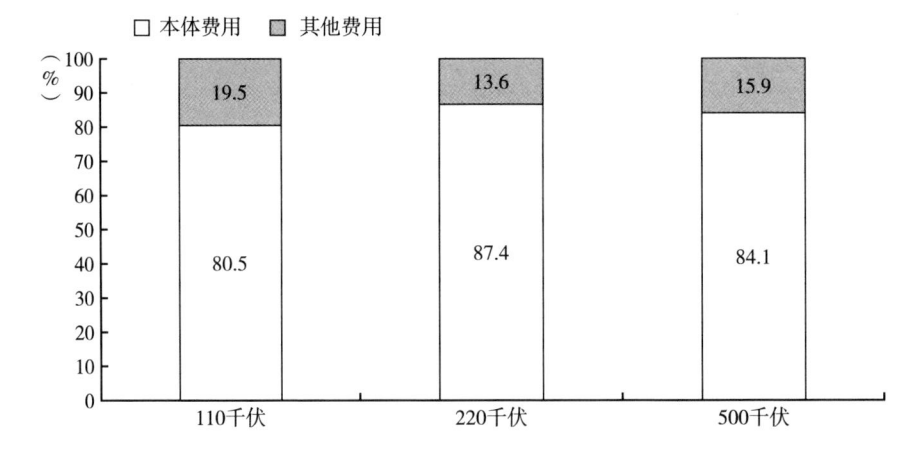

图7 2019年全省各电压等级架空线路工程分项费用比重

在三个电压等级线路工程中，220千伏线路的本体费用占单位造价比例最高，主要因为塔基占地面积小，单位长度建场费较低，本体费用所占比例相对较高。110千伏的其他费用占比最高，主要因为110千伏架空线路在2019年样本工程复杂地形占比为9%，在各电压等级中处于最低水平，导致本体费用占比相对较低。

（2）2015~2019年线路工程分项费用投资比重

2015~2019年全省各电压等级架空线路工程分项费用占比如图8至图10所示。

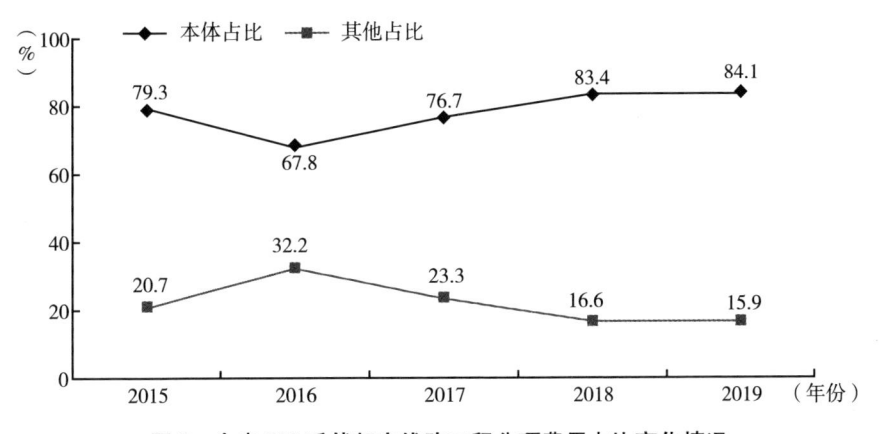

图8　全省500千伏架空线路工程分项费用占比变化情况

图9　全省220千伏架空线路工程分项费用占比变化情况

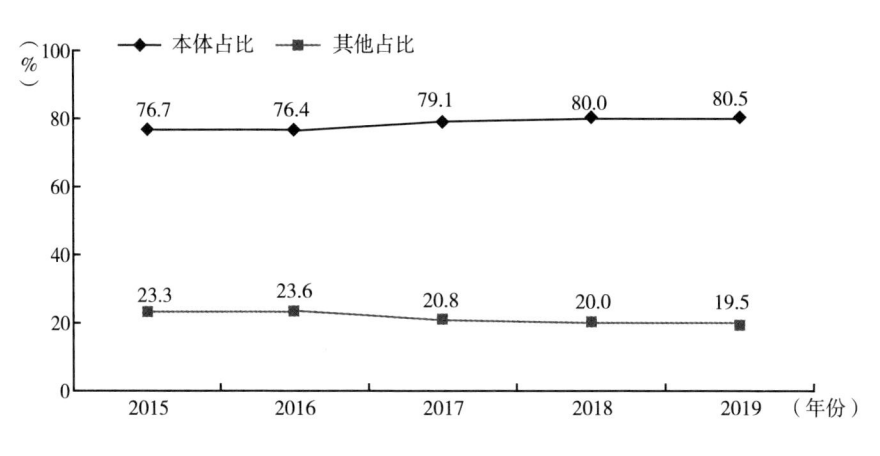

图 10 全省 110 千伏架空线路工程分项费用占比变化情况

各电压等级架空线路本体费用占比总体呈小幅上升趋势，主要是主材价格上升引起的，其他费用占比总体呈小幅下降趋势，主要是建场费小幅下降所致。

二 输变电工程价格影响变动分析

（一）主要设备价格总体下降，设备购置费对工程总造价的影响减弱

在设备购置费中主变、组合电器、断路器购置费用占比最大，主变占比为20%~25%，GIS（HGIS）设备（组合电器）为30%~45%，断路器为4%~10%。5年来，各电压等级主变价格均呈波动下降趋势，同比年均下降4%~10%；组合电器价格波动较大，同比年均下降5%~25%；各电压等级断路器价格平稳呈小幅波动，同比年均下降1%~5%。设备购置费占工程总投资的比例逐年下降，由2015年的46%下降至2019年的36%左右，年均下降2个百分点，设备购置费对工程总造价的影响在逐渐减弱。

从图11中可以看出，2015~2019年各电压等级变压器招标价格均

呈现下降态势，其中500千伏和220千伏变压器招标价格下降态势较明显，110千伏变压器下降趋势较缓。变压器价格持续下降的原因在于变压器主要部件为硅钢片、换位导线、钢材、套管、开关等，其中硅钢片、铜导线及钢材所占成本较多，这些原材料成本近年来一直呈现下降趋势。且随着集中招标采购机制日益完善，各厂家间充分竞争格局形成，设备市场日趋成熟，利润空间趋于合理化，价格处于较为透明的状态。

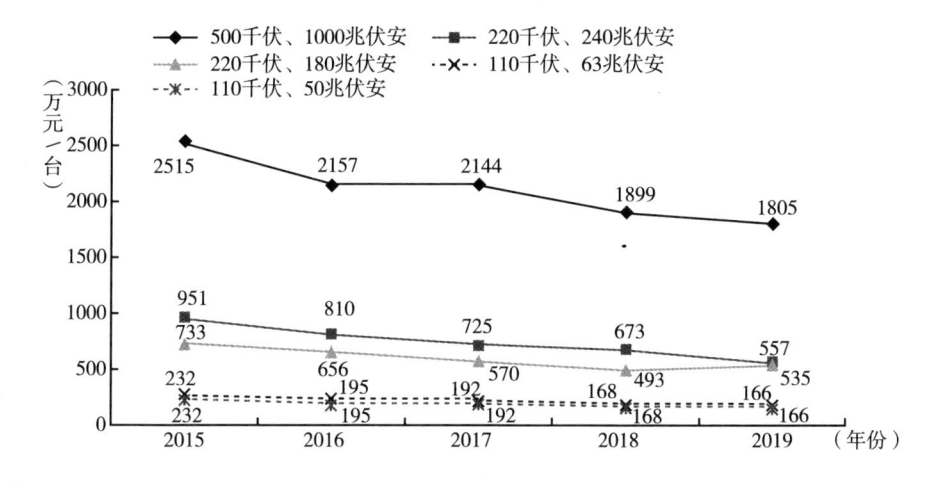

图11 2015~2019年全省各电压等级变压器招标价格变化

从图12中可以看出，2015~2019年各电压等级组合电器招标价格基本呈现下降趋势。其中500千伏和220千伏组合电器招标价格下降趋势较明显，110千伏组合电器无明显变化。近年来，GIS（HGIS）设备在全省500千伏、220千伏和110千伏工程中应用比例逐渐升高，GIS（HGIS）技术方案应用比例分别为86%、60%和70%左右。随着GIS站建设比例的提高，GIS设备市场规模化效益显现，设备价格趋于合理。

（二）主要材料价格总体上升，对工程造价增加有较大影响

变电工程中主材费用占比为25%~35%；输电工程塔材、导线及附件

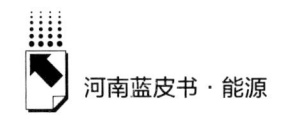

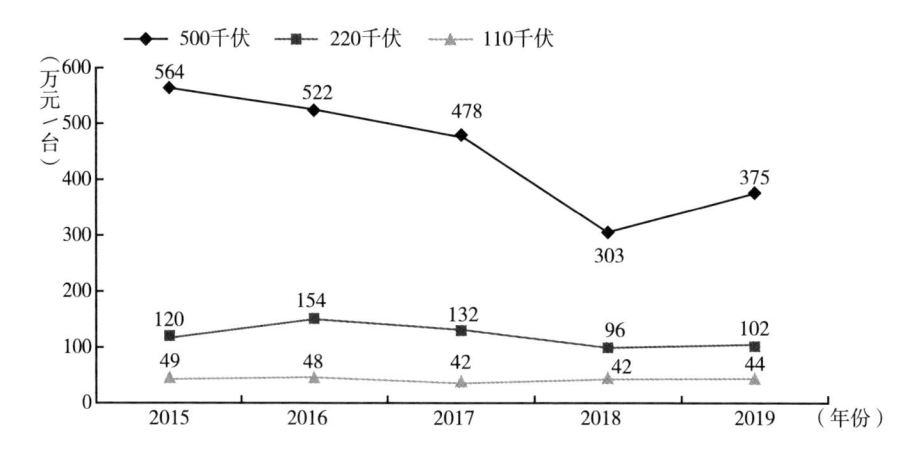

图12 2015~2019年全省各电压等级组合电器招标价格变化

费用是架空线路本体费用的主要组成部分，占本体费用的50%~60%。受宏观经济形势及大宗材料价格走势影响，近年来全省主要材料价格总体呈较明显的上升趋势。其中控制电缆价格平均升幅为6.1%（见图13），镀锌钢管、镀锌钢梁价格平均升幅为3%~4%（见图14），塔材5年年均升幅5%（见图15），低压电缆价格较为平稳，在2%~5%波动。主要材料价格上升，是输变电工程造价上升的主要原因之一。

图13 2015~2019年全省电缆、控缆价格变化

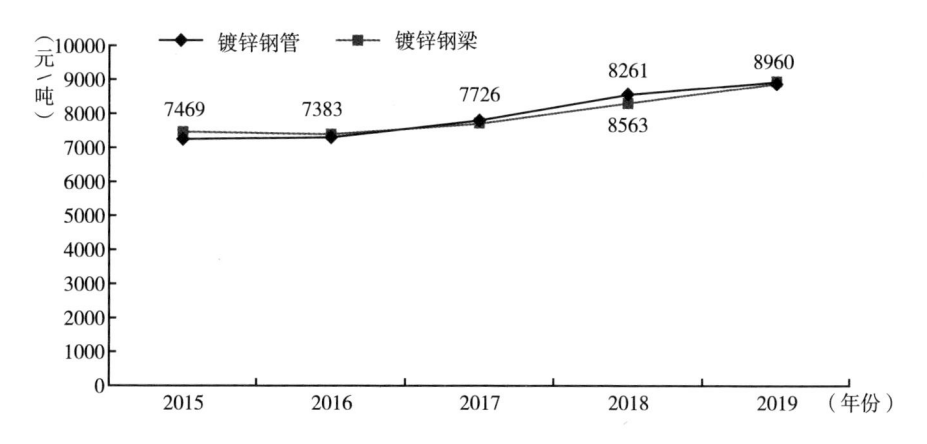

图 14 2015~2019 年全省镀锌钢管、镀锌钢梁价格变化

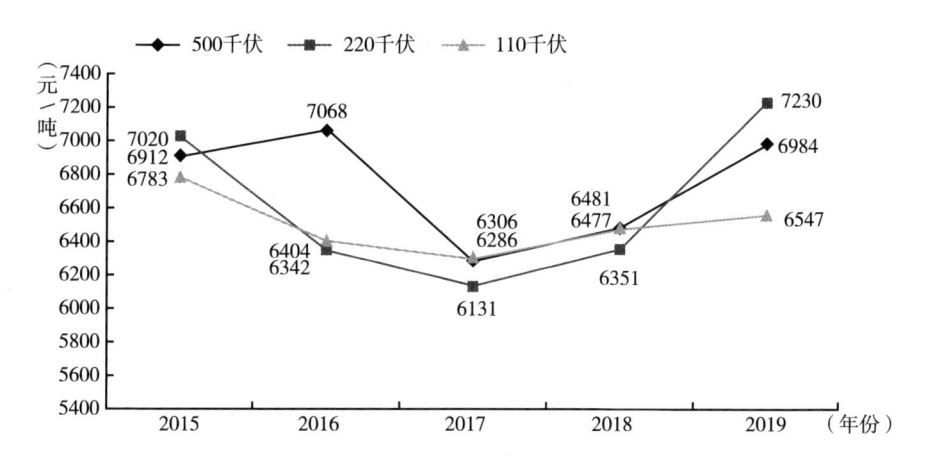

图 15 2015~2019 年全省架空线路工程塔材价格变化

（三）人工、地方性建筑材料价格上升，拉升总体造价水平

近年来，我国经济快速发展，社会人均工资普遍增长，人工成本越来越高，输变电工程中的人工工日单价和施工机械台班价格也呈快速上升的趋势，直接引起建筑工程费和安装工程费单价上升。为适应我国经济快速发展背景下人工费快速上升的形势，输变电工程按照行业发布的《2013 年版电力建设工程概预算定额价格水平调整办法》（定额〔2014〕

13号)的规定,逐年对人工费进行不同程度的调整,5年来建筑人工费上升7.7%,安装人工费上升8.2%。在地方性建材方面,因冬季环保压力较大,水泥制造等建材企业产能下降,运输成本增加,造成砂、石、水泥等建材价格大幅上升,这也成为输变电工程建筑费上升的主要原因之一。

三 输变电工程技术影响变动分析

(一)大容量变压器应用比例提升

近年来,随着用电负荷的增长,输变电工程建设更加注重提高电能输送效率,大容量主变的应用比例呈上升态势,2015~2019年,大容量变压器应用比例年均提高1%~4%(见图16)。

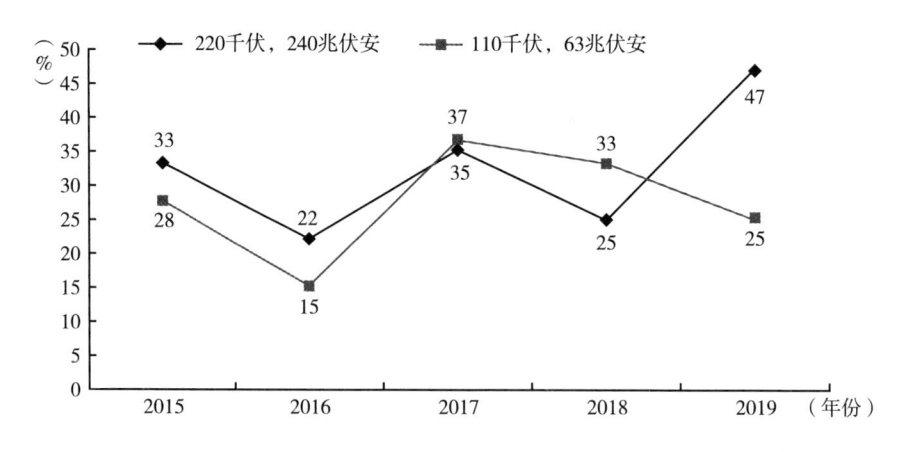

图16 2015~2019年全省大容量变压器应用比例变化

(二)户内站比例提升

由于户内站节约占地面积、环境和谐的特点,近年来,靠近负荷中心或城区更多选用户内站方案。2015~2019年,110千伏户内站比例呈总体上升趋势，从 2017 年起，户内站数量逐渐增加，110 千伏和 220 千伏户内站应用比例在 18%~24%，呈现较明显的上升趋势（见图 17）。

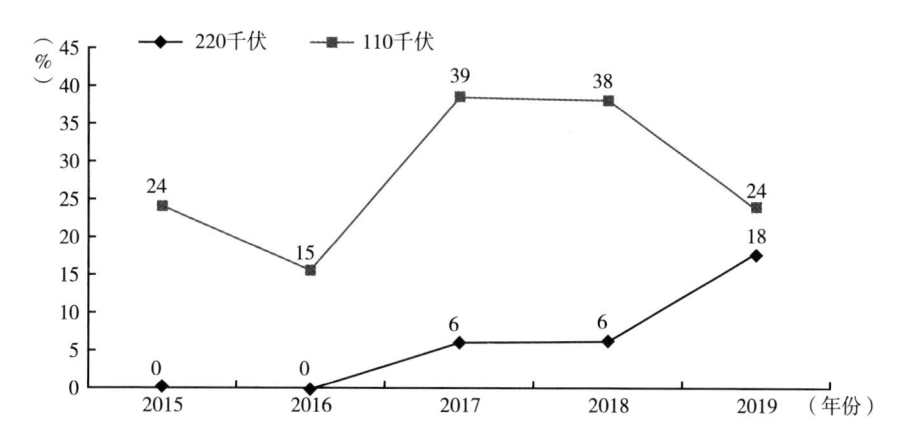

图 17　2015~2019 年全省户内站比例变化

（三）大截面导线应用比例提升

输电线路越来越多地应用大截面导线、大截面电缆。经统计，线路工程各电压等级平均输电导线截面均呈增大趋势，5 年年均增长幅度在 2.3%~13.8%。线路工程平均导线截面的增加使线路单位长度造价增加（见图 18）。

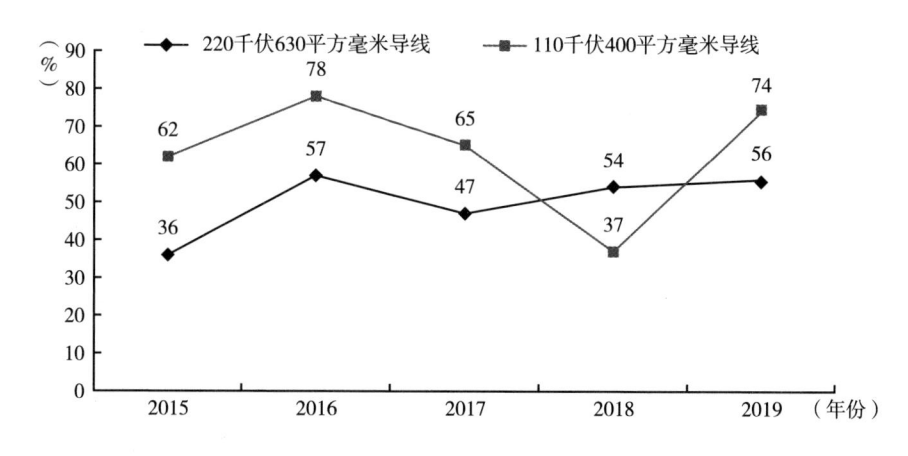

图 18　2015~2019 年全省大截面导线应用比例变化

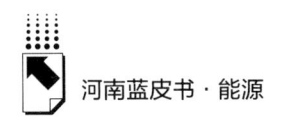

四 建设外部环境及政策因素影响变动分析

(一)电网建设外部环境复杂,政策处理费增加拉升输变电工程造价

随着我国经济发展和城市化进程的不断推进,电网建设受到外部环境制约愈加明显。土地资源紧张引起变电站站址选择、线路工程路径选择难度明显增加,拉高了工程建设成本;随着国家物权法、森林法、环境保护法、侵权责任法等相关政策的颁布实施,民众维权意识逐步增强,增加了建设难度;近年来高铁、高速公路等基础设施建设速度加快和规模扩大,赔偿标准普遍较高,房屋拆迁、树木砍伐赔偿标准提高较快,拆迁、赔偿费增长迅速;随着我国城镇化道路的不断推进,电网工程建设为了与城镇规划建设保持协同发展,政策处理费用呈明显上升趋势。

以架空线路为例,2015~2019年,各电压等级建场费均有不同幅度增长(见表1)。

表1 2015~2019年全省线路工程建场费水平

单位:万元/千米,%

电压等级	2015年	2016年	2017年	2018年	2019年	年均变化率
500千伏	25.8	26.1	28.7	30.6	31.2	4.9
220千伏	17.1	18.8	19.7	21.0	23.6	8.4
110千伏	10.2	11.8	10.9	12.8	13.7	8.1

资料来源:国网河南省电力公司定额站办公室,本文余表同。

(二)土地资源日益紧张,技术处理费用拉升工程造价水平

由于土地资源日益紧张,变电站选址工作越来越困难。站址地形、地质等条件的复杂程度不断增加,较大比例的变电站坐落在坡地、岗地、丘陵、凹地、沟渠等,部分站址甚至坐落于水塘、洼地、垃圾场之上,使得站区土

石方工程量和地基处理工程量增加较多,相关地基处理费用的增加拉升了变电工程造价水平。2019年,25%的变电站工程坐落在地形、地貌条件较差的站址,且呈继续上升趋势。2015~2019年新建站地基处理费用平均增幅为40.6%,挡土墙费用平均增幅为14.2%,场平费用平均增幅为23.4%,进站道路费用平均增幅为6.4%(见图19)。

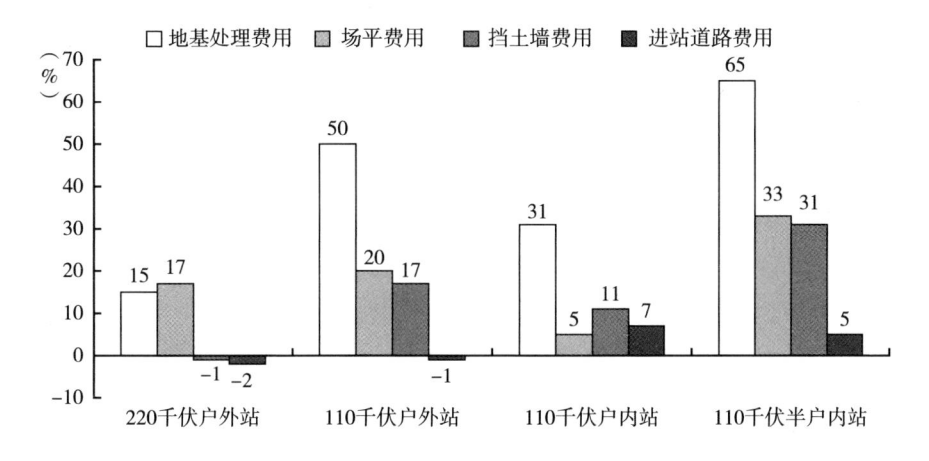

图19 2015~2019年全省新建站技术处理费用逐年变化

线路工程路径选择难度日益增加,路径优选余地越来越小,线路曲折系数越来越大,导致转角塔比重上升,每公里线路塔材耗量逐年增高。2019年各电压等级线路工程耐张、转角塔比例均较2015年平均水平有明显增长,年均增幅约1个百分点,单位长度线路工程塔材用量明显增加。

五 配电装置选型方案分析

变电站配电装置的选择是变电站设计的重要内容。变电站配电装置主要有空气绝缘开关设备(AIS)、气体绝缘金属封闭开关设备(GIS)及复合式气体绝缘金属封闭开关设备(HGIS)三种形式。不同的配电装置型式有不同的技术特点,对变电站初始建设投资以及后期的运维成本有不同的影响。前些年,由于户外AIS设备价格较低,GIS、HGIS组合电器价格昂贵,在变电站配电装置经济比选中户外 AIS 方案占有优势。近年来随着 GIS、HGIS 技术水平日益成熟，设备价格逐步下降，土地资源日益稀缺导致土地价格逐步上升，GIS、HGIS 组合电器逐步开始大规模、大批量应用。在运维阶段，户外 AIS 设备运行维护工作量大，GIS、HGIS 组合电器安全可靠性高、运行维护工作量小。本部分从全生命周期角度对不同配电装置型式变电站的经济性进行对比分析，为变电站配电装置选型提供技术支撑。

综合河南省 220 千伏变电站户外 AIS、户外 HGIS、户外 GIS 和户内 GIS 四个方案的初始投资、运行成本、维护成本和退役成本，计算得到各方案的全生命周期成本（见表2、表3）。可以看出，不同配电装置型式的 220 千伏变电站全生命周期运维成本由高至低依次为户外 GIS、户外 AIS、户外 HGIS 和户内 GIS。

表 2　全省 220 千伏变电站运维成本汇总

单位：万元

方案\项目	户外 AIS	户外 HGIS	户外 GIS	户内 GIS	差值（HGIS-AIS）	差值（户外 GIS-AIS）	差值（户内 GIS-AIS）
运行成本	270	210	210	210	-60	-60	-60
维护成本汇总值	7186	6486	7486	6486	-700	300	-700
退役成本	-540	-535	-497	-629	5	43	-89
运维成本汇总	6916	6161	7199	6067	-755	283	-849

表 3　全省 220 千伏变电站全生命周期成本汇总

单位：万元

方案\项目	户外 AIS	户外 HGIS	户外 GIS	户内 GIS	差值（HGIS-AIS）	差值（户外 GIS-AIS）	差值（户内 GIS-AIS）
初始投资	10806	10705	9942	12588	-101	-864	1782
运维成本汇总	6916	6161	7199	6067	-755	283	-849
全生命周期成本	17722	16866	17141	18655	-856	-581	933

220 千伏不同配电装置型式的变电站初始投资由高至低依次为户内 GIS、户外 AIS、户外 HGIS、户外 GIS。随着 GIS、HGIS 组合电器的大规模使用，

其设备价格已呈下降趋势，加上征地价格的上升，户外 AIS、户外 GIS 和户外 HGIS 三种方案的初始投资已相差不大，造价水平基本相当。220 千伏变电站全生命周期成本由高到低依次为户内 GIS、户外 AIS、户外 GIS 和户外 HGIS。不管是从初始投资还是从全生命周期来看，户外 AIS 方案的经济性优势已不再存在。

结合发达省份如浙江、江苏、山东在"十三五"时期新建变电站已基本不再采用户外 AIS 方案的情况，建议全省 220 千伏变电站配电装置选型原则上不再考虑采用户外 AIS 方案；城区变电站推荐采用户内 GIS 方案，不仅能够有效节约土地，降低对变电站周围居民的环境影响，而且运行可靠性高、维护工作量小；郊区和农村地区变电站推荐采用户外 HGIS 方案，不仅能够兼顾节约土地和全生命周期的经济性，而且运维方式灵活、远期扩建方便、停电影响范围小，运行可靠性较高。

六 主要研究结论及行业发展建议

（一）主要研究结论

1. 河南省输变电工程造价总体呈小幅上升态势

全省新建变电工程单位容量造价呈小幅增长趋势，分项费用占静态投资比重最高的是设备购置费，占比为 35.0%~45.7%；建筑工程费次之，占比为 24.9%~31.2%；安装工程费占比最低，一般在 12% 左右。低电压等级设备购置费占比较低，220 千伏与 110 千伏设备购置费占比同 500 千伏相比分别降低 10.7%、8.7%，设备购置费的影响程度与高电压等级工程相比相对较小。新建变电工程在各电压等级分项费用占比变化较大：建筑工程费占比呈现上升趋势，年均增幅在 4.3%~4.6%；设备购置费占比呈明显下降趋势，年均降幅为 4.7%~5.3%；安装工程费趋势平稳，年均变化率为 1%；其他费占比呈现上升趋势，年均增幅为 4.5%~5.2%。

全省架空线路工程单位长度造价呈小幅上升趋势。架空线路工程各电压等级分项费用占比变化较为平稳，本体费用占比在80%左右，其他费用占比在20%左右。在各电压等级线路工程中，220千伏线路的本体费用占单位造价比例最高。

2. 主要设备价格小幅下降，主要材料、地方建材及人工费升幅明显

价格因素为输变电工程总造价水平变化的主要影响因素之一。在主要变电设备价格方面，各电压等级主变、组合电器、断路器价格持续下降，年均下降率在1%~25%波动，设备购置费对总投资的影响在逐渐减弱。主要材料、地方建材及人工费升幅明显，其中塔材5年年均升幅在5%左右，低压电缆价格年均升幅在2%~5%波动；人工费按行业规定进行逐年不同程度的调整，建筑人工费上升7.7%，安装人工费上升8.2%。在地方性建材方面，因冬季环保压力较大，水泥制造等建材企业产能下降，运输成本增加，造成砂、石、水泥等建材价格大幅上升。

3. 大容量主变、大截面导线及户内站应用比例逐步上升

从技术方面来看，随着我国经济发展和城市化进程的不断推进、输变电利用效率的提升，大容量变压器应用比例年均提高1%~4%，应用大截面导线年增长幅度为2.3%~13.8%，110千伏和220千伏户内站应用比例在18%~34%，呈现较明显的上升趋势，这是影响输变电工程造价上升的主要因素之一。

4. 电网建设外部环境日趋复杂，政策及技术处理费用逐步增加

随着我国经济发展和城市化进程的不断推进，电网建设受到外部环境制约愈加明显。一方面，土地资源紧张引起变电站站址选择、线路工程路径选择难度明显增大，拉升工程建设成本。2019年，25%的变电站工程坐落在地形、地貌条件较差的站址，且占比呈逐年上升趋势；2015~2019年新建站与建设场地条件直接相关的地基处理费用、挡土墙费用、场平费用、进站道路费用平均增幅为6%~41%。另一方面，近年来高铁、高速公路等基础设施建设势头强劲，赔偿标准普遍较高，外加民众维权意识快速增强，房屋拆迁、树木砍伐费用增长迅速，政策处理费用呈明显上升趋势。

（二）电力造价行业发展建议

1. 以全生命周期成本最优为指导优化造价管理思路

随着输配电价改革的深入推进，国家以有效资产及准许成本为基础核定电网输配价格，强化了对电力企业的投资及成本支出的监管，要求电力企业深化工程精益化管理，通过优化资源配置和业务流程，强化规划、建设运行等各阶段协同管理，实现投资成本的精准预控和工程项目全过程的精准受控。电力投资及造价管理要从传统的建设期过程管控扩展至项目全生命周期管控，从重视建设期"单纯造价控制"逐步向项目规划、设计、采购、建设、运行、报废全生命周期成本最优的"合理造价"管理思路转变。

2. 应用先进技术提升造价管理信息化水平

近年来电网工程投资规模持续高位，电力工程造价信息对工程造价的确定和控制影响越来越大。面对工程项目规模较大、造价管理的数据处理量庞大的现状，应积极应用先进信息化技术，从"适应二维设计"向"适应三维设计"转变，全面整合估算、概算、预算、结算等各阶段工程造价信息，开展工程造价数据库的建设，将分阶段割裂的孤岛数据分类、整合和智能化处理，逐步推进造价管理手段智能化。

3. 经济新常态下提升电力造价行业创新发展能力

随着经济发展进入新常态，电力需求增速放缓，电力造价行业进入相对饱和期，行业内部竞争加剧。质量是生命之本，电力造价行业既要继续做好传统电力工程设计、咨询业务，还应进一步加强质量意识、市场意识、创新意识、风险意识，适应新时代发展大势，通过技术、人才引进和自身培养，提升行业整体素质和创新发展能力。

参考文献

叶建伟：《电力工程造价管理与控制对策》，《科技传播》2019 年第 18 期。

肖莉敏：《浅谈电力配网建设工程造价的控制》，《中国电力教育》2019年第30期。

何莎：《工程技术经济分析在工程造价控制的作用探析》，《工程技术》2019年第10期。

游人桦、刘汉明：《技经工作在电力工程中的造价控制研究》，《科技与创新》2019年第14期。

陈锦山：《试论500kV输变电工程项目的投资控制》，《电力技术经济》2019年第6期。

王绵斌、黄毅臣、谭忠富等：《基于工程量管理的施工图管理预算》，《电力建设》2011年第1期。

Abstract

This book is jointly compiled by State Grid Henan Economic Research Institute and Henan Academy of Social Sciences, the book collects relevant data of energy industry for a research purpose. The theme of the book is "The 14th Five-Year Plan and Modern Energy System", and it systematically analyses the development trend of Henan's energy in 2020 under the prevention and control of the COVID – 19 epidemic, it also researches and judges the development situation in 2021. This book summarizes the effectiveness of Henan in promoting the energy high-quality development under the guidance of the new concept of development and the structural reform on the energy supply side since the "13th Five-Year Plan", and puts forward countermeasures and suggestions for the construction of a modern energy system in the "14th Five-Year Plan", which has a good reference value for government departments' policy decisions, energy enterprises, research institutions and the public to study and understand the energy development of Henan Province. The book consists of five parts: general report, industry development, prospects of the "14th Five-Year Plan", energy system and monographic research.

The general report of this book clarifies the basic point of view of the analysis and prediction of Henan Province's energy development situation from 2020 to 2021, and summarizes the results of Henan's energy development during the "13th Five-Year Plan" period. In 2020, in the face of the sudden epidemic situation of COVID – 19 and the complex and changeable domestic and foreign environment, Henan Province, under the strong leadership of the Party Central Committee with Comrade Xi Jinping, gave full play to the basic role of the energy industry in the work of "six stability" and "six guarantees". The province's energy supply is safe and reliable, the quality and efficiency of development is steadily improved, infrastructure is accelerated, and new kinetic energy continues to accumulate. It provides a strong support for Henan's economic and social operation to continue to stabilize and improve, and the energy development shows the characteristics of promoting stability, making progress and gaining momentum. Since the "13th Five-Year Plan", Henan energy industry has adhered to the new development concepts of innovation, coordination, green, openness and sharing, initially constructing a new pattern of high-quality energy development. In 2021, the positive factors and negative impacts faced by Henan's energy development will coexist, and the overall macro environment will improve. It is preliminarily estimated that in the post-epidemic era, a new development pattern will be accelerated, in which the domestic cycle is the main body, and the domestic-international cycle will promote each other, and the economic and social operation will be improved steadily. In 2021, the province's total energy consumption will increase to reach about 230 million tons of standard coal. The energy consumption structure will be further optimized, and the low-carbon and efficient energy support system will continue to be consolidated.

The industry development chapter of this book analyses the development trend of various energy industries such as coal, oil, natural gas, electric power, and renewable energy in Henan Province in 2020, and summarizes the development effectiveness during the "13th Five-Year Plan" period. The development situation of energy industries in 2021 is prospected, and countermeasures and suggestions to promote high-quality development of energy industries under the modern energy system are put forward.

The "14th Five-Year" prospect chapter of this book focuses on the analysis and prospects of the situation of coal supply guarantee, power supply and demand, geothermal energy development, high-quality coal power development, power demand response, and industrial pollutant emissions in Henan Province during the "14th Five-Year Plan" period, and suggestions to promote the construction of a clean, low-carbon, safe and efficient modern energy system are put forward.

The energy system chapter of this book focuses on new issues such as the operation mode of natural gas storage and transportation facilities, the large-scale utilization of geothermal energy clean heating, the development of the hydrogen energy industry, the adjustment and layout optimization of coal power structure, the construction of energy big data standard system and the design of implementation paths to launch the exploratory research based on Henan Province. It can provide ideas and path suggestions for the innovation and development of the energy industry.

The monographic research chapter of this book are studies about "Rural Energy Internet Construction Practice and Development Suggestions in Lankao", "Provincial Energy Big Data Centre Operation Model", "Benchmarking Activity's Impact on Henan Province's Coal Power Development", and "COVID – 19 Epidemic's Impact on Henan Electric Power Consumption" "Transmission and Transformation Project Cost Level and Variation Factors in Henan Province", which can provide reference for relevant policy formulation and strategy research.

Keywords: Henan Province; Energy Development; Modern Energy System

Contents

I General Report

B.1 New Chance to Accelerate the Construction of
Modern Energy System
—*Analysis of Energy Development of Henan Province
in 2020 and Prospects for 2021*
         Research Group of Blue Book of Henan Energy / 001

Abstract: In 2020, under the strong leadership of the CPC Central Committee with Xi Jinping as the core leader, Henan Province has promoted epidemic prevention and economic and social development in a coordinated way under the sudden COVID-19 epidemic and the complex environment at home and abroad. It has given full play to the basic role of the energy industry in the work of "six stability" and "six protection", ensuring safe and reliable energy supply, steadily improving the quality and efficiency of development, accelerating the improvement of infrastructure, and continuing to gather new drivers, providing strong support for Henan's sustained economic and social recovery. In 2021, the energy development of Henan faces both positive factors and negative influences, and the overall macro environment is on the positive side. It is initially estimated that driven by the steady improvement of economic and social operation, the total energy consumption of the province will increase to reach about 230 million tons of standard coal in 2021, the energy consumption structure will be further optimized, and the low-carbon and efficient energy support system will be continuously consolidated. Facing the new characteristics of energy economic development in the post-epidemic era, Henan should coordinate energy supply, consumption, industry and governance to accelerate the construction of modern energy system, forming a new energy development pattern.

Keywords: Henan Province; Modern Energy System; COVID – 19 Epidemic; New Energy Infrastructure Construction; Energy Digital Economy

Ⅱ Industry Development

B.2 Analysis and Prospects of the Development Situation of Coal Industry in Henan Province from 2020 to 2021
Yang Qinchen, Li Huixuan / 026

Abstract: In 2020, Henan Province has actively responded to the impact of the COVID – 19 epidemic. Coal production has been generally stable, the production capacity structure has been continuously optimized, and the concentration of key coal companies has been further increased; the total coal consumption continues to decline, over-fulfilling the state's task of reducing coal consumption by 10%. According to preliminary estimates in 2021, the province's total coal production will stabilize at around 103 million tons, and the total consumption will be around 200 million tons. In order to promote the high-quality development of the coal industry in the province, the task of ensuring coal supply should be put in the first place, release high-quality and advanced production capacity in the province, improve the coal emergency security system, strengthen the clean and efficient use of coal, and explore new models of the coal industrial Internet to promote the green transformation of coal industry, to ensure the safe and stable operation of the coal industry in the province.

Keywords: Henan Province; Coal Industry; "13th Five-Year Plan"; Emergency Support

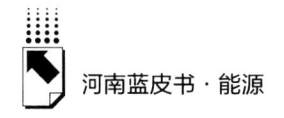

B.3 Analysis and Prospects of the Development Situation of Oil Industry in Henan Province from 2020 to 2021

Liu Junhui, Wang Shiqian and Liu Kefei / 039

Abstract: In 2020, facing the sudden COVID-19 epidemic and the complex internal and external environment, Henan Province has made every effort to ensure the production and supply of oil products. Crude oil production is basically the same as the previous year. The consumption of refined oil has declined due to the impact of the epidemic. The supply and demand of oil products are generally loose throughout the year. In 2021, it is expected that as the province's economy continues to stabilize and improve, refined oil consumption will achieve recovery growth. At the same time, with the commissioning of new refining and chemical production capacity and the continuous improvement of the storage and transportation system, the supply and demand of oil products in the province will remain loose. It is recommended that Henan Province use the digital transformation of enterprises to promote the improvement of industry competitiveness, accelerate the transformation and upgrading of the petroleum industry, and create good market and regulatory environment, in order to achieve high-quality development of the petrochemical industry.

Keywords: Henan Province; Petroleum Industry; Crude Oil Production; Crude Oil Consumption; Oil Supply and Demand

B.4 Analysis and Prospects of the Development Situation of Henan Natural Gas Industry from 2020 to 2021

Liu Junhui, Li Hujun / 052

Abstract: In 2020, Henan has actively responded to the impact of COVID-19 epidemic and strive to ensure the safe and stable supply of natural gas. The production of natural gas in Henan Province keeps basically stable, while the consumption of natural gas has decreased due to the impact of the epidemic. The construction of natural gas pipeline networks interconnection and gas storage facilities within Henan Province has been accelerated, and the ability to guarantee natural gas supply has been steadily improved. In 2021, driven by the steady economic growth of the province, natural gas consumption will show a restorative growth, reaching 12.5 billion cubic meters for the whole year, with a year-on-year growth of around 13.6%. Facing the new situations of complicated environment both at home and abroad, and under the background of natural gas market reform, it is suggested to strengthen the construction of the provincial gas infrastructure, further enhance the complement and replace ability, establish access mechanism of gas storage facilities for third-party, improve the price mechanism, enhance the gas supply guarantee ability, and promote the sustainable and positive development of the industry.

Keywords: Henan Province; Natural Gas Industry; Supply and Demand Situation; Alternative Capacity; Gas Storage Facilities

B.5 Analysis and Prospects of the Development Situation of Henan Electric Power Industry from 2020 to 2021

Zhao Wenjie, Yang Meng / 066

Abstract: In 2010, the Henan electricity industry has made every effort to combat the outbreak of COVID-19 epidemic, ensuring safe and stable operation of electric power, realizing clean and efficient supply, giving play to the driving role of electric power investment, and providing strong support to ensure the province's resumption of production business and sustainable economic operation. In 2021, driven by the construction of new development pattern dominated by domestic major circulation and domestic-international circulation, it is expected that Henan's stable economic trend will be further consolidated, the power consumption scale and growth rate will increase significantly, at the pace of about 5%, and the power supply and demand situation will gradually tighten. Henan should strive to promote balanced development among source, network, load and storage, to guarantee electricity supply security during peak period and renewable energy utilization during off-peak period, and provide a clean, low-carbon, safe and reliable power guarantee for Henan economy development.

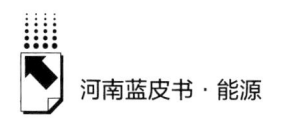

Keywords: Henan Province; Electricity Industry; COVID-19 Epidemic

B.6 Analysis and Prospects of the Development Situation of Renewable Energy in Henan Province from 2020 to 2021

Yang Qinchen, Wang Shiqian / 082

Abstract: In 2020, Henan Province has continued to promote the upgrading and optimization of the industrial structure and energy structure, and the scale of renewable energy development has been further expanded. It is estimated that the annual renewable energy utilization will reach about 21.0 million tons of standard coal. In 2021, Henan Province will continue to focus on decentralized wind power, rooftop distributed photovoltaic, biomass and geothermal energy cascade utilization, to accelerate the renewable energy development. It is expected that throughout the province within the year, renewable energy will continue to maintain the rapid developing trend, and the utilization of renewable energy will reach about 23.0 million tons of standard coal, with a year-on-year increase of 9.5%.

Keywords: Henan Province; Renewable Energy; Qinghai-Henan UHVDC Transmission

III Prospects of the "14th Five-Year Plan"

B.7 Analysis and Suggestions on the Situation of Coal Supply Guarantee in Henan Province during the "14th Five-Year Plan"
Research Group of Coal Supply / 094

Abstract: Coal is an important basic energy for the economic and social development. In the 14th five-year Plan and a longer period, the safe and reliable supply of coal in Henan Province is crucial to the energy security and high-quality economic and social development of Henan Province. This paper summarized coal supply guarantee situation of Henan Province in recent years, analyzed the security constraints of Henan Province's coal supply guarantee, anticipates the coal supply and demand situation in Henan Province during the "14th Five-Year Plan" period, as well as the medium-term and long-term period, and puts forward relevant strategy recommendations from the aspects of coal resource guarantee, coal export guarantee, coal storage and transportation guarantee and coal market operation.

Keywords: Henan Province; "14th Five-Year Plan"; Coal Supply

B.8 Analysis and Prospects of Power Supply and Demand in Henan Province during the "14th Five-Year Plan"
Yang Meng, Zhao Wenjie / 107

Abstract: 2020 is the year when Henan fully builds prosperous society and the end of "13th Five-Year Plan". The sudden COVID-19 epidemic and the complex domestic and foreign environment has a great impact on Henan Province's economic and social development and electricity production and operation. This article introduces the power supply and demand status of Henan Province's during the "13th Five-Year Plan", deeply analyzes the situation we are facing in the 14th Five-Year Plan, and forecasts the power supply and demand during the "14th Five-Year Plan". It is estimated that by 2025, the electricity consumption of the whole province will reach 467 billion kilowatt-hours and the maximum load will be about 98 million kilowatts. The power supply and demand situation is gradually tightening. In order to meet the requirements of high-quality power development in the new era, Henan needs to coordinate the resources of supply and demand ends within and outside the province, and strive to ensure the province's power supply.

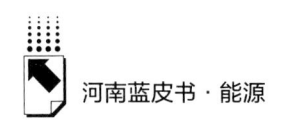

Keywords: Henan Province; "14th Five-Year Plan"; Electricity Demand; Supply Guarantee

B.9 Prospects for the Development of the Geothermal Energy Industry in Henan Province During the "14th Five-Year Plan"

Chen Ying, Wang Panke, Cheng Yu and Lu Wei / 124

Abstract: In recent years, the development level and utilization of the geothermal energy industry in Henan Province have made considerable progress, becoming one of the provinces with better development and utilization of geothermal energy in China. This article systematically summarizes the achievements of the province's geothermal energy industry development since the "13th Five-Year Plan", analyzes the opportunities and challenges faced by the large-scale development of the geothermal energy industry, and the main tasks and directions are prospected for the "14th Five-Year Plan" period. It is estimated that during the "14th Five-Year Plan" period, Henan can add more than 50 million square meters of geothermal heating area. In order to promote the healthy development of the geothermal energy industry in the province, Henan needs to continuously strengthen project management, improve management mechanisms, and promote technological innovation.

Keywords: Henan Province; "14th Five-Year Plan"; Geothermal Energy; Recycling; Clean Heating

B.10 Thoughts and Suggestions on the High-quality Development of Coal Power during the "14th Five-Year Plan" in Henan Province   *Deng Fangzhao, Li Hujun* / 135

Abstract: During the "13th Five-Year Plan" period, Henan Province has achieved remarkable progress in the development of coal power, with continuous breakthroughs in supply guarantee, capacity adjustment, energy conservation and emission reduction, structural optimization, spatial layout, and market operations. Looking to the future, it is necessary to draw lessons from the energy transition and coal power development methods in advanced regions, based on coal power policies and technical development directions, it is also necessary to focus on the relationships of "increasing the utilization rate of coal power, ensuring safe and reliable power supply and increasing the proportion of renewable power generation". The study puts forward that Henan Province should give full play to the functions and the related implementation suggestions of the "four platforms", which are the electro-thermal foundation platform, flexible peak-regulating platform, energy saving and emission reduction platform, and coupled absorption platform, in order to promote the high-quality development of the coal power industry in the new era.

Keywords: Henan Province; "14th Five-Year Plan"; Electro-thermal Foundation; Flexible peak-regulating; Energy Saving and Emission Reduction

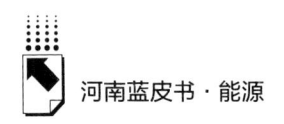

B.11 Evaluation and Prospects of Electric Power Demand Response in Henan Province during the "14th Five-Year Plan" *Wu Yufeng, Liu Junhui and Fu Han* / 150

Abstract: During the "14th Five-Year Plan" period in Henan Province, the power supply and demand gap will gradually increase. According to preliminary calculations, the province needs a demand response scale of 5 million kilowatts during the "14th Five-Year Plan" period. Demand response will be one of the effective guarantee schemes for power supply. This article evaluates the demand response capabilities of 18 cities in the province. After overall consideration of the power supply and demand situation of the province and each city, the province's demand response target of 5 million kilowatts is optimized and decomposed, and the province's demand response implementation costs are estimated. It is estimated that the total cost of implementing demand response during the "14th Five-Year Plan" period is 1.25 billion yuan. In order to effectively improve the power grid's ability to balance supply and demand, reduce grid investment, and ensure power supply, it is recommended that power demand-side response be included as an important planning resource in the power security system during the "14th Five-Year Plan" period, so as to continuously enrich the source of incentive funds, improve the intelligent level of response platforms and user willingness to participate.

Keywords: Henan Province; "14th Five-Year Plan"; Electricity Demand Response; Subsidy Cost

B.12 Analysis and Suggestions on the Situation of Industrial Pollutant Emissions in Henan Province during the "14th Five-Year Plan" *Chen Jing, Wang Xinzeng* / 162

Abstract: Air pollution is closely related to industrial energy consumption, and reducing industrial energy consumption has a positive effect on the prevention and control of air pollution. According to the analysis of the characteristics of industrial energy consumption and atmospheric pollutant emissions in Henan Province during the "Thirteenth Five-Year Plan" period, the pressure on the optimization of the industrial energy structure in the province during the "14th Five-Year Plan" period is still high, and the work of atmospheric environmental governance has a long way to go. Through analysis of relevant influencing factors, it puts forward work recommendations such as focusing on reducing the total energy consumption of high-energy-consuming and high-emission industries, optimizing the industrial energy structure, carrying out differentiated management according to local conditions, improving the environmental protection monitoring system, and promoting the positive integrated development of environmental protection economy.

Keywords: Henan Province; "14th Five-Year Plan"; Industrial Energy Consumption; Pollutant Emissions; Environmental Protection

Ⅳ Energy System

B.13 Research on Operation Mode of Natural Gas Storage and Transportation Facilities in Henan Province

Research Group of Operation Mode of Natural Gas Storage and Transportation Facilities / 179

Abstract: As an essential infrastructure for the healthy development of the natural gas market, gas storage facilities can ensure the safe and stable supply of natural gas by participating in seasonal peak shaving, daily peak shaving and hourly peak shaving. Henan Province now is accelerating the construction of natural gas storage facilities and supporting interconnection systems. This paper analyzes the peak-shaving operation mode of gas storage facilities, learns from the peak-shaving operation experience of gas storage facilities at home and abroad, and puts forward an operation model suitable for the gas storage facilities in Henan, that is, to implement two types of prices for gas storage facilities, basic and incremental peak shaving fees, and promote the sustainable operation of gas storage facilities through market-based pricing. The research conclusions are of great significance for ensuring the normal and stable operation of gas storage facilities and for accelerating the construction of natural gas peak shaving capacity in the province.

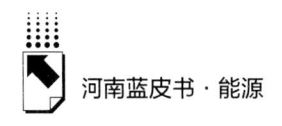

Keywords: Henan Province; Natural Gas; Gas Storage Facilities; Operation Model; Independent Accounting

B.14 Suggestions on the Scale Utilization Path of Geothermal Energy for Clean Heating in Henan Province

Research Group of Geothermal Energy for Clean Heating / 194

Abstract: Geothermal energy has the characteristics of large reserves, wide distribution, clean and environmentally friendly, stable and reliable, and can be used as a centralized or decentralized heating source according to local conditions, and it can promote the replacement of coal-consuming reduction in areas such as residential heating in northern areas. Henan is rich in geothermal energy resources, and it has good resource conditions to develop geothermal energy for clean heating. This paper summarizes the current situation of geothermal energy resources and its utilization in Henan Province, analyzes the situation of geothermal energy resources development in the whole province, combines the utilization and experience of geothermal energy in advanced areas at home and abroad. Proposals for the large-scale utilization of geothermal energy for clean heating are proposed from the aspects of resource exploration, heating pilots, medium-deep and shallow geothermal utilization, geothermal monitoring systems, industrial service systems, and industrial support policies.

Keywords: Henan Province; Geothermal Energy; Clean Heating; Large Scale Utilization

B.15 Development Status and Prospects of Hydrogen Energy Industry in Henan Province

Zhao Wenyong, Li Xin, Kuang Zhenshan and Song Bing / 207

Abstract: In recent years, hydrogen energy as a high-energy-density clean energy has gradually received widespread attention at home and abroad, and has become an important direction of the global energy revolution. The Chinese government has also clearly listed hydrogen energy and fuel cell technology innovation as key development tasks. In order to promote the high-quality development of the hydrogen energy industry in Henan Province, this article briefly introduces the development status of the international and domestic hydrogen energy industry, analyzes the development of hydrogen energy related industries and infrastructure such as hydrogen fuel cell vehicles and hydrogen refueling stations in Henan Province, focusing on the analysis of the opportunities and challenges faced by the development of the hydrogen energy industry in Henan Province. The "14th Five-Year Plan" will be an important window period for the development and growth of the hydrogen energy industry. Henan should do a good job in the implementation of the hydrogen fuel cell industry development plan, strengthen core technology research and development and innovation capacity building, cultivate and introduce high-quality enterprises to build a full-chain base, and promote the industry to achieve leapfrog development.

Keywords: Henan Province; Hydrogen Energy; Clean Energy

B.16 Research on Structural Adjustment and Layout Optimization of Coal Power in Henan Province

Li Xian, Yu Kaikun and Su Dongqi / 221

Abstract: Affected by resource endowment constraints, Henan Province has formed a coal-based electricity production and consumption structure for many years. While coal power is providing sufficient and reliable power and heat for Henan, problems such as uneven development, structural adjustment and increasing environmental pressure have emerged. Combining the specific requirements of air pollution prevention and energy structure adjustment, this paper proposes development ideas from the perspectives of "active reduction, stock optimization and innovative development increment", and proposes concrete and feasible implementation plans from the two levels of "optimization of inventory and optimized layout of increments".

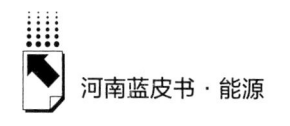

Keywords: Henan Province; Coal Power Structure; Coal Power Layout

B.17 Standard System Construction and Implementation Path Design of Energy Big Data

Bu Feifei, Wang Yuanyuan and Li Wenfeng / 231

Abstract: The construction of energy big data is an important carrier to promote the high-quality development of energy, and it is also one of the important measures to implement the central government's "new infrastructure" strategic deployment. Energy big data covers many other industries, such as electricity, petroleum, coal, natural gas, meteorology, macroeconomics. The data of each industry has its own industry characteristics and management requirements. It is urgent to integrate them and establish a data standard system that takes all the energy industries into account. Based on the construction practice of energy big data centers, this paper proposes a framework of five types of energy big data standard systems including basic standards, data standards, technical standards, management standards, and safety standards, and designs the energy big data standard system in three stages, which is of great value for improving the standardization of energy industry data, promoting energy data collection and sharing, and standardizing the construction of energy big data centers.

Keywords: Energy Big Data; Data Standard; Technical Standard

V Monographic Research

B.18 Practice and Development Suggestions of LanKao for the Rural Energy Internet Construction

Zheng Yongle, Song Ningxi, Li Peng and Zhang Yihan / 244

Abstract: The "14th Five-Year Plan" is a key period and window period for Henan's energy transition, as well as the acceleration of the development of rural energy transition, which is of great significance to the construction of a modern energy system in the province and the realization of rural revitalization and green development. In recent years, Henan has taken LanKao as a pilot project to carry out demonstration construction of the rural energy Internet, explored new ways of rural energy transformation in the new era, and achieved certain results. This article focuses on the construction of the rural energy Internet in LanKao, briefly introduces the background and significance of the project construction, sorts out the practical measures in LanKao, and summarizes the construction ideas and concepts of the "four revolutions", the promotion of the "four transformations", and the provision of "four power services" in LanKao. It also analyzes the opportunities and challenges faced by LanKao's rural energy Internet construction, and finally puts forward the "four continuous promotion" work recommendations to accelerate the development of rural energy Internet, combining with LanKao's practical experience.

Keywords: LanKao; Rural Energy; Energy Internet; Construction Practice; Implementation Path

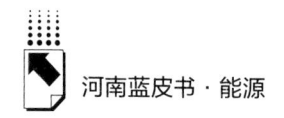

B.19 Thoughts on the Operation Mode of Provincial Energy Big Data Center

Bai Hongkun, Hua Yuanpeng and Wang Yuanyuan / 257

Abstract: Big data applications will play an increasingly important role in promoting the efficiency of the energy industry. In recent years, the construction of energy big data centers in relevant provinces in China has been rapid, and the operation practice has just started. This paper analyzes the current status of the construction of provincial-level energy big data centers in China, sorts out the operational positioning of energy big data centers, makes a preliminary thinking about the operation model of the provincial energy big data center, designes the "six-terminal" and "one platform" energy big data center profit model, and constructed the "energy +" initial product system, hoping to provide some ideas for the sustainable development of the provincial energy big data center and the creation of an energy data economy.

Keywords: Energy Big Data; Operation Model; Operation Positioning; Product System; Ecological Construction

B.20 Research on the Impact of Benchmarking Activities on the Development of Coal Power in Henan Province

Yu Kaikun, Niu Chenwei and Guo Ying / 269

Abstract: The energy structure of Henan Province is dominated by coal, and the main pattern of coal power is difficult to change in the short term, which poses challenges to the coordinated development of economic society and the ecological environment. This article summarizes the development of the energy conservation and environmental protection benchmarking activities of coal power units in Henan Province since 2017, analyzes the trends of energy consumption, water consumption, and environmental protection indicators of coal power enterprises in the province. Since the implementation of the benchmarking activities, Henan coal-fired power units have achieved significant results in energy conservation and emission reduction, and have achieved good results in improving corporate operating efficiency. During the "14th Five-Year Plan" period, it is recommended that Henan continue to carry out coal power energy conservation and environmental protection benchmarking activities, promote energy conservation and environmental protection technology upgrades, and strengthen energy conservation and environmental protection operation monitoring and supervision.

Keywords: Henan Province; Benchmarking Activities; Coal Power Companies; Environmental Protection Indicators

B.21 Research on Electricity Consumption in Henan Province of 2020 Based on Big Data

Han Ding, Chai Zhe and Deng Fangzhao / 291

Abstract: Since the COVID -19 outbreak in 2020, the economic society and power operation of Henan province have been affected. Electricity consumption is the "thermometer" of economic development. The refined analysis of big data can timely reflect the resumption of work and production and comprehensively analyze the impact of the epidemic on all industries. This paper summarized the epidemic development process and its impact on the entire province economic society. Relying on energy power big data platform, this paper analyzed the changes of electricity of the province, the cities, three industries, key industries and typical enterprises since the outbreak, from the perspective of electricity to analyze characteristics and trends of provincial economic recovery.

Keywords: Henan Province; Big Data; Power Consumption

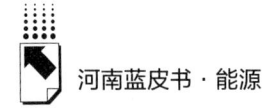

B.22 Analysis of Cost Level and Variable Factors of Power Transmission and Transformation Projects in Henan Province

Li Dapeng, Kang Yanfang, Guo Xiaohan and Niu Xin / 309

Abstract: The level of project cost management and control is an important manifestation of cost management capabilities. Based on the samples of 110 −500 kV transmission and transformation projects in Henan Province from 2015 to 2019, this article conducts the analysis of cost levels and change reasons in the power transmission and transformation projects, summarizes the changing situation of the cost level and the proportion of relevant expenses of power transmission and transformation projects in recent years. The impact of price factors, technical factors, and external environmental factors on changes in the cost of power transmission and transformation projects has been studied in detail. The increase in prices of materials, local building materials and labor costs, as well as the increase usage of large-capacity main transformers, large cross-section wires, and indoor power stations, as well as the increase in external costs such as policy and technical processing, are the main reasons for the slight increase in the overall cost of power transmission and transformation projects in Henan Province.

Keywords: Substation Engineering; Line Engineering; Cost Analysis; Affecting Factors; Typical Technical Solutions

社会科学文献出版社

皮 书

智库报告的主要形式
同一主题智库报告的聚合

❖ 皮书定义 ❖

皮书是对中国与世界发展状况和热点问题进行年度监测,以专业的角度、专家的视野和实证研究方法,针对某一领域或区域现状与发展态势展开分析和预测,具备前沿性、原创性、实证性、连续性、时效性等特点的公开出版物,由一系列权威研究报告组成。

❖ 皮书作者 ❖

皮书系列报告作者以国内外一流研究机构、知名高校等重点智库的研究人员为主,多为相关领域一流专家学者,他们的观点代表了当下学界对中国与世界的现实和未来最高水平的解读与分析。截至2021年,皮书研创机构有近千家,报告作者累计超过7万人。

❖ 皮书荣誉 ❖

皮书系列已成为社会科学文献出版社的著名图书品牌和中国社会科学院的知名学术品牌。2016年皮书系列正式列入"十三五"国家重点出版规划项目;2013~2021年,重点皮书列入中国社会科学院承担的国家哲学社会科学创新工程项目。

中国皮书网

（网址：www.pishu.cn）

发布皮书研创资讯，传播皮书精彩内容
引领皮书出版潮流，打造皮书服务平台

栏目设置

◆关于皮书
何谓皮书、皮书分类、皮书大事记、
皮书荣誉、皮书出版第一人、皮书编辑部

◆最新资讯
通知公告、新闻动态、媒体聚焦、
网站专题、视频直播、下载专区

◆皮书研创
皮书规范、皮书选题、皮书出版、
皮书研究、研创团队

◆皮书评奖评价
指标体系、皮书评价、皮书评奖

◆皮书研究院理事会
理事会章程、理事单位、个人理事、高级
研究员、理事会秘书处、入会指南

◆互动专区
皮书说、社科数托邦、皮书微博、留言板

所获荣誉

◆2008年、2011年、2014年，中国皮书
网均在全国新闻出版业网站荣誉评选中
获得"最具商业价值网站"称号；
◆2012年，获得"出版业网站百强"称号。

网库合一

2014年，中国皮书网与皮书数据库端口
合一，实现资源共享。

中国皮书网

权威报告·一手数据·特色资源

皮书数据库
ANNUAL REPORT(YEARBOOK) DATABASE

分析解读当下中国发展变迁的高端智库平台

所获荣誉

- 2019年，入围国家新闻出版署数字出版精品遴选推荐计划项目
- 2016年，入选"'十三五'国家重点电子出版物出版规划骨干工程"
- 2015年，荣获"搜索中国正能量 点赞2015""创新中国科技创新奖"
- 2013年，荣获"中国出版政府奖·网络出版物奖"提名奖
- 连续多年荣获中国数字出版博览会"数字出版·优秀品牌"奖

成为会员

通过网址www.pishu.com.cn访问皮书数据库网站或下载皮书数据库APP，进行手机号码验证或邮箱验证即可成为皮书数据库会员。

会员福利

- 已注册用户购书后可免费获赠100元皮书数据库充值卡。刮开充值卡涂层获取充值密码，登录并进入"会员中心"—"在线充值"—"充值卡充值"，充值成功即可购买和查看数据库内容。
- 会员福利最终解释权归社会科学文献出版社所有。

数据库服务热线：400-008-6695
数据库服务QQ：2475522410
数据库服务邮箱：database@ssap.cn
图书销售热线：010-59367070/7028
图书服务QQ：1265056568
图书服务邮箱：duzhe@ssap.cn

卡号：341273875411
密码：

S 基本子库
SUB DATABASE

中国社会发展数据库（下设 12 个子库）

  整合国内外中国社会发展研究成果，汇聚独家统计数据、深度分析报告，涉及社会、人口、政治、教育、法律等 12 个领域，为了解中国社会发展动态、跟踪社会核心热点、分析社会发展趋势提供一站式资源搜索和数据服务。

中国经济发展数据库（下设 12 个子库）

  围绕国内外中国经济发展主题研究报告、学术资讯、基础数据等资料构建，内容涵盖宏观经济、农业经济、工业经济、产业经济等 12 个重点经济领域，为实时掌控经济运行态势、把握经济发展规律、洞察经济形势、进行经济决策提供参考和依据。

中国行业发展数据库（下设 17 个子库）

  以中国国民经济行业分类为依据，覆盖金融业、旅游、医疗卫生、交通运输、能源矿产等 100 多个行业，跟踪分析国民经济相关行业市场运行状况和政策导向，汇集行业发展前沿资讯，为投资、从业及各种经济决策提供理论基础和实践指导。

中国区域发展数据库（下设 6 个子库）

  对中国特定区域内的经济、社会、文化等领域现状与发展情况进行深度分析和预测，研究层级至县及县以下行政区，涉及省份、区域经济体、城市、农村等不同维度，为地方经济社会宏观态势研究、发展经验研究、案例分析提供数据服务。

中国文化传媒数据库（下设 18 个子库）

  汇聚文化传媒领域专家观点、热点资讯，梳理国内外中国文化发展相关学术研究成果、一手统计数据，涵盖文化产业、新闻传播、电影娱乐、文学艺术、群众文化等 18 个重点研究领域。为文化传媒研究提供相关数据、研究报告和综合分析服务。

世界经济与国际关系数据库（下设 6 个子库）

  立足"皮书系列"世界经济、国际关系相关学术资源，整合世界经济、国际政治、世界文化与科技、全球性问题、国际组织与国际法、区域研究 6 大领域研究成果，为世界经济与国际关系研究提供全方位数据分析，为决策和形势研判提供参考。

法律声明

"皮书系列"（含蓝皮书、绿皮书、黄皮书）之品牌由社会科学文献出版社最早使用并持续至今，现已被中国图书市场所熟知。"皮书系列"的相关商标已在中华人民共和国国家工商行政管理总局商标局注册，如 LOGO（ ）、皮书、Pishu、经济蓝皮书、社会蓝皮书等。"皮书系列"图书的注册商标专用权及封面设计、版式设计的著作权均为社会科学文献出版社所有。未经社会科学文献出版社书面授权许可，任何使用与"皮书系列"图书注册商标、封面设计、版式设计相同或者近似的文字、图形或其组合的行为均系侵权行为。

经作者授权，本书的专有出版权及信息网络传播权等为社会科学文献出版社享有。未经社会科学文献出版社书面授权许可，任何就本书内容的复制、发行或以数字形式进行网络传播的行为均系侵权行为。

社会科学文献出版社将通过法律途径追究上述侵权行为的法律责任，维护自身合法权益。

欢迎社会各界人士对侵犯社会科学文献出版社上述权利的侵权行为进行举报。电话：010-59367121，电子邮箱：fawubu@ssap.cn。

社会科学文献出版社